대통령의 조건

KI신서 3994

대통령의 조건

1판 1쇄 인쇄 2012년 5월 7일
1판 1쇄 발행 2012년 5월 14일

지은이 월러 R. 뉴웰 **옮긴이** 박수철
펴낸이 김영곤 **펴낸곳** (주)북이십일 21세기북스
부사장 임병주
MC기획1실장 김성수 **BC기획팀** 심지혜 장보라 양으녕 **해외기획팀** 김준수 조민정
편집실장 주명석 **편집1팀장** 정지은 **책임편집** 조유진 **디자인 표지** 박진범 **본문** 네오북
마케팅영업본부장 최창규 **마케팅** 김현섭 김현유 강서영 **영업** 이경희 정병철
출판등록 2000년 5월 6일 제10-1965호
주소 (우413-756) 경기도 파주시 문발동 파주출판문화정보산업단지 518-3
대표전화 031-955-2100 **팩스** 031-955-2151
이메일 book21@book21.co.kr **홈페이지** www.book21.com
21세기북스 트위터 @21cbook **블로그** b.book21.com

ISBN 978-89-509-3750-8 03330
책값은 뒤표지에 있습니다.

이 책 내용의 일부 또는 전부를 재사용하려면 반드시 (주)북이십일의 동의를 얻어야 합니다.
잘못 만들어진 책은 구입하신 서점에서 교환해 드립니다.

대통령의 조건

우리는 철학이 있는 리더를 원한다

월러 R. 뉴웰 지음 | 박수철 옮김

21세기북스

CONTENTS

우리가 리더에게 기대하는 것

우리가 리더에게 기대하는 것은 무엇일까? 2008년 미국 대통령 선거에서는 또다시 리더십이 뜨거운 주제로 떠올랐다. 민주·공화 양당의 후보자는 모두 자신이 훌륭한 리더십의 소유자라고 주장했다. 여기서 리더십은 단순히 정책적 차원을 뛰어넘어 국가 전체가 가야 할 길을 개척하는 데 필요한 인격, 성격, 신념, 통찰력을 포괄하는 것이다.

물론 지금까지 모든 선거에서 대부분의 후보자들이 언제나 그렇게 목청을 높였다. 그러나 유독 2008년 대선에서 그런 현상이 두드러졌다. 이유는 무엇일까? 그것은 반세기 만에 처음으로 현직 대통령이나 부통령이 후보자로 나서지 않았기 때문이다. 2008년 대선에 나선 후보자들은 의원이나 주지사로 일한 경험만 있을 뿐이었다. 따라서 그들에게는 전국적인 지명도가 필요했고 리더십을 기본적인 쟁점으로 삼을 수밖에 없었다. 후보자들은 그 카리스마 넘치는 자질을 대중을 선도하는 방법, 이성적 차원과 감정적 차원에서 유권자를 독려하는 방법이라고 표현했다.

민주당 후보자였던 버락 오바마 상원의원은 리더십의 중요성과 의미를 대중적으로 광범위하게 환기시켰다. 즉 앞으로 대통령이 바뀔 뿐 아니라 세대적 차원의 변화가 일어날 것이라는 느낌과 리더십의 중요성을 연결시킨 것이다. 제2차 세계대전과 냉전을 겪은 세대로부터 베트남전쟁 세대에게로 건네진 역사의 횃불은 이제 다시 9·11테러와 이라크전쟁 세대로 넘어가고 있다. 물론 오바마 상원위원이 자신도 그 시대의 일원이라고 자처한 이 새로운 세대 역시 가장 위대한 세대the Greatest Generation(미국의 유명 앵커인 톰 브로커의 베스트셀러 《가장 위대한 세대》의 제목에서 따온 말로, 1911년에서 1924년 사이에 태어난 미국인을 가리킨다―옮긴이)와 이후의 베이비붐 세대를 괴롭혔던 것과 비슷한 규모의 전쟁, 테러, 기근, 대학살 같은 위협에 직면할 것이다.

그렇다면 새로운 세대의 지도자들은 이와 같은 상황에 어떻게 대응할까? 그들은 어디에서 영감을 얻을까? 그리고 과거의 여러 선례 가운데 어떤 것을 선택할까? 이런 질문들은 그 어느 때보다 현실과 깊은 관계를 맺고 있다. 링컨, 처칠, 루즈벨트 같은 위인들은 과연 어떤 특별한 리더십을 가지고 있었을까? 지금까지의 역사는 신중함과 원칙과 용기가 필요한 국정운영에 관해 어떤 교훈을 우리에게 남겼을까? 이런 질문들에 답하기 위해 이 책을 관통하는 주제는 리더의 영혼과 위대한 정치가들이 남긴 교훈이다.

애초의 질문을 상기해보자. 우리가 리더에게 기대하는 것은 무엇일까? 최근 우리는 텔레비전 시리즈 〈웨스트 윙〉(1999년부터 2006년까지 미국 NBC에서 방영된 정치 드라마-옮긴이)에 흠뻑 빠져 있었다. 〈웨스트 윙〉에서 민주당 당적의 대통령 조사이어 바틀릿을 연기한 배우 마틴 쉰은 2004년 민주당 전당대회에 나타난 적이 있다. 그때 그는 마치 진짜 대통령인 양, 혹은 사람들이 일반적으로 대통령에게 기대하는 바를 갖고 있는 인물인 양 뜨거운 박수갈채를 받았다. 그 이유는 간단하다. 극 중 바틀릿 대통령이 미국의 유서 깊은 전통과 유권자들의 염원에 부응하는 자질을 갖고 있었기 때문이다.

바틀릿이라는 캐릭터는 뉴햄프셔 주 출신으로 주지사를 역임했고, 조상 중에 미국 독립선언서에 서명한 인물도 있는 뉴잉글랜드 지역 명문가의 후손이다. 따라서 바틀릿 대통령은 프랭클린 루즈벨트로 대표되는 북동부 명문가 혈통, 그리고 진정한 보스턴 출신이 되고자 했던 케네디 가문의 소망을 연상시켰다. 그는 우리의 짐작대로 수목이 우거진 명문 사립고등학교를 다녔지만, 아이비리그의 대학교로 진학하지는 않았다. 뜻밖에도 그는 노터데임대학교에 입학했다. 덕분에 유권자층이 막강하고 억센 느낌을 풍기는 중서부 지방의 공업 및 농업 중심지와 인연을 맺게 되었다. 유럽 대륙에서 종교의 자유를 찾아 미국으로 건너온 청교도의 후손임을 고려할 때 그가 전형적인 신교도가 아니라 구교도라는 사실은 꽤 뜻밖이다. 덕분에 그는 한층 대중적이고 토박이 같은 이미지를 얻게 되었다.

과장된 친밀감을 표시하고 일화를 늘어놓는 그의 습관은 미국 사회의 주류인 앵글로색슨계 백인 신교도보다는 아일랜드계를 연상시킨다. 말하자면 맥조지 번디(보스턴 명문가 출신으로 존 F. 케네디와 린든 존슨 대통령의 국가안보보좌관으로 일한 인물-옮긴이)보다는 케네디에 가깝다. 그는 대통령의 필수덕목인 가정적인 남성상을 갖추고 있다. 그의 아내인 애비게일은 저명한 흉부외과 의사이다. 그녀는 힐러리 클린턴과 버드 존슨 여사(미국 남부 텍사스 주 출신으로 제36대 대통령 존슨의 부인-옮긴이)를 섞어놓은 듯한 섹시하면서도 현모양처 같은 느낌을 갖고 있다.

바틀릿은 문제가정에서 성장했고, 아버지에게 학대당한 아픈 경험이 있다. 요컨대 대통령은 지적으로 뛰어나야 하고 일반인보다 훨씬 똑똑해야 한다는 대중의 기대에 화답하는 캐릭터가 바로 바틀릿이다. 그는 노벨경제학상 수상이라는 화려한 경력을 가지고 있는 데다가 뉴잉글랜드 출신, 구교도, 중서부에서 성장이라는 삼박자를 갖추는 데 성공했다! 그는 데이비드 핼버스텀(베트남전쟁을 파헤쳐 퓰리처상을 수상한 미국의 언론인 겸 저술가-옮긴이)이 케네디를 제2차 세계대전 이후 민주·공화 양당이 배출한 가장 훌륭한 대통령들의 '가장 훌륭하고 영리한' 혼합물로 평가하면서 말한 최고 자질들의 요약본이었다. 그러나 바틀릿은 드라마의 세계에 등장하는 가상의 인물이었다. 2008년 미국 대통령 선거에 나선 후보자들이 이런 가공의 이상형에 필적하기 힘들었다는 사실은 당연한 일이다.

대중들은 각 후보자에게서 매력적인 자질과 함께 매력적이지 않거나 혹은 의심스러운 자질 모두를 직관적으로 파악했다. 공화당 예비후보 중 미트 롬니는 잘생기고 풍채가 좋으며 가정적인 남자이고 유명한 전 미시건 주지사의 아들이기도 하다. 거기다 매사추세츠 주지사 시절 국가적 차원에서 모범으로 삼을 만한 공공의 료제도를 도입한 경력의 소유자였다. 하지만 그는 보수적인 유권자들을 의식해 낙태의 권리와 줄기세포 연구에 관한 기존의 자유주의적 견해를 버리는 등 몇 차례 소신을 바꿈으로써 진실성과 신념이 부족한 듯한 인상을 풍겼다.

9·11테러 당시의 뉴욕 시장으로 위기 극복에 앞장선 루디 줄리아니는 공화당 예비후보 중 잠시 선두에 나서면서 주목을 받았다. 그는 남부 출신이나 태양지대Sunbelt(미국 남부 15개 주에 걸쳐 있는 지역—옮긴이) 출신, 그리고 낙태반대론이 필수요건처럼 여겨지는 공화당의 분위기에서는 의외의 인물이었다. 그는 롬니만큼 자주 혹은 뻔뻔하게 소신을 바꾸지 않았다. 그는 낙태 불법화를 주장하지 않았고 '로 대對 웨이드 사건'의 판결Roe v. Wade(낙태의 권리를 둘러싼 미국 연방대법원의 판결. 여성이 임신 후 6개월까지는 낙태를 선택할 수 있는 헌법상의 권리를 갖는다고 판결했다—옮긴이)을 뒤집어야 한다고 말하지 않았다. 그러나 그는 연방대법원이 어떤 판결을 내리든 만족한다는 태도를 보인 데다 문언중심적 법해석론(법률의 자구에 충실한 해석을 하는 보수적 태도)자를 대법관에 지명할 것이라는 공약을 함으로써 일관성을 상실했다. 이것은 치밀한 타협의 산물이었지만, 그가 테러와의 전쟁을 단호하게 지지했을 때만큼의 강력한 확신을 유권자들에게 심어주지 못했다. 최종후보로 지명된 존 매케인은 놀라운 용기를 보여준 전쟁영웅이며 이라크전쟁의 열렬한

지지자였다. 그러나 선거자금 개혁문제에서 알 수 있듯이 맹목적인 당론 수용과는 거리가 먼 인물이었다. 그러나 그는 남자 동성애자 간의 결혼문제에 대해 모호한 태도를 취함으로써 암초에 부딪히기도 했다.

민주당 후보자들도 다양한 평가를 받았다. 힐러리 클린턴의 강점은 상원의원으로서 성실한 의정활동을 펼친 점, 전직 대통령인 남편과 공동전선을 펼친 여러 쟁점을 확고히 장악한 점, 그리고 무력침공을 통해 사담 후세인을 제거하는 데 찬성표를 던진 것을 후회하지 않은 점 등이었다. 하지만 2003년 개전 결의안을 둘러싼 애매한 태도(당시에 찬성표를 던진 것을 사과할 생각은 없지만, 다시 투표를 해야 한다면 아마 찬성하지 않을 것이고 지금은 개전 결의안을 폐기하는 쪽에 기울고 있다)는 특유의 날카로움, 노골적인 야심, 그리고 비판을 깔아뭉개는 듯한 자세 등과 맞물리면서 불신의 빌미가 되었다. 그녀를 향한 미심쩍은 시선은 구체적인 견해 대신 일반론만 쏟아내는 김빠진 발언태도와 남편과의 문제에 관해 어설픈 농담을 던진 뒤 냉기를 뿜으며 기자들에게 웃을 시간임을 알려주는 당혹스런 대응방식 때문에 더욱 날카로워졌다.

민주당 최종후보로 지명된 오바마는 조리가 있고, 케네디 대통령 이후 볼 수 없었던 자연스런 기품을 가진 것으로 보였다. 그는 특히 40세 이하의 사람들과 대화를 나눌 때 진정한 마법을 부렸다. 그는 스스로를 역대 최연소 대통령에 당선된 케네디에 비유했다. 그것은 자신과 비슷한 처지의 케네디를 방패 삼아 경험 부족을 거론하는 비판을 모면하기 위한 방법이기도 했다. 사실 케네디와 오바마, 두 사람은 모두 의회에서 이렇다 할 공적이 없는 상태에서 대통령에 출마했다. 그리고 케네디의 젊은 활력은 의정활동 경력이 부족한 점을 충분히 상쇄했다.

그러나 케네디와 오바마를 단순비교하기는 어렵다. 화려하다고 말할 만큼의 정치경력은 아니지만 케네디는 하원의원을 3회 역임했고, 상원의원에 2번 당선되었다. 반면 오바마는 이제 겨우 초선 상원의원에 불과했다. 그보다 더욱 중요한 차이점은, 케네디는 오바마와 달리 전쟁영웅의 유산을 갖고 있었다는 사실이다. 케네디는 동일한 세대에 속한 사람들과 마찬가지로 루즈벨트와 처칠이 이끈 민주주의의 적들과의 위대한 투쟁에서 태어났다. 게다가 그는 하버드대학교 시절부터 역사학에 심취했다. 그러나 오바마는 지금까지 역사적 관심을 보여준 적이 거의 없다. 무엇보다도 케네디는 유력한 정치인 가문 출신이었다. 아버지인 조지프 케네디는 루즈벨트 대통령 시절 증권거래위원회sec 위원장과 주영 미국 대사를 지냈고, 보스턴 지역의 막강한 민주당 조직과 연결되어 있었다. 케네디는 어려서부터 성장한 후에 공적 봉사에 나서야 한다는 분위기에서 자랐다. 반면 오바마는 힐러리보다 대중적으로 상냥하고 편안한 인물이긴 하지만 대체로 평화, 희망, 변화, 미래 같은 추상명사를 내세운 후보자이다. 때문에 유권자들은 그에게서 어떤 강력한 목적의식이나 내면적 인격의 기개를 감지하기 어려웠다. 어떤 의미에서 그는 국정운영의 방법론에 관해서는 모호한 태도를 취하는 한편 대중에게는 품위와 낙관론 같은 선물을 선사하는 후보자였다.

이처럼 양당의 후보자들은 매력적인 자질과 그렇지 못한 자질을 동시에 갖고 있었다. 그들 중에서 바틀릿 대통령에 필적할 만한 인물은 없다. 혹시 역사적으로 그런 인물이 있었을까? 이것은 앞으로 우리가 이 책에서 탐구할 문제 가운데 하나이다. 아마 우리 모두가 본능적으로 동경할 법한 이상적인 자질을 대부분 갖춘 사람이 있었을지 모른다. 그리고 그것을 갖추려고 애쓰다가 실패한 사람도 있었을 것이다. 물론 그런 과정에서 소중한 교훈도 남겼을 것이다. 현재 리더의 자리를 노리고 있는 새로운 세대의 경쟁자들은 과거의 모든 선배들처럼 고지를 목표로 삼고 함정을 피해야 한다는 점을 깨달을 것이다. 그리고 자신이 과연 리더의 영혼을 갖고 있는지 점검해야 할 필요가 있다.

리더십의 의미가 바뀌었는가

이쯤에서 다음과 같은 회의적인 질문을 던지는 사람이 있을지 모르겠다. 역사, 그러니까 세월을 거쳐 입증된 처칠, 링컨, 페리클레스 같은 위인들이 남긴 과거의 교훈이 오늘날 새로운 세대에게 리더십의 필요조건에 관한 길잡이가 될 수 있을까? 리더십의 의미가 근본적으로 바뀐 상황에서 과거의 역사적 교훈은 시대착오적인 것이 아닐까?

이런 가능성은 충분히 고려할 만하다. 또한 문화를 전문적으로 연구하지 않는 일반인들도 널리 인정하고 있는 지적이기도 하다. 케이블TV, 인터넷, 블로그 등의 성장을 등에 업은 대중매체의 집중취재 때문에 오늘날의 리더들은 과거와 달리 대중과 격리된 신비로움과 위엄을 누리기가 어려워졌다. 그 어떤 개인적 문제나 질병도 언론의 눈을 피하지 못한다. 루즈벨트 집권기 기자들은 대통령이 소아마비 후유증을 감출 수 있도록 그가 무개차 좌석에 앉은 채로 회견을 진행하는 데 협조했다. 케네디 대통령은 밀회 사실을 덮으려고 기자들에게 윙크를 하거나 팔꿈치로 슬쩍 찌르곤 했다. 그러나 그런 시절은 지나가버렸다. 대중매체의 집중취재로 인해 이제 대통령은 너무나 친밀한 존재가 되었다. 그리고 친밀함은 더욱 심해졌다. 대중들은 리더들이 텔레비전을 통해 자신의 '진정한' 모습을 드러내기를 바란다. 대중의 이런 갈증은 바바라 월터스, 래리 킹, 오프라 윈프리 같은 사람들이 채워준다. 리더들이 자신도 평범한 미국인이며 '진짜' 사람임을 입증하기 위해 부부간의 문제를 거론하며 울음을 터뜨리거나 과장된 감정을 드러내는 모습은 하나의 관례가 되어버렸다. 심지어 철의 여인 마거릿 대처도 노동조합을 파괴하고 아르헨티나 군함 벨그라노Belgrano 호를 격침시키는 긴박한 상황에서 자신이 평범한 가정주부이자 어머니임을 보여주기 위해 바바라 월터스 앞에서 눈물을 짜내야 했다.

이제는 리더십의 마법도 정치인들의 동기를 바라보는 대중들의 냉소적 시선에 의해 빛을 잃었다. 국경이라는 협소한 범위를 넘어 국제적 이상주의에 호소한 1980년대의 평화운동과 오늘날의 환경운동 같은 세계적 차원의 정치운동 때문에 국내의 정치적 사안은 편협하고 이기적인 것으로 전락해버린 듯하다. 또한 한때 루즈벨트와 케네디 같은 대통령들을 통해 엿볼 수 있었던 리더십의 잠재력과 매력은 대중가수 보노[록그룹 유투(U2)의 보컬—옮긴이]와 고故 다이애나 왕세자비 같은 명사 리더celebrity leader들에 의해 조금은 빛이 바랬다. 대중매체가 주목하는 국제적인 명사들이 파고든 섬세한 영역은 이른바 경제적 세계화의 폐해 같은 초국적 쟁점과 잘 어울린다.

물론 노예제를 폐지하기 위한 19세기 영국의 노력이든 제1·2차 세계대전의 거대한 군사동맹이든 국제사회의 연대와 명분은 예나 지금이나 본질적으로 같다. 알다시피 미국 건국의 아버지들은 제퍼슨이 '인류의 신념'으로 일컫은 것에 호소했다. 그것은 초국적 차원의 명분이었지만, 그것을 선도하는 주체는 개별 국민국가였다. 그런데 오늘날의 세계정치는 약간 다른 것을 의미한다. 1980년대의 평화운동에서 출발해 오늘날의 반세계화 움직임과 환경운동으로 발전한 흐름이 있다. 여기에 속한 많은 사람들은 자신이 이상주의로 단결한 진보적인 청년층의 '새로운 시민사회'에 속해 있고 국민국가는 그 다음일 뿐이라고 생각한다. 그들은 스스로를 변화의 촉매제로 여긴다. 그들이 보기에 국민국가는 국제적 긴장관계, 경제적 우위를 위한 투쟁, 군비경쟁 따위로 점철된 구태의연한 정치를 고수함으로써 진보를 방해하거나 기껏 진보를 뒤따라가는 데 급급하다. 세계정치운동의 가장 이상주의적인 관점에서 볼 때 애국심, 이익, 배타주의 따위의 퇴행적 가치를 지닌 국민국가는 세계평화를 유지하고 과학기술에 의한 착취의 폐해로부터 지구를 지키는 데 근본적인 장애물이다. 하지만 아직은 국민국가, 특히 강대국의 지도자들은 세계정치운동을 이끄는 세력이 호소하고 의지해야 할 대상이기도 하다.

　이른바 새로운 세계시민사회의 리더로 나서고 있는 명사들이 점점 늘고 있다. 고 다이애나 왕세자비의 대인지뢰반대운동과 에이즈예방운동, 그리고 보노와 안젤리나 졸리의 빈곤퇴치운동은 이미 국경을 초월했다. 그중에서 앨 고어는 무척 흥미로운 사례이다. 그는 국가 최고위직 출신으로 전통적 의미의 정치와 결별한 뒤 사회의식으로 무장한 영화배우, 록그룹, 토크쇼 진행자 등의 국제적인 명사집단Celebritariat에 합류해 두 번째 정치인생을 펼치고 있다. 말하자면 그는 새로운 변종이다. 2007년 6월 G8 회담에 모인 각국 정상들은 체코공화국에 미사일 방어체계를 구축한 미국에 반발한 러시아의 무력시위 같은 익숙한 문제에 몰두했다. 반면 보노와 가수 겸 사회운동가 밥 겔도프는 그런 케케묵은 쟁점은 진정한 문제에서 너무나 '동떨어진 것'이라며 불만을 토로했다.

　물론 이런 명사들은 막강한 영향력을 갖고 있다. 심지어 대통령이나 총리도 그들의 비위를 맞추려고 한다. 그러나 그들이 궁극적으로 설득해야 할 대상과 행동의 주체는 대통령과 총리이다. 새로운 세기에 접어든 지 얼마 되지 않은 시점에서 과연 세계정치가 시대적 조류가 될 수 있을지, 그리고 소위 명사 리더들이 기존의 국가권력을 얼마나 철저하게 대체할지를 언급하는 것은 너무 이른 감이 있다. 그래도 적어도 가까운 미래까지는 여전히 거대 국민국가의 지도자들이 주도권을 행사할 것 같다. 물론 세계시민이라는 새로운 시대정신의 압력을 거스를 수는 없겠지만 말이다. (평생 반공주의자로 살았던 로널드 레이건도 임기 말에 미국과 소련의 핵무기를 대폭 감축하는 방안을 제안했고, 거기에는 분명히 미국에서 일어난 평화운동의 압력이 일정한 역할을 했다.) 그러나 거대 국민국가의 지도자들이 주도권을 가진다는 것은, 결국 전통적인 방식의 국정운영이 앞으로도 가장 중요한 요소로 작용하며 국정운영이 언제나 지도자들의 심리상태에 좌우될 것이라는 의미이다.

선출직 공무원들의 동기를 냉소적 시선으로 바라보고 전통적인 국가정치의 화려한 치장을 걷어내려는 태도는 1970년대부터 더욱 심각해진 상황에 뿌리를 두고 있다. 다시 말해 정치를 순전히 게임으로 파악하고 이기는 기술에 집중하는 경향에 힘입고 있다. 이때 좋은 정책과 나쁜 정책, 정당한 목적과 부정한 목적, 선과 악, 온전한 성격과 불완전한 성격 등을 둘러싼 알찬 토론은 무시되기 십상이다. 오늘날 우리가 관람하는 정치는 일종의 공정process인 정치이다. 그래서 의사소통기술, 여론조작, 표적집단 따위가 동원된다. 대중매체는 정치를 인기 스포츠로 여기고, 대중은 그런 냉소적인 관점을 받아들인다. 최근 미국 대통령 선거를 보자면 단기간에 판세를 뒤집을 수 있는 승부기술에 연연하는 모습이 드러난다. 고어와 존 케리를 비롯한 후보자들은 요령과 속임수, 헤어스타일과 넥타이 색깔 등 적절한 미끼를 이용하는 데 치중했다. 장기간의 공적 봉사와 토론을 통해 차근히 견해를 가다듬은 닉슨, 심지어는 클린턴의 거북이 작전조차 뒷전으로 밀린 느낌을 주었다.

대중매체의 집중취재와 이미지조작 게임으로 전락한 정치에 대한 이런 냉소적 반응에 기름을 부은 것은 선거에 필요한 천문학적인 자금이다. 사실 대통령 선거를 치를 때마다 지난 선거에서 확보한 전리품, 그러니까 다시는 만져보지 못할 것 같은 엄청난 전리품보다 더 많은 자금이 동원된다.

지난 20년 동안 연예매체를 포함한 상업적 대중매체가 대통령과 국회의원 선거에 미친 영향은 당파적 관점이 투영된 뜨거운 쟁점이다. 민주당은 자체적인 케이블방송 프로그램을 보유한 정치집단과 친보수 성향의 폭스TV 같은 공식면허가 있는 방송국의 성장을 거론하며 1980년대에 공화당을 위한 '소프트머니soft money(정당에 주는 정치헌금―옮긴이)' 전달수단이 늘어난 점을 지적한다. 반면 공화당은 방송사 뉴스 진행자들을 비롯한 대다수 언론인들이 민주당 지지자들이며 할리우드 영화와 텔레비전 프로그램의 태반이 다소 반보수적 경향을 띤다는 불평을 털어놓는다. 아울러 명사라는 지위를 이용해 〈제이 레노 쇼〉나 〈레터맨 쇼〉에 출연해 신작 영화나 음반을 홍보하면서 여러 가지 좌파적 주장을 내세우는 영화배우들과 록뮤직 가수들의 정치적 활동에 발끈하기도 한다.

내가 보기에 민주·공화 양당은 서로 종류는 다르지만 상대를 견제할 만한 매우 강력한 대중매체를 갖추고 있다. 우선 영향력 있는 영화제작자인 조나단 드미는 테러리스트 대신에 핼리버튼Haliburton(공화당과 가까운 미국의 대형 군수회사―옮긴이)과 연루된 음흉한 부통령 후보자를 등장시킨 영화 〈맨츄리안 켄디데이트〉를 2004년 대통령 선거 전야에 상영할 수 있다. 한편 러시 림보(미국의 보수파 방송인―옮긴이)와 빌 오레일리(미국 극우파 방송 폭스뉴스의 진행자―옮긴이)는 연방정부가 허가한 채널을 통해 매주 수백만 명의 헌신적인 지지자들에게 다가간다. 더구나 양당은 전통적인 정치광고의 세계와 영화나 블로그 같은 대중매체가 급속하게 뒤섞이고 있음을 알고 있다. 온라인으로 모금되는 선거자금의 양이 점점 늘어나고 있다. 정치광고도 마찬가지이다. 공식적인 선거운동조직과 무관한 정치활동가들이 핵심그룹과 선거운동 자문단을 배제한 채 데스크톱 컴퓨터로 제작해 인터넷에 직접 올리고 있다. 뉴욕 주 북부의 20대 청년 3명은 2005년에 9·11테러가 부시행정부의 자작극인지 아니면 부당한 전쟁을 일으킬 구실을 만들기 위해 방조한 결과물인지를 따져본 온라인 영화 〈루스 체인지〉를 제작했다. 그 당시 중간선거 이전에 적어도 1000만 명이 컴퓨터로 〈루스 체인지〉를 봤다. 결과적으로 공화당은 상원과 하원 모두 민주당에 다수의석을 내줬다. 게다가 할리우드의 거대 영화사들은 3명의 젊은이들이 자가제작한 인터넷 영화를 고예산 영화로 다시 제작하려고 했다. 이 같은 첨단과학기술의 매개로 각성과 토론의 기회가 늘어났지만 동시에 남용의 가능성도 커졌다는 것을 누가 부인할 수 있겠는가?

필자를 포함한 베이비붐 세대의 사람들은 좌파와 우파를 가릴 것 없이 에드워드 R. 머로(1950년대에 활약한 미국의 방송인—옮긴이) 시절의 대중매체가 오늘날의 언론보다 더욱 공정하고 책임감 있었다고 이상화하는 경향이 있다. 물론 그렇게 볼 수 있다. 그러나 역사적으로 볼 때 정치인과 정당은 언제나 여론을 유리하게 형성하기 위해 돈을 써왔다. 그리고 그들은 자신의 물질적 이익과 정치적 신념을 구현하기 위해 수단과 방법을 가리지 않았다는 점을 명심해야 한다. 폼페이우스와 카이사르 같은 로마 공화정 후기의 정치인들은 적들의 평판에 먹칠을 하는 한편 자기 당파의 지지자들에게 돈과 관직을 거리낌 없이 제공했다. 아우구스투스 황제는 두둑한 대가를 주며 베르길리우스 같은 문인들을 포섭해서 자신의 미덕을 칭송하는 시를 쓰도록 했다. 프랑스혁명과 러시아혁명 시절에는 왕비와 황후의 추악한 성적 타락을 폭로하는 포스터가 거리 곳곳에 나붙기도 했다.

팍스 아메리카나가 절정에 달했던 1950년대에는 미국 언론이 공정함과 객관성을 갖췄다고 볼 수 있더라도 그 이전에는 확실히 그렇지 않았다. 19세기 미국 신문들은 늘 무자비한 인신공격에 몰두했다. 예를 들어 당시 신문들은 앤드류 잭슨(미국의 7대 대통령—옮긴이)을 간통녀와 결혼한 사람으로 매도했다. 존 퀸시 애덤스(미국의 6대 대통령—옮긴이)는 백악관에 당구대를 들여놓았다는 이유로 '유럽 군주'의 흉내를 내는 대통령이라는 비난을 받았다.

지금까지 우리는 정치인, 이익집단, 명사, 언론인 등에 대해 살펴보았다. 현재 그들은 너 나 할 것 없이 하나로 수렴하는 경향이 있다. 과거 정치사에서 주류적 경향이었던 막대한 자금과 당파적 차원의 추문 폭로와 동일한 의견으로 무장한 조직을 통해 무소불위의 영향력을 행사하려는 태도로 회귀한 것이다. 하나로 통합되는 경계와 인터넷 의사소통을 갖춘 신세계는 지금까지 내내 그랬던 상태로 회귀하는 것으로 볼 수 있다. 강력한 첨단과학기술을 갖췄을 뿐인 것이다.

마이클 무어와 조지 클루니는 단지 좌파 성향의 영화감독이나 명사가 아니다. 그들은 사실상 좌파 내부의 핵심 지지층을 이끄는 리더들이다. 그들은 예술가로서 과거 정치집단이나 지방 정당 조직, 도시의 정치'기구'가 수행했던 것과 동일한 방식의 창의적인 작업을 통해 여론을 체계적으로 조직한다. 무어는 과거의 윌리엄 랜돌프 허스트(미국의 언론재벌—옮긴이) 같은 존재로 볼 수 있다. 물론 그는 신문 대신 영화로 철저히 당파적인 메시지를 전파한다. 그러나 허스트와 마찬가지로 그 과정에서 큰돈을 벌고 민주당의 일부 핵심 지지자들 사이에서 막강한 영향력을 확보한다. 그는 중간선거 때 민주당의 반전여론을 재구축함으로써 공화당의 패배에 영향을 미쳤고, 그 이후에는 공공의료제도의 문제점까지 파고들었다. 정치인들은 대체로 루즈벨트 시절부터, 그리고 여러 면에서 할리우드 스타와 닮았던 케네디 시절부터 확실히 명사로 변신하기 시작했다. 하지만 그 뒤로는 정반대 현상이 나타났다. 즉 명사들이 정치인으로 변신한 것이다. 그들은 레이건과 아놀드 슈워제네거처럼 정치인으로 직접적인 활동을 펼치든 여론형성자로서 측면지원에 만족하든 정치에 개입했다. 무어나 클루니는 적당한 기회를 만나면 공직에 출마할 수 있을 것이고, 특히 클루니는 확실히 그럴 것 같다. 그러나 그들은 열렬한 선거운동이나 조심스런 대중연설보다는 영화와 대중매체를 통한 영향력을 선호할 것이다. 이것은 낮 시간대 텔레비전 방송의 여왕으로 군림하며 오바마의 선거운동에 모습을 드러냄으로써 대중매체 명사와 정계 실력자를 구분하는 장벽을 대부분 무너뜨린 오프라 윈프리의 경우에도 해당된다.

정치를 다루는 진지한 인쇄매체나 직업공무원들은 공직에 출마하는 명사들의 정치적 경험 부족을 꼬집는다. 그들이 당선되어도 어려움을 겪을 것이라고 평가하는 것이다. 그러나 그런 식의 자기 위안은 실제 사례와 모순된다. 앞으로 살펴보겠지만, 복합적이면서도 진화한 정치적 인격의 소유자인 레이건을 떠올려보면 쉽게 이해할 수 있을 것이다. 그가 어떤 단점을 갖고 있었든 적어도 지미 카터나 월터 먼데일 같은 정치적 경력만 갖춘 후보자들의 공격에 위축되는 일은 없었다. 결국 선거에서 두 사람을 통쾌하게 눌렀다. 그리고 많은 전문가들은 아놀드 슈워제네거를 과소평가했다. 캘리포니아 주지사 그레이 데이비스 같은 직업정치인들이 텔레비전 토론에서 복잡한 정책을 이슈로 몰아붙이면 결국 밑천이 드러날 것이라 입맛을 다셨다. 그러나 슈워제네거는 전문가 못지않은 능력을 보여줬다. 오히려 특정 정책과 관련한 쟁점을 일반 유권자들의 호감을 살 만한 폭넓은 메시지로 전환하는 점에서는 전문가를 능가했다. 그가 복잡한 정책을 이해하기 쉬운 표현으로 바꿀 수 있었던 이유는 연기력과 관련이 있다.

레이건의 급부상에는 영화인으로서의 경력이 도움이 되었다. 그는 늘 훌륭한 미국인의 표상 같은 역할을 맡았다. 그러나 백악관에 입성하기까지 그는 오랫동안 여러 쟁점에서 보수적 관점을 드러냈고, 미국에서 가장 부유하고 가장 인구가 많은 주의 주지사를 두 차례나 역임했다. 반면 많은 이들이 레이건의 마법을 재현할 것으로 기대했던 프레드 달튼 톰슨(미국의 영화배우-옮긴이)은 검사로 일하다가 영화계에 진출해 권위적이고 보수적인 인물을 연기했고, 나중에 상원의원에 당선되었으나 두 번째 임기 도중에 다시 방향을 틀어 〈법과 질서Law & Order〉에서 권위적이고 보수적인 역할을 맡았다. 그가 어떤 장점을 갖고 있었든 대중매체를 통해 드러난 외적 인격과 정치인으로서 보여준 외적 인격은 구분하기 어렵다. 그는 정치를 연예매체에서 성공을 거두기 위한 발판으로 삼았지만, 레이건은 그 반대였다.

최근에 나타난 또 하나의 변종은 엘 고어이다. 그는 아마 역사상 가장 기이한 변종으로 기록될 것이다. 앞서 지적했듯이 그는 상원의원과 부통령 같은 고위직을 역임했고, 2000년 대통령 선거에서 민주당 후보로 나서 당선 목전에까지 이르렀다. 그 이후 환경운동을 지지함으로써 명사의 반열에 올랐다. 고어의 사례는 과거에는 명사가 고위직에 오르기 위한 디딤돌이었지만 지금은 고위직이 명사가 되기 위한 발판이라는 의미일 수도 있다. 물론 고어가 최근에 확보한 명사라는 지위를 이용해 다시 정치에 복귀할 수도 있지만 말이다.

정치와 명성의 수렴현상이 당황스럽거나 불편할지 모르겠지만, 당파적 메시지를 선전하기 위해 자신의 영향력을 활용하는 점을 지적하며 명사들을 비판해본들 소용없다. 무어의 경우 그가 영화 제작자로서 가진 힘과 그가 여론을 형성하는 능력을 서로 구분하기 어렵다. 또한 그 점을 빌미 삼아 그를 비판할 수도 없는 일이다. 모범답안은 자신의 명성과 부를 남용한다는 이유로 그를 비난하는 것이 아니라 논쟁을 통해 그의 영화에 담긴 메시지를 조목조목 반박하는 것이다. 만약 유명세가 없었다면 크게 주목을 받지 못했을 법한 명사들이 공공정책에 관한 목소리를 내기 위해 대중음악이나 영화 같은 비정치적 분야에서 쌓은 명성을 이용하는 모습이 눈에 거슬릴 때도 있다. 그러나 자신의 영향력과 부를 그런 식으로 활용하는 점에서 명사들은 루퍼트 머독 같은 언론재벌이나 특정 주제에 관한 전문지식이나 자격증이 없을지 모르는 신문 논설위원들과 크게 다를 바 없다. 미국인들은 수정헌법 제1조에 따라 정치적으로 옳다고 여기는 바를 추진하기 위해 서로 같은 생각을 지닌 동지들의 여론을 조직화할 수 있다.

흔히 주류 언론은 '제4의 권부'로 불리지만, 만인에게 보장된 의사표현의 자유와 동떨어진 고유의 헌법적 지위를 갖고 있지 않다. 미국 수정헌법 제1조는 〈뉴욕타임스〉나 케이블방송, 정치전문 블로그, 기업회보를 서로 다르게 보지 않는다. 이와 마찬가지로 시모어 허쉬(미국의 탐사보도 전문기자—옮긴이)와 보노, 찰튼 헤스튼(미국의 영화배우—옮긴이)과 앤서니 루이스(퓰리처상을 수상한 미국의 언론인—옮긴이), 데이비드 프룸(미국의 보수논객—옮긴이)과 안젤리나 졸리도 다를 바 없다. 모두가 자신의 소신과 동일한 의견을 조직화하는 데 힘쓴다. 그리고 자신을 위해서든 자기 사업을 위해서든 아니면 자신이 내세운 명분을 위해서든 금전적 이익을 나눠 가질 때도 많다. 그리고 우리가 유명 연예인, 실업계의 거물, 영화제작자, 칼럼니스트 같은 오피니언 리더의 의견을 어떻게 여기든 간에 그들에게는 그렇게 행동할 권리가 있다. 중요한 것은 특정 관점을 갖고 있는 사람이나 그것을 가질 만한 자격이 아니라 관점 그 자체이다. 예를 들어 나는 무어가 공화당의 대외정책에 관해 전혀 잘못 알고 있다고 생각하지만, 내가 그렇게 판단하는 까닭은 그가 영화제작자이기 때문이 아니라 그가 틀렸기 때문이다.

성격이 중요하다

지난 20년 동안 정치적 현실은 크게 변했지만 본질적 요소는 그대로 남아 있다. 중요한 것은 성격이다. 막대한 자금과 새로운 의사소통기술에도 불구하고 출마자들을 눈여겨본 대중은 결국 이렇게 생각할 것이다. '누가 가장 정직한 사람일까?' '누가 가장 용감할까?' '정부가 해야 할 일을 누가 가장 신중하게 생각할까?' 2008년 민주당 대통령 후보자 예비선거에서 빌 클린턴은 힐러리에게 다음과 같은 당부를 했다고 한다. "분명하고 일관성 있는 몇 가지 주제에 충실할 것." 전술은 상황에 따라 바꿔도 되지만 기본적인 주제는 유지하라는 말이었다. 사람들은 태도가 돌변하거나 언행이 일치하지 않는 후보자를 가려낼 줄 알고, 대체로 그런 후보자는 패배한다. 루즈벨트 이래 재선에 성공한 유일한 민주당 소속 대통령인 점을 감안할 때 클린턴은 나름의 의견을 개진할 자격이 있다. 앞으로 살펴보겠지만, 장기적인 목표를 위해 유연한 전술을 구사할 수 있는 능력은 저 아득한 페리클레스 시대의 아테네 지도자들부터 미국 건국영웅들과 링컨, 처칠, 루즈벨트 같은 거물들을 관통하는 위대한 정치적 리더십의 보증수표이다.

예나 지금이나 유력한 지도자들은 언제나 명사들이었고, 그들은 항상 질투와 아첨의 대상이었다. 그리스 역사가 크세노폰은 페르시아제국의 창건자 키루스 대제를 인위적으로 자신의 키와 풍채를 부풀린 최초의 리더로 평가했다. 아우구스투스 황제

때부터 공공장소에 설치된 역대 로마 황제들의 조각상은 실물보다 훨씬 컸다. 그것은 단지 허영심의 소산이 아니었다. 로마제국의 모든 도시의 광장과 건물 곳곳에 설치된 황제의 흉상과 조각상은 평화, 질서, 법률, 교양교육, 번영, 덕성 따위를 증진하려는 로마제국의 열망을 황제 자신의 모습을 통해 구체적으로 보여주기 위한 것이었다. 원칙적으로 그것은 근엄함과 인자함을 적당히 오가는 표정으로 사색에 잠긴 듯 해변을 걸어가는 오늘날의 대통령 후보자 홍보용 비디오의 촬영 및 편집 기술과 전혀 다르지 않다. 더구나 정치가들은 동서고금을 막론하고 대중에게 전달할 메시지를 다듬는 연설문 작성자 겸 홍보 전문가였다. 페리클레스는 유명한 웅변술 전문가인 프로타고라스와 절친한 사이였다. 베르길리우스나 호라티우스 같은 문인들은 미덕과 평화와 문명을 구축해야 할 아우구스투스 황제의 신성한 사명을 칭송했다. 동전과 신전의 비문은 새로 등극한 황제의 '목표'를 로마제국 전역의 각 도시로 전달했다.

지금까지 어떤 리더들은 언제나 공익을 위해 일하는 비상한 에너지와 열정 때문에 혹은 지배권, 권력, 영광 등을 독점하려는 음흉한 야심과 대중을 현혹하고 압도하는 능력 때문에 다른 사람들보다 한층 두드러진 존재로 인정받았다. 19세기 독일의 사회학자 막스 베버는 이것을 카리스마라 불렀다. 카리스마는 고대 그리스어에서 파생된 용어로서 소포클레스의 희곡에 나오는 오이디푸스 왕 같은 리더들, 다시 말해 헌신적인 공적 봉사를 통해 신에 버금가는 명성과 찬사를 누린 리더들을 묘사하기 위한 단어이다. 만일 오이디푸스처럼 살인과 왕위찬탈을 거쳐 부당하게 권좌에 오른 지도자가 자신의 실력을 입증할 목적으로 더 열심히 일했다면 한층 적합한 용례라 할 수 있다. 윤리적 판단을 배제한 채 본질에 집중하고 여러 가지 역사적 사례를 살펴보면 대부분의 사람들은 카리스마를 갖춘 리더와 평범한 리더를 구분할 수 있다. 카리스마를 갖춘 인물이 반드시 자비롭지는 않다. 대신 어느 정도의 허세와 함께 사람들의 눈길을 끌 만한 매력과 비범한 능력을 갖고 있다. 예를 들어 나폴레옹 보나파르트와 웰링턴 공작을 비교해보자. 혹은 루즈벨트와 드와이트 아이젠하워, 리처드 닉슨과 제럴드 포드, 대처와 에드워드 히스(총리를 역임한 영국 보수당 정치인-옮긴이) 등을 비교해보자. 앞으로 살펴보겠지만, 사실 공익을 가장 충실히 구현한 사람들도 공익을 가장 철저하게 배반한 사람들에게서 엿볼 수 있는 부정적인 자질을 지니고 있었다.

전쟁이라는 시련

이런 딜레마에 눈길을 돌리기 전에 먼저 과거와 현재의 위대한 리더십에 담긴 또 하나의 상수를 살펴보는 것이 좋겠다. 정치가 속임수나 의사소통기술 따위를 겨루는 공정이나 시합으로 전락하지 않도록 예방하고 과거의 위대한 리더들이 보여준 것에 버금가는 미덕을 요구하는 상황이 있다. 그것은 바로 국제적 대립과 전쟁 같은 위기이다. 전쟁이나 테러가 일어날 우려가 있을 때에는 우리가 회색 옷을 입었든 갈색 옷을 입었든 중요하지 않다. 전쟁은 우리의 호불호와 무관하게 리더들에게 가혹한 시련을 안겨주는 계기이고, 쉽사리 사라지지 않는 위기이다. 알다시피 미국 대통령들은 국내정치, 기회, 정의 같은 쟁점에 주력하려는 각오로 정권을 잡지만 금세 국제분쟁에 휘말린다. 그것은 아테네의 페리클레스부터 토머스 제퍼슨, 테오도어 루즈벨트, 프랭클린 루즈벨트, 케네디, 존슨, 카터, 클린턴, 아버지 부시, 아들 부시에 이르는 미국의 역대 대통령 모두가 겪은 일이다. 물론 링컨의 중요한 정치적 사명은 아직 성장 중인 공화국을 위기로 몰고 간 내전에 대처하는 것이었지만 말이다.

프랑스와 영국처럼 노골적인 정복사업과 제국을 지향한 국가들은 무위武威를 떨치는 것을 그리 거북해하지 않는 편이었다. 대영제국은 이미 오래전에 사라졌지만 영국인들은 아직도 축구경기장에서 〈영국이여 지배하라Rule Britannia〉 같은 노래를 당당하게 부른다. 멋진 제복을 차려입은 프랑스의 대통령의장대는 여전히 정예기병대로 이뤄진 나폴레옹 황제의 근위대를 연상시킨다. 반면 미국인들은 전시의 리더십이 리더의 위대함을 판별할 수 있는 최고의 시금석이라는 관점에 고개를 절레절레 흔든다(비록 루즈벨트와 닉슨 같은 몇몇 대통령은 예외이지만 말이다). 일반적으로 미국인들은 인간이 평화 속에서 개인적 자유와 번영을 추구하는 것을 자연스럽게 여긴다. 그리고 전쟁을 부도덕한 소수의 종교적·이념적 광신이 야기한 왜곡현상이나 빈곤과 절망적인 미래가 낳은 자포자기적 행동으로 바라보는 경향이 있다. 다수의 미국인들은 만약 장래의 적들과 의사소통할 수 있거나 그들의 빈곤을 덜어주는 데 힘을 보탤 수 있다면 세상 모든 사람들이 이성을 되찾고 평화의 열매를 선택할 것이라는 신념을 갖고 있다. 미국인들이 모든 나라와의 평화를 원하고 다른 나라에 대한 부당한 야심이 전혀 없다는 이념은 건국 초기로 거슬러 올라간다. 다음은 제퍼슨이 저술한 책 《버지니아 주에 관한 기록Notes on the State of Virginia》의 일부이다.

> 앞으로 우리와 의견이 배치되더라도 모든 나라, 심지어 우리에게 큰 상처를 입힌 나라인 영국과의 평화와 우애를 증진하는 데 힘써야 할 것이다. …… 지금까지 전쟁이 이익이 될 것이라고 주장하기 위해 동원한 계산법만큼 어리석은 것도 없었다.

제퍼슨의 말에 따르자면, 미국의 입장에서는 전쟁에 휩쓸릴 위험을 최소화하기 위해 유럽을 비롯한 외부세계와 동떨어져 있는 것이 최선의 선택일지 모른다.

> 이것을 지혜로 삼아야 한다. 그리고 전쟁을 일으킬 기회를 최소화하기 위해 미국은 외국과의 분쟁을 유발하는 요소인 대양을 아예 포기하는 편이 나을지 모른다.

받아들이기 힘든 사실이겠지만 분노, 호전성, 종교적 열정, 명예욕, 지배욕 같은 욕구는 어쩔 수 없는 인간의 본성일지 모른다. 그런 욕구는 이를테면 개인적 안락과 안전, 혹은 관용과 공정함 같은 다른 욕구와 동시에 존재할 수도 있다. 하지만 그런 욕구는 자체적인 한계를 벗어날 때도 있다. 그리고 인간의 영혼에서 결코 없어지지 않는 욕구일 것이다. 20세기 미국은 강대국으로서 여러 국제분쟁에서 언제나 일정한 역할을 맡았고, 세계의 리더로 활약했다.

그 때문에 미국 대통령들은 전임자와 달리 대외정책에 너무 치중하지 않고 국내문제를 해결하는 데 주력하리라 마음먹고 집권하지만 금세 국제문제에 휘말리고 만다. 존슨은 국내의 취약계층을 배려하려는 목표를 갖고 백악관에 입성했으나 결국 베트남 사태에 완전히 정신을 뺏기고 말았다. 카터는 헨리 키신저가 주도한 현실주의 정책의 늪과 강대국 지위에 집착하는 태도에서 벗어나 내정을 살피겠다는 굳은 결심을 안고 백악관에 들어섰다. 그러나 그가 재임 중 남긴 최대의 치적은 이스라엘과 이집트 사이의 평화정착을 꾀한 캠프데이비드 협정을 중재한 것이었다. 1992년 대통령 선거운동에서 클린턴은 "문제는 경제야. 이 바보야!It's the economy, stupid!"라는 슬로건에서 알 수 있듯이 레이건행정부의 거대한 국제전략 일변도의 정책에서 벗어나고자 했다. 그러나 클린턴도 전쟁(코소보사태에 개입한 점)을 일으키고 평화(실패로 돌아갔지만 이스라엘과 팔레스타인 사이의 협상을 중재한 점)를 정착시킬 수 있는 미국 대통령직의 마력에 굴복하고 말았다. 끝으로 조지 W. 부시는 복지국가의 일부 역할을 담당할 종교단체 육성안과 연금제도 개혁안을 담은 '따뜻한 보수'에 주력할 생각으로 대통령직에 올랐고, 대외적 측면에서도 신고립주의자로 평가받았다. 그러나 그는 임기 동안 오로지 9·11테러에 휘둘렸고, 이라크와 아프가니스탄에서 전쟁을 치르면서 정치적 자산을 모두 소진해버렸다.

오바마 같은 새로운 세대의 야심만만한 몇몇 리더들은 미국적인 낙관론을 펼쳤다. 즉 국제적 긴장과 테러의 위험이 사라지고 있고, 새로운 세대는 과거의 세대보다 잠재적 적들과 의사소통이나 화해를 더 잘할 것이며, 이라크전쟁이라는 부시행정부의 끔찍한 실수를 만회하면 다시 국민의 미래에 '희망'의 빛을 던질 수 있을 것이라 주장했다. 그러나 자신의 의사와는 상관없이 오바마는 국제문제에 휘말렸고, 군사력을 행사하게 되었다. 새로운 세대의 리더십이 다른 모든 면에서 변할지라도 이 사실만큼은 변하지 않을 것이다.

이상은 일반적인 정치적 현상만큼이나 확실히 장담할 수 있는 사실이다. 따라서 우리는 어떤 후보자가 대통령에 가장 적합한지 미리 생각해볼 필요가 있다. 왜냐하면 싫든 좋든 간에 선거에서 승리한 사람은 대통령직을 맡아야 하기 때문이다. 기존의 세대를 이어 새로운 세대가 등장할 때는 능변의 소장小將이든 반백의 노장老將이든 간에 언제나 비슷한 도전에 직면한다. 전시가 아닌 평시의 경우 민주주의는 제도적 장점을 무기로 리더의 부족한 재기才氣와 용기를 보충할 수 있다. 앞으로 제2부에서 검토하겠지만, 미국 건국의 아버지들은 이 점을 날카롭게 꿰뚫고 있었고 그것을 새로운 공화국의 장점으로 여겼다. 그들이 건설한 새로운 나라에서는 고대 그리스와 로마 공화정에서 배출된 위인들 같은 천재적인 정치가들보다 제도가 더욱 중요했다. 건국의 아버지들은 투키디데스를 비롯한 고대의 치국 전문가들이 남긴 교훈을 알고 있었고, 진심으로 국민을 섬긴 페리클레스 같은 정치가들도 있었던 반면 국민을 지배하고 심지어 폭정을 꾀하려는 욕망을 품은 정치가들도 있었다는 점을 배웠다.

하지만 위기, 특히 전쟁 같은 심각한 위기가 찾아오면 비범한 리더들이 필요하기 마련이다. 이 점 역시 투키디데스가 일찍이 지적한 바 있다. 그는 아테네가 팽창주의 노선을 걷고 스파르타와 주도권 경쟁을 벌이는 과정에서 알키비아데스 같은 탁월하지만 부도덕한 모험가가 평상시에는 불가능한 방식으로 아테네의 정치를 주도한 과정을 알고 있었다. 알키비아데스 이래 서양에서는 나폴레옹, 링컨, 처칠, 루즈벨트, 케네디, 닉슨처럼 선의든 악의든 간에 군사문제와 국제문제를 둘러싼 긴장과 영광을 즐기는 인물들과 군통수권을 확보함으로써 고압적인 지도자, 심지어 국민의 자유를 위협하는 지도자로 인식된 인물들이 줄줄이 등장했다. 이 책의 뒷부분에서 살펴보겠지만, 그런 인물들의 동기에 대한 정확한 평가는 사례별로 다를 것이다. 그러나 외국과의 전쟁은 시대를 막론하고 일어나기 마련이고, 그것은 여전히 지도자들의 거대한 야망을 부추기는 요소이다.

부시 대통령 임기 후반에 예비선거에 나선 몇몇 후보자들을 비롯한 일부 정치인들은 마치 미국의 지위하락이 오로지 부시행정부의 이라크정책이 실패했기 때문인 것처럼 주장했다. 그리고 자신이 신임 대통령으로 당선되면 미국이 원래의 지위를 회복할 것처럼 행동하는 경향이 있었다. 그러나 신임 대통령도 전임 대통령과 마찬가지의 위기를 맞이했다. 미국의 정책만이 위기를 불러오는 원인이 아니기 때문이다. 미국을 향한 적의는 과거의 아테네나 현대의 여러 민주주의제국 등이 가장 충실하게 구현한 문명에 대한 뿌리 깊은 적대감에서 비롯된 경우가 많다.

오바마가 상원의원 시절 언급했던 〈우리가 이겨야 할 전쟁〉이라는 제목의 외교정책 연설과는 달리 서구세계의 물질적 번영이 비서구세계에 도달해도 전쟁을 야기하는 이념이 사라진다고 볼 수 없다. 사실 그 연설은 국제관계를 바라보는 미국의 전통적인 관점에 얽매인 지나치게 낙관적인 것이었다.

미국의 정치인들은 이 점을 깨달아야 하고, 복잡하고 거북한 현실을 기꺼이 국민에게 알려줘야 한다. 단순한 대화와 기대가 해답이 아니듯 이라크를 '100년' 동안 점령하는 것도 해답이 아니다. 펠로폰네소스전쟁 이후의 역사가 입증하듯이 다가올 미래에 대처하기 위한 필수요소는 외교와 군사력의 적절한 균형이다. 이런 현실을 국민에게 납득시키지 못한 점은 부시행정부가 저지른 최악의 실수 중 하나였다. 부시행정부는 후세인을 겨냥한 군사행동과 테러와의 전쟁을 연결시키지 못했다. 그 때문에 테러주의자들이 어떤 세계관을 갖고 있으며 왜 일시적인 군사적 승리만으로는 테러를 완전히 근절하지 못하는지 국민에게 제대로 설명하지 못했다. 결국 집권 초기의 뜨거운 국민적 지지를 탕진하고 말았다. 앞으로 미국 대통령들은 과연 루즈벨트나 처칠 같은 위대한 선배들과 마찬가지로 적대세력을 둘러싼 여론을 적절히 형성하는 능력을 보여줄 수 있을까?

역사가 입증하는 사실 중 하나는 평화애호국에게도 전쟁이 불가피할 때가 있다는 것이다. 덧붙여 말하자면, 적의 공격을 받아

패배하거나 이후 더 심각한 전쟁에 휘말리기보다는 선제공격을 하는 편이 나을지 모른다. 1930년대에 히틀러의 호전성을 달래기 위한 시도는 오히려 그의 배짱만 키웠고 그에게 무장할 시간을 주었다. 결국 그를 더욱 강력한 적수로 만들었을 뿐이다. 이렇듯 평화주의는 군사적 충돌의 주요 원인일 때가 많다. 제1부에서 살펴보겠지만, 이와 같은 교훈은 제2차 세계대전과 냉전 시기에 영국과 미국을 이끈 리더들의 영혼에 각인되었다. 또한 후세인 정권을 무너뜨리기 위한 미국 신보수주의자들의 전쟁과 그로 인한 안타까운 결과에서 알 수 있듯 오늘날까지 생명력을 유지하고 있다. 한편 전쟁은 언제나 사회와 정치체제에 해악을 미친다. 설령 전쟁에서 승리해도 상황은 달라지지 않는다. 제3부에서 살펴보겠지만, 아테네의 오만한 팽창주의는 시켈리아 원정이라는 비극적 오판으로 이어졌고, 베트남전쟁에 뛰어든 서양 최초의 민주주의제국은 국내적 위기와 파멸을 경험했다. 전쟁을 회피하는 것이 위험할 수 있다면, 전쟁에 나서는 것은 다분히 위험하다. 비현실적인 평화주의와 오만한 호전주의 사이에 끼인 채 국가를 이끌어가는 것은 미국 대통령의 가장 어려운, 때로는 가장 중요한 과업이다.

　권위주의 정권은 전쟁의 여파에 특히 취약하다. 그것은 정권이 기본적으로 억압적 수단에 의존하는 허약한 내부구조를 갖고 있는 데다 패전이나 교착상태를 맞이할 경우 폭발할 수 있는 잠재적인 불만이 사회 전반에 팽배하기 때문이다. 러시아제국은 일본에게 참패를 당하는 바람에 전제정권의 취약성이 드러났고 결국 1917년 혁명의 리허설 격인 1905년 혁명을 맞이했다. 1914년 러시아 황제는 동원령을 통해 오스트리아—헝가리 제국과 독일에 맞서 슬라브계인 세르비아를 편드는 시늉을 했다. 이후 러시아는 전쟁에 휩쓸렸고 로마노프 왕조는 붕괴했으며 볼셰비키가 정권을 잡았다. 놀랍게도 러시아의 후계자인 소련도 대외적 모험주의를 되풀이하다가 내부적 몰락을 재촉했다. 1979년 레오니트 브레주네프는 혼수상태의 소련 체제에 새로운 혁명적 열기를 불어넣고자 아프가니스탄을 침공했다. 그것은 제2차 세계대전이 끝난 이후 소련군이 감행한 최초의 직접적인 육상침공이었다. 그는 '무장한 프롤레타리아계급'의 부흥을 꿈꿨지만, 고국으로 돌아온 전사자의 시체는 나날이 늘어만 갔다. 흔들리던 체제는 결정타를 맞았고, 미하일 고르바초프가 등장하면서 붕괴를 맞았다.

오늘날의 민주주의는 전쟁으로 인한 국내적 충격을 비교적 유연하게 관리할 수 있다. 하지만 타격을 전혀 입지 않을 수는 없다. 알다시피 미국은 신대륙에 남아 있는 노쇠한 스페인제국의 식민지 해방이라는 성격과 제국주의적 침략이라는 성격이 뒤섞인 미서전쟁美西戰爭(1898년에 벌어진 미국과 스페인의 전쟁—옮긴이) 때문에 심각한 곤란을 겪었다. 또한 베트남전쟁 때문에 2명의 대통령이 물러나고 여러 도시가 불길에 휩싸이고 대학 교정에서 소요가 일어나는 등의 심각한 국론분열과 뼈아픈 경험을 했다. 영국은 나치의 야욕으로부터 유럽을 구하기 위해 온갖 희생을 감수했고 결과적으로 승리를 거두었다. 그러나 너무 기진맥진해버렸고 얼마 지나지 않아 제국의 영광을 잃어버리고 말았다. 바로 여기에 야심만만한 정치가들이 꼭 명심해야 할 냉혹한 교훈이 있다. 전쟁에 나서도 대가를 치를 것이고 전쟁에 나서지 않아도 대가를 치를 것이란 점이다. 그리고 전쟁과 평화 가운데 하나를 선택할 때는 리더의 지성, 직관, 세계정세에 대한 해박한 지식, 역사적 통찰력, 그리고 인간의 동기를 간파할 수 있는 예민한 감각 등이 작용할 것이다.

인격과 충돌

이 책에서 우리는 모범적인 리더들이 각자의 재능을 발휘한 주요 사건의 맥락에서 그들의 인격을 살펴볼 것이다. 문제는 이 탁월한 인물들이 당대에 벌어진 분쟁과 논쟁을 통해, 그리고 평화 대 전쟁 같은 쟁점을 통해 배운 리더십에 관한 교훈을 찾아내는 것이다. 특히 전쟁은 리더들에 관한 모든 논의를 하나로 묶을 수 있는 주제이다. 왜냐하면 전쟁의 징후, 평화유지의 명분, 자국 방어나 우방국 지원의 필요성 따위를 가늠할 수 있는 능력은 리더십의 가장 중요한 평가기준이자 리더들이 각자의 재능, 활력, 인내심, 감화력 등을 최대한 이용해야 하는 시험대이기 때문이다.

그래서 나는 이 책을 크게 세 부분으로 나눴다. 제1부에서는 현재의 도전과제에 대처하는 차원에서 과거의 지도자들의 영감과 통찰력에 주목할 것이다. 여기에는 케네디부터 조지 W. 부시까지 미국 역대 대통령들이 겪은 모험담이 등장할 것이다. 그들의 모험담은 베트남전쟁에서 비롯된 것이자 냉전과 제2차 세계대전을 거치면서 형성되었다. 그리고 미국의 지도자들이 이런 사건을 통해 얻은 교훈에서 비롯된 것이기도 하다. 논의는 기본적으로 이제 막 역사적 무대를 떠나는 세대의 관점에서 진행될 것이다. 흔히 우리는 한 시대의 막바지로 향하며 새로운 세대에게 리더십을 넘겨주고 있다고 생각한다. 따라서 제1부에서는 케네디부터 부시까지의 역대 대통령들이 그런 경로를 밟은 과정과 아직은 확고히 자리 잡지 않은 새로운 세대의 지도자들이 등장하는 과정을 탐색할 것이다.

제2부에서는 한층 과거로 돌아갈 것이다. 그리고 유럽으로 시야를 넓힐 것이다. 특히 19세기 미국의 가장 위대한 지도자인 에이브러햄 링컨의 등장에 초점을 맞추었다. 그러나 그와 동시에 유럽의 비범한 지도자 나폴레옹이 미국의 링컨 세대에 미친 영향의 관점도 검토했다. 즉 링컨 자신과 랠프 왈도 에머슨 같은 당대의 여러 사람들이 인정한 영향의 관점, 정치적 명예에 관한 미국 국부들의 복잡하고 상반된 견해의 관점, 민주주의 체제에서 공익을 추구하는 데 필요한 자질의 관점에서 링컨을 바라볼 것이다. 이런 연관성 속에서 우리는 더욱 과거로 시선을 돌려 조지 워싱턴과 알렉산더 해밀턴을 비롯한 미국 건국의 아버지들에게 중요한 영감을 제공한 브루투스와 카토 같은 고대의 정치가들도 살펴볼 것이다.

제3부에서는 고대의 공화국을 계속 탐험하면서 더욱 과거로 향해 서양 최초의 민주주의와 페리클레스 시대의 아테네로 눈길을 돌렸다. 이와 함께 최초의 초강대국 간의 충돌인 아테네와 스파르타 사이의 기나긴 투쟁에서 등장한 다양한 리더십 인격을 살펴볼 것이다. 처칠과 케네디는 나치 독일과 소련에 대한 연합국의 투쟁을, 페르시아제국에 대한 아테네의 투쟁으로 바라봤다. 그리고 고

대 아테네의 역사를 면밀히 분석한 해밀턴은 새로운 미국식 민주주의가 덫에 빠지지 않을 것이라 주장했다. 링컨의 게티즈버그 연설은 흔히 페리클레스의 아테네 전몰용사 추도연설에 비견된다. 전사자들을 기리기 위한 감동적인 두 연설은 오늘날 민주주의 고유의 가치를 고무하기 위한 본보기로 남아 있다. 과거는 미래이기도 하다. 리더십을 바라보는 서구적 사고방식의 뿌리를 알기 위해서는 현대적 시각에서 벗어나 투키디데스가 들려주는 역사에 귀 기울여야 한다.

나는 지도자들에게 다가오는 도전과제와 그들에게 필요한 자질은 예나 지금이나 동일하다는 점을 상기시키는 차원에서 서양 최초의 민주주의와 제국의 도덕적 딜레마를 되돌아보고 시공을 초월한 리더십 자질에 관한 논의를 촉구하고자 한다. 그리고 결론 부분에서는 독자들이 제1부에서 제3부까지의 내용과 앞으로 맞이할 도전과제를 되짚어볼 수 있도록 리더십의 10가지 비밀을 밝힐 것이다.

쉽게 정체를 드러내지 않는 미덕?

리더의 영혼을 탐색하기에 앞서 나라를 이끄는 일에 관한 우리의 예비적 고찰에서 가장 난감한 문제이자 앞으로의 논의에서 불쑥 나타날 만한 문제를 잠시 생각해보자. 그것은 다름 아닌 명예의 문제, 특히 탁월한 공적 봉사를 통해 명예를 추구하는 문제이다.

사회학자 피터 버거는 상류층의 세계관을 설명하면서 다음과 같이 말했다.

명예는 최근의 어법에서 순결과 거의 대등한 위치를 차지한다. 명예를 주장하는 사람은 존경을 받기 어렵고, 명예를 잃었다고 말하는 사람은 동정이 아니라 조소의 대상으로 전락한다. 근대적 세계관에서 볼 때 이 두 가지 개념은 모두 시대에 뒤떨어져 있다. …… 명예와 순결은 기껏해야 군 장교들이나 토박이 할머니들 같은 구세대의 의식에 남겨진 이념적 찌꺼기로 간주될 뿐이다.

오늘날의 정치인들, 그리고 특히 대통령 후보자들 가운데 고위직에 올라 명예를 누리고 싶은 욕망을 공개적으로 밝히는 사람은 거의 없을 것이다. 기껏해야 그들은 '봉사할 수 있는 특권', 즉 '나와 우리 가족이 누린 축복을 사회에 환원해야 할 의무감' 등을 거론할 것이다. 그것은 바람직한 태도이다. 그리고 나는 후보자들 중 누구에게도 표트르 대제나 샤를마뉴 대제 같은 위인에 심취하지 않았냐고 캐물을 생각이 없다. 그리고 선거전략가가 그렇게 묻는다면 아마 예비선거 전에 해고될 것이다. 하지만 리더의 영혼을 이해하는 관점에서 볼 때 명예욕은 대중의 평가와 동떨어질 수 없다. 사실 대중이 인정한 나름의 품위와 장점을 의식하지 않은 채 고위직에 오르기 위해 그토록 엄청난 에너지를 소비할 사람을 상상하기는 어렵다. 마치 당대의 위대한 예술가들과 사상가들이 끊임없이 방문하는 과거의 왕실 같은 분위기를 연출한 영부인 재키 케네디의 사례에서 알 수 있듯이 케네디 가문은 아마도 미국의 여러 정치명문가 중에 백악관에서의 품격 높은 생활을 드러내놓고 즐긴 마지막 사례일 것이다. 케네디 가문 사람들이 터치풋볼

touch football(미식축구를 개량한 보급형 게임−옮긴이)을 좋아한 점은 그들의 '승부욕'을 보여주는 증거로 자주 인용된다. (케네디 대통령의 측근 케니 오도넬은 "대통령은 지는 것을 끔찍이도 싫어했다. 심지어 신호등에게도 지기를 싫어했다"라고 썼다.) 그럼에도 불구하고 대통령직을 노리는 사람들 중에 명예욕을 노골적으로 드러낼 사람은 별로 없을 것이다. 그리고 몇몇 예비 대통령들은 정말 그런 욕심이 없을지 모른다. 최근 들어 승부욕은 고위직 쟁탈전을 떠나 대중문화, 스포츠, 경제 등으로 방향을 돌렸다. 우리는 점잖은 정치인도 불순한 의도를 품고 공적 봉사에 나설 수 있다는 점을 애써 부인한다. 그러나 우리는 이와 동시에 마치 르네상스 시대의 군주처럼 침착하고 교묘하게 범죄를 저지르는 돈 코를레오네(영화 〈대부〉의 주인공−옮긴이)나 권력을 양보하는 대신 권토중래 끝에 잠재적 찬탈자를 무찌른 토니 소프라노(미국 드라마 〈더 소프라노스〉의 주인공−옮긴이)를 보며 꺼림칙한 대리만족을 즐긴다.

흔히 우리는 승리와 명성을 명예로운 공직생활의 동기로 여기는 것을 금기시한다. 그러나 서점에는 《이사회에서의 마키아벨리 Machiavelli in the Boardroom》나 《칭기즈칸의 경영전략 The Management Maxims of Genghis Khan》 같은 경영서적이 즐비하다. 한때 처세의 핵심주제였던 교활함, 예민함, 속임수, 가짜 동맹, 적군 응징 등은 이제 개인적 영역에 국한된다. 이렇게 볼 때 이제는 그간 공직생활에 관한 담론에서 배제되었던 현실주의적 측면을 고려해도 될 것 같다. 그러나 기업세계 같은 정치의 하부영역을 파고들기 위해서는 대가를 지불해야 한다. 즉 정치와 리더십의 분석에서 핵심을 차지해야 하는 야심과 명예를 현실적 차원에서 아주 세련되게 이해해야 한다. 가끔 마키아벨리적인 경영서적이 극단으로 치우칠 때가 있다. 예를 들어 《콜라 전쟁Cola Wars》의 저자는 콜라 회사 간의 냉담한 관계를 쿠바 미사일 위기 때 케네디와 흐루시초프 사이에 조성된 첨예한 대결구도에 비유한다. 그 비유는 풍자적 의미가 배제된 아주 진지한 것이다. 독자들은 우선 미국에서 일어나는 흥미진진한 주도권 경쟁이 국가장악을 위해 전차를 동원하는 시가전이 아니라 음료수인 콜라의 차원에서 발생한다는 점에 안도할 수도 있다. 동시에 정치인들의 동기가 명예욕이라는 점과 전적으로 공익을 위한 정책을 펼칠 때도 그런 권력욕이 필요하다는 점을 인정하지 않는 태도는, 리더십의 심리학에 대한 우리의 이해수준을 떨어뜨리거나 정치인들이 던지는 출사표를 단순한 위선으로 치부할 우려가 있다.

공익을 내세운 정치적 야심을 향한 이처럼 까다로운 시선은 비교적 최근에 등장한 것이다. 사회주의적 경향의 시인 알렉시스 레제는 샤를 드골에 대해 "그가 좋아하는 것은 승리가 아니라 정복이다"라고 말했다. 테오도어 루즈벨트는 공직생활을 비롯한 경쟁과 승리에서 느끼는 남자로서의 만족감을 드러내놓고 언급했다. "내가 가르치고 싶은 신조는 저열한 안락함이 아니라 고군분투하는 삶, 피와 땀의 삶, 노력과 투쟁의 삶이다. 가장 고귀한 형태의 성공은 단지 안일한 평화를 바라는 사람이 아니라 위험, 고난, 노고 등에 위축되지 않는 사람, 그런 어려움을 극복하고 결국 빛나는 승리를 쟁취하는 사람에게 돌아가는 법이다." 그가 보기에 공익을 실현하기 위해 고위직을 차지하려는 치열한 경쟁은 그 옛날 변경을 개척한 서사시적 투쟁의 연장선이자 남자의 야망을 실현하는 과정의 일부분일 뿐이다. 심지어 토머스 마셜 부통령은 이렇게 말했다. "죽음이 그를 잠재워야 한다. 대통령이 깨어 있는 한 싸움이 사라지지 않을 것이기 때문이다."

제2부에서 살펴보겠지만, 링컨은 민주정치에서 명예가 차지하는 역할과 국민에게 존경받으려는 기대감에 폭 빠져 있었다. 그는 고대 그리스와 로마에서 활약한 여러 영웅들을 언급하며 절친한 친구 조슈아 스피드에게 다음과 같이 털어놨다. "세속적 수단으로 실현할 수 있는 모든 것을 훨씬 넘어선 이상향 엘리시온Elysion을 꿈꾼 것이 특히 자네와 나의 불행이라고 확신하네." 초창기의 연설에서 그는 '독수리 떼', 즉 알렉산더 대왕, 율리우스 카이사르, 나폴레옹처럼 큰 야망을 품었던 위대한 통치자들의 심리상태를 생생히 드러냈다. 그리고 그들의 명예욕이 한편으로는 위험할 수 있지만 다른 한편으로는 국가에 크게 공헌할 동기가 될 수 있다는 점을 보여줬다. 링컨이 보기에 인간 본성이 변하지 않는 한 지도자들 특유의 명예욕은 결코 사라지지 않는 것이었다.

전통적 명예관을 이해하는 열쇠는 명예를 추구하는 태도를 좋고 나쁨의 관점에서 접근하지 않도록 유의하는 것이다. 문제는 옳은 목적을 위해, 즉 공익을 추구하고 타인을 돕기 위해 명예를 추구하는가, 아니면 개인적 축재, 권력과 명성의 독점, 노골적인 폭정 등을 위해 명예를 추구하는가이다. 플라톤, 아리스토텔레스, 키케로 같은 고대의 현인들이 갖고 있었던 이런 전통적 명예관은 야심만만한 젊은이들이 자신의 영혼에서 활동적 미덕과 관조적 미덕 사이의 균형을 잡도록 이끄는 자극제의 역할을 맡으면서 오늘날까지 그대로 유지되었다. 명예를 아는 젊은이들이라면 활동적 영역에서는 전쟁이 났을 때 조국을 위해 용기를 발휘해야 하고 더욱 고귀한 단계에서는 사려 깊고 책임감 있는 도덕적·지적 자질을 보여줘야 한다. 이것은 서양의 인문학적 교육의 핵심이다. 훌륭한 지도자에게는 충분히 무르익은 영혼이 필요하다. 그리고 그런 성숙한 영혼은 자기발전을 도모하고 공익에 봉사할 수 있는 도덕적·지적 능력을 폭넓게 발휘함으로써 얻을 수 있는 것이다.

인간 본성을 이런 식으로 바라보는 관점에서 볼 때 활동적 미덕이라는 하위 영역은 자기계발과 관조라는 상위 영역으로 향하는 통로이다. 공적 봉사를 통해 배양된 도덕적·지적 미덕은 우리가 정신적 삶을 준비시키는 영혼의 자질이다. 정치가들에게 필요한 사려분별, 절제, 정의감, 신중함 등은 고차원의 인문학에도 필요하다. 플라톤은 이것을 하늘로 올라가는 영혼의 전차라는 비유를 통해 설명한다. 전차를 모는 전사는 지성을, 힘센 두 마리의 말은 육체적 욕망과 명예추구를 상징한다. 지성의 전사는 어디로 튈지 모르는 말들의 고삐를 쥐어야 하고 말들이 하늘을 여행하는 동안 악덕에 빠져 전차를 망가뜨리지 않도록 막아야 한다. 하지만 정신적 삶에 활력을 불어넣기 위해서는 악덕 대신에 미덕을, 그리고 마구를 갖춘 말들의 힘이 필요하다. 억센 말들의 힘을 이용하지 않고서는 전사가 전차를 몰고 갈 수 없기 때문이다. 플라톤은 이런 식의 비유를 통해 정신과 열정이 서로 조화를 이뤄야 한다는 점을 알려준다. 활동적 삶과 관조적 삶 사이에, 그리고 세련되지 못하고 투박한 통치자들과 사심 없고 무력한 사상가들 사이에는 건너지 못할 강이 없다.

이런 전통에 입각할 때 시민적 미덕은 지적·문화적 미덕으로 향하는 필수적인 경로로 볼 수 있다. 또한 정신적 삶에 헌신하는 사람들은 활력이 넘치고 책임감 있는 시민들이기도 하다. 이런 균형을 보여주는 또 하나의 고전적인 사례이자 르네상스와 계몽 시대에 큰 영향을 미친 것 중 하나는 키케로의 《스키피오의 꿈Dream of Scipio》이다. 정치가로서 키케로는 카이사르의 독재적 야심에 맞서 로마의 공화정을 옹호했다. 《스키피오의 꿈》에서 그는 로마의 선배 정치가이자 장군인 소小 스키피오 아프리카누스Scipio Africanus the Younger를 이상적인 로마인으로 소개한다. 공직생활과 전장에서 빛나는 업적을 쌓은 스키피오는 정신적 삶을 무척 소중히 여긴다. 그가 보기에 사람은 공익을 위해 적극적으로 봉사할 수 있을 뿐 아니라 세련미와 절제미와 품격과 학식을 갖출 수도 있다. 유능하지만 부도덕한 카이사르 같은 선동가들에게서는 찾아볼 수 없는 이런 자질들은 '칭찬을 받을 자격을 부여하는 모든 것'이었다.

명예욕을 노골적으로 드러내는 것에 대한 우리의 유보적 태도는 주로 기독교 신앙에서 유래한 서구적 사고방식에도 큰 영향을 받았다. 일례로 성聖 아우구스티누스는 플라톤과 키케로의 사례를 들면서 공익실현을 통한 세속적 명예의 추구를 인정한 고대인들의 태도를 다음과 같이 혹평했다. "영원히 전쟁의 공포 속에서, 영원히 유혈의 현장에서 살아가는 사람들이 진정한 행복을 느낀다고 증명할 수 없다. 그런데도 과연 로마제국의 광활한 영토와 위대함을 자랑하는 것이 온당하고 현명한 태도일까? …… 정의가 존재하지 않는 상황에서 과연 조직적인 약탈 외에 무엇을 주권이라 부르겠는가?" 독실한 기독교인을 기다리는 내세의 영원한 안식에 비해 모든 세속적 명예는 허황된 자만심과 이기적인 권력추구로 전락할 번지르르한 싸구려 보석에 불과하다. 뿌리 깊은 기독교적 유산을 지닌 역사를 감안할 때 명예욕에 대한 이런 반감이 미국 정치계에 아직 남아 있는 현상은 당연하다. 한편 세속적 민주화라는 계몽주의적 움직임이 명예욕에 대한 뿌리 깊은 기독교적 불신을 심화시켰다고 볼 수도 있다. 왜냐하면 계몽주의가 평등, 개성, 개인적 복지, 영리기업 등(미국 국부들이 제시한 미래상에서 핵심적인 위치를 차지한 요소들)을 강조한 점도 링컨이 말한 '독수리 떼'의 무위武威와 권력투쟁을 통한 공격적인 야심을 비판한 것이기 때문이다. 계몽주의의 세례를 받은 미국인들은 볼테르의 사상을 그대로 받아들여 결투와 승리 같은 과거의 귀족적 규범 대신에 평화적 상거래 기술을 통해 '묵묵히 자신의 일에 힘쓰는 것'을 장려했다.

그러나 기독교 관계자들을 포함한 르네상스 시대의 여러 인문주의자들과 계몽 시대의 사상가들은 여전히 공익실현을 통한 명예추구가 기독교 신앙이나 인간의 권리를 반드시 침해하지는 않는다고 봤다. 에라스무스, 카스틸리오네, 베르게리우스, 피코 델라 미란돌라 같은 르네상스 시대의 인문주의자들은 모두 플라톤과 키케로가 상찬한 명예추구와 신과 인간에 봉사하는 기독교적 겸손을 접목할 것을 촉구하면서 고대의 모범사례를 거론했다. 제

2부에서 더욱 상세히 살펴보겠지만, 공익실현을 통한 명예추구라는 고대의 전통과 인간의 평등 같은 이후의 기독교적·근대적 가치를 접목하려는 시도는 미국의 건국 초기부터 오늘날까지 변함없이 유지되고 있다. 워싱턴, 제퍼슨, 매디슨, 해밀턴 등 고전 지식에 푹 빠져 있었던 미국 국부들은 남성적 명예추구가 막 태동한 공화국에 얼마나 기여할지 과연 어느 시점에서 정치인이 선동가나 독재자로 변신할 것인지 궁금해했다. 그들은 카토와 브루투스 같은 로마 공화정 영웅들의 본보기를 적극적으로 따르려고 했고, 대중적 수사법으로 민중을 선동한 카틸리나(공화정 전복을 시도한 로마의 귀족—옮긴이)와 카이사르 같은 찬탈자들의 길을 답습하지 않으려고 했다. '독수리 떼'를 언급한 링컨의 연설에도 이와 같은 점이 드러난다. 링컨과 동시대에 활약한 에머슨도 이렇게 천명한 바 있다. "사람들이 위인의 능력을 믿는 것은 자연스럽다."

따라서 다음과 같은 가장 골치 아픈 문제를 고민하지 않을 수 없다. 폭정으로 이어질지 모르는 호승심과 적극성 같은 심리적 요소가 정치인 특유의 속성이라면? 이것은 워싱턴과 링컨에게도 심각한 고민거리였다. 호승심이나 적극성을 발휘하는 것과 폭정을 펼치는 것을 정확히 어떻게 구분할 것인가? 리더가 공익을 내세우며 타인과 자신을 속인 채 권력욕의 덫에 빠지는 시점을 어떻게 알 수 있을까? 이 문제는 앞으로 리더의 영혼을 탐구하는 동안 끊임없이 등장할 것이다.

여기서 관건은, 이기적인 명예와 이타적인 공적 봉사를 구별하는 것이 아니라 이기적이고 독재적 성향의 명예추구와 건전하고 존경할 만한 공익실현을 통한 명예추구를 구별하는 것이다. 성공한 리더는 완전한 현실주의자도 아니고 완전한 이상주의자도 아니다. 리더가 정당한 목표를 이루기 위해서는 정치권력을 획득해야 한다. 아니면 방관자적 입장에서 무력한 설교를 늘어놓는 것에 만족해야 한다. 따라서 리더는 실용적이어야 한다. 어떤 면에서는 마키아벨리 같은 성향을 지녀야 한다. 권좌에 올라 권력을 휘두르려면 타협도 불사해야 한다. 페리클레스, 링컨, 처칠, 루즈벨트 등이 책에 등장하는 위대한 지도자들이 바로 이런 패턴을 보여주었다. 다시 강조하거니와 명예욕은 진심으로 타인에게 봉사하려고 고위직을 노리는 품위 있는 사람들뿐만 아니라 오로지 자신과 측근들의 배만 불리는 데 관심 있는 부도덕한 사기꾼들과 기회주의자들이 공통적으로 갖고 있는 것이다. 문제는 이 두 가지를 구별하는 것이다. 앞으로 우리의 지도자들은 과연 어떻게 자기 내면의 악한 동기와 선한 동기를 구분할 수 있을까?

　이 질문에 대한 해답은 최근과 고대의 역사에 있다.

1
PART

한 세대가 이별을 고하다

현대 미국 대통령들의 모험담

2007년 1월 2일, 미국의 수도 워싱턴에서는 제38대 대통령 포드의 국장이 거행되었다. 그 얼마 전에 워싱턴은 한바탕 소동을 겪었다. 유권자들은 부시 대통령에 대해 완전히 부정적인 평가를 내렸고, 공화당은 부시행정부의 이라크전쟁에 관한 국민투표로 비화된 중간선거에서 상·하 양원 모두 패배를 맛봤다. 9·11테러 이후 부시 대통령은 테러와의 전쟁을 선포했고, 2년 만에 두 개의 적대적인 정권을 전복시킴으로써 국민과의 약속을 지켰다. 당시 그에게는 유례없는 찬사가 쏟아졌다. 그러나 이제는 극심한 권력누수현상에 시달리고 있었다. 지지율은 과거의 트루먼 대통령 수준으로 급락했다. 백악관이 허겁지겁 대 이라크 전략을 재검토하는 동안 중간선거에서 승리한 민주당은 갑작스런 승리에 잠시 충격을 받아 머뭇거렸고, 국민이 부시 대통령의 전쟁전략을 바꾸도록 자신들에게 과연 어느 정도의 재량권을 부여한 것인지 궁금해했다.

하지만 정국의 추이와 무관하게 전직 대통령의 죽음은 국민적 관심과 경의를 이끌어내기에 충분했다. 한동안 당파적 차이는 유보되었다. 아직 살아 있는 모든 전직 대통령들과 워싱턴의 주요 정치인 및 문화계 인사 다수가 장례식에 참석했다. 키신저를 비롯한 옛 얼굴들, 즉 이제는 또 하나의 세대로 자리 잡은 듯한 전설 속의 거물들이 잠시 과거로 돌아가 승리와 패배의 무대에 다시 등장했다. 56년 만에 처음으로 현직 대통령이 입후보하지 않는 대통령 선거에 후보자들이 출마하기 시작했을 때 이미 차기 대통령 선거는 단순한 변화가 아니라 세대적 변화가 될 것이라는 분위기가 무르익었다. 앞으로 새로운 세대가 부시 대통령과 함께 물러날 세대의 뒤를 이을 것이다. 부통령과 국방부장관 같은 행정부의 주요 대외 정책 입안자들은 닉슨 대통령을 포함한 다섯 차례의 공화당 집권기를 거친 역전의 용사들이었다. 닉슨의 후임자인 포드의 장례식은 많은 이들이 감지한 역사적 과도기를 상징하는 것 같았다.

그들 세대가 간직한 세계관의 핵심에는 베트남전쟁의 정신적 외상이 있었다. 필요할 경우 세계의 어디에서도 자유를 수호하겠다는 케네디의 고귀한 의지로 시작된 전쟁은 5만 명 이상의 전사자를 남긴 채 미국의 완패로 끝났다. 미국 전역의 여러 도시에서 소요가 잇달았고, 2명의 대통령이 몰락을 맞았다. 닉슨 대통령은 이를테면 한국의 사례처럼 2개국 분단 방안을 통해 전쟁을 명예롭게 끝내는 데 주력했다. 그는 협상을 통해 점진적으로 병력을 철수시키고 남베트남을 존속시키고자 했다. 하지만 결국 포드 대통령 임기 동안에 남베트남이 북베트남에게 패했고, 민주주의적 이상을 전파함으로써 국제무대에서 국력을 과시하려고 했던 대외정책 전문가들은 절치부심하지 않을 수 없었다. 훗날 '신보수주의자들'로 불린 그 전문가들은 이른바 민주당의 헛된 평화주의에 반발했을 뿐 아니라 국제관계를 해당 체제의 민주적 성격 여부와 무관한 초도덕적 세력균형으로 바라본 키신저 식의 냉소적 접근법에도 반대했다. 폴 울포위츠와 진 커크패트릭을 비롯한 '신보수주의자들'(상당수가 민주당 출신 인사들이다)은 레이건에게서 그들의 정책을 실현할 수단을 발견했다. 그리고 딕 체니와 도널드 럼스펠드 같은 닉슨행정부의 일부 인사들이 그들의 뿌리인 키신저 식의 현실주의 정책에서 벗어나 신보수주의자들이 천명한 윌슨 식의 국제주의의 부활을 포용하게 되었다. 인권수호라는 도덕적 목적에 복무하고 미국의 영향력을 강화한 코소보사태를 비롯해 해외에서 과감하게 군사력을 사용한 클린턴 대통령의 결단에서 알 수 있듯이 결국 민주당도 적어도 부분적으로는 조슈아 무라브칙과 매들린 올브라이트 같은 인물들이 중심이 되었다.

처음에는 여러 측면에서 신고립주의자로 평가된 조지 W. 부시는 알카에다의 9·11테러 직후 대외정책이 국정운영의 핵심이 될 것임을 느꼈다. 덕분에 신보수주의자들은 마침내 이상적인 명분을 발견했다. 그들은 이념에 사로잡힌 외부의 적으로부터 미국을 수호하고 그들을 격파함으로써 중동을 위시한 세계 곳곳의 피억압 민족들에게 자유와 자치라는 미국적 이상을 확산시키고자 했고, 예전과 달리 국제 지하드와의 화해는 결코 없을 것이라고 다짐했다. 왜냐하면 그들이 보기에 닉슨이 소련과의 긴장완화를 추구하고 특히 포드가 더욱 부드러운 접근법을 선택했지만 결국 소련이 간만 키워줬기 때문이다. 그들은 후세인의 축출이라는 최종 목표를 포기하는 일은 결코 없을 것이라고 마음먹었다. 레이건 정부 때 득세했었던 신보수주의자들은 제임스 베커 같은 키신저 류의 실리주의자들의 말에 더욱 귀 기울인 아버지 부시 정권에서는 그다지 신뢰를 얻지 못했지만, 이제 아들 부시가 아버지의 전철을 밟지 않도록 보좌할 기회를 맞았다.

닉슨은 남베트남의 패망을 지켜봤고 동서 간의 긴장완화를 주도했다. 그런 닉슨을 사면했던 포드의 죽음은 그 흥미진진한 모험담의 요약본이었다. 사실 장엄하게 치러진 포드의 국장은 20세기 역사의 몇 개 층과 몇 세대가 관련된, 그리고 케네디에서 비롯된 연속적인 과정을 집약하는 것이었다. 그 모험담의 주인공들의 공통적인 특징은 참전경험이었다. 케네디, 조지 맥거번(1972년 미국 대선 때의 민주당 후보-옮긴이), 조지 H. W. 부시, 로버트 돌(1996년 미국 대선 때의 공화당 후보-옮긴이), 포드 등과 선거에서 맞붙은 그들의 경쟁자들은 상당수가 진정한 전쟁영웅이었다. 그리고 닉슨과 레이건 같은 인물들도 최소한 이런저런 형태의 실전경험이 있었다. 심지어 전투경험이 없는 대통령들도 전투경험이 풍부한 인사들(이를테면 콜린 파월과 럼스펠드)을 기용했다. 참전경험은 그들에게 강력한 도덕적 지지대였다. 하지만 부시 대통령은 물론이고 존 매케인을 제외한 새로운 세대의 경쟁자들은 참전경험이 없다. (부통령 체니와 국방부차관 울포위츠를 비롯해 부시의 전쟁전략을 입안한 인물들은 군복무 경력이 전무하다.)

하지만 군복무 경력보다 더욱 중요한 점은 이 모든 대통령들이 냉전을 거치며 터득한 역사적 교훈이었다. 왜냐하면 기본적으로 미국이 베트남전쟁에 개입한 배경은 미국과 소련 사이의 냉전이었고, 미국의 제2차 이라크 침공과 후세인의 몰락에 이르기까지 민주·공화 양당의 대통령들이 취한 행동의 도덕적 한계를 형성한 것 역시 냉전이었기 때문이다. 더구나 서양사의 여명기에 이미 초강대국 간의 충돌이라는 뚜렷한 역사적 선례가 있었고, 20세기의 여러 지도자들도 그런 선례를 알고 있었다. 고대 그리스의 역사가 투키디데스의 역작 《펠로폰네소스전쟁사》(제3부에서 살펴볼 것이다)에서 초강대국 간의 첫 번째 충돌에 관한 이야기, 즉 서양사 최초의 민주정 국가인 아테네와 엄격한 집단주의적 과두정 국가인 스파르타 사이에서 벌어진 수십 년간의 투쟁에 관한 이야기가 담겨 있다. 양국의 충돌은 동방의 침략자 페르시아에 맞선 아테네와 스파르타 사이의 동맹에서 비롯되었다. 동맹관계를 맺고 있던 아테네와 스파르타는 공동의 적이 사라지자 서로를 의심의 눈초리로 바라봤고, 결국 본격적인 충돌을 맞이했다. 두 나라의 충돌은 때로는 각자의 동맹시同盟市 사이의 대리전 양상을 띠었고, 간헐적인 무력충돌을 동반한 장기간의 냉전으로 귀결되었다.

나중에 다루겠지만, 투키디데스가 기술한 최초의 민주주의 국가의 역사는 서양에서, 특히 현대판 아테네인 미국에서 결코 망각된 적이 없었다. 그것은 링컨의 유명한 게티즈버그 연설의 본보기가 되었을지 모른다. 테오도어 루즈벨트는 투키디데스의 책을 최소한 두 번 읽었고(그 가운데 한 번은 대통령 임기 중에 읽었다), 그 고대의 서사시에 관한 날카로운 논평을 남겼다. 자유와 제국 사이의 관계, 그리고 전제정과의 대외적 투쟁이 국내정치에 미치는 파장에 관한 투키디데스의 가르침은 20세기에도 의미심장한 메시지를 갖고 있는 것 같았다.

윈스턴 처칠과 비슷한 분위기의 소유자인 케네디가 공산세력을 겨냥해 언급한 '기나긴 여명의 투쟁'에는 고대 그리스의 민주정과 페르시아의 전제정 사이의 투쟁이라는 의미가 숨어 있었다. 처칠을 비롯한 당대의 여러 정치지도자들과 마찬가지로 케네디는 열렬한 역사 애호가였다. 그는 현대 서양인들에게 막대한 유산과 영감을 남긴 고대 그리스와 로마의 역사에 관심이 많았고, 일찍이 대통령 임기 초반부터 북대서양조약기구의 우방들에게 자유를 위협하는 세력에 맞서 한목소리를 낼 것을 촉구하면서 투키디데스를 인용하기도 했다.

펠로폰네소스전쟁과 미국 대 소련의 냉전 사이에는 놀라울 정도로 비슷한 점이 많다. 투키디데스는 우선 아테네와 스파르타 사이의 충돌이 일어난 이유를 따져본다. 그런 다음 우리가 시간을 거슬러 올라가 페르시아에 맞선 아테네와 스파르타의 동맹관계를 살펴보지 않고서는 두 나라의 충돌을 이해할 수 없을 것이라는 점을 지적한다. 오늘날의 정치가들도 그와 비슷한 방식으로 추론할 수 있을 것이다. 아테네가 페르시아를 무찌르기 위해 스파르타와 동맹을 맺었듯이 미국도 히틀러를 물리치기 위해 엄격한 집단주의적 과두정 국가인 소련과 손을 잡았다. 하지만 두 초강대국은 이후 사이가 나빠졌고, 결국 장기적인 충돌로 이어졌다. 미소양국은 때때로 격렬히 부딪쳤지만, 대부분은 냉전상태를 유지했고, 한국과 베트남 같은 나라들이 연루된 대리전의 양상을 띨 때가 많았다. 그리고 민주주의와 제국주의를 병행한 아테네가 시켈리아 원정에서 결정적인 패배를 당했듯이 냉전시대 미국의 제국주의적 이상도 베트남의 밀림에서 몰락을 맞았다. 위대한 민주주의제국을 꿈꾼 아테네와 미국은 둘 다 '아무것도 아닌 조그만 나라'(존슨이 베트남을 지칭한 말)를 굴복시키기 위한 과업의 어려움과 규모를 과소평가했다.

케네디와 그의 후계자들도 당대의 미국에게 필요한 것이 무엇인지 알기 위해서는 냉전의 기원으로 눈길을 돌리는 것이 중요하다고 여겼다. 소련을 상대로 과거의 실수를 되풀이하지 않으려면 히틀러에 대한 체임벌린의 유화책에 따른 참혹한 결과를 상기해야 했다. 그리고 민주주의 진영을 위협하는 새로운 적들과의 투쟁에 임하기 위해서는 과거에 히틀러와 맞선 거물들, 즉 처칠, 루즈벨트, 드골 같은 인물들의 사례를 참고하는 것도 중요했다. 베트남에서 철수하는 과정에서 닉슨은 제5공화국의 내부적 붕괴를 막기 위해 알제리에서 철수한 드골의 정치적 결단을 염두에 뒀다. 케네디와 그의 보좌관들은 이제 영국에서 미국으로 횃불이 넘어왔다고 생각했다. 더 젊은 세대의 신보수주의자들은 민주당(트루먼과 케네디가 몸담은 정당이자 한국과 베트남에서 반공전쟁을 벌인 정당)이 베트남전쟁에서 정신적 충격을 받았다고 여겼다. 그들이 보기에 민주당은, 헨리 월리스(미국의 제33대 부통령—옮긴이)와 애들레이 스티븐슨(1952년 미국 대선 때의 민주당 후보—옮긴이)과 그들의 후계자 맥거번과 카터 등에게서 엿보인 순진한 세계정부주의에 빠져 있었다. 그 신보수주의자들은 1980년에 민주당을 떠나 레이건의 공화당 돌풍에 합류했지만, 케네디의 진정한 계승자로 자처했다.

포드 대통령의 장례행렬이 천천히 워싱턴 시가지를 지나가는 모습을 지켜보던 내 머릿속에는 이상과 같은 변화무쌍한 만화경이 가득했다. 이제 정말로 한 세대가 지나갔다. 앞으로 과연 누가 그 뒤를 이을 것인가?

거물들: 처칠과 루즈벨트

처칠과 루즈벨트는 우리가 제2차 세계대전과 이후의 냉전을 거론할 때 가장 먼저 떠올릴 만한 거물들이다. 케네디 이후 지금까지 수많은 정치인들이 처칠과 루즈벨트의 사례와 통찰력을 언급했고, 그들의 유산을 물려받은 장본인으로 자처했다. 여기서는 두 사람이 지도자로서 보여준 인상적인 특징 몇 가지를 검토해보겠다.

처칠의 성격적 복잡성은 대체로 그가 전시의 지도자로서 보여준 외적 인격(전형적인 영국인John Bull, 영국산 불독, 영국인의 강인한 기개와 용기의 화신)에 가려져 있었다. 링컨이 '정직한 에이브Honest Abe'라는 별명으로, 테오도어 루즈벨트가 반짝거리는 치아와 "좋아!"라는 탄성으로, 프랭클린 루즈벨트가 담뱃대를 물고 고개를 젖힌 모습으로 우리 기억 속에 살아 있듯이 처칠도 대중의 마음속에 흐릿한 윤곽으로만 남아 있다.

하지만 실제로 처칠은 다양한 면을 갖고 있는 사람이었다. 제2차 세계대전 당시 영국 육군원수로서 그를 보좌한 앨런 브룩은 실수를 저질렀을 때조차 국민에게 사랑받은 처칠의 과장된 외적 인격을 다음과 같이 요약했다.

장차 어떤 역사가가 그를 본래의 색깔로 그려낼 수 있을지 궁금하다. 그는 알 수 없는 성격의 소유자, 때로는 놀랄 정도로 부족한 선견지명과 제대로 인도되지 않으면 수없이 곤경을 자초할 성급함으로 뒤섞인 초인적 재능과 아주 신기한 자질의 소유자였다. 그는 지금까지 내가 만난 사람 중에 함께 일하기 가장 어려운 사람이지만, 앞으로도 그와 함께 일할 기회를 결코 놓치지 않을 것이다.

신사도에 관한 그의 도덕적 확실성의 관점에서 볼 때 처칠은 완벽한 빅토리아 여왕 시대(재위 1837~1901년-옮긴이)의 사람이었다. 그러나 그에게는 에드워드 7세 시대(재위 1901~1910년-옮긴이)의 분위기를 초월한 것이 있었다. 제2차 세계대전 당시의 동료 정치인이자 훗날 총리에 오른 해럴드 맥밀런은 카사블랑카 전시회담에서 처칠이 보여준 무궁무진한 활력과 능력에 감탄하지 않을 수 없었다. 다소 엄격한 성향이었던 맥밀런은 그때의 경험을 이렇게 말했다.

낮에는 대부분 침대에서 보내고 밤을 꼬박 새는 그의 신기한 습관이 참모들에게는 약간 고역이었다. 나는 그가 거기서 벗어난 모습을 본 적이 없다. 그는 언제나 많이 먹고 많이 마셔댔고, 심각한 문제를 해결했고, 몇 시간이고 당구와 카드놀이를 즐겼으며, 대부분 즐겁게 시간을 보냈다.

영국의 유명한 정신과 의사인 앤서니 스토에 따르면, 위대한 지도자, 예술가, 사상가 등은 흔히 어린 시절의 비극적 경험으로 인한 내적 공허함을 채우기 위해 업적을 쌓으려고 하는 경향이 있다. 삶의 정서적 경제학의 관점에서 볼 때 나머지 사람들은 빛나는 업적을 쌓지만 내적 공허함을 겪는 위인들의 불행으로 이득을 보는 셈이다. 하지만 이것은 내적 공허함이나 우울함을 빌미로 위대한 업적의 의의를 깎아내리려는 말이 아니다. 우울함은 위대함의 보증수표가 아니다. 그러나 위대함에는 어느 정도의 우울함, 침울함, 자괴감, 삶의 영고성쇠 등이 필요할지 모른다. 우리 인간이 고결한 수준에 도달할 때는 바로 조국이나 인류에게 기여할 업적을 쌓기 위해 자신의 마음속에 자리 잡은 악마를 물리칠 때이다.

스토의 책 제목은 《처칠의 검은 개Churchill's Black Dog》였다. 검은 개는 특히 처칠이 젊었을 때 며칠이나 몇 주 동안 그를 무기력의 늪에 빠뜨린 우울증을 가리킨 말이었다. 처칠은 20대 때 불면증 때문에 주기적으로 진정제를 복용해야 했고, 제2차 세계대전 내내 엄청난 스트레스를 이겨내기 위해 과음을 일삼았다. 전기 작가들에 따르면, 처칠은 어렸을 때 어머니(미국 태생의 아름다운 사교계 명사인 제니 제롬)와 아버지(훌륭했지만 불안정한 성격의 랜들포 처칠 경)에게 무시당하며 거의 버림받았다는 느낌을 받았다. 그는 멀찍이서 부모를 우상화했다. 그것은 아마 부모와 함께 시간을 보낸 경험이 드물었기 때문일 것이다. 따라서 평생 어머니와 아버지의 사랑을 받을 만한 존재가 되기 위해, 부모에게 받지 못한 사랑을 대중적 명성으로 보상받기 위해 몸부림쳤다.

무의식적 성취동기를 이렇게 바라보는 프로이트적 해석에는 '위대한 영혼의 소유자'(자신의 재능을 최대한 발휘해야 할 정도로 힘든 도전 과제만 찾는 비범한 지도자)라는 아리스토텔레스 식의 개념을 이해할 수 있는 실마리가 담겨 있다. 그런 부류의 사람들은 예산과 세금 따위의 평범한 국내정치적 문제를 지겨워하고, 그런 쟁점과 관련된 정치에도 서툴다. 그러나 전쟁이나 내전 상황에서는 최대한의 능력을 발휘한다. 이것은 이 책에 나오는 모든 위대한 지도자들의 공통적인 특색이다. 대표적인 사례가 링컨과 처칠이다. 링컨도 정치가로서의 사명을 은밀한 치료약으로 여긴 채 내면의 심각한 고민을 훌륭한 업적의 동력으로 삼았던 것 같다. 이렇게 볼 때 아리스토텔레스 식의 관점에서의 공적 봉사는 자칫 소외감과 상실감의 소용돌이에 빠져 죽을 수 있는 지도자를 위한 최고의 치료약일지 모른다.

나치의 위협 앞에 놓인 영국인의 정신을 몸소 구현하려던 처칠의 멈출 줄 모르는 추진력을 설명할 수 있는 것은 정치적 행위를 통해 명예를 추구하려는 엄청난 갈망밖에 없다. 웨일스 출신의 영국 노동당 소속 정치인 어나이린 베번은 처칠이 보여준 모습에 깜짝 놀라지 않을 수 없었다.

그는 영국의 문제를 세계에 맡기고 영국의 운명을 영국인에게 맡기는 위대한 대변자의 역할에 헌신했다. 그의 이름은 강하고 용감하고 헌신적인, 그리고 기꺼이 행동으로 뒷받침해줄 국민이 있을 때 어떤 감동적인 연설이 해낼 수 있는 바의 상징으로 남을 것이다.

드골은 남을 지나치게 칭찬하는 법이 없었다. 하지만 그런 그에게도 처칠만은 예외였다. 그가 보기에 처칠은 심각한 국가적 위기를 통해 위대함을 발휘한 사람이었다.

처칠은 가장 험난한 과업도 해낼 수 있는 것 같았다. 그것이 숭고한 과업인 양 말이다. 그의 성격은 그가 행동에 나서고, 위험을 감수하고, 진심을 다해 맡은 바 역할을 수행하는 데 딱 알맞았다.

1912년, 웨일스 출신의 영국 총리 데이비드 로이드 조지는 처칠에 대해 이렇게 평가했다. "의회에서의 박수갈채는 그의 콧구멍으로 들어가는 공기와 마찬가지이다. 그는 마치 배우 같다. 그는 관객의 주목과 칭찬을 좋아한다."

제2차 세계대전 당시 영국 해군의 고위급 정보장교로 복무한 윌리엄 밀번 제임스 경이 처칠에게서 가장 먼저 감지한 것은 권력욕이었다. 하지만 처칠은 명예욕으로 가득한 사람이 국가의 중대사를 다루는 지도자의 역할에서 느낄 수 있는 즐거움과 승리를 통한 순수한 기쁨도 누리고 있었다.

그는 사실상 독재자이다. 그를 대신해 우리에게 승리를 안겨다줄 사람은 절대 없기 때문이다. 그는 진정한 유머감각을 갖고 있고, 하원의원들에게는 본인이 그들의 하인이라고 말하면서도 속으로는 낄낄 웃었을 것이다.

처칠은 에드워드 기번과 토머스 매콜리 같은 위대한 역사가들에게 심취해 있었고 그 자신도 탁월한 역사가였다. 그는 머지않아 역사가들이 20세기의 세계사에서 자신이 맡은 역할에 관해 평가를 내릴 것이라는 점을 너무나 잘 알고 있었다. 그래서 그는 직접 역사를 쓰기로 마음먹었다. 아이젠하워의 참모였던 H. C. 부처 대위는 다음과 같이 말했다.

처칠 총리는 매일 일기를 쓰는 것을 어리석은 짓이라고 말했다. 그가 보기에 일기는 단지 그 사람의 의견이나 결정의 변화를 반영한 것에 불과했다. 훗날 그런 일기가 세상에 알려지면 우유부단하고 멍청한 사람이라는 평가를 받을 위험이 있다. …… 그는 전쟁이 끝날 때까지 기다렸다가 생각을 정리해 글을 쓰려고 할 것이다. 그래야 필요할 경우 실수를 교정하거나 감출 수 있기 때문이다.

타의 추종을 불허하는 매력이 없었더라면 처칠은 이와 같은 도덕적 결함으로 인해 혐오의 대상이 되었을지 모른다. 영국의 종군 기자 G. W. 스티븐스는 25세 때의 처칠을 다음과 같이 평가했다.

그는 큰 포부와 치밀한 사고의 소유자이지만, 다행히 냉정한 사람은 아니다. 그의 포부는 살아 움직이고 도도하다. 그리고 특유의 신중한 사고는 마치 잠시 급류에 부딪혀도 당당히 물길을 정해주는 바위나 그루터기와 다름없다.

심지어 처칠을 비난하는 사람들도 그의 열린 태도, 즉 야심을 감출 줄 모르는 소년 같은 순진함에 무장해제되었다. 처칠은 대중적 인기에 영합하는 정치인이 될 수도 있었다. 하지만 귀족가문 출신답게 아리스토텔레스와 키케로에까지 거슬러 올라가는 신사도와 일맥상통하는, 술책이나 속임수에 대한 혐오감을 갖고 있었다. 처칠은 그런 식의 신사도를 처신의 핵심으로 삼았다. 언론인 A. G. 가디너는 공직생활 초창기의 처칠을 다음과 같이 평가했다.

그는 어린아이의 한없는 호기심과 열정과 솔직함을 갖고 있었다. 그는 속임수와 숨기기를 모른다. 당신은 그가 가진 모든 것을 가져도 되고, 그의 모든 비밀을 파헤칠 수 있다. 그는 자기회의와 담을 쌓은 특권계급의 숨기기에 대한 혐오감을 갖고 있다.

제2차 세계대전 당시 처칠은 귀족 특유의 공평무사함을 보여주듯 자신이 추진한 정책에 대한 염려를 표명하기도 했다. 전시에 그를 가까이에서 보좌했던 R. G. 케이시에 따르면, 처칠은 영국군이 독일 도시를 폭격하는 영화를 보다가 갑자기 허리를 곧추세우고는 "우리가 짐승과 다를 바가 무엇일까? 이렇게도 끔찍할 수 있다니"라고 말했다고 한다.

처칠은 옥스퍼드대학교나 케임브리지대학교를 다니기는커녕 대학교에 입학하지도 못했고, 그저 기병대원에 만족해야 했다. 그것은 아서 밸푸어 총리 같은 박식한 인물들과 어울리는 동안 약간은 불편한 점으로 작용했고, 처칠이 동년배들보다는 기존의 전통을 더욱 고수하는 계기가 되었다. 덕분에 그는 쾌락적 상대주의와 평화주의의 분위기 속에서도 빅토리아 시대의 도덕적 규범을 잃지 않았다. 당시의 쾌락적 상대주의와 평화주의는 차츰 영국 상류계급의 특징으로 자리 잡았고, 결국에는 국왕과 국가를 위해 싸우기를 거부한 옥스퍼드 유니언Oxford Union(옥스퍼드대학교의 학생클럽-옮긴이)의 악명 높은 1933년 결의안으로 귀결되었다.

처칠은 부족한 정규교육 경력을 열렬한 독학으로 만회했다. 그는 역사책과 철학책을 무섭게 파고들었다. 그는 존경받는 저술가를 꿈꿨는데 거기에는 금전적 이유도 있었다. 부모의 사치스런 생활습관 때문에 그는 유산을 거의 물려받지 못했다. 그는 부모와 마찬가지로 사치스런 생활을 즐기고자 마음먹었다. 날마다 여러 손님들과 점심을 즐겼고, 주말에는 별장에서 사회, 정치, 문화 등을 주제로 이야기꽃을 피웠다. 전기 작가 마틴 길버트가 입증했듯이 처칠은 책을 출판하고 신문잡지에 기고했고, 꽤 많은 원고료의 대부분을 별장인 차트웰Chartwell에 쏟아부었다.

드골과 링컨이 그랬듯이 처칠도 언제나 스스로를 기성사회의 이방인으로 느꼈다. 그의 부실한 학벌과 열렬한 명예욕은 주변사람들에게 욕심 많고 이기적인 사람이라는 인상을 줄 수 있었다. 그는 다음과 같이 말하곤 했다. "어차피 세상은 밀어붙여야 한다. 밀어붙이지 못하면 밀린다." 이처럼 적극적인 자세는 그의 어머니가 미국 출신이었다는 점과 관계있을지 모른다. 처칠은 스무 살 때 뉴욕을 방문했고, 태머니 홀Tammany Hall(뉴욕 시 민주당 중앙위원회-옮긴이)에서 명연설가인 아일랜드계 미국 변호사인 버크 코크런을 만나 친분을 쌓았다. 아마 그때 처칠은 코크런의 연설방식을 일부분 받아들였을 것이다. 처칠이 영국 하원에서 보여준 연설은 허버트 헨리 애스퀴스의 절묘한 표현이나 밸푸어의 정교한 삼단논법 같은 기존의 방식과 크게 달랐다. 특유의 세련미, 과감성, 개성, 극적 요소 등에 비춰볼 때 처칠의 연설은 영국식보다는 미국식에 가까웠다. 제2차 세계대전 때 그를 보좌한 비서의 증언에 따르면, 처칠은 사무실에서 연설의 극적효과를 높이기 위해 목소리를 낮춰 으르렁거리는 듯한 목소리로 핵심부분을 강조하는 연습을 했다고 한다.

처칠은 스스로를 이방인으로 여겼고, 덕분에 기성사회의 한계에서 자유로울 수 있었다. 아울러 평시에는 기성사회의 구성원들에게 오만하고, 투박하고, '미국인 같은' 인상을 줬고, 덕분에 기존의 전통에서 벗어날 수 있었다. 자유당 소속 총리 애스퀴스의 딸바이얼릿 본햄 카터는 처칠을 통해 출신배경에 구애받지 않는 자유로움을, 그리고 주변 사람들, 나아가 국민에게 보여준 마법과 같은 능력과 과감한 상상력을 발견했다.

그와 만날 때마다 내 마음속에 웅크리고 있던 그의 미래에 대한 의구심이 사라졌다. 그의 무기는 강한 정신력, 살아 있는 생각과 말, 그리고 무엇보다도 절대권력의 또 다른 이름인 상상력 등이었다. 그는 우리가 사는 세상을 있는 그대로 보지 않았다.

이런 모든 자질은 연설을 통해 국민에게 용기를 불어넣어준 처칠의 능력에 집약되어 있었다. 처칠의 탁월한 웅변술에는 그리스의 페리클레스와 미국의 링컨과 루즈벨트 같은 위대한 민주주의의 지도자들이 갖고 있던 통찰력이 담겨 있었다. 훌륭한 지도자는 연설을 통해 국민의 현재 모습을 설명함으로써 국민이 나아가야 할 미래를 제시해야 한다. 페리클레스의 전몰용사 추도연설, 링컨의 게티즈버그 연설, 처칠의 연설 〈절대 포기하지 않겠다〉 등은 현재의 상황을 인내하도록 호소하기 위해 가장 이상적인 상황에서의 시민적 자질을 언급한 것이다. 즉 가장 바람직한 수준에 도달하지 못한 점을 나무라는 대신에 앞으로의 발전을 기대하며 국민을 격려하는 것이다. 국민은 굳이 현재의 상태를 바꿀 필요가 없다. 그저 역경에 맞서는 과정을 거쳐 앞으로 더욱 높은 수준에 도달하면 된다. 지도자는 시민들이 스스로 성장하도록 격려해야 한다. 다만 나무라는 듯한 느낌을 주거나 시민들의 정신자세를 꾸짖지는 말아야 한다.

달리 말해 처칠은 대중을 성장시키는 것을 자기 역할의 일부분으로 여겼다. 그는 대학교를 졸업하지 못했지만, 오히려 그것은 정치계에서는 성격이 학력보다 우월한 요소일 수 있다는 반증이다. 처칠은 나치즘을 완전히 이해하지는 못했다. 그는 나치즘을 19세기의 강국인 독일의 야심이 부활한 것, 즉 비스마르크, 독일 황제, 헬무트 폰 몰트케(제1차 세계대전 당시의 독일군 참모총장—옮긴이), 독일군 참모부 등이 신봉했던 군국주의가 재등장한 것으로 바라봤다. 그는 나치의 전체주의의 천년왕국적·묵시론적 측면을 간파하지 못했다. 나치 독일의 전체주의는 러시아 볼셰비키의 사례와 마찬가지로 평화와 지복至福의 이상향적 신세계를 열기 위해 대량학살을 불사하며 '새로운 인간'을 창조해야 했다. 그러나 처칠은 꼭 알아야 할 점은 알고 있었다. 나치즘을 바라보는 그의 관점은 틀리지 않았다. 다만 불완전했을 뿐이다. 그가 독일인을 지칭할 때 사용한 '야만인'이라는 말은 제1차 세계대전의 경험에서 비롯된 구시대적 표현이었지만, 히틀러의 야심을 저지하기 위해 국민적 역량을 결집시키는 과정에서 큰 효과를 발휘했다. 당시 처칠은 다음과 같은 명언을 남겼다. "히틀러는 피와 약탈에 굶주린 사악한 괴물이다."

처칠이 영국 귀족이었다면 루즈벨트는 미국 귀족이었다. 프랭클린 루즈벨트는 뉴욕 주에 처음으로 정착한 네덜란드인의 후손이었고, 제26대 대통령 테오도어 루즈벨트의 먼 친척이었으며, 그의 귀족적 포퓰리즘을 모방하기도 했다. 루즈벨트는 대통령을 배출한 명문가의 일원이라는 점을 잘 알고 있었고, 공적 봉사를 운명처럼 여겼다. 전기 작가 에드거 로빈슨은 이렇게 말했다. "루즈벨트의 모든 말과 행동에는 누가 봐도 인정할 만한 최고의 자신감이 스며들어 있었다." 게다가 루즈벨트는 자신의 귀족적 신분 덕분에 치사한 정치적 거래를 통한 이익이나 사소한 이기심에서 초탈할 수 있다고 느꼈고, 그런 노블레스 오블리주를 발판으로 자신보다 못한 처지의 사람들에게 용기를 불어넣어주고자 했다. 루즈벨트행정부의 정책자문위원으로 활동한 렉스퍼드 터그웰은 루즈벨트 대통령의 시각을 다음과 같이 간추려 말했다.

사람들은 개인적 이해관계나 선입견에 얽매이지 않는, 국익만을 생각하는, 국익을 위해 국민을 결집시키는 대통령을 원한다. 대통령은 반드시 할 일이 있다면 의회가 반대해도 그렇게 하도록 압박해야 하며, 자주 국민을 독려해 의회에 맞서야 한다.

루즈벨트는 국민의 이익을 대변하는 대통령의 모범사례, 즉 보통사람과 손잡고 소수의 공무원에 맞서는, 그리고 국민을 자신의 고차원적 공적 봉사의 수준에 도달하도록 독려해야 하는 상류층 정치가의 모범사례가 되었다.

하지만 루즈벨트는 처칠보다 훨씬 20세기적인 인물이었다. 그는 좋든 나쁘든 간에 미래를 기꺼이 포용할 줄 알았다. 처칠은 대영제국을 유지하려는 부질없는 기대를 품은 채 종전을 맞았지만, 루즈벨트는 영국의 식민지를 비롯한 독립을 바라는 피억압 민족들의 염원에 공감했다. 처칠의 절친한 친구이자 주치의였던 모런 경은 다음과 같이 회고했다. "루즈벨트 대통령에게 중국은 향후 점점 중요한 존재로 자리매김할 4억 명의 사람들을 의미했지만, 처칠에게는 그들의 피부색만 중요했다. 처칠이 인도나 중국을 거론할 때면 빅토리아 시대의 인물이라는 점이 금방 드러났다." 그런 반식민주의적 경향으로 인해 루즈벨트는 스탈린이 공언했던 모든 피억압 민족을 위한 자유와 평등이라는 마르크스주의적 이상을 비교적 쉽게 믿었다. 반면 처칠은 스탈린에게서 히틀러의 몰락으로 생긴 공백을 활용해 유럽을 집어삼키려는 전형적인 군국주의적 야심을 간파했다.

개인적 차원에서 루즈벨트는 무척 매력적인 인물이었다. 그는 사교적이고 쾌활했다. 처칠은 루즈벨트를 자신의 우울함을 달랠 수 있는 해독제로 여겼다. 처칠은 다음과 같이 썼다. "루즈벨트와의 만남은 마치 첫 번째 샴페인 뚜껑을 따는 것 같았고, 그를 알면 알수록 샴페인을 마시는 듯한 느낌이 들었다." 드골은 바로 그런 개인적 매력 때문에 처음에는 루즈벨트를 과소평가했으나 나중에는 그가 개인적 매력을 통해 자신의 품격을 쌓아가는 방법을 알아차렸다. "루즈벨트의 빛나는 인격 앞에서는 감히 누구도 잘난 척하기 어려웠다. …… 미국의 상류층 인사들을 움직이는 그 도도한 자신감을 볼 때면 존경심을 품지 않을 수 없었다." 루즈벨트행정부의 노동부장관을 오랫동안 역임한 프랜시스 퍼킨스를 위시한 몇몇 사람들은 '오만함'과 '독선적 경향', 그리고 심지어 퍼킨스가 지적한 '공동의 운명에 대한 여망, 염려, 기대 등을 외면한 점'을 거론하며 그를 수수께끼 같은 인물로 평가했다. 그러나 뉴딜 정책 덕분에 늪에서 빠져나온 상황에서 그런 비판의 목소리는 특이한 소수에 불과했다.

루즈벨트의 외향적 활력은 심각한 상태의 내부적립금을 숨기는 완충장치의 역할을 했다. 극작가이자 대통령 연설문 작성자였던 로버트 E. 셔우드에 따르면, 루즈벨트는 업무를 마친 뒤 자신과 동일한 신분의 지인들과 어울리기를 좋아했다고 한다. "선택권이 있을 경우 그는 하이드파크Hyde Park 시절을 함께 회상할 만한 옛 친구들이나 친척들과 어울렸다." 그에게 정치는 잘할 수 있고 가끔 반칙을 범해도 괜찮은 게임이었다. 처음에는 루즈벨트를 지지했다가 나중에 고립주의 노선으로 돌아선 존 T. 플린은 다음과 같이 지적했다. "내심 간절히 바라지만 공개적으로 논의하기가 거북한 어떤 행동을 하려고 할 때 그는 의도를 감출 뿐 아니라 마치 장난을 치려는 사내아이처럼 처신하는 유치한 버릇을 갖고 있었다." 모든 위대한 정치가들처럼 그도 과감하게, 그리고 그를 비판하는 사람들의 주장에 따르면, 중요한 목표를 달성하려고 뻔뻔스럽게, 전술을 바꿀 줄 알았다. 역사가인 게리 윌스는 다음과 같이 말했다. "이념적 일관성이나 심지어 정책적 지속성을 원하는 사람들은 루즈벨트에게 분통을 터뜨릴 수밖에 없었다. 그는 경제계획을 마치 소아마비 치료약을 바꾸듯이 변경했다." 이런 점에서 루즈벨트는 에머슨의 다음과 같은 신조를 따랐다고 볼 수 있다. "어리석은 일관성은 협량한 사람들의 꼬마요정이다."

루즈벨트는 냉혈한의 모습을 보여줄 줄도 알았다. 모름지기 지도자는 긴박한 국가적 위기를 맞아, 이를테면 다수를 구하기 위해 무고한 소수를 죽음으로 몰아가야 하거나 가장 중요한 국가적 목표를 인식해야 한다. 역사적으로 그런 끔찍한 선택을 내린 정치가는 무척 많다. 프랑스가 나치 독일에 굴복했을 때 처칠은 해군에게 프랑스 함대가 독일군의 손에 넘어가지 못하도록 침몰시키라고 명령했다. 그렇게 하지 않으면 영국의 운명이 달려 있는 해로가 위태로워질 위험이 있었기 때문이다. 처칠의 결정은 불과 10분 만에 1297명의 프랑스 군인들을 죽인 정치적 살인행위였다. 그러나 드골조차 독일의 해군력이 그렇게 증강되는 것을 막기 위한 조치의 필요성을 인정했고, 처칠의 결정을 비판하지 않았다. 미국의 남북전쟁에서는 수많은 사망자가 발생했다. 하지만 링컨은 개인적 고뇌에도 불구하고 남부의 저항의지를 꺾을 목적으로 셔먼 장군이 조지아 주를 대대적으로 공격하도록 허락했다. 루즈벨트의 경우 역사가들은 그가 일본의 남태평양 공격계획을 알고 있으면서도 일선 사령관들에게 위험을 알려주지 않았는지의 여부를 오랫동안 궁금해했다. 전기 작가 콘래드 블랙의 해석에 따르면, 루즈벨트는 일본의 중국과 인도차이나 반도 침공에 격분했고, 원유 수출을 금지해 일본 경제의 숨통을 조임으로써 일본이 그 지역에서 철수하거나 아니면 미국을 공격하도록 압박했으며, 결국 미국은 전쟁을 맞이했다. 위대한 정치가는 간혹 악한이 될 수 있다. 그리고 그 반대일 수도 있다.

　미국 국내로 시선을 돌려보면, 루즈벨트는 대공황으로 초래된 비참한 현실에 대처하기 위한 뉴딜 정책을 통해 20세기 미국인의 삶을 재형성하는 과정에서 군주에 버금가는, 마치 아테네의 페리클레스 같은 막강한 영향력을 행사했다. 그것은 처칠이 결코 손에 넣지 못한, 전혀 꿈꾸지 못한 힘이었다. 미국의 역대 대통령 중에 그 누구도 선의의 정책을 위해 그렇게 막강한 권력을 휘두르지 못했지만, 루즈벨트가 그렇게 함으로써 국민에게 봉사하려는 포부를 품은 미래의 지도자들에게 새로운 기준이 마련되었다. 1936년, 역사가 제임스 C. 영은 다음과 같이 썼다.

　루즈벨트는 의기양양하게 대통령직을 장악했다. 그렇게 하려다 국민적 저항에 부딪힌 전임 대통령들이 결코 행사하지 못한 권력을 손에 넣었다. …… 그는 당대의 인정만큼의, 아니 그 이상의 역사적 승인을 기대하고 있다.

루즈벨트는 연합전선을 구축하는 탁월한 솜씨를 갖고 있었다. 그는 윌리엄 제닝스 브라이언이 주창한 구 진보파Progressives의 농촌 포퓰리즘, 루이지애나 주의 포퓰리즘 선동가 휴이 롱이 내세운 복지국가론, 아내인 엘리너와 첫 번째 부통령 헨리 월리스의 믿음에 영향을 받은 세계평화에 대한 이상주의적 신념 등을 두루 받아들였다. 그는 이처럼 다양한 경향과 노선을 감안해 토박이 노동계급 유권자들이 밀집해 있는 북동부의 도시지역을 중심으로 삼은 민주당의 조직정치를 활용했다.

모든 면에서 볼 때 루즈벨트는 당시 어디서나 눈에 띄는 위대한 인물이었다. 대규모 공공사업과 사회복지 안전망을 결합한 그의 뉴딜 정책은 소득을 재분배해 노동자들이 상품을 구매할 수 있도록 유도하는 것이었다. 비록 가시적인 성과를 내기까지 시간이 걸렸으나 결국 루즈벨트행정부는 자본주의를 마르크스가 예언한 과잉생산과 과소소비의 위기에서 구했다. 그는 그런 명분을 내세우며 자본가계급의 애국심에 호소했으나 거기에 동참한 일부 자본가들도 대규모 공공사업에 참여함으로써 막대한 이익을 거둬들였다. 당시 미국에서는 사회주의를 명백히 부정했기 때문에 그것의 핵심개념에 익숙한 사람은 그리 많지 않았다. 덕분에 루즈벨트는 본질적인 사회주의자로 인식되지 않은 채 비교적 자유롭게 재분배와 중앙정부의 계획 같은 몇 가지 교의를 차용할 수 있었다. 블랙은 루즈벨트를 '미국의 재창조'를 이룩한 인물로 평가했다.

루즈벨트는 산업재건, 통화확대, 대규모 노동자 재교육제도, 사회보장제도, 금융기관 개혁, 농촌지역 전화보급, 홍수 및 가뭄 관리, 농산물 생산과 가격 안정화, 자연보호, 주택담보대출과 농업자금 대출제도의 정비, 공공부문 개발 및 수력전기 공급 사업, 퇴역군인 우대, 금주법 폐지 등 그간 정부의 개입이 제한적이었거나 아예 없었던 여러 분야를 공략했다.

그 방대한 사회개혁을 주도하면서 루즈벨트는 미국인의 상상 속에서 마치 신과 같은 존재로 군림했다. 그에 대한 국민의 존경심은 각별했다. 그는 번쩍거리는 안경을 쓰고 담뱃대를 물고 고개를 젖히고 호방한 미소를 띠고 무개차에 국왕처럼 앉은 채 기자들에게 답변했다. 대중은 그가 소아마비 때문에 좌석에 앉아 있는 줄 몰랐다. 그는 마치 2인승 무개차를 탄 채 농장 일꾼들에게 연설을 하는 농장주 같았다.

그러나 루즈벨트를 싫어하는 사람들도 많았다. 특히 부자들은 그를 자기 계급을 배신한 자로 여겼다. 많은 사람들은, 그의 개혁 조치로 인해 개인주의와 자립이라는 미국의 전통적 원칙이 훼손되고 해외의 전쟁에 휩쓸렸다고 믿었다. 그것은 1976년에 공화당 부통령 후보자로 나선 밥 돌(로버트 돌과 동일 인물―옮긴이)이 언급한 '민주당의 전쟁들'이라는 곤란한 표현에서 입증되었듯이, 반세

74

기 넘게 미국 사회 일각에 남아 있던 시각이었다. 루즈벨트의 사망 이후 그의 인격, 매력, 권위 등에 오랫동안 가려져 있던 긴장이 다시 모습을 드러냈다. 그는 인권의 향상을 약속했지만, 불분명한 성과만 남겼을 뿐이다. 그 미완의 과제는 반反식민주의와 세계평화라는 이상주의적 경향과 마찬가지로 한결 실용적인 노선의 주류나 남부의 탈당파(루즈벨트가 민주당의 권력장악에 필수적인 존재로 여겼던 당내 파벌이다)와 늘 불편한 관계에 있었던 민주당 내부의 자유주의적 분파인 엘리너, 헨리 월리스, 스티븐슨 등의 손으로 넘어갔다.

한편 루즈벨트의 후임자인 해리 트루먼과 그때까지 남아 있던 루즈벨트의 일부 측근들, 즉 딘 애치슨(트루먼행정부의 국무부장관—옮긴이)을 필두로 한 이른바 현자들Wise Men의 일부는 제2차 세계대전 때 미국이 소련의 의도를 너무 우호적으로, 심지어 순진하게 이해한 점에 반발하고 나섰다. 그들은 미국이 소련제국주의의 위협을 너무 늦게 깨달았다고 판단했고, 중부유럽에서는 상황을 돌이킬 수 없더라도 앞으로 소련에 당당하게 맞서 싸우기로 결심했다. 소련의 영향력 아래 일어난 민족해방운동을 통해 개발도상국들이 잇달아 공산화되는 '도미노현상'을 막기 위한 그 새로운 욕망은 엘리너나 스티븐슨의 이상주의적 경향과 다소 불편한 관계에 놓였다. 하지만 얼마 지나지 않아 제3세계에서 소련의 대리인들과 싸워야 할지 모르지만 그들이 떠나간 자리에 진정한 민주주의를 건설할 것이라는 중도적 노선이 부상했다. 이처럼 서로다른 가치와 신념이 거북스럽게 결합된 것이 바로 케네디 대통령부터 조지 W. 부시 대통령까지 미국이 구사한 외교정책의 특징이었다.

최고경영자형 대통령인 아이젠하워는 1950년대 내내 미국이라는 배의 용골을 수평으로 유지했다. 하지만 그가 지켜보는 가운데 부활한 토착주의가 극우주의로 발전했다. 당시의 극우주의 운동은 루즈벨트와 트루먼이 '공산주의에 관대'한 태도를 취한 바람에 중국을 '상실'했다는 해묵은 불만과 '동부' 상류층과 큰 정부에 대한 분노가 결합한 것이었다. 위스콘신 주의 선동가 조 매카시가 주도한 그 새로운 운동은 공산주의 세력을 완전히 제압하지 못한 트루먼과 애치슨에 대한 경멸과 해외의 국제분쟁에 개입하지 않으려는 전통적인 고립주의가 절묘하게 뒤섞인 것이었다. 그 알맹이를 놓고 볼 때 매카시즘은 일관성 있는 외교정책에 관한 것이라기보다는 국내의 공산주의적 경향을 겨냥한 것이었다(최근에 활동한 정치인 가운데 가장 철저한 고립주의자인 팻 뷰캐넌이 매카시의 후계자를 자처한 것은 우연이 아니다). 세계 곳곳에서 공산주의를 타도하겠다는 염원을 표방했지만 본질적으로 매카시즘은 고립주의적이고, 도덕주의적 운동이었다. 비록 매카시 자신과 함께 역사의 뒤안길로 사라졌지만, 매카시즘 이면의 정서는 이후 수십 년 동안 묵묵히 살아남았고, 공화당 상원의원인 로버트 돌과 제시 헬름스 같은 인물들을 통해 주기적으로 모습을 드러냈다. 미국의 반공주의 신조는 공산주의를 미국의 영혼, 애치슨과 트루먼의 실리적인 냉전주의, 루즈벨트와 케네디의 신新 윌슨주의 식 이상주의 등에 대한 저주로 인식한 레이건 대통령 재임기간에 비로소 효과적으로 조정되었다. 여러 가지 경향을 한데 묶고 큰 정부에 맞선 기업가정신을 강조한 레이건은 루즈벨트와 정반대 노선을 취하게 되었고, 덕분에 루즈벨트 이후 그 누구도 갖지 못한 막강한 정치적 영향력을 행사할 수 있었다.

횃불이 넘어가다: 존 F. 케네디와 린든 존슨

지금 막바지를 향해 달려가고 있는 여러 세대에 걸친 미국 대통령들의 모험담이 시작된 것은 케네디 대통령 때부터였다. 그는 루즈벨트가 시도한 연합전선의 불확실한 파편을 물려받았고, 아이젠하워의 할아버지 같은 분위기의 막간극 이후에 활력을 되찾으려고 애썼다. 1940년에 책 제목을 처칠의 냄새가 나는 '영국이 잠들었던 이유Why England Slept'(원래는 하버드대학교 4학년 때의 논문이었다)로 정한 데서 알 수 있듯이, 확실한 친영파였던 케네디는 기자회견에서도 반어와 자기비하 같은 기법을 능숙하게 구사했고(프랑스의 파리에서는 자신을 재키 케네디의 남편이라고 소개했다), 앤서니 이든(영국의 보수당 총리를 역임한 정치인-옮긴이)을 연상시키는 온화함과 선조로부터 물려받은 아일랜드인 특유의 진지한 유머를 보여줬다. 케네디의 아버지는 제2차 세계대전 당시 고립주의를 고수하다가 결국 루즈벨트 대통령에 의해 주영 미국대사직에서 물러나게 되었고, 아들인 케네디는 아버지의 원죄를 씻기 위해 고군분투했다.

귀족적 신분은 케네디뿐 아니라 그의 가문 전체에게 복잡한 문제였다. 케네디 가문 사람들은 뉴잉글랜드 지역의 귀족 명문가라는 후광을 누렸지만, 사회적으로 높은 지위에 오른 것은 오로지 치열한 노력 덕분이었다. 케네디의 아버지가 아이비리그 출신의 아들을 대통령으로 만들려고 애쓴 이야기는 마리오 푸조의 소설 《대부》의 내용을 연상시킨다. 금주법 시절에 주류 밀매업으로 성장한 것으로 알려진 조지프 케네디는 케이프코드Cape Cod(매사추세츠 주 남동부에 있는 반도–옮긴이)의 여름 별장을 비롯해 보스턴 지역 명문가의 면모를 하나씩 갖춰나갔다. 그러나 그는 따돌림을 당하는 듯한 기분을 느낄 때가 많았고, 기꺼운 마음으로 자신을 받아준 적이 없었던 주변의 신교도들에 대한 원한이 깊어졌다. 그러는 동안 상류계급에 합류하고자 했던 그의 간절한 욕구는 할리우드 영화산업에 투자하고 영화배우 글로리아 스완슨과 염문을 뿌리면서 시들해졌다. 아들인 존과 로버트는 아버지로부터 영화계와 영화배우에 대한 호감을 물려받았다.

이처럼 복합적인 배경의 영향으로 케네디 대통령 역시 복잡한 인물로 성장했지만, 그것은 대중을 사로잡은 그의 인격적 밑바탕이 되었다. 그의 인격에는 귀족적이면서도 유행을 선도하고 성적으로 자유분방한 듯한 무언가가 있었다. 즉 케네디는 백악관 최초의 비트족beatnik, beat generation이었다. 케네디의 이미지를 연구한 토머스 브라운은 이렇게 말했다. "성적 세련미를 자랑스럽게 여기는 시대에 '성적으로 자유분방한 듯한' 대통령을 좋아하는 사람들이 많았다. 케네디의 이미지는 미국인 중에 부르주아적 제약에서 해방된 점을 자랑스럽게 여기는 부류에게 가장 호소력이 있었다." 명문가 출신의 지지자들은 성적 일탈을 연상시키는 케네디의 성적 자유분방함과 대중적 에너지를 좋아했다. 기질적으로 볼 때 케네디는 왕실의 밀실거래를 조종하는 아일랜드 출신의 정치인들과 보스턴 지역의 진정한 명문가 자제들, 즉 그가 거느린 두뇌집단(치버의 소설에 나오는 감독교를 믿는 아이비리그 출신들) 사이의 어느 지점에 있었다. 그의 인상적인 목소리는 전혀 보스턴 지역 명문가 출신의 억양이 아니었지만, 하버드대학교Harvard Yard의 느리고, 약간 더듬고, 우쭐대는 어투와 이스트보스턴의 귀에 거슬리는 듯한 소리가 뒤섞여 있었다. 오랜 친구였던 벤 브래들리 말했듯이 케네디의 성격은 "절반은 거칠고, 솔직하고, 야하고, 감성적인 '아일랜드 가톨릭교도' 정치인이고 나머지 절반은 똑똑하고, 품위 있고, 지적인 '서양의 바람둥이Playboy of the Western World(아일랜드의 극작가 존 밀링턴 싱의 희곡 제목-옮긴이)'였다." 그는 감정이나 극단적 이념을 드러내는 것을 싫어했지만, 친영파적 태도만큼은 예외였다. 전기 작가 제임스 맥그리거 번스는 케네디의 성격을 다음과 같이 요약했다.

케네디를 가장 정확하게 묘사하는 단 하나의 낱말은 침착이다. 그가 불같이 화를 내거나 드러내놓고 눈물을 흘리는 모습을 본 사람은 아무도 없었다. …… 어떤 일에 너무 깊숙이 개입하지 않으려는, 그리고 지적 자제심을 잃지 않으려는 이런 태도는 케네디의 성격에 깊숙이 각인되어 있다.

아이젠하워 시절을 장식한 부르주아계급의 차분함 이후 개인적 행위의 경계가 열린 점과 새로운 시대정신을 고려할 때 케네디는 설령 무의식적이었다 해도 실존주의적 언어를 구사한 미국 최초의 대통령이었다. 철학과 문학의 영역에서 벌어진 실존주의 운동은 1950년대 후반의 대중적인 현상으로 자리 잡았다. 대표 격인 장 폴 사르트르가 〈라이프〉의 인물소개란에 등장했고, 미국의 극작가 패디 샤예프스키가 희곡 〈총각 파티The Bachelor Party〉에 '실존주의자'라고 불린 비트족 여성이 출현했다. 케네디의 연설은 사회이론가 테오도어 아도르노(독일의 사회학자, 철학자—옮긴이)가 '진정성의 용어'로 부른 것으로 장식되어 있었다. 연설에서 그는 '결단', '용기', '헌신', '활력', '목적', '결정' 등을 언급했다. 물론 아이젠하워가 그런 식으로 말하는 장면은 상상하기 어렵다. 사르트르와 하이데거는 서로 비슷한 실존주의적 어휘를 고안했지만, 그것은 대인관계의 강화와 자기성찰에 치우친 내면적인 요소로 보였다. 헝클어진 머리에 남자답고, 활기차고, 젊은 대통령은 그런 언어를 다듬어 국가에 활력과 생기를 불어넣었고, 미국의 국민시인 로버트 프로스트가 "다음에 도래할 아우구스투스 황제 시대의 영광"이라 부른 것에 적합한 페리클레스 식의 실존주의를 창안했다. (물론 그 노회한 시인이 케네디를 로마 시민의 숭배를 받기 위해 베르길리우스를 비롯한 여러 시인을 동원한 젊은 군사독재자 아우구스투스 황제에 비유할 때는 약간 반어적인 의도가 담겨 있었을 것이다.)

케네디의 카리스마를 더욱 강화한 것은, 그가 진정한 전쟁영웅이자 루즈벨트가 파시즘에 맞서 서사시적 투쟁을 벌이는 동안 청년기를 맞은 세대 중에서 가장 뛰어나고 똑똑한 젊은이에 속했다는 사실이었다. 40대 초반의 케네디는 육체적으로 멋진 남자였다. 그는 잘생긴 얼굴과 빛나는 미소를 지닌 미국 역사상 가장 젊은 대통령이었다. 심지어 당시의 흐릿한 천연색 뉴스영화에서 그의 품격, 실속, 활력, 풍채 따위를 아직도 느낄 수 있다. 어릴 적에 그는 운동에 소질이 있었던 맏형 조 주니어와 달리 독서를 좋아했다(조 주니어 케네디는 케네디 가문에서 장래의 대통령으로 기대를 모았으나 제2차 세계대전에 참전해 전사했다). 케네디는 역사 애호가였다. 그는 쿠바 미사일 위기를 맞은 상황에서도 제1차 세계대전에 관한 바바라 터치먼의 걸작 《8월의 총성The Guns of August》을 읽었다. 그것은 비교적 널리 알려지지 않은 백악관 최초의 비트족의 또 다른 모습이었다. 번스는 다음과 같이 썼다. "많은 이들이 케네디를 쾌활하고 사교적인 유형으로 생각한다. …… 하지만 실제로 그는 진지한 사람이다. …… 그가 가장 행복할 때는 친목모임에서 사람들과 어울릴 때가 아니라 안경을 쓰고 침대에 앉아 최근의 자서전을 독파할 때이다."

외교정책의 측면에서 그는 윌리엄 번디(미국의 정치인. 맥조지 번디의 형─옮긴이)의 장인이자 온화하면서도 강철 같은 의지의 소유자였던 애치슨이 몸소 보여준 냉전 전문가들로 구성된 현자들과 그 후계자들의 시각을 물려받았다. 즉 미국이 유럽에서 저지른 실책은, 그것이 루즈벨트가 질병에 시달린 나머지 미처 신경 쓰지 못한 탓이었든 아니면 소련제국주의의 본질을 제대로 파악하지 못한 탓이었든 간에, 한국에서와 마찬가지로 베트남에서도 대리인을 통해 보충될 것이다. 유럽에서 공산주의를 물리칠 수는 없었지만, 나머지 지역에서는 봉쇄할 수 있을 것이다. 1946년, 거물 처칠이 다시 등장해 미주리 주의 풀턴에서 그 유명한 '철의 장막' 연설을 통해 대 소련 강경책을 강조했다. 그것은 역사의 무대에서 퇴장하기 전에 세계의 지도자로서 남긴 가장 인상적인 발자취이자 생생하고 정교하게 고안된 수사법의 위력을 보여주는 또 하나의 사례였다.

케네디의 성공에는 확실히 복잡한 면이 있었다. 실패로 돌아간 쿠바 피그스 만 침공사건은 우유부단함에 기인한 뼈아픈 실수였다. 그것은 아예 포기를 하거나 아니면 더 큰 규모로 감행했어야 했던 계획이었다. 소련의 실력자 니키타 흐루시초프는 조약을 무시하고 베를린 장벽을 설치해 케네디를 뒤흔들었다. 두 가지 사건 때문에 케네디는 드골에게 '미용사 조수의 방식'으로 통치하고 '문제를 통해 길을 개척하는' 순진한 아마추어라는 조롱을 당했다. 그러나 케네디가 쿠바 미사일 위기를 능숙하게 해결한 것은 '압박 속에서의 품위'(헤밍웨이의 명언으로 이때부터 케네디 가문과 불가분의 관계를 맺은 표현)가 거둔 승리였다. 그의 공보비서관 피에르 샐린저는 다음과 같이 썼다. "그 6일간은 내 생애에서 가장 걱정스런 때였고, 확실히 케네디 대통령의 재임기간 1000일 동안 가장 긴박한 시간이었다. 그러나 생각보다 그는 자신이나 상황을 훨씬 잘 통제했다." 미사일 위기의 해결로 소련은 당분간 중남미 지역에서 도발을 꿈꾸지 못했고, 아마 체면을 구긴 흐루시초프의 몰락에 영향을 미쳤을 것이다. 케네디가 1963년에 암살되지 않았다면 베트남 사태에 어떻게 대처했을 것인가에 관한 추측이 난무해왔다. 1963년만 해도 미국의 정책은 경제적 원조, 군사적 조언, 대 폭동 전술 등에 국한되어 있었다. 틀림없이 그는 그 제한적 규모의 지원을 유지하는 데 반대하지 않았을 것이고, 심지어 파견인원을 늘

리는 문제를 검토했을지 모른다. 그러나 국방부의 강경파(쿠바 미사일 위기 때에 전면적인 침공이나 심지어 선제적인 핵공격을 촉구했다)를 제압할 수 있었던 점에 비춰볼 때 아마 그는 훗날 존슨의 손으로 넘어간 전투병 파견문제를 비롯해 대규모 확전에는 반대했으리라고 결론 내리는 편이 옳을 것이다.

케네디의 죽음으로 대통령의 리더십을 둘러싼 세대차가 나타나게 되었다. 그의 죽음은 존슨 대통령이 대변한 '배기 바지baggy-pants'로의 회귀(윗세대에 대한 우리 세대의 신랄한 모욕)이자 한결 지루한 시대로의 후퇴를 의미했다. 문화적 측면에서의 그런 세대차는 비틀즈가 케네디가 기자회견에서 보여준 적나라한 반어법을 물려받고 그의 출중한 외모에 그들만의 매력을 더한 1960년대의 로큰롤 혁명에 의해 간격을 줄일 수 있었다. 암살된 대통령의 동생이자 후계자로 거론된 로버트 케네디는 정치계에 새로운 활력을 다시 불어넣겠다고 약속했다. 제2차 세계대전 세대와 새로운 세대(기존의 정당정치를 버리고 반문화를 선택했다)를 이어줄 다리가 될 수 있었던 사람은 아마 로버트 케네디밖에 없었을 것이다. 그 역시 암살당하기까지는 말이다.

한때 매카시를 지지하며 반공 전투견으로 활약했던 로버트 케네디는 이후 승승장구한 끝에 케네디정부의 법무부장관을 맡았다. 그는 조직범죄를 아주 철저하게 단속했다. 혹자는 그것이 형의 죽음에 악영향을 미쳤을지 모른다고 생각한다. 그는 인종차별을 폐지할 것을 열렬히 주장하면서 1960년대의 위대한 도덕적 십자군으로 활약했다. 조지프 케네디의 아들이자 케네디의 동생으로서 그는 원칙적으로 반공주의를 포기한 적이 없었다. 따라서 1968년 대통령 선거에서 승리했어도 베트남에서 일방적으로 병력을 철수하지는 않았을 것이다. 케네디 가문 사람들은 결코 평화주의자나 세계정부주의자가 아니었다. 그들은 개인적으로 스티븐슨과 엘리너 같은 열렬한 반전주의자들을 냉소적으로 바라봤다. 그러나 로버트 케네디는 결국 남베트남을 지키기 위한 협상과 점진적인 철수를 병행하려는 닉슨 식의 해법을 선택했을 것이다.

로버트 케네디는 처음에는 형보다 카리스마가 부족해 보였다. 그러나 현직 대통령의 암살이라는 국가적 비극을 거치면서 대중에게 점점 깊이가 있고 생각이 깊은 인물로 비춰졌다. 그는 마틴 루터 킹 목사의 암살 소식을 전해 들었을 때 아이스킬로스(고대 그리스의 비극 시인-옮긴이)의 멋진 문구를 인용했다. 그것은 케네디 가문 사람들 특유의 자연스런 반응이었다. 그 순간 로버트 케네디는 또 하나의 국가적 비극에 대한 애도의 뜻을 나타내기 위해 고급문화를 활용한 것인데, 그때부터 지금까지 그런 모습을 재현한 대통령은 한 사람도 없었다. 우리가 로버트 케네디 이후의 거물 정치인들을 어떻게 생각하든 간에 닉슨, 포드, 카터, 레이건, 클린턴, 부시 등이 국가적 비극을 구체적으로 표현하기 위해 고대 그리스의 시인을 인용하는 모습은 상상하기 어렵다.

아더 왕의 카멜롯 전설(미망인인 재키 케네디가 남편의 재임기간을 아더 왕이 다스리던 시대에 비유한 말-옮긴이)은 종말을 고했고 조소의 대상으로 전락했다. 그러나 거기에는 무언가 생생한 것, 즉 젊은 활력, 모든 사람들이 고급문화의 정수를 이해할 수 있다는 이상주의적 신념, 전쟁과 거리나 대학 교정에서의 소요로 인해 주저앉은 낙관론 등이 담겨 있었다. 언론인 데이비드 핼버스탬이 《가장 뛰어나고 똑똑한 사람들The Best and the Brightest》에서 날카롭게 지적했듯이, 베트남에서의 고군분투는 로버트 케네디의 죽음으로 제2차 세계대전 참전용사 세대와 베이비붐 세대, 즉 현자들의 자식 세대를 이어준 연결고리가 끊어졌을 때 운명을 다했다. (컬럼비아대학교와 예일대학교 등지에서 소요를 일으킨 새로운 세대는 지배계급이 이제 더 이상 역할을 수행하지 못할 것이라는 분명한 신호를 보냈다.)

베트남에 지상군 병력을 50만 명 이상 증원하는 방안에 동의했을 때 존슨은 케네디의 두뇌집단에 휘둘리고 있었다. 현자들의 후예들(번디 형제와 시스템 관리의 귀재인 로버트 맥나마라가 대표적인 인물들이다)은 케네디가 쿠바 미사일 위기와 베트남 사태의 초기 단계에서 보여준 조심성과 침착한 접근법에 전혀 구애되지 않은 채 도덕적 십자군에 대한 약삭빠른 경멸감과 미국의 기술적 우위가 후진국의 게릴라 작전을 압도할 수 있을 것이라는 믿음을 한데 묶었다. 존슨행정부는 굳이 국민적 지지를 확보하기 위해 반공적 애국심을 들먹이지 않은 채 저 멀리서 전쟁을 수행하고자 했다.

존슨은 1940년대와 1950년대의 구세대와 마찬가지로 공산주의에 약한 모습을 보이기를 꺼렸고, 만약 그렇게 되면 국민적 지지를 상실할 것이라고 확신했다. 이전부터 그것은 점점 더 무서워지는 유령이었다. 더구나 그의 저속함과 투박함 이면에는 전임 대통령을 모셨던 명문가와 아이비리그 출신의 보좌진에 비해 보잘것없는 학벌과 혈통에 대한 깊은 불안감이 숨어 있었다. 전임자인 케네디 대통령은 사회적 신분과 학력수준이 높은 데다 국정경험의 기회를 하사한 장본인이었기 때문에 결코 보좌관들에게 휘둘리지 않았다. 측근들의 조언을 따르는 것은 전적으로 그가 결정할 문제였다. 반면 국내정치에 골몰했던 존슨은 국제관계에 관한 빼어난 전문지식을 자랑하는 측근들의 말에 귀를 기울일 수밖에 없었다. 존슨은 날로 전사자가 늘어나면서 흔들렸지만, 약한 모습을 보이기가 싫어 공개적인 언급을 삼가려고 애썼다. 여러 해 뒤에 그의 딸 루시는 이렇게 회고했다. "백악관 시절 가장 가슴 아픈 기억 가운데 하나는 아버지가 다치거나 죽은 군인들 소식을 전해 듣는 모습을 지켜보는 일이었다. …… 아버지에게 사상자들은 통계가 아니었다. 그들은 모두가 아들이자 딸이었고, 남편이자 아내였으며, 아버지이자 어머니였다."

존슨은 공인으로서 담배연기 자욱한 밀실에서의 결탁이라는 구시대 정치로의 회귀를 상징했고, 카리스마가 아니라 텍사스 주와 국회의사당이라는 정치적 참호에 오래 머문 경력에 의존하는 볼썽사나운 인물로 전락했다. 당시 백악관 법률고문을 지낸 해리 맥퍼슨에 따르면, 고급문화를 사랑한 케네디와 달리 존슨은 "통치와 정치 외에는 특별한 관심이 없었다. 연극도 책도 음악도 스포츠도 역사도 관심 밖이었다"고 한다. 의회에서 잔뼈가 굵은 노련한 정치가였던 존슨은 특히 다수당 원내총무로서 뛰어난 활약을 펼치다가 민주당 부통령 후보자에 지명되었다. 하지만 그것은 존슨에게도 케네디에게도 그리 만족스런 결과는 아니었다. 존슨은 덩치가 크고 서민적이고 생기가 넘쳤으며, 마치 카멜롯에 속하지 않아도 상관없다는 듯이 의도적으로 자신의 촌스러움을 드러 냈다. 전기 작가 프랭크 코미어는 다음과 같이 말했다. "그는 음식 을 잔뜩 먹은 뒤 입을 벌리고 트림을 크게 하는 아주 고약한 버 릇을 갖고 있었다. 나는 그런 모습을 여러 번 봤지만 정확한 이유 를 알 수 없었다. 아마 그는 자신이 대통령이라는 점과 굳이 예의 를 차리지 않겠다는 점을 보여주고 싶었을 것이다." 존슨은 집무 실 화장실에 앉아 외교정책을 논의한 것으로 유명했다. 그는 아직 어리고 꽉 막힌 아이비리그 출신 정책고문들과 보좌관들이 어쩔 수 없이 열린 화장실 문 앞으로 더 가까이 다가오는 상황을 즐겼 다. 가끔 그는 당황스럽게도 남부 백인의 말투로 아프리카계 미국 인들을 '깜둥이'로 불렀다. 그는 텍사스 주의 자기 농장에서 기자 들에게 개의 귀를 잡고 들어 올리는 모습을 보여준 적도 있었다.

우리 세대의 사람들은 존슨이 공적인 무대에 등장한 것을 일종 의 퇴보로 여겼다. 따라서 그의 진정한 위대함을 미처 몰랐을지 모른다. 만약 베트남전쟁을 물려받지 않았다면, 틀림없이 그는 최 고의 대통령이 되었을 것이다. 다음은 코미어의 글이다.

존슨은 대륙을 개척하고 원주민을 정복한 뒤 자신감에 넘친 미국인들 이, 모든 가능한 땅 가운데 최고의 땅에서 모든 일이 가능하다고 믿었 던 시대의 미국인들이 하느님과 정의가 언제나 조국의 편에 서 있을 것 이라는 의심할 나위 없는 신념을 갖고 있었던 시대의 단순한, 아니 확고 한 애국심을 고수했다.

루즈벨트 덕분에 정계에 입문했던 존슨은 멀리서 자신의 우상을 흠모했고, 그와 마찬가지로 국민을 위해 봉사하려는 마음을 갖고 있었다. 1964년, 존슨은 오랜 의정활동을 통해 터득한 갖가지 수단, 즉 아첨, 협박, 회유, 선심성 예산 등을 활용해 공민권법을 통과시켰다. 물론 이미 케네디 형제가 그런 개혁을 위한 중요한 발걸음을 내딛었지만, 두 사람 모두 때 이른 죽음으로 미처 뜻을 이루지 못했다. 거기에는 남부의 탈당파와 소원해질 것이라는 우려 때문에 민주당 내부의 진보파를 완전히 포용하기를 주저한 점도 작용했다. 모름지기 상대를 무찌르기 위해서는 상대와 무척 닮은 지도자가 필요할 때도 있는 법이다. 존슨의 남부 촌놈 같은 언행은 자칫 '동부'의 응석받이인 케네디 형제에 반대했을지 모르는 사람들을 무장해제시켰다. 공민권법이 통과됨으로써 존슨은 시민권의 측면에서 링컨의 노예해방선언 이래 최대의 약진을 이룩했다. 그것은 남북전쟁에서 링컨이 승리함으로써 약속한 기회의 평등을 이행하기 위해 오래 지연된 과업이었다.

하지만 안타깝게도 그 위대한 업적은 존슨의 임기 마지막 해의 날로 악화된 전황 때문에 오랫동안 빛을 잃었다. 당시 미군은 매주 500명 이상이 전사했다. 그의 빛나는 업적이 그처럼 장기간 진정한 평가를 받지 못한 것은 쓰라린 역설이었다. 민주당의 자유주의 분파가 그토록 많은 목적을 달성한 바로 그 순간에 국내에서의 민권운동은 유독 흑인 청년들의 목숨을 많이 빼앗아 간 전쟁으로 인해 공민권법이 거의 무의미해 보일 정도로 급진적인 성격을 띠게 되었다. 킹 목사가 암살되자 혁명적 분위기가 더욱 고조되었다. 특히 과격파인 흑표범단Black Panthers은 스스로를 미군이 이역만리에서 상대하고 있는 베트콩과 유사한 민족해방운동조직으로 인식했다.

　그 무렵 미국에서 가장 도덕적인 인물로 평가할 수 있었던 킹 목사는 로버트 케네디와 마찬가지로, 아니 적어도 그가 약속한 것과 마찬가지로 1960년대 세대와 기존의 진보주의를 이어주는 또 하나의 연결고리였다. 존슨과 마찬가지로 킹 목사도 링컨의 과업을 계승해 완수할 것을 서약했다. 그가 게티즈버그 연설 이래 가장 감동적인 연설 〈내겐 꿈이 있습니다〉에 나선 곳은 절묘하게도 수도 워싱턴의 링컨 기념관 앞이었다. 링컨 스스로가 밝힌 정치적 사명의 핵심은 만일 노예제가 나쁘지 않다면 세상에 나쁜 것은 하나도 없다는 점이었다. 만일 우리가 다른 인간을 노예로 삼을 수 있다면 우리는 모든 악을 저지를 수 있고, 다른 인간을 노예화할 수 있는 우리의 능력은 우리가 가정적인 사람으로서, 시민으로서, 이웃으로서, 기독교인으로서 품위를 주장할 수 있는 모든 명분을 뒤흔든다. 더구나 링컨이 인식했듯이 만약 한 민족을 노예화할 수 있으면 다른 모든 민족도 노예로 삼거나 잔인하게 대우할 수 있다. 앞으로 노예제가 지속되면 가난한 백인이나 이민자도 노예로 전락할 수 있을 것이다. 바로 이런 관점에서 킹 목사는 특정 인종의 공민권을 부정하면 다른 모든 인종의 공민권도 부정할 수 있다고 주장했다. 그러므로 흑인에게 공민권을 확대하려는 시도는 모든 사람들, 즉 가난한 이들, 혜택받지 못한 사람들, 희망이 없는 자들이 공민권을 충분히 누릴 수 있는 시발점으로 볼 수 있다. 킹 목사는 전쟁을 신랄하게 비판했으나 폭력혁명이나 흑인 민족주의 같은 분리주의적 경향과는 무관했고, 마하트마 간디로 대변되는 평화적 시민불복종의 전통 안에 머물렀다. 그의 죽음으로 당대의 민권운동과 보다 폭넓은 미국의 정치적 전통 사이의 연결고리가 잠시 느슨해졌다.

저 멀리 해외에서는 병사들이 수없이 죽어나가고 국내에서는 흑인 빈민가와 대학교 교정이 화염에 휩싸여 있을 때 존슨은 대통령직에서 물러났다. 그는 만일 자신의 두 번째 행정부가 출범하는 상황이 도래하면 민주당이 전쟁에서 벗어날 새로운 돌파구를 마련하지 못할 것이라는 점을 인식하고 출마를 고사했다. 이후 세월이 흐르면서 그의 업적은 점차 긍정적으로 평가받고 있다. 그러나 당시에는 마치 땅에 쓰러진 커다란 조각상 같았고, 그의 프로메테우스 같은 지칠 줄 모르는 에너지와 엄청난 식욕은 경멸의 대상이었을 뿐이다. 2년 뒤 닉슨 대통령은 자신의 전쟁수행과정을 변호하면서 미국이 '가련하고 무력한 거인'으로 전락하는 모습을 방관할 생각이 없다고 말했다. 혹시 그것은 비범하면서도 겸손했던 전임자의 몰락을 떠올리고 한 말은 아니었을까? 도미노현상의 억제와 공산권 봉쇄라는 애치슨의 정신에 입각해 전쟁을 시작한 민주당은 파국을 맞아 만신창이가 되었고, 변방뿐 아니라 주류문화에서도 이른바 '제왕적 대통령'을 둘러싼 장기적인 죄의식의 시대로 접어들었다.

존슨의 정계은퇴에 따른 직접적인 효과는 민주당 내부의 극렬 자유주의 분파, 즉 스티븐슨과 헨리 월리스까지, 그리고 머리말에서 소개했듯이 미국은 세계의 모든 나라와 친구로 지내야 한다고 믿었던 제퍼슨까지 거슬러 올라가는 분파가 새로운 형태로 부활한 것이었다. 그들은 윌리엄 제닝스 브라이언이 주도한 진보파 포퓰리즘의 유산, 1920년대의 온건한 사회주의적 '세계산업노동조합'의 노동조합주의, 일체의 대외적 무력 개입에 대한 반감 따위를 물려받았다. 그들은 국제무대에서의 미국의 영향력은 세계평화의 증진을 위한 차원에서 외국의 진보주의운동을 지원하는 데 한정되어야 한다고 믿었다.

베트남전쟁으로 인해 냉전적 봉쇄정책 기조와 윌슨 식의 국제주의 사이의 불편한 장기 동맹은 산산조각 났다. 대신에 잇달아 등장한 지도자들을 통해 더욱 평화지향적인 운동이 그 공백을 메웠다. 첫 번째 주자는 1968년 대통령 선거 민주당 경선에서 반대파로 분류된 유진 매카시였다. 그는 1972년에 맥거번과 함께 민주당의 주도권을 잡았고, 마침내 1976년에 카터와 함께 백악관에 입성했다. 민주당의 새로운 지도자들은 공산주의의 위험보다는 반동적이고 억압적인 독재체제와 군사정권의 우방으로서 '나쁜 편'에 기우는 듯했던 미국의 행태를 더욱 우려했다. 민주당의, 특히 젊은 지지자들의 이상주의는 그런 식의 세계관을 집약하고 일신한 유진 매카시, 맥거번, 카터 등에게 차례로 넘어갔다.

하지만 민주당은 그들의 우산 아래에서 그리 쉽게 단결하지 못했다. 루즈벨트 시절에 이뤄진 연합전선의 구성원들, 특히 1978년의 영화 〈디어헌터〉가 멋지게 그려낸, 산업이 발달한 북동부 지역의 구식 정치조직을 신뢰하고 애국심이 무척 강한 도시의 토박이 유권자들은 그 새로운 민주당의 주역들을 의심의 눈초리로 바라봤다. 그런 현상은 남부의 백인 노동계급도 마찬가지였다. 과거에 루즈벨트와 그의 후계자들은 대체로 짐크로법Jim Crow Law(미국 남부의 인종차별법-옮긴이)을 지지하고 민권운동을 극렬하게 반대한 남부의 탈당파와 화해한 적이 있었다. 그것은 보다 큰 명분을 실현하기 위한 국력을 결집하는 데 반드시 필요한 대가였다. (탈당파의 대표적 인물로는 훗날 워터게이트 청문회 때 잠시 전국적인 유명세를 탔던 샘 어빈 상원의원을 들 수 있다. 그는 공민권법이라면 무조건 반대표를 던졌다.) 어쨌든 북동부와 남부의 두 집단은 민주당이 사회적 소수자들에게 너무 많은 양보를 했다고, 전쟁과 군인을 중시하는 애국심이 없어졌다고 여겼다. 그들은 스티븐슨처럼 여자 같은 상류층 지식인과 '클린진Clean Gene'이라는 별명을 지닌 매카시도 싫어했다.

앨라배마 주지사 조지 월리스는 그 두 집단을 바탕으로 제3의 정당을 결성해 대권을 노려볼 만한 기회를 포착했고, 롱의 보수적 포퓰리즘을 모방했다. (롱이 원래 루이지애나 주에서 결성한 소외계층의 동맹은 훗날 루즈벨트에 의해 뉴딜 정책을 위한 전국적 연합전선에 포섭되었다.) 조지 월리스는 민주당의 '지식분자'들이 공산주의에 미온적으로 대처하고 다수인 중산층의 가치를 얕잡아본다고 주장하면서 남부의 백인 노동자들뿐 아니라 보수적 성향을 지닌 도시 토박이들로부터 지지를 얻었고, 그 과정에서 훗날 공화당의 닉슨이 백악관을 차지하는 데 기여했다. 4년 뒤 닉슨은 월리스가 일궈놓은 유권자들을 모두 공화당의 울타리로 끌어들인 덕분에 압승을 거둘 수 있었다. 침묵하는 다수의 위력이 수면 위로 떠오른 그 사건은 그때부터 지금까지 미국의 선거정치를 지배해온 중요한 분수령이었다.

수수께끼 같은 대통령: 리처드 M. 닉슨

"닉슨을 끔찍이도 미워한다면 그의 용기보다 악착같은 복수심과 고집이, 그의 사려 깊음보다 걸핏하면 재발하는 공황상태와 분노가, 타인의 정서적 욕구를 간파하는 그의 비상한 감수성보다 이야기나 거짓말이, 그의 머릿속에 품은 원대한 계획보다 천박하고 야비한 전술이 더욱 중요한 요소라고 말할 것이다." 이상은 언론인이자 역사가인 테오도어 H. 화이트의 말이다.

사실 역대 대통령들을 평가할 때 당사자를 얼마나 미워하는지부터 따져야 하는 경우는 닉슨이 유일할 것이다. 흔히 우리는 그를 미워하는가, 좋아하는가보다는 얼마나 미워하는지를 따진다. 게다가 화이트는 닉슨을 악착같이 미워한 사람도 아니었다. 그는 균형감 있는 관찰자였고, 워터게이트 사건의 '배신'이 있기 전에는 주류 언론계의 여러 관찰자들보다 닉슨을 호의적으로 평가했다.

닉슨은 미국의 드골로 자부했다. 그는 스스로를 나무랄 데 없는 보수 인사로 여겼고, 세계평화를 바라는 순진한 이상주의자 같은 인상을 주지 않은, 베트콩이 내건 명분의 도덕적 우위를 인정하지 않은, 자칫 철수를 통해 국제무대에서 미국의 위신을 깎아내린 지도자로 오해받지 않은 채 전쟁을 끝낸 사람으로 자처했다. 훗날 그는 원래의 정치적 혈통과 두 번째의 인상적인 이별을 고한 점에 대해 이렇게 자평했다. "닉슨만이 중국으로 갈 수 있다."(이 말에는 마치 그의 정치적인 외적 인격이 진정한 자아와 다른 독자적인 실체인 양 스스로를 3인칭으로 서술하는 그의 기이한 습관이 담겨 있다). 기질적으로 닉슨은 그런 도전에 이끌렸다. 여러 대통령들이 전임자에게 물려받은 위기를 정면돌파한 반면 닉슨은 위기를 사랑하는 듯했고, 뱃심을 보여주고 뜻밖의 일을 감행할 기회와 스트레스를 즐기는 것 같았다. 하긴 그는 1962년에 집필한 자서전에 '여섯 가지 위기 Six Crises'라는 제목을 붙이기도 했다. 닉슨을 둘러싼 다소 음험한 분위기는 동일한 세계관을 지닌 키신저에 대한 진정한 애착에서 드러나 있었고, 그런 점은 닉슨을 향한 증오를 어느 정도 설명해준다. 그러나 닉슨은 워터게이트 사건 이전에도 이미 증오의 대상이었다.

첫째, '구형 닉슨Old Nixon'이 있었다. 그는 조 매카시가 1950년대에 조성한 반공주의 물결에 편승해 트루먼의 외교정책을 '애치슨의 겁쟁이 공산주의 봉쇄정책'으로 불렀다. 물론 닉슨은 매카시처럼 극단적으로 치닫지는 않았다. 매카시는 군부의 충성심까지 공격하다가 아이젠하워 대통령의 분노를 사는 바람에 몰락했다. 그러나 닉슨은 앨저 히스(소련의 간첩이라는 혐의로 처벌받았던 미국 관리—옮긴이)를 기소함으로써 씻을 수 없는 증오를 불러왔다. 명문가 출신의 히스는 매카시 지지자들의 본거지에서 원성이 자자했던 '동부'의 주류 외교정책의 축소판이었다. 그는 제2차 세계대전 동안에 국무부에서 활약했고, 그를 옹호하는 사람들 사이에서는 전시의 동맹이 종료된 이후에도 세계평화를 위해 소련과 우호적인 관계를 조성하기만을 바란 고상하고 온건한 인물로 통했다. 히스는 그와 같은 사회계급에 속한 많은 사람들에게 신중한 중도파 같은 인상을 주었겠지만, 닉슨의 조사를 받음으로써 친공산주의자, 아니 소련의 간첩일지 모른다는 의심을 받기에 이르렀다. 히스의 출신배경인 북동부 주류사회와 그를 적색공포Red Scare에 휩쓸린 군중의 광기에 희생된 순교자로 여기는 부유한 뉴욕의 자유주의 세계에 속한 사람들은 히스를 파멸로 몰아간 닉슨을 결코 용서하지 않았다.

이상이 구형 닉슨이 미움을 받은 연유이다. 한편 신형 닉슨New Nixon이 미움을 받은 데는 민주당이 나섰다가 실패를 맛본 베트남전쟁을 끝냈다는 점이 주로 작용했다. 미국은 대패를 당하지는 않았지만, 단계적으로 철수해야 했다. 북베트남은 미국을 상대로 결정적인 승리를 거둘 수 없었고, 남베트남 정부는 비록 포위당한 상황에서도 닉슨의 임기 중에는 무너지지 않았다. 여기서 잠시 키신저의 말을 들어보자. "정신적 관대함이 닉슨의 덕목 중에 속하지 않은 것은 의심의 여지가 없다. 그는 분노와 과도한 고정관념을 결코 초월하지 못했다. 그러나 전임자들이 물려준 과업과 관련해 비판자들로부터 동정을 받지도 못했다." 오늘날 닉슨의 비판자들 중에서도 닉슨의 빼어난 정치적인 수완을 높이 평가하는 사람들이 많을 것이다. 긴장완화를 통한 관계개선이라는 전망을 내놓음으로써 닉슨은 소련이 분쟁에서 손을 떼도록 유도하는 한편 역사적인 예비교섭을 발판으로 북베트남을 향한 중국의 열정을 가라앉혔다. 닉슨과 키신저는 그들이 '삼각분할'로 부른 강대국 정치의 절묘한 체스게임을 벌였다. 삼각분할이란, 소련에게는 긴장완화라는 당근을 주고, 중국에게는 개방이라는 채찍을 휘두르며, 소련과 중국 모두에게는 호치민과의 관계를 끊고 미국을 이용해 서로를 견제하도록 미끼를 던지는 것이었다. 미군의 전투병력을 단계적으로 남베트남 정부군으로 대체한 결과 1973년에 철수가 완료되었다. 그러자 일시적으로 반전운동이 가라앉았다. 그리고 북베트남이 휴전협상을 방해하기 시작하자 닉슨은 우리가 링컨, 처칠, 루즈벨트 등의 사례에서 목격한 것과 동일한 의도적인 파괴력을 과시했다. 미군은 몇 년 전에 캄보디아와 연결된 베트콩의 보급선을 끊었듯이 하노이와 하이퐁에 무차별적인 폭격을 퍼부었다. 그러자 반전운동이 다시 불붙었다. 반전세력은 미군의 조치를 테러와 같은 폭격작전이자 주권국가에 대한 불법침공으로 규정한 채 항의의 목소리를 높였다. 그러나 닉슨의 두 번째 임기 첫해에 북베트남은 평화협정에 서명했다.

한편으로는 진정한 보수주의 이론가가 아니었기 때문에, 다른 한편으로는 국내의 정치적 투쟁으로 인해 패권유지라는 진실로 중요한 문제에 소홀하지 않고자 했기 때문에 닉슨은 차별철폐조치를 비롯한 존슨의 위대한 사회Great Society의 기조를 유지하면서 오히려 자금지원을 크게 늘렸다. 워터게이트 사건은 어떤 면에서 정치적 핵심을 장악한 채 민주당을 희생양 삼아 너무 많은 것을 이룩한 닉슨에 대한 1960년대의 반전세대의 복수였다. 당시 성숙기에 접어든 반전세대는 공공부문과 민간부문 모두에서 책임을 질 만한 위치에 오르고 있었다. 1972년 대통령 선거에서 닉슨은 자유주의자들의 보루인 매사추세츠 주를 제외한 모든 주에서 승리했다. 그것은 그때까지의 미국 역사상 유례가 없는 결과였다. 투표를 통해 빼앗지 못한 것은 법적 제도의 힘을 빌려 가져와야 했다.

닉슨이 증오를 불러온 또 다른 이유는 여러 차례 언급된 유별난 개인적 경험이었다. 무척이나 힘겨웠던 성장환경 덕분에 그는 전형적인 미국식 성공담의 주인공이 되었다. 그의 아버지는 폭력적이었고, 어머니는 신앙심 깊었으나 정서적으로 냉담했으며, 사랑하는 형은 결핵으로 세상을 떠났다. 그는 미래의 아내와 가까이 있고 싶어서 그녀가 다른 사내아이들과 데이트를 즐기러 가는 길에 운전을 해준 적도 있었다. 이런 모든 요소는 프로이트 정신분석학의 좋은 먹잇감이었다. 성장배경과 콤플렉스의 관점에서 볼 때 닉슨은 미국적 낙관론의 표면 밑에 숨어 있는 불안감과 고민의 구체적인 사례였다. 그리고 아마 스스로도 그 점을 인식하고 있었을 것이다. 정신과의사 엘리 S. 체이슨은 다음과 같이 말했다. "아이젠하워는 자신이 국가의 일부분에 불과하다는 점을 알고 있었다. 닉슨은 국가를 자신의 일부, 즉 자신이 확대된 것으로 여긴다." 닉슨은 유년기의 상처에 의지했고, 그것의 부정적 에너지를 출세욕으로 승화시켰다. "우리 모두 다양한 형태의 불안을 경험하지만, 그 에너지를 닉슨만큼 효과적이고 효율적으로 활용한 사람은 거의 없었다. 그것은 닉슨의 유약함과 위대함 모두를 상당 부분 설명해준다."

물론 현대의 정신의학적 통찰력은 유용하지만, 그것을 액면 그대로 받아들이면 곤란할 것이다. 닉슨뿐 아니라 링컨, 처칠, 레이건, 클린턴 등이 유년기에 겪었던 박탈감과 절망감은 수많은 일반인들이 공통적으로 경험하는 것이다. 그런 경험을 겪은 사람이 닉슨처럼 훌륭한 지도자로 성장하는 경우는 드물다. 따라서 그것은 기껏해야 필요조건일 뿐 충분조건은 아닌 최소한의 전제조건에 불과하고, 훌륭한 지도자가 출현하는 현상을 제대로 설명하지 못한다. 뛰어난 지도자들과 그들과 비슷한 유년기를 보낸 다수의 일반인들이 서로 다른 점은, 어두운 성장환경과 불안감에 의존할지는 모르지만 그것만으로는 완전히 설명하기 어려운 내면의 성취욕이다. 바꿔 말해 닉슨은 아버지의 학대를 받았거나 형이 결핵을 앓다가 죽었기 때문에 베트남전쟁을 종식시킨 것이 아니다. 물론 닉슨이 성장하면서 체득한 불굴의 태도가 정치가로서의 의지력에 보탬이 되었을 수는 있다.

확실히 닉슨은 특권계층에 속한 자유주의자들이 속물근성을 표출하는 대상이었다. 그것은 특히 히스의 재판 때문이었다. 개인적으로 케네디는 닉슨을 '품위 없는 인물'로 치부했고, 그것을 전해 들은 닉슨은 무척이나 괴로워했다. 그러나 자신이 이뤄낸 성공에 대한 그의 반응은 무척 이상했다. 마치 그는 자신이 '조지타운파the Georgetown set'로 부른 명문가 출신들의 경멸을 유도하는 듯했고, 심지어 그런 경멸이 존재하지 않는 상황에서도 그것을 찾아내어 스스로를 괴롭히는 것 같았다. 일정한 자격을 갖추고 그에 상응한 업적을 이룬 사람이 상류층에 진입하는 일은 결코 불가능하지 않다. 더구나 닉슨은 그 두 가지 조건을 넘칠 정도로 갖췄다. 그는 남부럽지 않은 문과대학교에 다녔고, 나중에는 듀크대학교 법학대학원에 입학했다. 제2차 세계대전에도 참전했고, 첫 번째 도전 만에 하원과 상원에 차례로 진출했다. 이후 아이젠하워 행정부의 부통령이 되었고, 평소 동경했던 국제분쟁의 조정자 역할을 맡았다. 또한 부통령 시절에는 그 유명한 '부엌논쟁'에서 소련의 경제적 우월성을 주장하는 흐루시초프의 코를 납작하게 만듦으로써 국민적 관심을 한 몸에 받았다. 그리고 끝내 자신의 꿈을 이뤘다. 비록 1960년 대선에서 케네디에게 패하고 2년 뒤에는 캘리포니아 주지사 선거에서도 낙선했지만, 정치적 수렁에서 빠져나와 마침내 대통령이 되었고, 재선에 성공함으로써 자신의 지배권을 더욱 강화했다.

하지만 그의 내면은 여전히 공허했다. 심지어 그를 열렬히 존경한 연설문 작성자 레이먼드 프라이스조차 다음과 같은 글을 남겼다. "닉슨의 첫 번째 부분은 무척 신중하고, 상냥하고, 다정다감하고, 관대하고, 친절하다. 두 번째 부분은 매우 치밀하고, 교묘하고, 교활하다. 세 번째 부분은 화를 잘 내고, 복수심에 불타고, 까다롭고, 비열하다." 아마 그의 가장 심각한 개인적 약점은 상류층에 합류할 수준에 올랐는데도 일부러 거기에 진입하지 않기로 마음먹었다는 사실일 것이다. 닉슨은 여러모로 자상한 아버지이자 가정적인 남자였지만, 부끄러움을 많이 타고 내성적이고 비사교적인 모습을 보이기도 했다. 그는 선거운동에 나서기를 꺼렸지만 어쩔 수 없이 유권자들을 만나고 낯선 사람들에게도 호감을 사야 했다. 하지만 내면의 따뜻한 부분을 그렇게 철저하게 숨겨놓음으로써 그는 대중에게 '투사, 닉슨Nixon Agonistes'(윌스가 붙인 명칭이다)의 모습, 즉 음흉한 생각에 골몰하는 정치적 기회주의자의 모습만을 보여줄 수밖에 없었다. 대중은 그 점을 감지했고, 그것을 거북스러워했다. 그래도 가난뱅이가 부자로 성장하는 미국식 성공담은 행복한 결말로 끝나게 되어 있다. 결과의 불평등을 획득하기 위한 기회의 평등을 기초로 삼은 민주주의에서는 업적이 중요한 요소이고, 누구나 그것을 기꺼이 존중한다. 닉슨은 동포들에게 전폭적인 인정을 받았다. 만약 그가 진심으로 노력했다면 비판세력도, 심지어 명문가 출신의 조지타운파도 자기편으로 만들 수 있었을 것이다. 그러나 1972년에 재선에 성공한 이후 그는 침울하고 언짢아 보였고, 그 어느 때보다 충동적인 듯했다.

닉슨은 가끔 자신의 뿌리를 드러내듯이 벼락출세한 사람처럼 행세했다. 그는 촌뜨기 하원의원들은 싸구려와 고급의 차이를 알지 못할 것이라고 확신한 채 백악관 만찬에서 그들에게 값싼 포도주를 대접했고, 최고급 포도주는 지하저장고에 따로 보관해두면서 혼자 즐겼다. 그러나 자기가 그토록 미워한 조지타운파의 대표인 케네디 형제를 의식한 강박관념에 시달렸던 닉슨은 조지타운파가 케네디 형제를 좋아한 까닭이 바로 관습에 얽매이지 않는 그들의 소박함과 털털함 때문이라는 사실을 결코 깨닫지 못했다. 이스트보스턴 지역과 하이애니스 지역을 거치며 성장한 케네디 가문은 보통사람의 민주주의적 에너지가 기존의 귀족적 사회의 양식과 방식에 부응하는 한편 거기에 새로운 활력을 불어넣을 수 있다는 점을 보여줬다. 닉슨도 그렇게 할 수 있었다. 하지만 그는 고립을 선택했다. 그것은 아마 근본적으로 그가 유년기의 상처로 인해 상대방에게 손을 내밀다가 퇴짜를 맞거나 조롱을 당할지 모른다는 두려움에 시달렸기 때문일 것이다. 그는 스스로를 '진지한' 사람으로 자부한 반면 케네디 형제를 그저 바람둥이와 아마추어일 뿐이라고 여겼다. 이런 점에서 볼 때 그와 키신저 사이의 협력관계는 닉슨 스스로 원했다고 결코 자인할 수 없는 것이었다. 하버드대학교 교수이자 넬슨 록펠러(미국의 대부호 록펠러의 손자이자 정치인—옮긴이)의 고문 출신인 키신저는 '조지타운파'와 가까운 인물이었고, 닉슨은 해리먼 형제, 캐서린 그레이엄(미국의 여성 언론인—옮긴이), 그리고 그 무서운 '파'의 구성원들과 쉽게 어울리는 키신저에게 불만과 의심을 품었다. 한편 키신저는 닉슨이 얼마나 영리한 인물인지 알고는 깜짝 놀랐다. 그것은 외적 인격을 통해서만 닉슨을 파악했던 사람들의 공통적인 경험이었다. 전기 작가 제임스 흄스는 이렇게 말했다. "닉슨은 과거의 사건으로 인한 편견에 얽매이지 않고 앞으로의 정책을 만들어나갈 젊고 호기심 많은 인물들과의 교류를 즐겼다."

물론 끝내 닉슨이 몰락한 데는 그를 향한 증오뿐 아니라 워터게이트 사건도 작용했다. 그러나 워터게이트 사건의 정체는 정확히 무엇이었을까? 불법침입행위가 일어난 건물은 역사서의 각주로 자리 잡았고, 그의 몰락을 재촉한 범죄, 조사, 상원 청문회 등에 이름을 빌려줬다. 그러나 그 건물의 이름에는 하나의 분수령, 즉 급류를 막다가 무너진 수문의 잠재의식적 암시가 담겨 있었다. 닉슨을 위협한 급류는 1960년대의 반문화였다. 반문화운동은 로큰롤 혁명, 신좌파, 물병자리 시대the Age of Aquarius(뉴에이지 운동의 시발점—옮긴이) 등이 결합한 것으로, 구성원 가운데 다수가 중상류층이나 명문가 출신이었다. 베트남전쟁에서 아버지 세대가 저지른 원죄 때문에 자발적으로 정치적 망명을 떠났다가 돌아온 그들은 서로 힘을 합쳐 1950년대 매카시즘과 냉전지향적 강경파의 상징을 공격했다. 물론 워터게이트 사건의 핵심에는 진정한 범죄가 똬리를 틀고 있었고, 닉슨의 묵인 하에 연방수사국의 수사가 지체되었다. 그러나 닉슨의 전임자나 나머지 정치인들도 다를 바가 없었다. 아니 그보다 더 심했다. 로버트 케네디와 존슨은 불법도청을 허가했다. 그들이 외면한 기준을 유독 닉슨에게만 적용할 수는 없다. 닉슨은 전쟁을 끝냈다. 하지만 그는 전쟁을 더 빨리 끝내지 못했기 때문에, 혹은 반문화세력이 원하는 조건에 따라 끝내지 못했기 때문에 벌을 받아야 할 운명이었다.

결론적으로 다음과 같이 말할 수 있겠다. 워터게이트 사건은 전적으로 베트남전쟁에 관한 것이었다. 그것은 베트남전쟁에서 직접 비롯된 것이었고, 베트남전쟁에 담긴 모든 의미를 집약한 듯했다. 닉슨이 남용한 권력, 아니 닉슨을 위해 남용된 권력(도청과 불법 침입)은 이전의 대통령들도 국내의 반대자들과 타협하기 위해, 정보누설을 막기 위해 사용한 것이었다. 사실 이른바 '배관공들'은 원래 키신저의 부하 중 한 사람이 정보유출에 대처하기 위해 만든 것인데 나중에 정치적 목적의 감시나 공작을 수행하는 조직으로 변질되었다. 수사과정과 상원 청문회는 닉슨을 희생제물로 삼았지만, 어떤 의미에서 그것의 더 큰 목적은 존슨과 심지어 케네디를 비롯한 '제왕적 대통령'의 유령을 완전히 몰아내는 것이었다. 결국 워터게이트 사건의 이야기는 미국의 캄보디아 '침공'을 문제 삼은 탄핵안으로 확대되었다. 캄보디아 침공은 워터게이트 사건의 범죄와 전혀 무관했다. 그러나 상원은 그것을 기화로 닉슨의 외교정책 전반을 걸고넘어지면서 그를 처벌하려고 했다. 실제로 키신저는 전쟁범죄와 인권유린 같은 혐의로 조사받을 위기를 가까스로 모면했다. 그러나 1975년의 상원 진상조사위원회the Church Committee에서 그간 중앙정보부가 저지른 비밀공작의 실상이 낱낱이 폭로되었다. 얼마 지나지 않아 민주당 대통령 후보자인 카터는 '베트남'과 '워터게이트'를 붙임표로 연결함으로써 1960년대 말과 1970년대 초에 미국 정부가 저지른 부도덕한 행위를 떠올릴 수 있도록 했다.

무엇보다도 민주당은 자당의 대통령들과 장관들이 저지른 불법과 월권의 망령을 추방할 수 있었다. 단지 닉슨행정부만 공개적인 처벌을 받았을 뿐이다. 가공할 위력의 신화가 과거의 역사를 다시쓰기 시작했다. 인기 시사만화 〈둔스베리〉에는 어느 유치원생이 닉슨이 베트남전쟁을 일으켰고 케네디가 끝냈다고 말하는 것을 히피인 존커 해리스가 멍하니 듣고 있는 장면이 실렸다. 살아남은 왕손이자 '꿈'을 이어갈 후계자인 에드워드 케네디는 케네디 가문의 유산이 유진 매카시나 맥거번의 유산과 완벽한 조화를 이룬 듯이 보일 때까지 순교한 두 형들의 강경한 반공주의적 성향을 의식적으로 배제했다.

대통령 선거운동 기간과 첫 번째 임기 동안 닉슨은 '법과 질서' (원래 1968년 대선 때의 경쟁자 조지 월리스가 유행시킨 용어였다)의 수호자로 자처했다. 워터게이트 사건의 조사가 진행되는 와중에 민주당은 닉슨의 '법과 질서'에 착안해 자신들은 '법치주의'를 수호하고 있다는 주장을 되풀이했다. 그것은 민주당이 반전운동에 몰두함으로써 얻은 급진적인 이미지를 불식시키기 위한 적절한 시도였고, 속 시원한 복수였다. 닉슨이 '캠퍼스의 건달들'로 낙인찍은 과격파가 젊고 진보적인 전문가들로 성장했고, 특히 행정부의 참모로 발탁된 사람들의 입장에서 워터게이트 사건은 부모의 사회적 지위가 유지되거나 향상됨으로써 자식인 본인들이 정치적 망명을 끝내고 재등장한 사건을 의미했다. 당시 베이비붐 세대 사이에서는 '정신적 망명'이라는 말이 유행했다. 그것은 겉으로는 전문직에 종사하며 정장을 입고 있을지 모르지만, 속으로는 아직 1960년대 혁명의 가치를 간직한 물병자리 시대의 사람들이라는 의미였다.

닉슨의 운명은 백악관의 녹음시스템이 드러남으로써 확실히 결정되었다. 닉슨을 낙마시킨 언론인들인 밥 우드워드와 칼 번스타인이 적절히 지적했듯이 "그 녹음테이프는 닉슨의 공포와 강박관념을 파헤치는 음울하고 도스토예프스키적인 여행을 선사했다." 공교롭게도 문제의 녹음시스템은 닉슨의 자서전 집필을 대비해 행정부의 활동을 정확하게 기록하기 위해 설치한 것이었다. 녹음테이프가 공개되자 부하들이 무단침입 사실을 들키지 않도록 연방수사국의 수사를 방해한 점을 닉슨이 알고 있었다는 사실이 드러났을 뿐 아니라 그가 무척 상스러운 말을 내뱉고 불법행위를 묵과했다는 사실도 폭로되었다. 닉슨의 말투에 충격과 실망을 느꼈다고 털어놓은 일부 까다로운 노 정치인들은 확실히 위선적이었다. 그들은 케네디와 존슨도 닉슨 시절의 남자들이 흔히 야구장

탈의실에서 쓴 것과 동일한 말투를 구사했다는 사실을 잘 알고 있었다. 하지만 국민은 대체로 대통령이 그런 식으로 말한 점에 크게 실망했다.

그러나 진짜 흥미로운 점은 백악관 녹음시스템이 닉슨 자신의 영혼에서 우러났는가 하는 점이었다. 즉 정확한 역사적 기록을 보존하려는 욕구 외에 아마도 자신의 어두운 측면을 드러내고 싶은 잠재의식적 욕구가 작용했는가 하는 점이었다. 무의식의 수준에서 혹시 닉슨은 자신의 정교한 정치적 외피, 즉 부적절한 순간의 가식적인 미소와 무성의한 웃음의 탈을 벗어던지고 세상에 자신의 영혼을 드러내고 싶었던 것은 아닐까? 사실 녹음테이프에 담긴 모든 내용이 부도덕하거나 비열한 것은 아니었다. 거기에는 닉슨의 전략적 과감성, 친구와 가족에 대한 관대함, 정치분석가로서의 통찰력 등이 담겨 있었다. 아마 그는 무의식적으로 자기 성격의 그런 측면을 남들이 알아주기를 바랐던 것 같다.

혹시 의도적으로 노출과 처벌을 자초한 것은 아닐까? 대통령의 권한을 갖기 위해 수십 년에 걸쳐 기울인 노력이 결국 무의식적으로 벗어나고 싶은 감옥이 되어버렸고, 녹음테이프는 자신의 몰락을 재촉하기 위한 수단이었던 것은 아닐까? 녹음테이프가 공개되기 전에 닉슨이 그것을 편집할 수 있었으리라고 가정하는 것은 너무나 고지식한 판단인 듯하다. 혹시 1960년에는 간발의 차이로 케네디에게 패하고 1962년에는 캘리포니아 주지사 선거에서 민주당 후보에게 굴욕을 맛본 뒤에도 멋지게 부활했듯이 닉슨은 역경과의 투쟁, 위기와 구원의 이야기, 나락으로부터의 귀환 따위에 너무 심취한 나머지 이미 권력과 명성의 정점을 찍은 상태에서 또다시 적의 도전을 맞이하고자 의도적으로 성급한 몰락을 선택한 것은 아닐까?

어쨌든 닉슨은 20세기 미국 대통령 중에서 가장 수수께끼 같은 인물이고, 미국인의 삶을 둘러싼 몇 가지 핵심적인 수수께끼를 반영하는 존재이다. 머지않아 부분적인 명예회복의 기회가 찾아올 것이다. 워터게이트 사건이 아니라 국제관계의 구축자로서 그가 제시한 미래상에 대한 복권의 기회 말이다. 그는 국제관계의 측면에서 루즈벨트에 필적하지는 못하지만 어느 정도 겨룰 만한 업적을 쌓았다. 대통령직에서 사임한 뒤 그 늙은 사자는 고향인 캘리포니아로 돌아왔다. 남다른 출세를 맛본 끝에 결국 그는 태평양을 굽어보는 빨간 기와의 도원경桃源境으로 돌아와 운명의 영고성쇠를 뼈저리게 느끼게 되었다. 셰익스피어의 리처드 2세처럼 닉슨도 이렇게 읊조렸을지 모른다. "바라건대 우리 땅바닥에 주저앉아 왕들의 죽음에 얽힌 슬픈 이야기를 하자." 그러나 다음과 같이 말했으면 더 좋았을 것이다. "지난날 나는 시간을 허비했고, 지금은 시간이 나를 허비한다."

참회의 대통령: 지미 카터

1960년대 세대의 지지를 확보함으로써 민주당에게 백악관을 돌려준 장본인은 카터였다. 1960년대 세대는 당시 미국 사회에서 신계급New Class이나 제3세력Third Force으로 묘사되었다. 그들은 여전히 평화, 사랑, 개방성 같은 1960년대의 가치에 충실한 '정신적 망명자들'로 자처했지만, 미국의 평화주의적 대외정책 기조를 지속적으로 요구하는 한편 재산축적과 출세 같은 전통적인 욕구를 흔쾌히 받아들였다. 남부 출신 자유주의자인 카터는 경제적 수완과 올바른 정치관으로 무장한 신계급과 태양지대의 달라진 위상을 대변한 인물이었다. 존슨 대통령이 위대한 사회를 주창한 시절에 만연했던 촌사람들이 사는 거칠고 낙후된 지역이라는, 영화 〈서바이벌게임Deliverance〉에서 묘사된 남부의 부정적 인상은 카터 재임기간에 잠시 유행한 '전원풍'에게 자리를 내줬다. 격자무늬 셔츠가 유행했고, 젊은 전문직업인들은 '도시 카우보이' 흉내를 냈으며, 대중매체는 카터의 고향인 조지아 주의 평원에 잠시 관심을 쏟았다.

카터의 당선은 정부를 베트남전쟁과 워터게이트 사건이라는 쌍둥이 재앙 이후의 미국인들과 같은 '건전하고 품위 있는' 존재로 회복시키겠다는 약속에 요약되어 있었다. 그는 언제나 전형적인 미국인으로 사랑받은 지미 스튜어트(미국 영화배우―옮긴이)처럼 정치권력을 탐내지 않는 점잖은 인물, 즉 비열한 술책은 거부하지만 국가적 위기에는 반드시 양심에 따라 국민에게 봉사할 인물이 되고자 애썼다. 그런 점에서 볼 때 카터는 정치를 스포츠처럼 여긴 채 마음껏 술수를 구사한 루즈벨트나 세계 최강의 지도자 자리에 오른 즐거움을 만끽한 닉슨과는 정반대였다. 카터의 접근방식은 진실했고, 그것의 바탕은 세속적 허영과 명예를 불신하는 침례교 신앙이었다. 그의 결정적인 무기는 1960년대 세대의 정치적 가치의 뿌리가 마치 제퍼슨 식의 토지균분론적 포퓰리즘 같은 기존의 미국적 전통, 그리고 구세계의 도덕과 무관한 강대국의 현실주의 정책에 대한 혐오감, 미래의 드골주의자인 닉슨과 그의 사악한 재상 키신저에 대한 냉소적 태도 등인 것처럼 보이도록 함으로써 세대 간의 화해를 시도한 점이었다. 카터가 가끔 땅콩농사를 짓는 모습은 미국적 덕목의 뿌리가 세련된 도시가 아니라 농촌의 토지와 '자작농'에 깊이 간직되어 있다는 제퍼슨 식의 확신을 미화하는 데 기여했다.

무엇보다도 카터 대통령은 재임 중에 베트남전쟁의 원죄에 대한 장기간의 참회 분위기를 이끌었다. 덜레스, 애치슨, 번디 형제 등이 주도했던 동부의 외교정책 주류파는 대재앙 이후 자신감을 잃고 뉴잉글랜드 지역의 청교도적 죄의식의 분위기를 풍기는 일종의 자기고뇌로 숨어들었다. 맥조지 번디 같은 일부 인사들은 점차 자선사업 분야로 발걸음을 옮겼다. 카터행정부의 초대 국무부장관인 사이러스 번스 같은 주류파의 1세대는 베트남전쟁 시대의 원죄를 씻어야 할 부담을 졌다. 그들은 리처드 홀브룩을 비롯한 2세대가 종래의 외피와 양식을 다시 선택하는 것은 허용했지만, 과거와 정반대의 가치를 추구하도록 권고했다. 요컨대 가장 뛰어나고 똑똑한 자들의 오만한 관리자적 실리주의가 감수성, 자기회의, 개방성, '변화' 등을 노래하는 1960년대 세대의 새로운 물결에 자리를 내줬다.

카터는 이와 같은 참회의 기간을 가장 완벽하게 보여준 사례였다. 에드워드 케네디가 케네디 가문의 유산에서 강경 일변도의 반공주의적 성향을 지워버린 이후 평화주의자인 카터는 앞으로의 쓰임새에 대비해 조금 긴 듯한 머리카락, 양복 상의 주머니에 집어넣은 손, 대중매체의 흥미 위주의 보도 같은 케네디 가문의 정치적 후광을 개량할 수 있었다. 카터는 왕조의 개인적 보유권과 분리되어 있고 원래의 박력, 성적 매력, 활력 따위의 농도가 엷어진 '케네디 같은' 스타일을 대중화했다. 그가 텔레비전으로 방송된 하버드대학교의 케네디 도서관 개관식을 직접 주도하려고 했던 것은 확실히 왕조의 계승을 노린 데서 비롯된 일이었다. 그날의 행사는 카터가 제키 케네디의 뺨에 가벼운 키스를 시도하면서 어색하게 마무리되었는데, 그녀는 틀림없이 미천한 신분의 낯선 사람의 그런 행동에 불쾌감을 느꼈을 것이다.

카터는 1976년 대통령 선거에 출마하기 전에는 비교적 무명인사에 가까웠다. 하지만 오히려 화려하지 않은 배경 덕분에 그는 자신이 착안한 이미지를 바탕으로 입후보에 성공했다. 카터는 부드러운 억양, 파스텔 색상의 셔츠, 은색의 긴 머리카락을 내세웠고, 나머지는 대중매체의 호들갑과 '추진력'이 책임졌다. 그의 눈부신 부상은, 놀랍게도 로버트 앨트먼의 1975년 영화 〈내슈빌〉에 등장한 무명 후보가 마치 남부의 자장가 같은 목소리로 유권자들의 마음을 사로잡는 장면에서 이미 예견되었다. 카터는 화려하지 않은 배경과 경력을 오히려 단결의 상징으로 승화시키고자 했다. 그는 취임식에서 전통을 깨고 의사당에서 백악관까지 걸어갔고, 이후의 축하연을 '청바지' 행사로 변모시켰다. 카터는 우디 앨런의 영화 〈젤리그〉에 등장한 변덕스런 주인공처럼 만인에게 중요한 존재였다. 그는 해군 대위이자 농부였고, 주지사이자 핵잠수함 기관

장교였다. 어떤 사람들은 카터의 그런 점에서 유능함이라는 매력적인 가능성을 느꼈고, 또 어떤 사람들은 그가 마치 자아를 찾고 있는 것 같다고 생각했다.

카터는 무명에 가까운 최초의 후보였고, 국정경험이 부족하면서 총사령관직을 노리는 신인이었다. 게리 하트, 빌 브래들리, 하워드 딘 같은 '추진력'에 힘입어 부풀어 오른 빵들은 대체로 초반의 심각한 압박, 말실수, 치부의 폭로 등에 무너지고 말았다. 지금 내가 이 대목을 쓰고 있는 중에도 이런 경향의 최근 사례, 즉 일리노이 주의 젊은 상원의원 오바마는 아직 심판을 받지는 않았다. 2008년 민주당 대통령 후보자 예비선거에서 그는 남다른 끈기를 보여줬지만, 문제가 있는 목사와의 관계가 드러나고 현 정부의 정책 실패에 따른 박탈감을 총과 종교적 근본주의로 해소한다며 미국의 소도시 주민들을 폄하한 사실이 공개되는 등 잇달아 상처를 입었다.

대통령으로서 카터는 베트남전쟁과 워터게이트 사건 이후 조성된 참회의 분위기를 이용했고, 그것을 이른바 '한계의 시대', 즉 경제적 전망으로 위장한 도덕적 의제의 차원까지 끌고 갔다. 말하자면 카터는 그가 말한 미국인들의 '고안주의에 대한 비정상적인 공포'를 달래어 호전적 애국주의를 억제해야 하듯이 미국의 경제적 오만을 누그러뜨려 미국의 제국주의적 성향과 대외적 탐욕을 극복해야 한다고 주장한 셈이었다. 카터는 부도덕한 우방을 위해 명분을 날조한 현실의 전쟁은 화석연료의 과다소비를 억제하기 위한 순수한 정신적 전쟁에 자리를 내줘야 한다고 역설했다. 카터는 그것을 전쟁의 '도덕적 등가물'로 불렀다. 마치 그는 명분이 무엇이든 간에 현실의 전쟁은 원래 도덕적일 수가 없다는 점을 암시하는 듯했다.

카터는 의회에 대해서도 비슷한 경멸감을 나타냈다. 그것은 의원들과의 거래나 타협 같은 더러운 일을 향한 혐오감이 반영된 것이었다. 실제로 그는 의원들을 '탐욕스런 늑대들'로 부른 적이 있었다. 그것은 단순한 개인적 집착이 아니라 존슨으로 대변되는 구시대의 선심성 예산확보와 결탁에 대한 신계급의 혐오감을 집약한 것이었다. 카터가 그런 정치적 흥정과 거리를 두려고 하면서 일종의 반反정치적 정치가 시작되었다. (반정치적 정치를 펼친 정치인으로는 게리 하트, 빌 브래들리, 그리고 가장 최근에는 버락 오바마를 꼽을 수 있다.) 반정치적 정치를 표방한 사람들은 의회의 비열한 타협과 거래에 따른 취지훼손을 피하고 싶은 마음에서 강경노선을 멀리하고, 고매한 미래상의 화신으로 자처한다. 그들의 무기는 '변화' '희망' '미래' 같은 추상명사이다. 그들이 제시하는 모범적인 대통령상은 여전히 제왕적이면서도 고귀한 의도를 간직한 내면적 영역에서의 제왕이다.

카터가 대통령으로서의 힘을 대외적으로 행사함으로써 다른 나라들에 미친 영향은 범위의 측면에서 볼 때 존슨이나 닉슨과 마찬가지로 제국주의적인 성격을 띠었지만, 결과적으로 그것은 철수의 제국주의였다. 다른 나라들이 대대적인 동요와 정세변화를 겪은 것은 미국이 힘을 행사했기 때문이 아니라 힘을 급속도로 뺐기 때문이다. 카터의 해석에 따르면, 인권은 비록 불완전하지만 나머지 국가들을 위해 미국이 직접 구현한 행동의 기준이 아니라 오히려 미국이 그들과 함께 지향해야 할 보편적 이상의 기준이었다. 카터는 월슨의 민족자결주의를 되살렸지만, 그의 인권관은 월슨 식의 관점이라기보다는 과거에 미국이 저지른 범죄와 어리석은 짓에 대한 일종의 고백성사였다. 카터 집권기에 인권은 미국을 비롯한 그 어떤 나라도 부응하기 어려운, 실체가 없는 막연한 보편적 이상의 기준이 되었다.

카터의 이상주의적 인권관에는 체제 내부적으로 이렇다 할 지지기반이 없었고, 미국의 강대국 지위를 유지하면서 동시에 심오한 미래상과 순수한 양심을 수호하려는 모순이 있었다. 카터는 필리핀, 소모사Somoza 정권의 니카라과, 팔라비Pahlavi 왕조의 이란 같은 우방을 견제하거나 단호하게 지원을 중단하는 불간섭주의 노선을 표방했으나 실질적으로는 그들의 내정문제에 직접 개입했다. 그것은 카터가 공산주의나 그 밖의 혁명적 이념에 이끌렸기 때문이 아니라 미국을 우방으로 선택한 나라들을 정화하고 개혁하려는 복음주의적 열정을 품고 있었기 때문이다. 그것은 화석연료를 낭비하는 미국의 중산층을 바로잡으려는 욕구와 일맥상통한 것이었다. 이란 국왕은 도덕적 이상과는 거리가 멀었다. 그는 변덕스러웠고 근대화에 미온적이었다. 그러나 카터는 그 고집스런 우방을 성난 보안관처럼 다뤘다. 그는 우방이 기존의 방식을 즉각 바꾸지 않으면 지원을 철회했고, 이후에 초래될 사태를 그저 지켜볼 뿐이었다. 결과적으로 카터는 20세기의 가장 잔인한 전체주의 독재정권 가운데 하나가 이란에 등장하는 사태를 방관했다. 카터행정부는 차악을 너그럽게 봐주지 않음으로써 이란을 수십 년간의 고통에 빠뜨리고 말았다.

카터는 과거의 포퓰리즘으로 1960년대 세대의 통합을 꾀했지만, 점점 많은 실책을 저지르면서 비틀거리기 시작했다. 그의 여러 가지 개인적 특성이 차츰 일상적인 국정운영방식을 파고들었다. 결국 그는 조롱의 대상으로 전락했고, 대통령으로서의 권위는 치명적인 타격을 입었다. 한때 넘치는 카리스마를 자랑했던 남부 출신의 토지균분론자가 이제는 휴가 중에 낚시를 하다가 '암살자 토끼killer rabbit(당시의 언론이 카터를 공격한 늪토끼에 붙인 이름—옮긴이)'의 습격을 낚싯배의 노로 물리쳤다고 말하는 괴짜로 돌변했다.

결국 카터의 미천한 배경이 문제의 원인으로 드러나게 된다. 그의 동생 빌리 카터는 처음에는 정다운 남부인의 성격으로 유명했지만, 리비아의 독재자 무아마르 카다피와 여러 가지 수상한 사업거래를 하면서 가까이 지냈다는 사실이 드러나자 곧 역대 대통령들의 말썽꾸러기 형제자매 중에서도 손꼽히는 망나니가 되었다. 임기 말에 이르러 카터가 갖고 있던 대중적인 이미지는 이제 '제왕적 대통령'의 특징인 국가적 품격의 상징에 대한 가식적인 부정으로 인식하는 사람들이 많아졌고, 급기야 레이건 시대의 애국적 풍경과 최신 유행의 화려함 같은 정반대의 극단을 초래했다.

임기 말 카터의 이미지가 너무 부풀려지고 악화됨에 따라 영화배우 레이건의 외적 인격이 진정한 정치가의 귀환을 약속하는 보증수표처럼 보였다. 실제로 레이건은 기적처럼 그 역할을 맡게 되었다. 그러나 미국의 대통령이라고 하면 트루먼, 존슨, 닉슨 등과 같이 오랫동안 정치적 수업을 받았기를 바라는 마음, 즉 여러 해에 걸쳐 작은 지역 단위에서 큰 지역 단위로, 의회를 거쳐 대통령직에 단계적으로 도전했으면 하는 국민적 바람은 이제 영원히 사라진 것 같았다. 비록 닉슨이 사임한 지 불과 4년이 지났지만, 우리는 하원의원, 상원의원, 히스의 기소자, 부통령, 흐루시초프와의 부엌논쟁, 카라카스Caracas에서의 피습사건, 첫 번째 대통령 선거 출마, 대선 패배 이후 도전한 주지사 선거에서의 낙선, 재기의 발판을 마련한 뉴욕에서의 일시적인 변호사 활동 등을 거친 그의 지루한 강행군을 까마득히 잊은 듯했다. 이제는 마치 누군가 '새로운 아이디어'와 '새로운 미래상'을 약속하면 그 기나긴 강행군을 교묘히 회피할 수 있을 것처럼 보였다.

카터는 매우 지적인 인물이었고, 그가 이끌어낸 캠프데이비드협정Camp David Accords은 칭찬해야 마땅한 기념비적인 업적이었다. 그러나 그는 기질적으로 대통령직에 적합하지 않았던 것 같다. 카터는 자신의 영혼을 대중에게 억지로 드러냈고, 결과적으로 지도자로서의 권위를 깎아내렸다. 그는 대중을 마치 정신분석치료용 침상으로 여기는 듯했다. 그는 '심중의 욕망'을 품고 있음을 고백했고, 자신이 국민에게 도움이 되지 않는다는 식으로 선언하곤 했다. 마치 카터는 국민에게 이렇게 말하는 듯했다. "나도 여러분과 같습니다. 여러분의 도움이 필요해요. 여러분도 아파하고 있군요." 그가 마를레네 디트리히(미국의 여자 영화배우-옮긴이)의 숨이 새는 말투로 국민에 대한 '사랑'을 드러내자 미국인들은 그의 친근한 정서적 접근법에 점점 싫증을 냈다. 카터는 국민에게 "결코 거짓말하지 않을 것"이라고 주장했지만, 그것은 사적 차원보다 공적 차원에서 고수하기 훨씬 힘든 기준이었고, 결국 과장되기 마련인 정치가 특유의 수사법을 아예 무용지물로 만들 우려가 있었다. 또한 소련의 아프가니스탄 침공, 폭력혁명에 의한 이란 정권의 붕괴, 이후의 인질사태, 쿠바를 등에 업은 니카라과의 마르크스레닌주의 혁명 등과 같은 국제정세 악화라는 난관을 만나면서 카터의 수동성은 "우리는 아무것도 할 수 없다. 그런 사건들은 우리 능력 밖의 일이다"라는 식의 실존주의적 존재론이 되어버렸다.

미국이 잇따른 재난으로 '변화'의 압력에 시달리는 동안 카터의 내면적 분열과 불안은 점점 더 분명해졌다. 소련의 아프가니스탄 침공 이후 그가 내놓은 논평, 즉 대통령을 맡은 지난 3년 동안보다 침공 이후 불과 2주 만에 소련에 대해 더 많은 사실을 알게되었다는 말은, 미국인의 인생관과 전혀 동떨어진 전체주의 체제에 대한 섬뜩한 전망과 그의 신앙고백적 태도 사이의 구역질 나는 충돌이었다. 그렇게 소련의 본질에 눈뜬 뒤 카터는 국민적 신뢰를 회복하기 위해 마치 히틀러의 참모습을 깨달은 체임벌린처럼 임기 마지막 1년 동안 강경파로 변신했다. 참회파에 속한 국무부장관 사이러스 번스보다는 비교적 강경파에 가까웠던 해럴드 브라운 국방부장관의 입지가 강화되었고, 즈비그뉴 브레진스키가 이슬람 게릴라의 반소투쟁을 지원하기 시작했으며, 레이건행정부로의 정권이양을 원활하게 진행하기 위해 국방비를 증액했다. 카터의 몰락으로 1960년대 세대의 거품이 꺼졌다. 1960년대 세대는 현실세계에서 밀려나 정치적 중심에서 후퇴해 있다가 레이건 정권 때 모든 폭력을 영원히 종식시키기 위한 대대적인 천년왕국적 십자군인 '반전운동'을 계기로 다시 모습을 드러냈다.

임기 마지막 해에 잇따른 위기를 맞은 카터는 정치적 중심으로 되돌아오기 위해 마치 종교 묵상회에 참석하러 가듯이 별장인 캠프데이비드로 떠났다. 유일한 해법은 몇 해 전 백악관에 입성한 비결인 미래상의 핵심을 다시 말하는 것이었고, 그것은 서서히 저물어가는 대통령으로서의 마지막 업적이 되었다. 텔레비전 연설에서 그는 우리 모두가 만병의 근원인 베트남전쟁과 워터게이트 사건이 초래한 '국가적 침체'의 늪에 빠져 있다고 말했다. 결국 그 연설은 국민에게 책임을 돌린 것이었다. 카터는 이렇게 말한 셈이었다. "문제는 제가 추진한 정책이 유발한 실질적인 재난이 아니라 국민 여러분의 정신적 단점입니다. 저는 정책을 바꾸기보다는 국민 여러분이 더욱 적극적으로 나누고, 보살피고, 사랑하고, 변화를 받아들이라고 촉구할 수밖에 없습니다." 그러나 '국가적 침체'를 초래한 장본인은 카터 자신이었다. '국가적 침체'의 뿌리는 다름 아닌 불안하고, 충동적이며, 불분명한 그의 인격이었다. 그는 본질적으로 자신이 초래한 잘못을 국민더러 극복하라고 요구함으로써 페리클레스, 링컨, 처칠 등의 사례에서 엿보이는 다음과 같은 수사학의 황금률을 어기고 말았다. "동포들을 비난하기보다는 그들이 고유의 고귀한 본능을 따르도록 격려하라."

미국의 새로운 시대: 레이건, 그리고 정치가의 진화

레이건을 이해하기 위해서는 개인적 매력뿐 아니라 재임기간 동안 사실상 정치적 중심을 독점한 점도 인식해야 한다. 그것은 당시에는 널리 인정되지 않았다가 2004년에 열린 그의 국장을 계기로 명백히 드러난 사실이다. 레이건의 국장은 세대 간의 화해라는 바그너 풍의 국민적 신화 같은 분위기를 연출했다. 워싱턴에서 열린 그 감동적인 장례식은 레이건이 캘리포니아 주의 시미밸리Simi Valley에 마련된 묘소에 영면하면서 마무리되었다. 그는 타오르는 횃불과 웅장한 산을 배경으로 발할라Valhalla(북유럽 신화에 나오는 이상향—옮긴이) 같은 영원한 세계로 승천昇天하는 듯했다. 미국의 최고경영자 가운데 삶과 죽음을 통해 레이건과 같은 신화적 경지에 이른 사람은 거의 없었고, 20세기의 대통령 중에 그에 비견할 만한 인물은 프랭클린 루즈벨트가 유일하다.

레이건이 마치 셰익스피어가 카이사르를 빗대어 묘사한 거인처럼 정치적 지형을 장악할 수 있었던 비결은 미국적 애국심의 위력이었다. 민주당은 어리석게도 미국적 애국심을 그에게 양보해버렸고, 실수를 만회하기까지 몇 년을 허비해야 했다. 레이건의 비법은 흔히 언급되는 '소통'의 능력과 관계있기보다는 공화당이 미래, 경제성장, 개인적 진취성, 조국애 등에 관한 희망의 정치를 독점하도록 방기한 민주당의 실책과 더욱 밀접한 관계가 있었다. 덕분에 타고난 달변가인 레이건은 모든 종류의 수사법을 넘나들며 국민에게 다가갔고, 결국 전체 국민을 몸소 대변하는 존재처럼 보였다.

레이건처럼 대통령직에 어울리지 않는 아주 평범한 수준의 지성과 단순한 인격을 지닌 경우는 드물었다. 심지어 그를 존경하는 사람들도 인정했듯이 레이건은 닉슨이나 카터만큼 정교하고 지적인 인물이 아니었다. 아울러 그는 트루먼처럼 냉혹하지도 않았고, 국민을 휘어잡은 루즈벨트와 달리 귀족풍의 장악력을 갖고 있지도 않았다. 그의 삶은 마치 순풍을 타고 달리는 듯했다. 그는 대중적 인정을 받으려는 불타는 열정에 시달린 처칠과 달랐다. 지지자들은 그의 따뜻함에 반해 순전히 자발적으로 몰려드는 것 같았다. 그것은 호통을 치는 듯한 카터에게서는 찾아볼 수 없는 느낌이었다.

그러나 레이건의 외면적인 단순성의 이면에는 정치적 가치의 매우 복잡한 진화가 숨어 있었다. 그런 발전과정은 레이건이 쌓아온 정치적 경력의 특징이었고, 따뜻한 햇살 같은 그의 이미지와 언뜻 어울리지 않아 보이는 여정이었다. 링컨과 처칠처럼 처음에는 과소평가되어 호의와 선심의 대상에 머물렀다가 마침내 위대한 지도자로 성장한 인물들의 사례에서 알 수 있듯이 때로는 성격이 지성이나 공식적인 학력보다 더 중요한 요소일 수 있다.

레이건은 밤에 숙면을 취했다. 그는 닉슨처럼 한밤에 돌아다니는 일도, 누군가를 심문하는 일도 없었다. 얼핏 단순해 보이는 정신적 측면과 대중을 사로잡는 존재감 사이의 괴리는 그를 평가할 때 과연 어디서부터 시작해야 할지 결정하기 어렵게 만드는 장애물이기도 하다. 지금 대통령직을 두고 경쟁하는 모든 사람들은 드러내놓고, 혹은 은연중에 레이건의 성공담을 범위와 수명의 측면에서 모방하고 있다. 민주당이 미국의 정치적 중심을 너무 많이 양보한 덕분에 레이건은, 예를 들어 바로 자신이 강경파이고 반공주의자이기 때문에 전쟁을 끝내고 공산국인 중국을 방문할 만한 인물이라고 선전하는 과정에서 무척 신중하게 이미지를 형성할 수밖에 없었던 닉슨과 달리 굳이 그렇게 할 필요가 없었다. 사실 닉슨은 몇 년 동안 주도면밀하게 그 같은 정치적 배역을 준비해야 했다. 미국의 밝은 미래를 따뜻한 시선으로 바라보는 레이건의 온화한 일반론은 한때 모든 대통령들의 주무기였지만, 너무 자주 이용되는 바람에 약효가 떨어지고 말았다. 그러나 레이건은 그 무기를 새롭게 부활시켰고, 한걸음 더 나아가 정치계에 신선한 충격을 몰고 왔다. 경쟁자들이 이미 오래전에 그것을 버린 덕분이었다. 카터의 참회자적 사고방식은 역설적으로 자아확인을 향한 국민적 갈증을 불러왔고, 덕분에 대통령의 평범한 수사법도 국민에게는 소중한 선물이자 레이건의 빼어난 연설솜씨와 치국책이 펼쳐질 무대였다.

민주당은 레이건에게 당한 역사적인 완패 이후 여러 해 동안 전형적인 변명으로 일관했고, 그의 진정한 성공비결을 파악하지도 패인을 진지하게 분석하지도 못한 채 그저 레이건을 교묘한 수사법으로 잘못된 정책을 위장한 '소통의 달인'으로 치부했다. 민주당의 상투적인 변명에서는 대통령 선거를 단순한 게임으로, 즉 대중을 속이는 기술로 여기는 냉소적인 관점이 드러났다. 민주당은 레이건을 교묘한 속임수를 구사하는 인물로 치부했지만, 결과적으로 부지불식간에 자신들의 정치관을 드러내고 말았던 것이다. 이후 오랫동안 민주당은 한편으로는 레이건의 수사학적 기술에 불만을 표시하고, 다른 한편으로는 그의 상징적 표현법을 수박 겉핥기 식으로 흉내 내려고 애쓸 수밖에 없었다. 그것은 걸핏하면 공화당이 '애국심 독점권'을 갖고 있다고 투덜댄 점에서 생생히 드러난다. 또 다른 레이건 따라잡기는 겉보기에 억세고 거친 언어를 흉내 내는 것이었다. 1988년 대통령 선거에서 조지 부시를 상대한 마이클 듀카키스는 속으로는 아직 카터처럼 미국의 외교정책을 참회적 관점에서 바라보면서도 겉으로는 어이없게도 존 웨인 같은 '공작the Duke(존 웨인의 별명-옮긴이)'으로 자처했다. 그는 강력한 군대를 선호하는 점을 입증하기 위해 사진기자들 앞에서 바보 같은 미소를 지으며 에이브람스 전차를 운전했지만, 거기 속아 넘어간 사람은 없었다. 유권자들은 그의 의도를 꿰뚫고 있었다. 정치적 이미지는 말 그대로 이미지일 뿐이고, 후보자의 인격을 단순화할 수밖에 없다. 그러나 정치적 이미지는 그저 간단하게 조작할 수 있는 것이 아니다. 정치적 이미지는 개인의 진정한 면모를 활용해야 하고, 그것을 다양한 성향의 유권자들과 연결될 수 있는 폭넓은 필치로 그려내야 한다.

비판자들은 레이건의 '지나친 단순성'을 꼬집었다. 인기 많고 점잖은 팁 오닐 하원의장은 사적으로 같은 아일랜드계인 레이건과 사이좋게 지낸 것으로 유명했다. 두 사람은 일과 후에 술을 함께 마실 때가 많았는데, 카터로서는 전혀 상상하기 힘든 일이었을 것이다. 그러나 오닐조차 레이건의 '지나친 단순성'을 여러 차례 지적했다. 하지만 근본적으로 레이건과 오닐은 둘 다 단순한 사람들이었고, 어떤 측면에서는 분명히 지나치게 단순했다. 그 점은 그들이 갖고 있는 역량의 원천이었다. 레이건 자신도 알고 있었듯이 흔히 진리는 단순한 법이다. 루즈벨트, 트루먼, 케네디 등이 집권했을 때는 민주당도 그 점을 충분히 알고 있었다. 그러나 1960년대와 1970년대를 거치면서 민주당은 지나치게 까다롭고 엄격한 정당으로, 당면한 현실에서 회피하고 일종의 미묘함이나 모호함을 선호하는 사람들의 집단으로 비춰지기에 이르렀다. 그런 태도는 예술작품을 감상할 때나 어울릴 뿐이고, 상당수 국가가 과두정권, 독재정권, 군사정권 치하인 현실에서 복잡한 국제관계에 대처할 때는 치명적인 결과를 낳을 우려가 있다.

레이건의 성공비결은 무척 단순했다. 유권자들은 포퓰리즘을 표방한 민주당이 실제로는 자본주의를 혐오하고, 중산층을 화석연료를 낭비하고 폴리에스테르 재질의 옷을 입은 속물로 여기고, 중산층의 부르주아적 도덕성을 비웃고, 온건한 외교정책을 고집하고, 애국심을 드러내기를 꺼리고, 종교적 신념을 얕본다고 느꼈다. 바로 그 때문에 1970년대와 1980년대의 민주당 대통령 후보자들이 고전할 수밖에 없었던 것이다. 단, 역설적으로 여기에 일정한 규칙이 있음을 보여준 카터는 예외였다. 민주당 후보자들이 지명권을 따내기 위해 목표로 삼은 대상은 중산층이 아니라 당의 토대를 장악한 반문화 세대 출신 중진들이었다. 결과적으로 그들은 유권자들과 멀어졌다. 레이건 집권기 동안 민주당은 진정한 대중적 정책이 부족한 점을 만회할 속셈으로 이미지를 조작하려고 했지만 유권자들은 속지 않았다. 그런 이미지조작 가운데 최악의 사례가 바로 의도와 달리 비웃음을 자아낸 에이브럼스 전차를 모는 듀카키스의 사진이었다. 그러다가 마침내 클린턴이 나타나 민주당을 늪에서 구하고 백악관을 차지할 수 있었다. 클린턴은 몇 가지 점에서 레이건과 정반대의 인물이지만, 거울에 비친 레이건의 모습이기도 했다.

레이건의 성공비결

카터의 인기가 수그러들기 시작했을 때 이미 대중문화에는 레이건 같은 인물을 바라는 여망으로 가득했다. 1978년의 텔레비전 야간 연속극 〈댈러스〉는 자본주의의 귀환을 찬미했고, 미국적 성공의 원천을 수도인 워싱턴이 아닌 본거지에서 찾아볼 수 있음을 암시했다. 텍사스 주는 전통적이고 열정적인 애국심뿐 아니라 쇠퇴기에 접어든 중서부와 북동부의 1차산업 지대를 능가한 태양지대의 경제력을 구체적으로 표현한 곳이었다. 그런데 〈댈러스〉의 비꼬는 듯한 분위기는 공화당 지지자는 물론이고 그 무렵 등장한 여피족마저 사로잡았다. 카터가 유발한 죄의식, 그러니까 1960년대 세대의 반문화적 이상에 도달하지 못한 점과 베트남전쟁과 워터게이트 사건으로 인한 죄의식은 과거의 맹렬한 기업가정신, 두뇌, 재치, 냉혹함 따위가 재등장하면서 산산이 부서지고 말았다.

기존의 자유주의 세력은 '빙하기'의 도래를 슬퍼했지만('빙하기'는 소수집단과 빈곤층을 위한 사회적 진보의 추가동력을 상실한 점과 1960년대 이후 세대의 각성을 다룬 마거릿 드래블(영국의 여류 소설가—옮긴이)의 소설에서 유래한 표현이다), 사람들은 〈댈러스〉의 주인공인 J. R. 어윙의 노골적인 악행이나 욕심뿐 아니라 가족과 토지에 대한 애착을 통해서도 죄스러운 만족감을 느꼈다. 한때 대통령들이 분명히 드러냈지만 제왕적 대통령에 대한 장기간의 죄의식 때문에 자취를 감췄던 그런 뜨거운 승부욕이 드디어 사업적 성공을 두고 벌어진 경쟁의 무대에 다시 등장했고, 덕분에 미국인들은 그간 억눌렸던 국민성의 일부분과 재회하기 시작했다. 경쟁 석유재벌인 클리프 번스를 박살 내기 위한 계획을 짜면서 어윙의 입가에 머문 사기꾼 같은 엷은 미소는 중산층의 탐욕을 탓하고 중산층의 눈물을 보며 미소를 지었던 카터 대통령 집권기에 대한 반발을 불러일으키는 듯했다. 도시의 세련미보다 농촌의 소박함을 선호한 제퍼슨적 경향을 활용하기 위한 카터 시대의 시도를 상징하는 존 덴버(자연주의와 반전활동으로 유명한 미국의 가수–옮긴이)나 텔레비전 연속극 〈월튼네 사람들The Waltons〉의 달콤한 목가적 자연주의는 갑자기 우아한 경계를 박차고 나가 다시 공화당 지지자들에게 달려갔고, 향토의 소기업과 컨트리클럽 같은 기존의 고객들과 어윙이 대변하는 새롭고 활발하고 벼락천금을 꿈꾸는 야심을 한데 버무렸다. 어윙 가문 사람들은 석유로 쌓은 부를 바탕으로 텍사스 주의 지주귀족의 지위를 유지했다. 그들은 변방의 명문 혈통의 목장주들이었다. 그러나 그들의 봉토는 도시 중심지에서 활약한 어빙의 끊임없는 술수에 의해서만 광활한 넓이와 화려한 위용을 유지할 수 있었다. 그것은 레이건 시대로의 접근을 상징적으로 표현한 것이었다.

〈댈러스〉에는 새로운 인재가 야망을 펼칠 무한한 무대인 무주공산의 변방을 배경으로 삼아 노인과 새로운 부를 접목시키는, 미국식 성공담의 단골 주제가 등장했다. 우선 스털링 모턴(식목일의 창시자–옮긴이) 부부가 떠오르는데, 두 사람은 1850년대에 서쪽의 네브래스카 주로 이주했고, 지역 거물과 자선사업가로 성장하고 마침내 그로버 클리블랜드 대통령과 테오도어 루즈벨트 대통령의 각료를 역임하면서 다시 동부로 향했다. 사실 부시 가문도 카터와 레이건 재임기에 그와 비슷한 장기간의 여정을 겪었고, 결국 신사다운 코네티컷 주 상원의원의 손자가 아버지의 뒤를 이어 대통령에 당선됨으로써 신화의 마지막을 장식했다. (부시는 텍사스에서 부를 축적했고, 여러 면에서 진정한 텍사스 사람이었다.) 하지만 1970년대에 이 흥미진진한 새로운 시대정신을 집약적으로 표현한 사건은 레이건의 부상이었다. 그것은 실패와 좌절과 후퇴로 점철된 음울한 시절을 달래줄 해독제이자 해답이었다. 속죄의 시대, '한계의 시대'는 끝났다. 위대한 지도자들, 혹은 위대함을 갈망하는 지도자들을 불러옴으로써 역사가 때로는 그들의 편이 될 수 있을 것 같은, 그들과 나란히 걸으며 길을 안내해주는 것 같은 신기한 마법이 있다. 레이건은 링컨, 처칠, 루즈벨트 등에는 미치지 못했지만, 새로운 미국인상을 정립하고 국민이 대통령에게서 자신의 모습을 엿볼 수 있도록 하는 마법과 같은 요소를 지니고 있었다.

레이건은 국민에게 새로운 확신을 심어줬다. 하지만 그것은 레이건행정부의 아군과 적군이 모두 되살려내고자 애쓴 호레이셔 앨저(19세기 미국의 인기 소설가-옮긴이) 시절이나 1950년대의 자유시장적 기풍이 아니었다. 1950년대의 자본주의는 여전히 과도한 재산을 부끄럽게 여기는 태도, 자제심, 신앙심, 청렴결백, 금욕주의 같은 빅토리아 시대의 유산에 영향을 받았다. 과시적 소비는 졸부의 티를 내는 천박한 행동으로 간주되었다. 그런 신교도적 직업윤리는 테오도어 루즈벨트에게 '부유한 악당들'로 낙인찍힌 카네기

124

같은 악덕 자본가들이 오명을 씻기 위해 도서관, 미술관, 대학교 따위를 지어 기증하는 속죄의 선행과 일맥상통한 것이었다. 반면 레이건 시대의 새로운 기업가들은 1950년대의 기독교적 청렴결백이나 열렬한 반공주의를 거의 보여주지 않았다. 참으로 이상하게도 그들은 가치체계로서의 자본주의에 대한 1960년대 세대의 경멸적 태도를 받아들였다. 그런데 여러 가지 점에서 볼 때 두 집단은 결국 같은 사람들이었다. 새로운 기업가들은 자본주의란 돈을 한없이 벌기 위해 타인을 이기는 것일 뿐이라는 주장, 즉 자본주의를 도덕적으로 비난하는 주장을 흔쾌히 수용했다.

바꿔 말해 1960년대 세대는 여전히 자본주의의 도덕적 가치를 낮게 평가하지만 결국 자본주의에 대한 전면적인 거부의사를 포기해버린 것이다. 정확히 말해 이제 도덕은 반전운동 같은 정치적으로 공정한 과업의 경우에나 내세우는 것이었다. 경영 전문가들 사이에서는 《손자병법》 따위의 전투교본이 유행했다. 이제 사람들은 쾌락, 소비, 명성을 위해 돈을 벌었다. 반문화운동의 '자연적 삶'은 차츰 구색을 갖췄고, 마침내 캘리포니아 주 밀밸리Mil Valley의 집단 거주지에서 호화로운 삶을 즐기는 록큰롤 가수와 영화배우의 고급 포도주와 가구까지 끌어들였다. 과거에는 건실한 품성과 경력이 사업적 성공에 필수적인 요소로 언급되었으나 이제는 '명문학교'에, 그리고 심지어 "아이비리그까지 따라간다"고들 하는 유치원에 열광하고 시험점수를 따지는 능력제일주의가 떠올랐다.

역설적으로 레이건 시대의 새로운 유산계급은 일찍이 카를 마르크스와 헤르베르트 마르쿠제가 조장한 부정적 자본주의관을 갖고 있었다. 그런데 마르크스의 풍자와는 반대로 미국은 단지 자본주의만을 위해 건설된 나라가 아니었다. 영리적 성공은 미국 사회가 촉진한 여러 가지 개인의 자유 가운데 하나에 불과했다. 의사표현의 자유, 결사의 자유, 신앙의 자유 등도 그만큼 중요한 가치였다. 그런데 아주 희한하게도 레이건 시대의 자본가들은 '파쇼적 미국'이 다름 아닌 탐욕의 해방을 위해 탄생했다는 신좌파의 주장에 동조했다. 올리버 스톤의 영화 〈월스트리트〉의 주인공 고든 게코는 연설에서 주주들에게 이렇게 말한다. "탐욕은 좋은 것입니다." 달리 말하자면 성공한 자본가로서의 삶은 도덕적 행위에 관한 모든 전통적 개념과 동떨어져 있었고, 그것은 전적으로 마약, 섹스, 소비적 쾌락 등과 어깨를 나란히 하는 것이었다. 젊은 신흥 갑부로 떠오른 월스트리트의 금융인들은 한때 서로 어울리지 않았던 무늬를 꿰맨 조각보 이불이었다. 다시 말해 그들은 보디빌딩, 코카인, 자유연애 따위에 몰두하는 한편 면바지를 입고 값비싼 포도주 저장실을 짓는 사람들이었다.

레이건 재임기에는 자본주의가 베이비붐 세대의 '내부적 이주'와 결합될 수 있다는 사실도 드러났다. 소프트웨어 산업에 종사하는 30대의 백만장자는 직원들의 노동조합 결성에 맞대응하고 연금 같은 복지혜택을 거부할지 모른다. 그러나 주말에는 어린 자녀와 함께 반전집회에 갈 것이다. 공화당이 과도한 실리주의를 조장했다는 것은 레이건의 비판자들이 내세운 핑계였다. 사실 그런 경향은 어느 한 정당에게만 적용되지 않는다. 그러나 대체로 민주당은 그 새로운 자본주의적 활력을 공화당에게 떠넘겼고, 그것을 정치적으로 이용했다. 민주당은 최하층을 돕기 위한 대규모 정부지출 같은 고위공직자와 정부의 사명 같은 개념을 버릴 수 없었다. 한편 소프트웨어업계의 거물은 연금을 주지 않으려고 계약직을 고용하면서 자녀를 데리고 반전집회에 참석할 수는 있었어도 만일 민주당을 찍었다면 레이건의 외교정책을 결코 용납할 수 없었다. 상당수의 베이비붐 세대는 여전히 레이건 식의 조국애를 호전적 애국주의와 의도적인 공포감 조성으로 여겼다. 더구나 경제학자 케빈 필립스가 정확하게 짚었듯이 비록 미국 경제가 전체적으로는 성장했으나 계층 간의 격차는 더욱 벌어졌다. 민주당이 활용할 만한 쟁점이 무르익고 있었던 것이다.

그간 미국인들은 죄의식을 느끼지 않은 채 마음껏 재산을 모으고 싶은 욕구를 억누르고 있었다. 마침 레이건이 등장했고, 그가 내린 처방은 아주 간단했다. 그는 사람들을 그냥 내버려뒀다. 민주당이 카터 시대의 비탄에 머물러 있는 동안 레이건은 너무나 '간단'하고 우회적으로 계획을 실행할 만한 탁 트인 시야를 확보했고, 모두가 만족하는 대안을 내놓을 수 있었다. 그것은 바로 공급중시 경제학이었다. 공급중시 경제학의 작동원리는 다음과 같이 표현할 수 있다. 정부에 비용을 지불하도록 탐욕을 해방하라. 대통령은 경기장 밖의 치어리더인 셈이었고, 정부가 할 일은 '신규 과세 없음'이라는 주문을 외우는 것밖에 없었다. 그러나 카터 시대를 겪은 이후였기 때문에 국민이 마음대로 돈을 벌고 쓰도록 내버려두는 것만으로도 마치 정부가 적극적인 리더십을 보여주는 것 같았다.

레이건은 공급중시 경제학을 무기로 카터보다 효과적이고 설득력 있게 제퍼슨 식의 포퓰리즘과 보통사람 기업가정신의 망토를 뺏어버렸다. 심지어 그는 루즈벨트의 거국적 행동주의의 후광도 마음껏 누렸고, 나라 전체에 희망과 활기를 불어넣었다. 하지만 그는 루즈벨트와 달리 정부의 개입을 자제했다. 레이건은 정부가 국민의 삶에 간섭하지 않도록 했다. 어떤 의미에서 그는 루즈벨트의 방식에 대한 필연적인 응답이었다. 즉 그는 루즈벨트의 대연합전선을 완전히 공중분해함으로써 거기에 새로운 생명을 불어넣었다. 그것은 《연방주의자 논집The Federalist Papers》에서 건국의 아버지들이 가장 많이 인용하고 페인과 제퍼슨도 여러 차례 언급한 계몽사상가인 몽테스키외가 처음으로 표명한 미국인의 뿌리 깊은 믿음, 즉 "최소의 정부가 최선의 정부이다"라는 믿음과 일맥상통한 것이었다. 레이건은 경제적 이득의 추구와 개인주의는 자연스런 현상이라는, 그리고 여러 나라 가운데 유일하게 그런 요소들을 증진하기 위해 세운 국가인 미국은 정부의 역할이 자연스럽게 불필요해지는 곳이라는, 미국인들이 오랫동안 간직해온 신념을 되살리기도 했다.

레이건은 악덕 자본가들의 시대로 되돌아간 구시대적 인물이 아니었다. 그는 여러 측면에서 당대의 요구에 충실했고, 드골과 처칠의 '심각함'을 그리워한 닉슨보다도 한결 시대적 흐름과 맞닿아 있었다. 호레이셔 앨저의 고색창연한 자유기업 신화에서는 청렴결백, 고통, 희생, 신앙심, 자제심 따위가 강조되었다. 진정한 성공이란 빅토리아 시대의 기독교 문명에 합류해 사회도덕을 고양하고 대중의 모범이 되는 것을 의미했다. 출세를 하고 부자가 되자마자 우리는, 아니 적어도 우리 자녀들은, 이를테면 교양미가 흐르는 직업 가운데 하나인 공직자 같은 보다 높은 목표를 갖거나 문화의 후원자가 되어야 했다. 반면 경제성장을 위해 레이건이 내놓은 처방은 고통이 없고, 도덕적 내용이 없고, 가치중립적인 것이었다. 그것은 쾌락주의와도 양립할 수 있었고, 놀랍게도 1960년대 세대의 가치와 일치하는 것이었다. 레이거노믹스Reaganomics(레이건행정부의 경제정책-옮긴이)와 레이건 재임기의 경제활황 덕분에 신계급은 《젊어지는 미국The Greening of America》(1970년에 찰스 라이히가 발표한 책으로 반문화에 대한 찬가로 평가된다-옮긴이)에 담긴 자연회귀의 환상을 실현할 경제적 수단을 확보했다. 이제 그들은 환경친화적인 티크나무와 유리로 만든 저택들로 이뤄진 산악지대의 집단거주지와 페르시아 양탄자, 태양열 냉난방장치, 수영장, 무용연습용 가로대 따위를 갖춘 어도비 벽돌 전원주택단지를 꾸밀 수 있었다. 공급중시 경제학은 이렇게 속삭였다. 돈을 버는 것이 애국하는 길이다. 다른 일은 할 필요 없다. 사치품을 구입하면 서비스업계의 일자리가 창출된다. 그리고 사치품 구입은 도서관 건립이나 국회의원 출마만큼 시민의식에 입각한 공적인 의미가 있는 행동이다. 그것은 신계급의 눈이 번쩍 뜨일 달콤한 속삭임이었다. 레이건 식의 혁명은 거기에 가담하려고 굳이 머리를 깎거나 건전한 성생활을 하려고 애쓸 필요가 없다. 따라서 레이건 지지자들 중에 새미 헤이거 같은 유명 로큰롤 가수들이 포함된 것도 당연했다.

레이건의 자본주의관은 통속적인 면이 있었지만, 거기에는 진심이 담겨 있었다. 그것은 아마 그가 텔레비전을 통해 제너럴일렉트릭GE의 순회 대변인 역할을 맡은 일을 빼고는 경제계에서 활동한 경험이 없었기 때문에 가능한 일이었을 것이다. 그는 언제나 보통사람 기업가의 이상과 고향의 향토적 가치를 독려했다. 레이건은 직접 출연한 영화에서 그런 종류의 사람들을 묘사했고, 나중에는 현실세계에서 그런 사람들을 찾아냈고, 유행을 선도하는 상류층이 그들을 비하할 때 그들의 가치를 찬양했다. 하지만 그는 수사법적 독려에 머물렀기 때문에 오히려 자본주의가 단지 재산축적에 관한 것이라고 믿었고, 바로 그 점이 자본주의의 미덕이라고 생각했을 수 있다. 실제로 그는 경제계의 거물들을 영웅시하는 듯했다.

레이건과는 대조적으로 케네디 대통령의 아버지인 조지프 케네디는 사업적 요소를 초월하고 되도록 그것의 흔적을 지우고자 했다. 그는 떳떳하지 못한 초창기 이후에 이뤄진 합법적인 투자까지도 감추고 싶어 했다. 그는 돈을 벌었고, 덕분에 자신과 아들들이 정계에 입문해 국가에 봉사할 수 있었고, 그랬기 때문에 기득권자들에게 인정을 받을 수 있었다. 1950년대에 고위직을 역임한 덜레스, 애치슨, 애버럴 해리먼 같은 사람들은 경제계 핵심인사들과 사이좋게 지냈으나 그들의 핵심 관심사까지 공유하지는 않았다. 그들이 보유한 재산은 시야에서 사라졌고, 그들의 태생은 절묘하게도 과거에 국한되었다. 그들의 집은 조심스럽게 장막이 드리워졌고, 그들의 피서지는 안전한 곳으로 숨어들었다. 악덕 자본가 출신이라는 오명을 벗는 방법은 공적 봉사밖에 없었다. 반면 레이건 시대에는 고위직에 영입된 인사들이 이전보다 수입이 줄어들었기 때문에 희생을 감수한다는 식의 논리가 통용되기 시작했다. 그것은 여러 보수주의자들의 관심에서 멀어진 직업윤리가 통속화된 결과였다. 보수주의자들이 보기에 직업윤리는 이미 목적을 완전히 달성했고 미국적 가치에 부합한 것이었다. 저항의 시대를 거치며 여전히 부정적 자본주의관을 갖고 있던 자유주의자들도 직업윤리에 무관심하기는 마찬가지였다. 카터 대통령의 취임식을 감싼 거짓 소박함과 위선이 물러가고, 이제 레이건 시대의 지나친 과시가 나타났다. 즉 베르사체로 치장한 젊은 미녀 아내들, 폭력단과 관계있다는 소문에 휩싸인 전설적인 가수, 아름답고 젊은 애인과의 100만 달러짜리 불륜이 변태적 성행위 주장으로 인해 악명 높은 이별 위자료 소송으로 번져 마침내 끔찍한 살인사건으로 귀결된 백화점 상속인 등이 뒤섞인 금박시대Gilded Age(물질주의와 부패가 만연한 19세기 후반과 20세기 초반의 미국 사회─옮긴이)가 등장한 것이다.

레이건의 인격적 측면과 기술적 측면을 이해하고 그 두 가지가 그의 성공에 기여한 과정을 파악하려면 시대적 맥락을 고려해야 한다. 아주 넓은 관점에서 레이건은 삶의 증진과 번영을 위한 보편적인 욕구에, 즉 '민주적 자본주의'에 호소함으로써 세대 간의 화해를 이끌어낸 인물로 볼 수 있다. 그것은 국민을 다시 하나로 묶은 대규모의 자발적 과업이었다. 닉슨은 비록 일시적이었지만 베트남에서의 철수와 초강대국 간의 긴장완화 같은 정책으로 국민적 단결을 이끌어낸 마지막 대통령이었다. 그로 인해 초래된 반대세력과의 극심한 긴장관계는 워터게이트 사건을 계기로 폭발해 정치적 중심의 울타리가 무너졌고, 결국 양측은 새로운 공통분모를 찾지 못했다. 불화의 씨앗은 트루먼과 케네디가 선택하고 닉슨이 새 생명을 불어넣은 현자들의 중도적 외교정책이었다. 상처를 치유하기 위해 노력한 카터와 레이건은 새로운 정치적 기법을 구사했다. 그것은 강경책으로는 이제 더 이상 어쩔 수 없는 불화를 대중매체를 통한 상징과 제스처의 정치로 숨기는 것이었다. 두 지도자는 양측의 불화를 감추고 새로운 합의가 무르익을 시간을 벌기 위해 과거의 미국과 닮은 모조품을 내놓았다. 이제 대통령직은 점점 더 국민의 화합을 상징하는 역할을 맡기에 이르렀고, 결국 실질적인 내용보다 이미지와 제스처를 강조하게 되었다(여기에는 레이건의 후임자인 부시 대통령이 뛰어든 성조기 소각 논쟁도 포함된다). 뉴욕이 미국의 문화와 지성의 중심지로서의 지위를 점점 잃어가고 워싱턴이 국가정책을 좌우하면서 입지가 강화된 것은 세상만사가 대통령의 후광 속으로 빨려들어 가는 듯한 상황의 또 다른 징후였다.

국민을 참회의 공동체로 바라본 카터의 시각에 맞서 레이건이 내놓은 카드는 이기심을 제외한 모든 역사적 요소와 단절된 포퓰리즘이었다. 사실 그는 역사지식이 부족한 사람이었다. 그는 과거의 정치가들을 흠모한 닉슨, 역사광인 존 F. 케네디, 아이스킬로스를 인용할 줄 알았던 로버트 케네디 등과 달랐다. 레이건행정부의 고위직에는 비록 울포위츠와 더 큰 무대를 노리던 두뇌집단 중심의 소장파뿐 아니라 조지 슐츠 같은 유능한 관리자와 실무자는 많았다. 하지만 키신저에 버금갈 만한 중량급 지식인은 없었다. 그러나 레이건의 부실한 역사지식은, 물론 전적으로 존경할 만한 점은 아니었지만 매킨리(미국의 25대 대통령─옮긴이) 대통령의 재임기와 겹치는 금박시대의 호황기를 연상시키는 미국적 경험의 진정한 요소가 반영된 것이었다.

민주당이 쓸 만한 대안을 내놓지 못한 상황에서 레이건은 어부지리로 모든 국가적 상징을 도맡았다. 아름답고 화려하게 치장된 애국적 행렬이 끝없이 어이질 듯했다. 그레나다에서 전사한 장병들, 헌법 제정과 '자유의 여신상' 건립 200주년, 그리고 우주왕복선 사고 희생자 등을 위해 하늘은 불꽃놀이로 번쩍거렸고, 대통령은 흔히 상황의 심각성에 따른 과장에 빠져든 채 "땅의 험악한 속박을 풀어 하느님의 얼굴을 만지게 해주소서" 따위의 유려하지만 진부한 표현을 구사했다. 당당한 자세와 완벽한 차림의 지도자는 언제나 목이 메여 말을 잇지 못하고 눈물을 흘렸다. 그것은 마치 운명이 다시금 조국애를 느낄 수 있도록 미국인들에게 선사한 일종의 유예기간 같았다. 유예기간이 지나자 9·11테러와 함께 철기시대가 엄습했고, 그레나다 사태와 달리 이라크에서 장병들이 수없이 죽어나가기 시작했다.

레이건이 B급 영화배우 출신인 점은 흔히 그의 수사학적 유려함, 허세, 그리고 '지나치게 단순한' 선악의 이분법 등의 원인으로 지목되었다. 많은 사람들이 그런 식으로 레이건을 섣불리 얕봤고, 결국 그의 연예인 경력이 빚어낸 진정한 독창성에 눈감아버렸다. 그가 단순히 할리우드 출신이라는 사실이 중요한 것이 아니었다.

알다시피 케네디 형제도 아버지와 마찬가지로 영화배우나 가수와 친하게 지내는 등 할리우드와 인연이 깊었다. 카터도 재임기에 대중매체를 적극적으로 활용했고, 윌리 넬슨(미국의 가수, 영화배우, 운동가—옮긴이)이나 메리 타일러 무어(미국의 영화배우—옮긴이)와 절친하게 지냈다. 훗날 영화제작자 조나단 드미는 카터의 전기영화를 만들었다. 정치에 매료된 인기 연예인들과 할리우드를 사랑하는 정치인들은 예전부터 있었다. 사실 민권운동이 벌어진 1960년대와 반전운동이 벌어진 1980년대에도 사회적 쟁점에 관심을 가진 명사들이 부각되었다는 점에서 볼 때 레이건이 할리우드 출신이라는 점을 낯설어할 필요는 없었다(폴 뉴먼은 〈더 투나잇 쇼〉에서 진행자인 자니 카슨에게 군비제한의 긴급성을 역설하기도 했다).

레이건의 할리우드 경력을 둘러싼 진정한 의미는 그가 유권자들에게 미국적 전통의 모조품을 제시하는 과정에서 그것이 얼마나 도움이 되었는가에 있었다. 흔히 레이건은 19세기를 연상시키는 구시대적 인물로 치부되었다. 그러나 실제로 그는 1940년대의 할리우드 영화에서 간략하고 감상적으로 묘사된 19세기의 기독교 기업가의 개인주의를 대변한 인물로 볼 수 있었다. 레이건도, 그를 지지한 사람들도 과거에 대해 잘 모르고 관심도 많지 않았다. 신우파New Right의 사회적 관점을 대략적으로 표명한 것을 빼면, 그리고 이를테면 '기퍼Gipper(레이건이 영화 〈누트 라크니〉에서 맡은 배역으로 나중에 그의 별명이 되었다—옮긴이)'처럼 자신이 맡았던 배역들의 활력, 쾌활함, 용기 따위를 빼면 레이건은 미국적 전통에 대한 일관성 있는 시각을 보여주지 못했다. 하지만 경제학자이자 가끔 공화당 전략가로 활동한 필립스는 레이건의 얄팍한 수준을 호의적으로 평가했다. 그는 레이건이 쓴 일기에 관한 글에서 다음과 같이 말한다. "이 인기 많은 대통령은 다가올 새천년의 도전과제를, 역사와 역사적 전환점을, 전폭적인 지지를 보여준 중산층의 고충을, 제조업이 투기와 금융업에 밀려난 미국의 경제적 변환을 그 어디서도 언급하지 않는다."

레이건은 인민당 이래 처음으로 근본주의 성향의 기독교인들을 다시 정치의 주요 세력으로 자리 잡도록 했음에도 불구하고 과연 그가 어느 정도 독실한 기독교인, 혹은 적어도 전통적 의미의 기독교인지는 확실하지 않다. 그는 중요한 공휴일과 국장처럼 대통령으로서 최소한 참석해야 할 경우에만 교회에 출석했다. 그는 결코 근면, 자제, 신앙심 등을 통한 도덕적 고양 같은 빅토리아 시대의 관점을 적극적으로 옹호하지 않았고, 일반론의 차원에서 가족의 가치를 강조한 것을 제외하고는 낙태 같은 사회적 쟁점에 관한 신우파의 입장을 적극적으로 지원하지도 않았다. 전기 작가 루 캐넌은 다음과 같이 말했다. "낙태반대안을 옹호하는 레이건의 진정성을 믿어 의심치 않지만, 그는 그 목표를 성취하기 위한 정치적 자원을 거의 투자하지 않았다." 결론적으로 미국적 생활방식에 대한 애착과 애국심을 둘러싼 그의 흠잡을 데 없는 상투어가 세련된 반론에 당당히 맞서며 그처럼 강한 수사학적 폭발력을 지닐 수 있었던 비결은 그가 민주당으로부터 물려받은 사회도덕의 공백상태였다. 사실 그의 평범한 의견은 모든 사람에게 공감을 얻기 위한 목적을 지닌 최소한의 제스처였다.

캘리포니아 주지사 시절부터 레이건은 우파로서 공직에 출마해 당선된 뒤 중도파로서 통치하는 절묘한 솜씨를 자랑했다. 사실상 그는 보수적 자아와 통치적 자아가 달랐다. 말하자면 전자는 출마용이고 후자는 공직 재직용인 셈이었다. 그의 이상한 정치적 추파 때문에 지지자들조차 마음씨 좋은 그가 함부로 대하지 못하는 관료들과 후견인들 때문에 그의 진정한 보수적 자아가 표출되지 못한다고 생각할 정도였다. 그는 곤경에 처한 공주님이었고, 열성 지지자들은 그를 감옥에서 구해 '레이건을 레이건답게' 만들고 싶어 하는 난장이들이었다. 그러나 레이건은 원래 그 자리에 있었다. 닉슨이 베트남전쟁을 끝냄으로써 신좌파를 선제공격했듯이 미국의 핵무기를 감축하고 고르바초프와 전체적인 핵무장해제 논의를 진척시키기 시작하고 민주당의 그 어느 대통령보다 반전 운동의 실질적인 의제에 더욱 충실히 부응한 장본인이 바로 레이건이었다.

국내문제로 눈을 돌려보면, 레이건이 '자유기업'을 내세운 것은 여러 가지 점에서 미국이 1차산업의 소멸과 서비스 경제로의 전환을 무리 없이 이겨내도록 하기 위한 복고적 진통제였다. 대부분의 사람들에게 '민주적 자본주의'는 사무직과 서비스 직종의 임금 감소, 복리후생 축소, 고용불안 등을 의미했다. 레이건 재임기는 여러 측면에서 경제적 세계화로 인해 기존의 사회적 유대가 급속도로 잠식되고 있는 상황을 배경으로 크고, 밝고, 고무적인 전통적 그림을 제시하는 부족정치의 형태를 띠고 있었다. 훗날 강경 보수주의자들이 인정했듯이 레이건 재임기에는 연방예산이 꾸준히 급증했다. 레이건행정부에서 잠시 예산담당관으로 일했던 데이비드 스톡먼이 비싼 수업료를 치르고 깨달았듯이 레이건은 위대한 사회의 복지정책을 중단하면서까지 조국과의 밀월관계를 포기할 생각이 전혀 없었다.

레이건 시대는 기독교적 자본주의와 신교도적 도덕 함양이라는 몇 세기에 걸친 사회적 기풍을 대량판매가 가능한 일련의 제스처, 즉 감정의 깊이나 심리적·역사적 복잡성 측면에서 되도록 최소한의 비용을 치르며 애국심과 품위의 분위기를 조성할 목적의 일관성 있는 제스처로 요약할 수 있다. 만일 그것이 영화에서 맡은 배역을 본뜬 것이라면, 레이건은 루이스 B. 메이어 같은 영화계의 거물들과 조지 M. 코핸(미국의 뮤지컬배우 겸 극작가-옮긴이)과 어빙 벌린(미국의 작곡가 겸 작사가-옮긴이) 같은 문화예술인들이 이미 보여준 것, 즉 가톨릭교도, 유대인, 이민자, 무신론자 등 종교의 종류와 신앙의 유무에 상관없이 모든 사람들이 동참할 수 있다는 건국이념을 열심히 흉내 내고 있었을 뿐이다. 메이어, 코핸, 벌린 등은 재능과 야망을 지닌 사람은 종교, 피부색, 신념 따위와 무관하게 누구나 성공할 기회를 잡을 수 있어야 한다는 기독교적 품격의 명령에 따라 움직이는 감상적이고 완전무결한 미국적 세계를 완성함으로써 미국 문화에서 아메리카당the Know-Nothing(당의 활동에 대해 물으면 "아무것도 모른다"고 대답해 '부지당不知黨'이라는 이름으로도 불린 정당-옮긴이)의 토착주의적 이민자 배척 경향을 희석시켰다. 레이건은 대통령으로서 그런 미국적 포용의 윤리를 직접 실천함으로써 거기에 새로운 생명력을 불어넣었다. 그는 목이 메어 말을 잇지 못했고, 눈물을 글썽였고, 악당들에게 괴롭힘을 당하는 선하고 겸손한 지미 스튜어트 같은 이미지를 연출했다.

레이건은 비열한 기회주의와 정치적 탐욕을 지극히 혐오하지만 그 누구도 국민을 대변하지 않는다는 이유로 결국 거기에 가담할 수밖에 없는 비정치적 인물, 즉 일찍이 〈스미스 씨 워싱턴에 가다〉와 〈연두교서〉 같은 영화에서 완벽하게 묘사된 바 있는 유형의 인물을 멋지게 연기했다. 그런 점에서 레이건은 카터의 연기력을 훨씬 능가했다고 볼 수 있다. 심지어 날카로운 질문을 던지는 비판자에게 답변할 때도 레이건은 고개를 갸웃하고 씩 웃으며 여느 때처럼 "글쎄요"라고 말을 질질 끌면서 입을 열었다. 그는 마치 성질 급한 조카 녀석의 응석을 받아주듯이 이렇게 말하는 것 같았다. 자, 그러니까, 여보게, 젊은 친구, 진정하고, 다른 사람의 생각도 들어보게. 베를린의 브란덴부르크 문Brandenburg Gate 앞에서의 감동적인 연설 도중에 "고르바초프 씨, 장벽을 허물어버리세요"라고 말했을 때도 수천 개의 대륙간탄도미사일을 보유한 미국의 최고 사령관이라기보다는 마치 소도시의 시장 같은 느낌을 줬다. '악의 제국'처럼 무척 드물게 등장했던 강경한 표현들은 단지 예외였을 뿐이고, 그에 따른 일부 자유주의자들의 신경질적인 반응은 그들이 지지한 정당이 얼마나 정치적 중심에서 벗어나 있었는지를 보여주는 증거였다. 어쨌든 소련은 반세기 동안 몽상적인 경제실험을 위한 집단농장화 노예노동을 통해 최소한 3000만 명의 자국민을 의도적으로 살해했다. 도덕을 아는 사람이라면 그런 나라를 악의 제국으로 부르는 데 반대할 이유가 없지 않을까?

레이건의 핵심자산 가운데 하나는 자상한 노인의 온화함이었다. 1950년대 후반과 1960년대 초반까지만 해도 레이건은 마치 친구들에게 숙제를 하라며 나무라고 선생님의 탁자 위에 사과를 놓아두는 얄미운 학생 같은 느낌을 줬다. 아역배우 스타일의 올백 머리, 도도한 느낌의 미소, 화난 듯한 목소리 등 때문에 그는 건방진 사람이라는 인상을 줬다. 그러나 이후 연륜이 쌓이고 공직을 거치면서 그는 반항하는 아들을 진정시키고 차분히 타이르는 아버지처럼 현명하고 느긋한 인물로 탈바꿈했다. 또한 손자들의 마음을 얻으려는 할아버지처럼 상대방의 비위를 맞추려는 듯한 태도도 갖췄다. 루 캐넌이 언급했듯이 레이건의 과거는 그가 가진 인격의 밝은 부분과 완전히 일치하지는 않았다. 장담컨대 그의 인격은 어릴 적에 알코올 중독자인 아버지와 살면서 터득한 요령에 의해 형성된 것이었다. 캐넌은 이렇게 말한다. "알코올 중독자의 자식 중에 훗날 크게 성공한 사람들에 관한 연구가 거의 없다시피 하다. 바로 레이건이 그런 사례에 속한다." 구제불능에 가까운 레이건의 순진함은 아마 알코올 중독자의 아들로서 터득한 생존전략에서 비롯된 것일지 모른다. 학대 성향의 부모 밑에서 자란 아이들은 변덕스런 부모를 자극하지 않기 위해 나이보다 어린 것처럼, 아무런 해도 끼치지 않을 것처럼 보이려고 애쓸 때가 있다.

그러나 놀랍게도 레이건은 자신의 어두운 유년기의 공허함을 메우기 위해 변신을 시도했다. 그는 사랑을 원했고, 처음에는 영화를 통해, 나중에는 공적 봉사를 통해 뜻을 이뤘다. 캐넌의 말을 들어보자. "어릴 적 그는 유별난 낙관론 덕분에 아버지인 잭 레이건의 음주로 인한 어두운 마법에 대처할 수 있었다. 성인이 되어서도 그는 낙관론을 무기로 거침없이 전진했고 진로, 직업, 이념 등을 바꾼 끝에 결국 대통령 자리에 오를 수 있었다." 레이건은 미국적 낙관론을 생생하게 보여주는 인물이 되었다. 미국의 미래를 희망적으로 바라보는 태도는 그가 내린 최고의 처방이었다. 몇 가지 점에서 그와 비슷한 성장기를 보낸 닉슨과는 대조적으로 레이건은 어두운 성장과정에 결코 발목을 잡히지 않았다. 그는 자신이 원하는 사람이 되었고, 거기에는 진실이 담겨 있었다. 그의 연설문 작성자였던 페기 누난은 레이건의 '미래에 대한 신뢰, 즉 커다란 변화가 가능할 것이라는 장밋빛 믿음'을 언급한 바 있다. 그런 처방을 내놓기 위해 레이건은 미국적 경험이라는 진통제, 그리고 특히 만인의 보다 나은 미래를 향한 끝없는 탐색이라는 진통제를 선택했다. 그의 첫 번째 대변인인 말린 피츠워터에 따르면, "보수주의가 미국에 이롭고, 미국이 세계의 모범이 될 만한 훌륭하고 성실하며 윤리적인 국가라는 믿음은 레이건의 정치적 원칙의 핵심에 자리 잡고 있었다." 레이건은 조국인 미국을 자신의 상처를 치유할 약으로 여겼고, 미래에 대한 확신을 나눠줌으로써 국민의 사랑을 받을 수 있었다. 누난은 이렇게 말한다. "참 이상한 일이지만 사실이다. 그가 있으면 왠지 거북하지 않다고들 입을 모아도 말이다. 그는 마치 당신과 함께 있어서 다행이라는 듯이 행동한다." 역대 대통령에 관한 역사를 연구한 토머스 크로닌은 레이건을 케네디에 비유했다. 두 사람의 정책적 관점은 다르지만, 그들은 "어떤 쟁점을 사람들이 흥미를 느낄 수 있도록 쉬운 말로 풀어서 전달하는 요령을 갖고 있었다." 그리고 두 사람 모두 '전염성 있는 낙관론'의 소유자였다.

레이건이 1981년 워싱턴 시내의 힐튼호텔 앞에서 저격당했을 때 그의 과거와 현재, 그리고 현실과 연기가 만났다. 수술실로 향하던 중 아내인 낸시 여사에게 그가 남긴 말 "여보, 머리를 숙이는 걸 깜빡했어"에는 재치 있는 말로 사람들의 부담을 덜어주고 용감한 행동에 쏟아지는 칭찬을 기꺼이 다른 데로 돌린 1940년대의 남자 주연배우의 모든 매력이 압축되어 있었다. 그 순간 제2차 세계대전 당시 사기진작용 영화에 출연할 때만 전투장면을 목격한 할리우드 군인에 불과했다는 비웃음이 자취를 감췄다. 레이건은 어떤 의미에서 조국을 위해 총을 맞았다고 볼 수 있다.

조지 워싱턴, 테오도어 루즈벨트, 프랭클린 루즈벨트 등이 누렸던 권위를 회복한 레이건 대통령에게는 정말로 군주 같은 측면이 있었다. 케네디도 그렇게 하려고 애썼지만, 뜻을 이루지 못한 채 요절하고 말았다. 미국에서 대통령의 군주적 측면은 1960년대와 1970년대의 대격변을 거치는 동안 거의 잊혀졌다. 그때는 대통령이 몰락하는 모습에 익숙했다. 존슨은 짐을 이기지 못한 채 스스로 제물이 되었고, 닉슨은 파멸을 자초했고, 카터는 걸핏하면 근심을 쏟아내고 무기력함을 고백하며 자기 위주의 대규모 연합 정신과치료를 부탁했다. 레이건 재임기에는 대통령의 노블레스 오블리주 의식이 되살아났다. 그는 일과 후의 시간을 좋아했고, 하루 8시간 근무를 지키며 일찍 잠들었다. 어쨌든 그런 습관은 고무적이었다. 즉 오늘날의 대통령은 보통사람을 압도할 필요가 없다는 점, 그리고 대통령도 실재 인물이라는 점을 보여줬다. 거기에는 레이건의 자연스런 품격과 정치적 수완이 큰 도움이 되었다. 그는 승마화를 신은 채 헬리콥터를 향해 백악관 잔디밭을 성큼성큼 걸어가고, 프로펠러 소리 때문에 기자들의 질문을 듣지 못했다며 자기 귀를 가리키고, 해병 의장대의 씩씩한 경례에 특유의 미소를 지었다. 그 모든 것에는 유쾌하고 당당한 귀족적 분위기의 친화력이 담겨 있었다. 하지만 그것은 원래 타고난 것이 아니라 성장하면서 자연스레 터득한 것, 탁월한 믿음으로 성취한 것이었다.

레이건이 휴가 때 가장 즐긴 것은 자기 목장에서 덤불을 베는 일이었다. 그것은 그가 연기했던 선량한 카우보이 역할과 연결되는 동시에 무릎까지 오는 장화를 신은 채 개와 말과 함께 들판에서 신선한 공기를 마시는 것에 만족하는 지방의 지주 같은 분위기를 풍겼다. 바로 거기에 흥미진진한 문화적 주제가 있다. 미국인들은 영국의 지주계급이 얼마나 지식과 교양의 측면에서 중간적 위치에 있는지 잘 알지 못한다. 사실 영국 귀족들은 예나 지금이나 전원생활을 좋아했고, 지성을 너무 뽐내는 사람들을 불신한다. 그들은 사람의 재주나 학식 대신에 솔직한 소박함이나 너무 열정적이거나 친하지 않으면서도 무리 없이 어울릴 수 있는 능력을 높이 산다. 세계에서 가장 고귀한 혈통과 가장 인상적인 위엄의 소유자인 엘리자베스 여왕이 레이건과 사이가 좋았다는 얘기는 유명하다. 레이건이 풍긴 전원적 분위기는 그의 개인적 수수함이나 친근감과 마찬가지로 엘리자베스 여왕의 기질과 무척 잘 어울린 요소였을 것이다(실제로 미국의 목장은 유럽의 대규모 사유지에 버금가는 것이었다). 이런 점에서 웬만한 사람이라면 누구나 갖고 있는 지능지수보다 예의범절과 친화력을 훨씬 중요하게 여기는 영국인의 관념을 다시 확인할 수 있다.

1982년에 레이건이 영국을 방문했을 때 유명해진 사진이 한 장 있었다. 사진에는 그와 엘리자베스 여왕이 윈저 성Windsor Castle에서 함께 승마를 즐기는 장면이 담겨 있었다. 여왕과 마찬가지로 레이건도 편안하게 말에 올라 꼿꼿한 자세로 능숙하게 승마를 즐겼다. 그는 여왕과 격의 없는 대화를 나눴고, 여왕은 무척 즐거워했다. 거기에는 의미심장한 상징이 담겨 있었다. 수백 년에 걸친 승마와 전원생활의 산물인 영국 여왕이 B급 영화배우 출신이자 알코올에 중독된 식료품 장수의 아들인 미국 대통령에게 매료되었다. 한편 레이건행정부에서 진정한 미국 귀족에 가장 가까운 존 재인 부시 부통령은 마치 꼬마유령 캐스퍼Casper the Ghost(같은 제목의 미국 판타지 영화의 주인공—옮긴이)처럼 사라져버린 듯했다.

재임 초반 레이건 대통령의 여러 가지 특징이 집약된 사건이 하나 발생했다. 미국 전투기가 공중전에서 리비아 전투기를 격추시켰을 때 보좌관들은 대통령을 깨우지 않다가 오전 4시 24분에야 보고했다. 잠에서 깨어 보고를 받은 레이건은 공격을 정식으로 승인했고, 다시 잠자리에 들었다. 그러자 비상상황에서 대통령의 임무를 방기했다는 비판이 빗발쳤다. 하지만 그런 비판의 목소리는 완전히 정곡을 벗어난 것이었다. 레이건이 그렇게 잠을 잘 수 있었다는 사실은, 문제의 상황이 엄청나게 긴박하지는 않았다는 점과 그가 모든 소규모의 위기상황을 일일이 관리할 필요 없을 정도로 보좌관들이 유능했다는 점을 보여줬기 때문이다. 결과적으로 많은 사람들이 레이건의 사례를 '역량'을 지속적으로 강조한 카터의 사례와 비교했다. 카터는 끊임없이 사소한 부분까지 관리하고, 걱정하고, 지겨울 정도로 세부적인 문제에 참견했지만, 결국 인질구출에 실패했다. 리비아 전투기와의 공중전을 둘러싼 사건을 계기로 대통령직이 인간의 통제범위를 벗어날 정도로 엄청난 것이 아니라는, 심리적으로 안정된 보통사람도 대통령직을 수행할 수 있다는, 그리고 정부 관리들이 자율적으로 임무를 수행할 때가 많다는 인식이 강화되었다. 레이건은 카터와 반대로 권한을 위임하는 데 능숙했다. 그는 흔쾌히 고삐를 풀어줬고, 전문가들이 실무를 다루는 동안 더욱 큰 그림을 그렸다. 물론 그런 태도가 항상 긍정적인 결과를 낳지는 않았다. 훗날 이란-콘트라 사건을 겪으며 레이건 자신도 깨달았듯이 대통령의 주의산만은 연륜이 부족하고 평정심을 잃은 자들이 불온하고 불법적인 모험에 나설 빌미를 줄 수 있었다. 적어도 이란-콘트라 사건의 경우에는 레이건이 지나치게 방심했고, 따라서 '부하들'에게 너무 많은 것을 맡기는 과도한 권한위임의 폐해가 드러나고 말았다.

레이건의 외교정책

링컨 전기의 저자 찬우드 경(영국의 저술가 겸 정치인-옮긴이)에 따르면, 정치가가 자신의 노고를 통해 가장 흔히 얻는 대가는 '누구나' 그렇게 할 수 있다는 일반인들의 배은망덕하고 냉담한 반응이라고 한다. 외교정책 분야에서 위대한 업적을 이룩한 레이건도 그런 증후군의 희생자였다. 그의 정책이 미하일 고르바초프의 부상을 촉진하고 소련의 마지막 보수파의 기를 꺾어놓는 데 크게 기여했음에도 불구하고 당대의 많은 언론인들은 몰인정하게도 레이건이 소련의 붕괴와 관련해 칭찬받을 만한 구석이 없다고 주장했다. 그들은 소련의 붕괴를 '필연적'인 과정, 즉 어쨌거나 일어날 수밖에 없었던 순전히 내부적인 과정으로 여겼고, 오히려 레이건이 쓸데없는 무력과시를 통해 상황전개를 늦췄을 뿐이라고 평가했다.

훗날 레이건이 퇴임한 뒤 소련제국의 종말을 초래한 것은 공화당과 민주당의 합작품이라는 주장이 제기되었다. 물론 그것은 상당 부분 사실이었다. 레이건행정부는 대니얼 패트릭 모이니한, 헨리 '스쿱' 잭슨, 샘 넌, 고어 같은 민주당 중도파의 지지 없이는 고르바초프의 개혁을 통한 붕괴를 촉진할 수 없었다. 하지만 고르바초프가 집권하기 전에 레이건이 '악의 제국의 종말'을 선언한 덕분에 모든 사람들이 소련에 대한 대통령의 도덕적 판단을 일단 편안하고 만족스럽게 여긴다는 분위기가 강화된 점을 부인하기는 어렵다. 사실 레이건이 문제의 표현을 쓰자 에드워드 케네디와 맥거번 같은 좌파 인사들의 독설이 쏟아졌다. 그들이 보기에 레이건은 우리를 핵전쟁으로 몰아갈 전쟁광이었다. 레이건의 적절한 표현이 결국에는 미국 사회의 정치적 합의의 일부분이 되었어야 했다는 점은 레이건의 외교정책적 성과에 대한 가장 타당한 헌사이다. 레이건의 국장이 거행되었을 때의 초당적 애도 분위기는 그의 업적을 기리는, 그리고 국민적 우상이 되기 위해 치러야 할 대가인 역사적 기록을 망각하는 편의적인 기억상실에 바치는 헌사였다. 그의 훌륭한 동지이자 절친한 친구였던 대처는 추도사에서 다음과 같이 말했다.

그를 아는 사람들과 그가 그토록 자랑스럽게 섬기고 그토록 깊이 사랑한 국민뿐 아니라 오늘날 자유를 누리며 사는 수많은 사람들은 그가 추구한 정책 때문에 그를 그리워할 것입니다. 레이건은 그 어떤 지도자보다 자유를 위한 냉전에서 총성 없이 승리한 주인공이 될 만한 자격을 충분히 갖췄습니다.

키신저의 핵심측근인 헬무트 소넨펠트의 악명 높은 비망록에 등장하는 두 체제의 '수렴'에 관한 언급에 비춰볼 때 동서 진영의 긴장완화기와 그런 화해 분위기가 시들해진 포드행정부 이후 소련을 겨냥한 레이건의 수사적 표현은 무척 단호하게 들렸지만, 그가 내세운 반소 의제는 치밀한 것이 아니었다. 사실 그는 대체로 중도파에 가까웠다. 비록 재임 초기에는 강경보수주의자인 리처드 앨런(비판자들에게 '볼셰비키'라는 시대착오적 낙인을 찍었다)을 섣불리 국가안보보좌관에 임명했지만, 레이건은 알렉산더 헤이그와 조지 슐츠 같은 닉슨과 키신저 시절의 두뇌집단에 주로 의지했다. 반면 부통령인 조지 H. W. 부시는 포드행정부에서 중앙정보부장을 맡았던 인물이었다. 항상 그렇지는 않았지만 대체로 레이건은 닉슨의 정책을 유지했다고 볼 수 있다. 말하자면 그는 소련의 팽창을 봉쇄하는 한편 군축협상을 추진하고 양국 관계의 증진을 모색한 과거의 민주당의 중도적 외교노선을 고수했다. 가끔씩 레이건의 입에서 튀어나온 반소 초강경 발언과는 대조적으로 레이건행정부는 마치 아이젠하워 시절을 연상시키듯이 대규모 군사력 사용을 꺼리는 듯한 모습을 보였다. 손에 꼽을 만한 레이건행정부의 군사행동으로는 조그만 섬나라 그레나다의 마르크스주의 쿠데타를 분쇄한 작전을 들 수 있다. 니카라과 반군에 대한 미국의 군사원조는 신보수주의 전략가인 엘리엇 에이브람스 같은 민간인들이 앞장선 것이었다. 그들은 대니얼 패트릭 모이니한과 헨리 스쿱 잭슨 같은 민주당 인사들이 이미 자당이 대체로 포기해버린 중도파적 외교정책으로 되돌아가기 위해 노력하는 과정에서 경력을 쌓은 젊은 세대의 일원이었다.

반전운동 진영과 언론에서는 흔히 레이건행정부의 군사력 증강을 일방적이고 도발적인 조치로 묘사했지만, 다수의 민주당 의원들도 그 필요성을 인정했고, 카터 시절 국방부장관을 역임한 해럴드 브라운과 민주당 대통령 후보자 예비선거에 나선 게리 하트가 제시한 수준도 실제로 레이건이 집행한 것과 크게 다르지 않았다. 레이건의 첫 번째 업적은 북대서양조약기구가 시도한 서독의 중거리 미사일 전력강화조치에 맞선 소련의 '평화공세'를 물리친 것이었다. 유럽과 미국의 반전운동세력의 주장에 따라 세계 멸망을 초래할 것이라는 터무니없는 수준으로 과장되었지만, 애초에 서독이 먼저 요청한 중거리 미사일이 실제로 배치되자 전력강화 문제는 쟁점으로서의 가치를 상실하고 말았다. 소련의 반대에 굴복하면 결국 소련에게 북대서양조약기구의 내부적인 군사정책에 대한 거부권을 줄 수 있었다. 레이건과 보좌관들은 결코 그런 선례를 남길 수 없다고 판단했다.

시위에 나선 학생들의 생각과 관계없이 소련의 '평화공세'는 안드레이 그로미코가 이끈 소련 보수파의 마지막 꼼수였다. 그들은 요시프 스탈린 시절부터 오랜 경험을 통해 서방세계를 협박하거나 순진한 평화적 기대를 기만하는 것이 외교정책의 주도권을 잡는 데 얼마나 도움이 되는지 잘 알고 있었다. 레이건은 그런 위선에 당당히 맞선 채 우방을 군사적으로 지원했고, 소련 보수파는 그들의 운이 다했음을 직감했다. 결과적으로 그는 미하일 고르바초프가 신인들을 등용하고 브레즈네프 시절의 고참들을 밀어내는 데 일조했다. 그것은 체제의 종말을 예고하는 것이었다. 브레즈네프는 쇠퇴 일로의 소련 체제에 이념적 원기를 북돋기 위해 아프가니스탄을 침공했으나 처참한 실패를 맞이하고 말았다. 아프가니스탄에서 1980년대 판 베트남전쟁의 늪에 점점 깊이 빠져든 소련은 방향을 바꿔 유럽에서 자국의 힘을 재확인하려고 몸부림쳤지만 또다시 실패를 맛봤다. 이처럼 소련을 강력히 견제함으로써 레이건은 소련이 새로운 방향으로 나아가는 데 기여했다.

미심쩍은 계승자: 조지 H. W. 부시

레이건은 루즈벨트의 수준에는 미치지 못한 인물이다. 그는 루즈벨트만큼 험난한 여러 가지 도전과제를 맞이하지 않았고, 루즈벨트처럼 뛰어난 재능, 독창성, 과감성 등을 보여주지도 못했다. 그러나 루즈벨트와 닮은 점도 있었다. 그는 루즈벨트에 필적할 정도로 보수적 경제인들, 보수주의 운동가들, 신보수주의자들, 복음주의 기독교인들 같은 다양한 성격의 지지자들과 제휴했다. 레이건은 백인 노동자계급의 존경을 받았지만, 1차산업 노동조합 직종의 운명을 좌우하고 특정 계층에 부를 안겨줄 세계적 차원의 자유무역정책을 기꺼이 추진했다. 그의 쾌활함, 온화함, 점잖음, 그리고 세대 간의 화해의 상징과 제스처의 정치는 그런 이질적이고 적대적인 요소를 한데 묶었다.

또 하나 닮은 점이 있었다. 루즈벨트의 경우와 마찬가지로 레이건이 맺은 협력관계는 그가 무대에서 사리진 뒤 산산이 부서졌다. 그의 뒤를 이은 조지 H. W. 부시는 아이젠하워와 포드 시절의 한층 중도적인 접근법으로 되돌아갔다. 그 두 사람처럼 부시도 자신보다 더 주목받은 역동적이고 전임자와 후임자 사이의 간격을 메워야 할 운명이었다. 부시는 무역적자와 재정적자에 대한 레이건의 미온적 태도를 답습했고, 그 때문에 레이건 재임기에는 감히 입을 열지 못했던 레이건 극렬 지지자들에게 심한 비난을 받았다. 그는 외교정책과 관련해 신보수주의자들을 신뢰하지 않았다. 키신저 시절에 활약한 제임스 베이커를 국무부장관으로 등용함으로써 부시는 도덕적 중립의 색채를 띤 세력균형 접근법으로 회귀했다. (실제로 베이커는 인종과 종교를 이유로 소수집단을 탄압한 구 유고슬라비아 공산체제의 '영토 보전'에 찬성하는 쪽으로 기울었다.)

한편 부시는 베트남전쟁 이래 최대 규모의 군사작전을 수행하기도 했다. 그것은 바로 이라크에 대한 전면적인 육상침공이었다. 거기에 비해 레이건행정부의 그레나다 침공은 마치 어린애들의 주일학교 소풍처럼 보였다. 그는 레이건에게 물려받은 세계 최강의 군사력을 마음껏 사용했다. 그러나 훗날 아들이 수행한 두 번째 이라크 침공과 달리 아버지 부시의 걸프전쟁은 기존의 국제질서를 회복하기 위한 철저히 비이념적인 활동이었다. 부시는 현재의 주권국가를 침공할 수 없다는 점을 근거로 전쟁을 정당화했다. 다른 아랍국가들은 훗날 아들 부시가 후세인 정권을 타도하는 데 찬성할 수 없었던 것과 같은 맥락에서 사막의 폭풍 작전Operation Desert Storm을 수용했다. 그것은 바로 국경 안에서 이뤄지는 통치의 종류와 침공은 도덕적으로 무관하다는 이유에서였다. 쿠웨이트를 해방시키고 원래의 상태를 회복한 뒤 부시와 그의 측근들은 후세인 정권 전복작전에 나서지 않기로 결정했다. 왜냐하면 주변 아랍국가들은 미국이 군사력을 동원해 독재정권은 반드시 전복되어 그 대가를 치른다는 점을 입증하는 편보다는 단지 후세인의 자유를 제한하는 편을 선호했기 때문이다. 그리고 아랍국가들 역시 독재와 관련해 떳떳하지 못한 구석이 있었다. 그 완벽한 키신저 식의 현실주의 정책은 부시와 신보수주의자들이 서로 멀어진 계기가 되었고, 그들은 2003년에 아들 부시를 통해 비로소 한을 풀었다.

아버지 부시는 넬슨 록펠러를 주축으로 한 공화당 내부의 북동부 골프장 우파country-club conservatism(리무진 좌파limousine liberal에 대응하는 용어-옮긴이)으로의 회귀를 선언했다. 즉 그는 만화 주인공인 대그우드가 떠오르는 새된 목소리, 올백 머리, 회색 플란넬 정장 차림의 남자로, 혹은 만찬 전에 마티니를 마시고 주말에는 골프를 즐기는 옛 월스트리트의 점잖은 은행가로 되돌아갔다. 많은 재산을 물려받은 뉴잉글랜드 지역의 명문가 출신인 부시 부자는 레이건의 졸부 친구들이 보여준 천박한 소비만능주의를 멀리했고, 아마도 경멸했을 것이다. 옛 느낌을 물씬 풍기는 그들의 여름 휴양지 켄느벙크포트는 밖에서 안을 들여다보기 어려웠고, 나무 덧문, 말편자 던지기 놀이장, 노로 젓는 배 따위를 갖추고 있었다. 케빈 필립스가 묘사한 휴가 중인 부시의 모습에는 희한하게도 다나 카비(미국 코미디언 겸 영화배우-옮긴이)가 흉내 낸 대통령 같은 느낌이 담겨 있었다.

조지 H. W. 부시에게는 특유의 어린애 같은 면이 있었다. 말편자 던지기 놀이를 하는 도중의 그의 유명한 "솜씨 좋은 사람은 한 번 더 던진다네" 같은 의기양양한 표현뿐 아니라 대통령임에도 마치 신난 남학생처럼 내뱉는 말은 '부시 말투'로 불리기도 했다.

개인적으로는 부드럽고 따뜻한 사람이었고, 수십 년에 걸쳐 편지를 쓰는 등 빅토리아 시대의 방식으로 관리한 여러 친구들과의 변함없는 우정을 과시했지만, 아버지 부시는 정치에 대한 어렴풋한 냉소적인 태도, 즉 대통령이 되고 나니 이전보다 좀 못한 것 같다는 귀족적 시각을 내비쳤다. 전기 작가 로버트 그린은 부시를 "자기반성을 전혀 모르고, 추상적인 개념을 명료하게 표현하기를 불편해하고, 자기가 지향하는 바를 국민에게 알리기를 불편해하는 사람"으로 묘사했다. 톰 클랜시의 소설 《긴급명령A Clear and Present Danger》에서 풍자되고 심야 코미디 프로그램의 소재가 되었던 부시의 그 유명한 얼버무리는 버릇은 전임자의 유창한 화술과 극명하게 대비되었다. 어떤 사람들에게 그것은 부시의 수줍음 때문이라기보다 마치 하인들에게 자기 의사를 분명히 전달하려고 애쓰기를 꺼리는 귀족적인 태도 때문인 것처럼 보였다. 레이건의 대변인 출신인 피츠워터에 따르면, 레이건과 부시의 차이는 미래를 바라보는 시각이었다. "한 사람은 꿈이라는 엷은 렌즈로 보고, 또 한 사람은 망원경의 뷰파인더로 본다." 어느 기자가 부시에게 어떤 국가적 목표를 갖고 있는지 묻자 그는 "아, 미래상 같은 것 말이오?"라고 대답했다. 훗날 백악관에 입성한 아들처럼 부시도 세부적인 문제와 거리를 둔 채 부하들에게 일임하는 경향이 있었다. 1992년 대통령 선거 전날 밤에 차기 내각의 모습을 담은 〈뉴스위크〉의 사진은 그가 맞이할 운명을 예고하는 듯했다. 사진을 장식한 것은, 비싸지만 약간 안 어울리는 듯한 정장, 빨간 넥타이, 은발, 죄다 앵글로색슨계인 데다 약간 굼뜬 듯한, 잘난 체하는, 어쩔 수 없이 미소를 짓고 있는, 유권자들을 믿지 못하는 노인네들이었다.

부시는 레이건의 극렬 추종자들에게 미움을 받았다기보다는 버림을 받았다. 그들이 보기에 부시는 결코 한 가족이 아니었고, 민주당이 20년 만에 다시 백악관을 접수할 우려가 높은 상황에서도 굳이 그를 재선시킬 마음이 없었다. 감독교의 살아 있는 화신인 부시가 자신이 '다시 태어났고' 그리스도를 '개인적 구세주'로 받아들였다고 주장하는 소리만큼 설득력 없는 말도 없었다. 복음주의자들은 그 말을 믿지 않았고, 많은 신자들이 직접 선거에 나섰다 (1988년에서 1992년까지 복음주의자들 사이에서의 부시의 득표율은 20퍼센트나 떨어졌다). 신보수주의자, 사회문제 보수주의자, 복음주의자 등은 미국 남부의 성서지대Bible Belt의 무교육자계급에 대한 경멸감을 지닌 록펠러 식의 자유주의적 공화주의 세계의 일원인 미온적인 간섭자에 의해 자기들의 견해가 희석되거나 무시되는 것보다는 급진적인 순수성을 통해, 자체의 두뇌집단, 정치활동위원회, 정기간행물 등을 통해 목소리를 내는 편을 선호했다. 그들은 의회를 통해 복귀할 수 있었고, 부시의 몰락을 느긋하게 기다렸다.

황야로부터의 귀환: 클린턴

부시는 레이건의 핵심 지지층에게 호감을 얻지 못했다. 덕분에 클린턴은 민주당을 황야에서 구해냈고, 죄책감 없이 국가권력을 행사하는 방법을 다시 선보였다. 루즈벨트 이래 두 번의 임기를 채운 첫 번째 민주당 대통령인 클린턴은 역사적으로 성공을 거둔 대통령이자 레이건과 정반대 인물이었다. 레이건과 루즈벨트처럼 클린턴도 본인이 원하고 법적으로 가능했다면 계속해서 대통령에 출마할 수 있었을 것이다. 그는 무척 총명하고 쾌활하며 달변과 카리스마를 갖춘 인물이었고, 망나니이자 지독한 정책 공부벌레였으며, 일부 측면에서는 레이건, 루즈벨트, 처칠 등에 버금가는 루빅스큐브Rubik's Cube(정육면체 퍼즐─옮긴이)처럼 심리적으로 난해한 인물이었다. 클린턴은 레이건과 마찬가지로, 그리고 닉슨과는 정반대로 진심으로 사람들을 좋아하고 그들의 사랑을 만끽했다. 여느 위인들과 마찬가지로 그의 인격은 다양한 성향의 유권자들을 하나로 묶는 고리가 되었다. 전기 작가 존 브러멧이 지적했듯이 클린턴은 "당대 최고의 정치인이자 아주 뻬어난 두뇌와 굉장한 전문지식의 소유자였다. 그는 사적으로 만나보면 결코 싫어할 수 없는 매력도 갖고 있었다."

클린턴의 성공비결은 자칫 공화당 쪽으로 기울 뻔했던 민주당 내부의 신진세력과 애당심이 강한 기존세력 모두에게 손을 내밀며 미국의 정치를 과감하게 손질한 점이었다. 엇비슷한 입장에 놓여 있던 영국의 토니 블레어와 달리 보수파에 속한 전임자가 추진한 세계적 차원의 자유무역정책을 바꾸는 대신 철저하게 받아들이고 마치 부흥회에 참가한 신도처럼 열렬하게 옹호했다. 최근의 역사에서는 처음으로 민주당의 주요 정치인이 떠오르는 파도가 모든 배를 들어 올린다('전반적인 경제상황이 호전되면 모든 경제주체에게 이익이 된다'는 의미—옮긴이)는 밀턴 프리드먼(자유시장경제를 옹호한 미국의 경제학자—옮긴이)의 노래를 따라 부르고 있었다. 이제 더 이상 세계 일류의 경제대국이 되기를 거북해하거나 슬퍼할 필요가 없었다. 클린턴은 소프트웨어업계의 신흥 억만장자들이나 월스트리트의 투자가들과 거리낌 없이 어울렸을 뿐 아니라 과거에 자본주의를 구하고 보통사람들을 위해 자본주의가 작동하도록 이끈 장본인이 바로 루즈벨트의 소속 정당, 즉 민주당이었음을 재확인할 수 있었다. 클린턴은 민주당이 1968년 이래 공화당에게 넘겨주고 훗날 레이건이 수사법적 완벽함의 경지까지 끌어올린 민주적 자본주의에 대한 열렬한 사명을 갖고 있었다. 사실 그는 레이건에 버금가는 대중적인 호소력을 갖고 있었다. 그는 민주당이 오랫동안 염원한 '소통의 달인'이었다. 다음은 〈뉴스데이〉(미국 뉴욕 주의 신문—옮긴이)에 실린 기사의 일부분이다. "클린턴은 설득에 능하다. 그는 대부분의 사람들에게 거의 모든 것을 납득시킬 수 있다고 믿는다. 충분히 그럴 만하다."

클린턴은 모든 국민이 그의 재임기에 조성된 믿을 수 없는 경제 호황의 열매를 차지하도록 독려했다. 월스트리트의 금융자본은 적어도 레이건만큼 클린턴을 좋아했고, 월스트리트보다는 향토의 중소기업의 이익을 대변한 부시보다 더 좋아했다. 클린턴행정부의 재무부차관 로저 앨트먼은 그런 밀월관계의 구체적인 상징이었고, 실제로 뉴욕에서 고위험고수익 투자은행을 설립해 운영한 바 있었다. J. R. 어윙이 레이건의 등장을 예언했다면, 클린턴은 마이클 더글러스가 영화 〈월스트리트〉에서 연기한 부유하고 민첩하고 영악하고 멋지고 남자다운 탐욕스런 금융인의 가장 절친한 동지가 될 수 있었을 것이다. 클린턴은 한 치의 망설임 없이 레이건의 뒤를 따랐다. 그는 노후한 제조업 분야의 근로자들과 그들의 자녀들이 장차 조립라인 대신에 키보드 앞에서 더 나은 사무직에 종사할 것이라고 약속했지만, 결국 그들을 저버렸다. 적자감축과 관련해 공화당은 복지정책을 수반한 '큰 정부'를 겨냥해 몇 년 동안이나 단지 수사적 열변을 토하는 데 그쳤으나 클린턴은 입으로 그치지 않았다. 그는 만일 공화당 정부가 실행했었다면 격렬한 반발을 초래했을 법한 복지제도의 축소에 나섰다.

그럼에도 불구하고 반발은 꽤 격렬했다. 그러나 클린턴은 배짱 좋게 대응했다. 당시의 정치적 지형에서 소수집단과 저소득층에게는 달리 기댈 만한 구석이 없었다고 본 것이다. 그들도 공화당

정권보다는 그래도 민주당 정권이 나을 것이라고 생각했고, 클린턴은 그 점을 간파했다. 클린턴은 새로운 복지정책의 필요성이 제기되지 않는 그 밖의 모든 중대한 사회적 쟁점에서는 자유주의적 입장에 서 있었다. 따라서 그는 경제를 관리하려는 과거 민주당의 집착에서 벗어나는 동시에 여성, 동성애자, 소수집단 등의 권익향상을 수사적 차원에서 지지함으로써 균형을 맞췄다. 클린턴이 상징적 제스처 외에는 그저 눈치를 살피는 태업전술로 일관하고 아무리 복지제도를 축소해도 그들은 달리 갈 곳이 없었다. 물론 그도 잘 아는 사실이었다.

그는 첫 번째 대통령 선거운동에 나섰을 때 힙합 세대의 흑인 여성 운동가인 시스터 솔자를 신랄하게 비판함으로써 큰 반향을 일으켰다. 아마 당시 공화당의 그 누구도 감히 그렇게 하지 못했을 것이고, 실제로 같은 민주당 소속의 정치인들도 지금까지 아무도 그렇게 하지 못했다. 즉 클린턴은 자신과 민주당의 주류파가 이제 더 이상 전문직 흑인 급진파에 휘둘리지 않을 것임을 암시했다. 그것은 미국의 인종차별과 제국주의에 대한 카터 시대의 죄의식에서 벗어나기 위한 또 하나의 걸음이었다. 즉 클린턴은 진보에는 찬성했으나 자기학대에는 반대했다. 그가 보기에 미국에게는 극복해야 할 나름의 결함이 있었지만, 만약 반反백인 노선을 추구하거나 미국을 구제불능의 악으로 여긴다면, 그것은 다른 사람에게 투표하라고 말하는 셈이었다. 그런 과감한 대응을 통해 클린턴은 단번에 민주당을 변방에서 정치적 중심으로 복귀시켰고, 그런 과정에서 약속을 어기고 뒤통수를 쳤다는 온갖 비방을 감수해야 했다.

위대한 지도자들이 대개 그렇듯이 그들의 남다른 고군분투는 유년기의 정서적 상처를 치유하려는 의도도 깔려 있었다. 클린턴도 레이건처럼 알코올 중독자 아버지 밑에서 자랐다. 알코올 중독자 부모 슬하에서 성장한 많은 아이들처럼 클린턴도 일찌감치 철이 들었고, 가족에 대한 의무감을 더 넓은 세계에서 선의의 정치를 해보고 싶은 욕구로 승화시켰으며, 그렇게 함으로써 가족의 추락한 위신을 회복하려고 했다. 전기 작가 데이비드 매러니스(퓰리처상을 수상한 언론인이자 베스트셀러 작가—옮긴이)는 다음과 같이 말한다.

알코올 중독자 자녀들을 연구한 문헌을 보면, 간혹 가족 영웅Family Hero으로 부르는 유형이 있다. 가족 영웅은 두 가지 명확한 역할을 수행하는데, 하나는 가족의 관리인과 보호자이고, 다른 하나는 외부세계로의 복귀를 이끄는 구원자이다. 클린턴은 두 가지 면을 모두 갖춘 가족 영웅의 전형이었다.

알코올 중독자인 아버지에게 버림받은 클린턴은 어려서부터 외로움을 느꼈고, 그것은 친구, 여자, 성적 접촉 따위에 매달리는 원인이 되었다. 아칸소 주의 언론인 메러디스 오클리는 이렇게 말했다. "클린턴은 사람에게 집착하는 거의 강박적인 성향을 갖고 있다. 그 유명한 심야 통화는 정치나 사업과 무관하다. 가끔 그는 다른 사람과의 접촉에만 신경 쓸 때가 있다." 그는 정신적 공허함을 타인에게 받는 사랑으로 채웠고, 그가 아칸소 주지사를 거쳐 대통령에 당선되는 동안 맺은 지지자들과의 그 강력한 애욕적 유대는 선거운동에 투신할 열정적인 지지자들의 핵심적인 요소였다. 물론 사생활에서의 애정 결핍이 공익에 복무하려는 야심에 불을 붙이고 지도자와 지지자들 사이의 사적인 연애감정 같은 유대감을 조성한 것은 클린턴이 처음은 아니었다. 또한 그렇게 공적 의무와 개인적 애욕적 갈망 사이의 경계가 불분명해진 현상이 클린턴과 유권자들에게 항상 도움이 되었던 것도 아니다.

미국 대통령들은 국제관계에 상당한 시간을 할애할 수밖에 없다. 그것은 미국의 막강한 국력과 국제적 위상 때문이다. 나라 밖에서 무슨 일이 생기든 간에 미국은 필연적으로 거기 연루될 수밖에 없다. 국제문제에 휘말리면 칭찬을 받을 때도 있지만 비난도 쏟아진다. 도와달라는 부탁을 받을 때도 있고 간섭하지 말라는 소리를 들을 때도 있다. 물론 왜 구경만 하느냐는 항변에 시달리기도 한다. 그것은 워싱턴이 이임사에서 언급한 '외국 흠모'에 대한 장기간의 혐오에도 불구하고 엄연한 사실이다. 워싱턴은 미국은 구세계의 강대국 같은 압제자가 아니라고, 다른 민족의 문제에 간섭하면 미국인의 삶이 부패와 제왕적 야심으로 오염될 것으로 확신했다. 건국의 아버지들 이후부터 지금까지 미국의 지도자들은 특히 군사력을 통해 세계무대에서 명예와 패권을 추구하는 것을 무척 애매모호한 시선으로 바라볼 때가 많았다. 그것은 민주주의와 평등의 정신에 위배되는 것처럼 보인다.

그런데 국제위기에 휩쓸리는 상황을 방관하거나 그것을 은근히 기대한 지도자들도 있었다. 그리고 어떤 지도자들은 국내정치는 사소한 변화에도 완강히 저항하는 경향이 있는 반면, 군대를 지휘하고 전쟁을 일으키거나 휴전을 맺을 수 있는 대통령의 막강한 권력은 의회의 비위를 맞춰야 할 때에는 거의 일어나지 않는 방식을 통해, 중요하고 결정적인 과업을 성취하는 수단으로서 저항을 불허하는 경향이 있다는 점을 깨달았다. 루즈벨트는 대공황에 따른 국내의 위기에 초점을 맞추며 정권을 잡았다. 그러나 그는 일본과 나치 독일이 초래한 위험에도 고개를 돌렸고, 끈질긴 노력 끝에 선전포고에 필요한 합의를 이끌어냈다. 유명한 이야기이지만, 케네디는 취임사에서 미국이 앞으로 짐을 짊어질 것이고 세계 곳곳에서 자유를 수호하고 확장하기 위한 대가를 치를 것이라고 선언했다. 그와 달리 존슨은 전쟁을 싫어했다. 그는 자신의 우상인 루즈벨트를 계승하는 차원에서 국민의 생활향상과 민권증진에 관심이 있었다. 그러나 베트남전쟁은 그의 꿈을 완전히 앗아버렸다. 닉슨은 무엇보다도 외교정책을 둘러싼 체스게임을 즐겼다. 그는 전쟁을 끝내는 것, 그리고 소련의 화해를 모색하는 한편 중국의 문을 열어 소련을 압박하는 것에 초점을 맞춘 채 대통령직에 올랐다. 그는 흥미를 느끼지 못한 국내정치를 다른 사람들에게 맡겼고, 굳이 민주당의 유산인 민권신장과 차별철폐의 흐름에 역행하는 분란을 일으키지는 않았다. 카터의 당선은 닉슨과 키신저 시대의 냉소적 현실주의 정책과 외교적 수렁에서 벗어나려는 반작용인 측면이 있었다. 그러나 카터도 대통령이 외교문제에서 가지는 폭넓은 재량권에 매료되었고, 이스라엘과 아랍국가 사이의 첫 번째 평화협정을 중재했다.

클린턴은 앞서 언급한 모든 대통령을 뒤섞어놓은 듯했다. 선거운동기간에는 그도 생활향상 같은 문제에 주력했다. 실제로 1992년 대통령 선거에서 민주당 선거참모 제임스 카빌은 다음과 같은 유명한 슬로건을 내세웠다. "문제는 경제야, 이 바보야!" 그러나 아칸소 주지사를 맡고 중도우파 성향의 민주당지도협의회 Democratic Leadership Council의 주역으로 활동하면서 다가올 대통령 선거전략을 구상하는 동안 클린턴은 경우에 따라 조국을 수호하고 민주주의를 확대하기 위한 해외에서의 무력행사를 불사하는 정당으로 민주당을 재건하는 데 관심을 가졌다. 실제로 루즈벨트, 트루먼, 케네디 같은 선배들은 그렇게 했다. 비록 베트남전쟁 당시 징병을 기피했지만, 그는 원칙적으로 군사력 사용에 반대하지 않았던 것 같다. 올브라이트가 부시행정부 시절에 파월 국방부장관에게 다음과 같이 말한 데는 아마 클린턴의 속마음이 담겨 있었을 것이다. "사용하지도 못할 바에 당신이 걸핏하면 자랑하는 이 막강한 군사력이 무슨 소용이란 말이오?" 민주당으로서는 외교정책과 관련해 맥거번과 카터 시절부터 따라다닌 회유책과 세계정부주의 같은 꼬리표를 제거하는 것이 다시 정치적 중심으로 복귀하기 위한 열쇠였고, 국내문제와 관련해서는 민주당이 번영과 재산축적에 걸림돌이 되지 않을 것이라는 점을 분명히 보여주는 것이 필수적이었다. 처음부터 클린턴은 외교문제에서 무라브칙 같은 강경파에 귀를 기울였고, 국내문제에서는 윌리엄 갤스턴과 아미타이 에치오니 같은 중도파의 의견을 들었다. 〈코멘터리Commentary〉가 레이건을 대변한 잡지라면, 〈뉴리퍼블릭New Republic〉은 클린턴과 그가 민주당을 바라보는 시각을 대변했다. 샘 눈과 밀접한 관계에 있었고 상원의 신보수주의자들과도 연결되어 있던 고어를 부통령에, 올브라이트를 국무부장관에, 공화당원인 윌리엄 코헨을 국방부장관에 임명한 것은 이런 변화의 직접적인 지표였다.

그 결과는 대체로 인상적이었고, 어떤 의미에서는 공화당에게 굴욕을 안겼다. 그것은 국제관계의 영역에서 고수한 원칙에 비춰 볼 때 최근 들어 공화당이 맛본 첫 번째 수치였다. 부시는 아랍의 보수적 산유국들을 지키기 위해 이라크를 기꺼이 침공했다고 인식되었으나(물론 부시는 후세인을 제거하기를 꺼렸기 때문에 수많은 사람들을 압제와 죽음의 구렁텅이로 몰아넣었다) 발칸 반도에서 벌어진 대학살을 막기 위해 군사력을 사용해야 할 국면에서는 아무런 조치를 취하지 않았다. 코소보에서의 이슬람교도에 대한 탄압보다 '정세 불안'을 더 우려한 베이커 국무부장관과 영국의 허드 외무부장관이 손을 놓고 있는 동안 사라예보는 금세 폐허로 변했고, 제2차 세계대전의 대학살 이래 처음으로 중부유럽에서 철조망 뒤의 굶주려 뼈만 앙상한 사람들이 나타났다.

물론 클린턴과 영국의 신임 총리 토니 블레어의 중재로 코소보에 찾아온 일시적인 평화는 완전한 것이 아니었지만, 당장 대량학살을 눈에 띄게 줄이는 효과가 있었다. 이후 이뤄진 코소보 폭격에는, 미국이 이끄는 서방세계가 유럽에 다시 집단처형장이 등장하는 사태를 묵과하지 않겠다는 강력한 의사가 담겨 있었다. 고작 그런 모습을 보기 위해 우리가 냉전을 승리로 이끌지는 않았기 때문이다.

친親공화당 성향의 언론인과 대중매체 중에는 빌 크리스톨과 〈위클리 스탠더드〉만이 클린턴의 코소보사태 대처방식을 긍정적으로 평가했을 뿐이다. 나머지는 클린턴이 그렇게 부실하게 대처할 바에야 차라리 아무것도 하지 않는 편이 더 나았을 것이라고 주장했다. 하지만 그것은 코소보인들을 계속 압제에 시달리도록 방치하는 것과 다름없는 주장이었다. 오클라호마 주 상원의원 돈 니클스를 비롯한 일부 공화당 의원들은 한술 더 떠 헬름스와 돌이 거론한 '민주당의 전쟁들'이라는 표현으로 대변되는, 이제는 거의 사라진 고립주의적 경향을 되살려냈고, 미국은 '세계경찰'이 되려고 애쓰지 말아야 한다는 신좌파의 표어를 재활용했다.

클린턴은 팔레스타인 해방기구 의장 야세르 아라파트와 이스라엘 총리 에후드 바락 사이의 협상을 능숙하게 중재하기도 했다. 물론 협상은 마지막 순간에 아라파트의 거부로 결렬되었지만 말이다. 최종 합의안은 아라파트의 요구를 90퍼센트 수용한 것이었으나 이스라엘의 완전한 멸망을 꿈꾼 아라파트는 오랜 염원을 포기할 수 없었다. 그것은 결코 클린턴의 잘못이 아니었고, 바락 총리의 위험한 도박에서 이스라엘을 구해냈다고 해석할 수도 있다. 끝으로 클린턴이 부시행정부가 이라크에서 설정한 비행금지구역을 재개하고 확대한 것은 사실상의 쿠르드족 자치국가가 탄생하는 데 일조했고, 모처럼 쿠르드족이 후세인의 압제에서 벗어날 수 있도록 했을 뿐 아니라 적어도 후세인의 시아파 탄압을 견제했다. 그것은 나중에 조지 W. 부시가 이라크를 침공해 후세인 정권을 즉각 무너뜨리는 발판이 되었다. 사실 후세인 정권은 클린턴행정부의 단호한 조치로 인해 생각보다 크게 약화되어 있었다. 또한 클린턴은 대량살상무기 개발시도, 주변 아랍국가에 대한 압박, 자국민 대량학살, 아버지 부시 암살계획 등을 거론하며 후세인에 의한 위협을 끊임없이 강조했다. 그런 연장선상에서 클린턴은 의회가 후세인 '제거'를 미국의 국가정책으로 선언하도록 부추겼고, 결과적으로 후임 대통령이 이라크 침공에 나서는 데 필요한 법률적 선례를 남겼다.

이와 같은 클린턴의 노력을 평가할 때 2001년 9·11테러 이후에 싹튼 시각을 일방적으로 적용할 수는 없다. 그는 후임자인 부시 대통령이 경험한 것과 같은 충격적인 본토위협에 직면하지 않았고, 따라서 아프가니스탄과 이라크에 대규모 병력을 배치하는 단호한 조치를 취하지 않았다. 오사마 빈 라덴을 제거하기 위해 '사막에 순항미사일을 날리는 것'은 9·11테러 이후에 깨달았다시피 소용없는 짓으로 보였을 것이다. 하지만 당시 클린턴은 이미 오사마 빈 라덴이 감행할 법한 위협을 간파하고 있었다. 9·11테러를 계기로 근본적인 변화를 겪지 않았더라면 그 어떤 공화당 소속 대통령도 클린턴보다 더 과감하지는 못했을 것이다. 그리고 심지어 레이건 대통령도 1982년에 베이루트의 미 해병대 막사 폭파사건을 일으킨 자들을 응징하지 못했다. 공정한 기준에서 볼 때 클린턴은 외교정책 측면에서 적어도 선전했다고 평가할 만하다.

그렇다고 클린턴이 모든 일을 혼자 힘으로 해냈다거나 그가 결코 전술적 타협을 하지 않았다는 의미는 아니다. 1994년 이후 상·하 양원을 공화당이 장악했고, 따라서 그는 복지혜택 축소와 재정균형에 신경 쓸 수밖에 없는 환경에 놓였다. 영부인이 주도한 건강보험개혁은 실패로 돌아갔다. 물론 다른 문제도 있었다. 클린턴은 르윈스키와의 성추문으로 대통령으로서, 남편으로서, 아버지로서 명예실추를 감수해야 했다. 한때 그의 열렬한 지지자였던 조지 스테퍼노펄러스(미국의 방송인 겸 전 백악관 정책담당 보좌관-옮긴이)는 다음과 같이 안타까운 마음을 고백했다.

그토록 총명하고 다정하며 애국심이 강하고 자기 행동의 역사적 의미를 잘 아는 대통령이 어떻게 그처럼 어리석고 이기적이고 자멸적인 방식으로 처신했을까? …… 나는 뻔뻔함이 어떻게 그의 정치적 성공의 열쇠인지, 잡아떼기 능력이 어떻게 그의 가장 위대한 정치적 강점인 낙관주의적 태도와 연결되어 있는지 알게 되었다. 그는 자신과 주변 사람들의 약점을 능숙하게 활용하지만, 본인과 그들의 재능도 이용할 줄 안다.

르윈스키와의 불장난은 대통령 재임기에 그가 저지른 유일한 윤리적 잘못이 아니었다. 알다시피 그는 퇴임 직전에 탈세혐의로 해외도피 중인 사업가 마크 리치를 사면한 바 있는데 아마 모종의 뒷거래가 있었을 것이다. 그럼에도 불구하고 클린턴은 균형예산과 최초의 실질적인 복지혜택 축소에 앞장섰다(미국의 복지혜택은 위대한 사회를 외친 존슨 대통령 시절 이래 폭발적으로 늘어났다). 고어를 대통령 후보자로 지명한 민주당 전당대회에서의 연설을 통해 클린턴은 지난 8년 동안 민주당을 다시 국내정책과 외교정책 모두에서 정치적 중심으로 복귀시키겠다는 뚜렷한 목표를 갖고 있었다고 말했다. 감히 누가 거기에 토를 달 수 있겠는가?

운 좋은 아들? 조지 W. 부시와 막을 내린 대서사시

지금 이 책을 쓰는 동안 막바지로 치닫고 있는 조지 W. 부시 대
통령의 임기는 아직 현재진행형이다. 그러므로 전임자들의 경우보
다는 확실한 평가를 내리기가 어렵다. 아직 우리는 9·11테러로 인
한 고통에서 벗어나지 못했다. 그러므로 앞으로 시간이 흘러야만
더욱 균형감 있는 시각에서 판단할 수 있을 것이다.

9·11테러 이전만 해도 조지 W. 부시는 카터나 클린턴처럼 미국
의 국제적 역할을 축소하고 국내문제에 집중하려는 의도가 다분
해 보였다. 그가 내건 표어 '따뜻한 보수'에는 그간 공화당이 유권
자들에게 가난하고 고통받는 사람들의 아픔을 그들의 탓으로만
돌리려는 구두쇠처럼 인식되었다는 자성이 담겨 있었다. 부시는
특히 어빙 크리스톨(빌 크리스톨의 아버지로 미국 신보수주의의 대부-옮
긴이) 같은 보수주의자들의 호응을 얻은 견해, 다시 말해 유럽에서
의 미국의 군사적 역할은 소련의 붕괴를 계기로 끝났고 따라서 유
럽 주둔 미군을 철수해야 한다는 견해를 갖고 있는 듯했다. 그러
자 부시가 신고립주의로 회귀하는 것 아니냐는 우려가 나왔다. 하
지만 진주만 공습 이래 최악의 공격을 당한 직후 외교정책은 그
의 가장 중요한 사명이 될 수밖에 없었다. 다음은 그 악몽 같은
사건이 벌어졌을 때 제임스 카니가 〈타임〉에 기고한 글이다.

지금 우리 눈앞으로 대통령이 점점 다가오고 있다. …… 대통령은 미국

이 지금 당장 필요한 지도자가 되고자 애쓰고 있고, 미국은 국민이 지금 당장 원하는 나라가 되려고 노력하고 있다. …… 그가 여러 지인들과 측근들에게 털어놓은 바에 따르면, 본인이 이 순간의 적임자라는 그런 확신을 예전에는 전혀 갖고 있지 않았다고 한다. 그는 이 위태로운 시간에 나라를 이끌도록 하느님이 선택한 사람이라는 믿음에 희망을 걸고 있다.

부시는 아프가니스탄의 탈레반 정권을 무너뜨리기 위해, 그리고 아버지와 전임자인 클린턴이 완수하지 못한 후세인 정권 타도를 위해 신속하게 움직였다. 그 두 가지 과업에서는 5명의 공화당 소속 대통령을 거치며 성장한 체니, 럼스펠드, 울포위츠 같은 신보수주의 핵심인사들이 주도적인 역할을 맡았고, 부시도 모든 지원을 아끼지 않았다. 그는 신속한 병력배치를 위해 관료들과 군사정책 입안가들을 수시로 독려했다. 하지만 그는 군사적 계획수립이나 점령정책과 관련한 세부사항에는 관심을 기울이지 않았고, 훗날 극도로 무책임하다는 비판을 받을 수밖에 없었다. 혹자는 그가 세부사항을 등한시한 점을 부시 특유의 강력한 종교적 믿음과 연결해 해석했다. 부시의 연설문 작성자 마이클 거슨은 다음과 같이 말했다. "그는 섭리에 대한 강한 믿음, 그리고 정보의 수집, 현명한 선택, 최선의 노력, 하느님께 결과를 맡기기 등에 관한 확신을 갖고 있다." 부시는 자신을 운동장의 코치와 치어리더로 여긴 것 같았고, 실무는 전문가들에게 맡긴 최고사령관처럼 고압적인 태도로 지시를 내렸다. 신보수주의자들은 부시의 그런 단호함을 반겼다. 마침내 미국과 우방국을 위협하고 테러를 지원하는 독재정권을 타도하기 위해 무력을 사용할 기회가 왔다. 독재정권의 타도는 중동 전역에서 민주적인 개혁의 바람을 일으킬 것으로 보였다. 그러나 결과는 기껏해야 절반의 성공이었고, 심지어 그것을 재앙으로 여기는 사람들도 많았다.

아들 부시는 심리적으로 이해하기 어려운 사람이다. 그것은 아직 시간이 많이 흐르지 않았기 때문만은 아니다. 그는 유별나게 말수가 적은 인물로 우리가 그의 속내를 들여다볼 만한 증거를 거의 남기지 않았다. 이런 점에서 볼 때 그는 타인과의 감정 공유에 매달린 클린턴과 뚜렷하게 대비된다. 아마 부시는 뉴잉글랜드 지역 사람들 특유의 과묵함을 물려받은 것 같다. 언론인이자 법률 분석가인 제프리 투빈은 취임 초기의 부시에 대해 이렇게 썼다. "그에게 사회지도층의 의견은 전혀 중요하지 않았다. 그는 비판에서 자유롭다는 특권의식으로 무장해 있었다." 그러나 출신배경에서 비롯된 그의 특권의식은 탈레반과 후세인을 그토록 확실하게 처리하는 원동력이 되었을 가능성이 높다. 사람들, 특히 유력 언론인들이 그를 지성인이나 세련된 사람으로 여기지 않아도 개의치 않았던 것 역시 귀족 혈통을 물려받았기 때문인 듯하다. 부시를 비판적으로 바라본 유럽의 여러 인사들과 마찬가지로 프랑스의 대통령 프랑수아 미테랑도 미국인들이 평가하는 부시의 혈통이 유럽인들이 평가하는 본인의 혈통보다 훨씬 높은 위치에 있다는 점을 결코 알지 못했다. 그것은 미국 문화에 대한 이해가 부족했기 때문이다. 사실 부시는 아버지가 철도원이었던 미테랑보다는 뛰어난 혈통을 갖고 있었다. 따라서 부시로서는 굳이 유럽의 지도자들에게 인정받을 필요가 없었다.

아들 부시에 관한 몇 가지 요소는 표면에 가까이에서 관찰될 수 있다. 아버지 부시는 텍사스로 이주해 가문의 재산을 늘렸지만, 아무도 그를 진정한 텍사스 사람으로 간주하지 않았다. 즉 아버지 부시는 '행동으로 보여주는 못하는 허풍쟁이'인 셈이었다. 그러나 아들 부시는 진정한 텍사스 사람의 모습을 갖출 수 있었다. 비록 아이비리그 출신이라는 가문의 전통을 이었지만, 그는 아내와 자녀를 통해 텍사스 사람에 한발 더 다가갔다. 우아하고 얌전한 성품의 아내 로라 부시는 교사 출신답게 언제나 자상하고 온화한 어머니 같은 느낌을 주고, 마치 존슨 대통령의 부인인 버드 존슨 여사의 인자함이 떠오른다. 그녀는 진정한 뉴잉글랜드 가모장家母長인 시어머니 바바라 부시의 모직 반코트가 연상되는 마치 케서린 헵번(미국 여자 영화배우. 코네티컷 주의 부유한 가문 출신이다-옮긴이) 같은 낭창낭창한 분위기와는 전혀 거리가 멀었다. 바바라 부시가 낙엽이 질 때 메인 주의 부두에서 마시는 모닝커피 같다면, 로라 부시는 손수 식료품 가게에서 물건을 사고 아이들을 피아노 수업에 데려가는 모습이 떠오른다. 아들 부시의 텍사스 주 억양은 진짜 같고, 결혼을 통해 맺은 라틴계 사람들과의 인척관계는 앵글로색슨계 백인 신교도라는 순수 혈통에 가미한 매력적인 변주곡을 의미한다. 사람들은 그가 돼지비계를 튀긴 스낵과 먼지 나는 목장을 정말로 좋아한다고 믿는다.

부시는 아버지의 어눌한 발음도 물려받았다. 드물게나마 훌륭한 연설에 성공하기도 했지만, 국가적 위기나 테러와의 전쟁에 나선 상황에서 말을 잇지 못하거나 더듬거려 실망을 안겨줄 때가 더 많았다. 그가 토니 블레어와 합동기자회견에 나설 때면 아마 민망해한 사람들이 많았을 것이다. 블레어가 절과 종속절로 이뤄진 길고 세련된 문장을 구사하며 대 테러 투쟁의 의미를 능숙하게 설명한 뒤 부시는 눈만 껌뻑거리며 "그 사람들에게 좋은 민주주의를 선사하고" 같은 말을 중얼거릴 뿐이었다. 심지어 그를 지지하는 보수적 경향의 칼럼니스트 마크 스타인도 부시의 연설방식을 다음과 같이 평가했다. "그로기 상태의 프로 권투선수처럼 비틀거리고 같은 문장을 여러 번 반복하며 더듬거린다('후세인은 독재자입니다. 그는 국민을 독가스로 죽였습니다. 그는 위험한 자입니다. 그는 국민을 독가스로 죽였습니다. 그는 독재자입니다.')." 그나마 부시가 가장 멋져 보인 장면은, 9·11테러 3일 뒤에 사건 현장Ground Zero을 방문해 밀착경호를 마다한 채 건물 잔해 위에 올라가 소방관들과 포옹하고 공포에 질린 뉴욕 시민들에게 원고 없이 즉흥적으로 연설에 나설 때였다. 누군가 잘 안 들린다고 소리치자 부시는 마치 옛날의 가두 연설가처럼 확성기로 이렇게 외쳤다. "나는 잘 들립니다. 그리고 이 건물을 무너뜨린 자가 누구든지 간에 우리 모두의 대답을 듣게 될 것입니다!" 그것은 부시로서는 최선의 결과를 낳은 상징적인 순간이었다. 거기 모인 사람들이 한마음으로 외친 함성은, 테러로 가족과 친구를 잃고 충격에 빠진 뉴욕 시민들뿐 아니라 대통령 자신에게도 새로운 용기를 북돋아줬고, 국민과 대통령 사이를 연결할 다리를 놓아줬다. 그것은 바로 다음과 같은 위안과 새로운 각오를 가리켰다. 지금 우리는 상처를 달래고 있지만, 우리에게 이 짓을 저지른 자들은 머지않아 우리 대답을 듣게 될 것이다. 그런 감정은 2001년에 그가 상·하 양원 합동회의에서 행한 연설의 다음 대목에서 더욱 세련되게 표현되었다. "적들을 심판대에 세우든, 심판대를 적들 앞에 데려다놓든 간에 정의는 구현될 것입니다. 우리의 슬픔은 분노가 되었고, 분노는 결단이 되었습니다." 숙연함과 은근한 위압감이 담긴 그의 말에는 "이것이 우리가 나아갈 길이다. 준비태세를 갖춰라!"고 외친 고대 로마인의 명쾌함이 담겨 있는 것 같았다. 아버지 부시는 정치에 대한 예측불허의 냉소적 태도를 보인 반면 아들 부시는 담백하고 솔직했고, 비속어를 자주 썼지만 결코 천박하지는 않은 간결하고 군더더기 없는 평서문을 구사했다.

무엇보다도 부시의 복음주의적 기독교 신앙은 분명히 진실한 것이었고, 그것은 아버지와 달리 부시가 성서지대의 유권자들과 깊이 교감할 수 있었던 비결이었다. 복음주의적 기독교인들 가운데 부시를 개인적으로 알고 열렬히 지지한 사람들은 탈레반과 후세인에 대한 단호한 조치가 그의 기본적인 신앙에서 비롯된 것으로 바라본다. 그는 한때 음주운전으로 체포된 술꾼에서 착실한 기독교인으로 다시 태어난 경험을 자주 고백했다. 그것은 그와 같은 종교를 믿는 사람들에게 진심처럼 들렸다. 그렇게 부시의 선거운동 전략가 칼 로브에게 이끌려 투표함으로 향한 수백만 명의 유권자들은, 2004년에 부시가 케리에게 거둔 승리의 일등공신이었다. 그리고 부시의 외교정책은 그들이 부시와 공유한 종교적 믿음만큼 중요하지는 않았을 것이다. 사실 부시 대통령 재임기의 가장 주목할 만한 특징은, 그가 복음주의적 기독교인 유권자들로 이뤄진 빈약한 기반 위에서 완전히 신보수적인 외교정책을 수행했다는 점이다. 복음주의 성향의 유권자들도 애국심은 있었지만, 부시가 아니었다면 자칫 국제문제에 크게 관심을 갖지 않았거나 미군의 해외 파병을 열렬히 찬성하지는 않았을 수 있다. 부시행정부의 고위 정책전문가들이(올포위츠는 탁월한 학자이자 전적 대사였다) 두 개의 적대적인 정권을 전복시킬 수 있었던 것은 본거지의 유권자들의 지지 덕분이었다.

2000년 대통령 선거 이전에 조지 부시와 로라 부시는 시대정신을 상징하는 것처럼 보였다. 부시 부부는 클린턴과 레이건이 그랬듯이 시대적 상황과 조화를 이뤘다. 그들은 평범한 진짜 중산층처럼 보였고, 북동부 지역 사람이 아니라 태양지대의 사람들로, 초밥이 아니라 바비큐를 좋아하는 사람들로, 승합차로 아이들을 등교시키고 나서 식료품을 사러가는 사람들로 보였다. 물론 이미지는 이미지일 뿐이었다. 부시는 예일대학교와 하버드대학교 경영대학원 출신이었다. 그러나 그런 이미지는 부시 자신과 가문 사람들이 실제로 갖고 있는 요소에서 우러나온 것이었다. 부시는 여유로운 수수함을 무기로 백악관에 입성했다. 그 느긋한 수수함은 그의 특권의식에서 비롯된 것일 뿐 아니라 어떤 의미에서는 결혼을 통해 확보한 본거지의 개방적인 풍습에 어울리도록 자신의 화려한 출신배경을 포기한 것이기도 했다. 백악관 보좌관 번스 맥마한의 말을 들어보자. "흔히 부시는 있는 그대로의 현실을 인정해야 편안해하는 사람이라고들 한다. 내 생각도 딱 그렇다. …… 그는 내가 만난 사람 중에 잘난 척과 가장 거리가 먼 사람이었다. 아마 여러분은 그가 자기밖에 모른다고 생각할 것이다. 그러나 절대 아니었다."

아들 부시의 내면을 꿰뚫어 단언하기는 어렵다. 과연 그는 아버지가 일부분만 이뤄낸 것보다 더욱 현실적이고 설득력 있는 성과를 내놓으려고 노력했던 것일까? 후세인을 제거하려는 결단은 실컷 부추겨놓은 뒤 곤경에 빠진 쿠르드족과 시아파를 외면한 아버지에 대한 암묵적인 도덕적 비판이었을까? 진실을 알기까지는 오랜 시간이 필요할 것이다. 부시 부자는 본인을 주제로 삼아 얘기하거나 깊은 속내를 드러내기를 좋아하지 않는다. 이런 점을 감안하면 텍사스 주에 있든 플로리다 주에 있든 간에 그들은 어쩔 수 없는 뉴잉글랜드 사람들이다. 다만 확실한 것은, 케네디까지 거슬러 올라가는 우리의 대서사시 전체가 막을 내렸다는 점이다. 신보수주의자들은 결코 아들 부시의 재임기 같은 전성기를 누리지 못할 것이다. 냉전, 유화책에 대한 반감, 영국에서 미국으로의 주도권 이동 같은 요소들에 좌우되는 그들의 세계관은 이라크에서 최후의 명확한 시험대에 올랐다. 지금 그들 앞에는 도덕적으로 혐오스럽고 전략적으로 위험한 적이 버티고 있으나 그들에게는 이라크와 그 주변으로 민주주의를 확대하려는 분명한 목표와 그것을 달성하는 데 필요한 압도적인 군사력이 있다.

부시행정부가 강행한 테러와의 전쟁의 효과는 앞으로 오랫동안 논쟁의 대상이 될 것이다. 9·11테러가 일어난 지 7년이 흐른 지금까지 미국은 또다시 그런 식의 공격을 당하지는 않았다. 내 견해로는 그것은 부시가 9·11테러 이후 2년 만에 두 개의 적대적인 정권을 전복시킨 사실과 무관하지 않은 것 같다. 앞으로 국토안보부가 또 다른 의도적 공격을 확실히 분쇄할 때 알카에다 같은 극렬 테러조직은 단 한 차례의 공격만으로도 탈레반 정권(순수한 이슬람 사회를 위한 세속의 전진기지였다)과 후세인 정권(탈레반 정권처럼 서방세계를 증오하고 테러조직을 지원했다)의 급속한 붕괴에 버금가는 대가를 치르게 될 것임을 깨달아야 할 것이다. 시리아와 이란을 비롯한 테러 지원국들도 주변의 독재정권이 순식간에 몰락하는 모습에 움찔할 것이다. 복잡한 국제관계에 비춰볼 때 인과관계를 속단하기는 어렵지만, 아무래도 적극적인 군사행동이 제2의 9·11테러를 방지하는 데 확실히 기여한 점은 사실인 듯하다. 한편 미국은 독재자의 마수에서 이라크를 해방시켰지만, 일관성 없는 점령 전략을 펼치는 바람에 내전을 막지 못했고, 임무태만과 과도한 권한위임 같은 실수를 저질러 오히려 상황을 악화시킨 측면도 있다. 부시는 다양한 평가를 받을 만한 기록을 남겼지만, 거기에는 진정한 차원의 위대함이 담겨 있었다. 지금은 많은 평론가들로부터 조롱을 당하지만, 앞으로 그가 남긴 업적의 진면목이 드러날 때가 있을 것이다.

부시행정부의 외교정책을 주도한 신보수주의자들은 여러 가지 부분에서 성공을 거뒀지만, 그렇지 못한 부분도 있었고, 아마 모든 부분에서 충분히 만족스런 결과를 얻지는 못했을 것이다. 점점 신뢰를 잃고 시대적 조류에 뒤처지면서 그들은 무대에서 사라지고 있고, 앞으로 그들과 비슷한 부류가 다시 등장하지는 않을 것이다. 지식인이 아니었던 부시는 신보수파의 일원이 아니었다. 그러나 그는 울포위츠와 마찬가지로 모든 인간은 개인의 자유를 사랑하기 마련이라는 제퍼슨 식의 믿음을 갖고 있었다. 그것은 유독 미국만 가져야 할 선물이 아니라 전 세계와 함께 나눠야 할 선물이었다. 왜냐하면 자유는 미국이 세계에 나눠줄 선물이 아니라 하느님이 미국과 전 인류에게 주신 선물이기 때문이다.

앞으로 역사의 무대에 등장할 새로운 세대의 지도자들은 횃불을 건네받을 것인가? 아니면 그대로 횃불이 꺼지도록 놔둘 것인가? 곧 알게 될 것이다.

이상적인 대통령상

이 책의 서장에서 텔레비전 연속극 주인공 조사이어 바틀릿을 이상적인 지도자의 모범사례로 인용한 바 있다. 그는 현실의 지도자가 갖추기 불가능하지는 않지만, 아주 어려운 성격적 특징과 경험을 겸비한 인물이다. 그런데 "불가능하지는 않지만"이라는 표현에서는 '~지만' 부분에 방점을 찍어야 한다. 사람들이 정치에 기대를 거는 이유는 앞서 언급한 요소를 갖추고 있고, 따라서 열렬한 지지를 받을 만한 지도자를 발견할 수 있다고 믿기 때문이다. 하지만 여기에는 늘 위험이 따른다. 왜냐하면 바로 그런 훌륭한 지도자의 증표인 긍정적인 자질을 지닌 사람들도 권력욕에 불타는 사악한 지도자가 될 수 있고, 그런 유형의 지도자를 미리 가려내기가 어렵기 때문이다. 별다른 가망이 없어 보이는 인물이 훌륭한 지도자로 성장할 수 있듯이 큰 기대를 안고 출발한 인물도 내면에 숨어 있던 악마성으로 인해 좌초할 수 있다.

그렇다면 지금까지 제1부에서 살펴본 여러 대통령들은 어떻게 평가할 수 있을까? 혹시 그들의 가장 훌륭한 장점만을 추려내면 이상적인 지도자상에 다가갈 수 있을까? 그들의 경력을 찬찬히 돌이켜보면 모범적인 지도자상을 어렵지 않게 유추할 수 있다. 아마 이상적인 지도자는 케네디의 매력과 역사적 감수성, 존슨의 소외계층을 돕고자 한 강력한 의지, 닉슨의 영리하고 능숙한 외교적 수완, 카터의 침례교도다운 선의가 담긴 처신, 레이건의 미국의 미래에 대한 낙관론과 가식적이지 않은 모습, 아버지 부시의 훌륭한 성격과 타고난 봉사정신, 클린턴의 국민과의 적극적인 교감, 아들 부시의 탄탄한 종교적 신앙과 단호한 의지 등을 갖고 있을 것이다.

물론 그들에게서 나쁜 지도자 특유의 부정적 자질도 꼽아볼 수 있다. 여기에는 케네디의 실제 정책과 제스처를 동일시하는 경향과 우유부단함, 존슨의 과도한 촌스러움과 베트남전쟁에서의 전략적 실수, 닉슨이 보여준 국내정치와의 섬뜩한 단절과 투박한 정치관, 카터의 도덕적 접근법과 국제무대에서의 미국의 역할을 비하하는 태도, 레이건의 쌍둥이 적자에 대한 미온적 태도, 아버지 부시의 아쉬운 거시적 전망과 미래상, 클린턴의 성추문과 과도한 수사법, 아들 부시의 대테러 전쟁을 둘러싼 불분명한 의사전달과 과도한 권한위임 등이 포함된다.

미국 역사에서 앞서 살펴본 긍정적 자질 대부분을 갖고 있고 부정적 자질은 거의 없는, 혹은 적어도 부정적 에너지를 더욱 고귀하고 올바른 사명을 달성하는 쪽으로 승화시킨 지도자가 있을까? 아마도 거기에 가장 근접한 사람, 즉 고결하고 용감하며 사려 깊은 대통령으로 남아 있는 한 사람이 있는 듯하다. 그는 매우 위대하지만, 무척 복잡하고 심지어 지금까지 우리가 살펴본 모든 인물들과 비슷하거나 그보다 더 음울한 면을 갖고 있다. 이제 그를 만나보자.

2
PART

민주주의와 제국

리더십의 교훈, 나폴레옹에서 링컨까지

워싱턴을 처음 방문한 사람이라면 누구나 은은한 흰색 대리석 건물 안에 링컨의 유산을 고이 간직한 링컨 기념관에 깊은 감동을 느낄 것이다. 실물보다 큰 링컨의 조각상은 마치 로마 시대의 근엄한 재판관처럼, 그리고 후손들에게 새로운 로마제국의 최고 집정관으로 알려진 도덕적 거인처럼 의자에 앉아 있다. 그러나 링컨은 빅토리아 시대의 평범한 미국 중산층 복장을 하고 있고, 그런 모습은 마치 고대의 공화국들을 계승한 주인공이 바로 오늘날의 민주주의 국가라는 점과, 민주주의 국가의 권력은 귀족의 자존심이나 제왕의 영예가 아니라 만인의 이익과 동등한 권리를 위해 행사된다는 점을 상기시키는 듯하다. 링컨의 대리석 조각상은 전적으로 인간의 모습이고 쉽게 식별할 수 있다. 그의 얼굴에는 고민과 슬픔이 역력하고, 커다란 입은 근심과 연민으로 일그러져 있다. 그는 여러 시대와 함께 걸어왔지만, 정의의 미묘함과 인간의 허약함을 곱씹으며 우리와 함께 걸어가고 있기도 하다. 그는 로마의 킨키나투스 같은 변경의 위인이지만, 명예보다는 정의를 선택한 점에서 고대의 영웅들보다 더욱 위대하다. 그는 노예제 폐지라는 정의를 실현하기 위해 나라를 멸망의 위기로 몰아갔으나 마침내 그 끔찍한 오점을 말끔히 지우고 조국을 재건했다. 노예제는 노예들에게 해악을 끼치듯이 주인들에게도 피해를 주기 때문에 최악의 불의와 부패에 의존한 협력보다는 분열이 나았다.

수다스럽다는 평판이 있었는지 모르지만, 링컨은 진실을 간결하고 단호하게 말하는 남다른 재주가 있었다. 게티즈버그 연설의 음울한 아름다움 이면에는 1863년에 노예해방선언을 발표한 직후에 표명한 더욱 솔직담백한 의도("만일 노예제가 나쁘지 않다면 세상에 나쁜 것은 하나도 없다")가 자리 잡고 있었다. 따라서 노예제는 미국인의 삶의 모든 분야를 오염시키는 독버섯이고, 그 독버섯을 제거하기 전까지는 미국인의 삶이 계속 훼손되고 오염될 것이다. 노예제가 나쁘지 않다면 세상에 나쁜 것은 하나도 없다. 만일 우리가 다른 인간을 노예로 삼을 수 있다면 모든 잔인한 행동과 불의도 저지를 수 있다. 만일 우리가 다른 인간을 노예로 삼을 수 있다면 가족, 친구, 동포 등을 위해 아무리 너그럽고 사랑스런 행동을 해도 그 독버섯의 영향에서 벗어나지 못할 것이다. 링컨은 그런 잘못을 바로잡지 않는 한 미국의 그 어떤 요소도 건전할 수 없고, 그 어떤 행운도 누릴 자격이 없다고 여겼다.

물론 현실의 링컨은 무척 복잡한 사람이었고, 그의 성격에는 대리석 조각상보다 짙은 어둠이 깃들어 있었다. 그를 알고 있었던 사람들의 증언에 따르면, 사진에 나오는 링컨 특유의 근엄하고 슬픈 표정과 형언하기 힘든 우울함에 의해 양쪽 아래로 긴 곡선을 이룬 입모양은 기술적 차원의 우연이었다고 한다(사진사가 감광판을 노출시키는 30여 분 동안에 링컨은 원래의 표정을 그대로 유지해야 했다). 대다수의 증언에 따르면, 링컨은 자주 미소를 지었고, 소리 내어 웃을 때도 많았다고 한다. 가끔 그는 농담을 하면서 결정타를 날리기 전에 혼자 웃음을 터뜨리곤 했다. 노예해방론자였고 종군기자로 링컨을 가까이서 지켜본 헨리 빌러드는 이렇게 회고했다. "그의 농담을 들으면서 당사자인 링컨만큼 재미를 느낀 사람은 없었다." 링컨은 우스갯소리나 재미있는 얘기를 듣는 것도 좋아했고, 남에게 들려주는 것도 좋아했다.

그러나 사진 속의 얼굴에는 유머를 통해 잠시나마 짐을 내려놓을 수도 없는 사람의 어떤 고뇌가 드러나 있다. 링컨의 삶은 여러 측면에서 큰 짐에 짓눌렸다. 그는 남북전쟁 동안 상상하기 어려운 책임감에 시달렸을 뿐 아니라 전쟁으로 숨겨간 친자식이나 다름없는 남북의 젊은이들 때문에 깊은 슬픔에 빠졌다. 전선을 시찰할 때 그는 수많은 전사자들의 부모와 배우자의 슬픔에 공감했고, 그런 국민적 슬픔이 고스란히 그의 얼굴에 주름으로 남았다. 프랑스의 외교관 아돌프 드 샹브룬 후작은 백악관에서 링컨을 만난 뒤 이렇게 말했다. "그의 얼굴에는 확고한 저항의지와 극도의 우울함이 담겨 있다. 깊은 고통을 느끼고 있음에 틀림없다."

끊임없는 위기를 동반한 전쟁으로 그는 녹초가 되었고, 실전에 나서지 않은 채 요리조리 눈치를 보며 거만을 떤 매클렐런 같은 장군들 때문에 승리는 수적으로는 열세이지만 더 용감한 남군의 몫이었다. 개전 초기, 각료 중에도 윌리엄 슈어드를 비롯한 인사들은 링컨을 운 좋게 대통령 자리에 오른 학력수준이 낮은 촌뜨기로 여겼다(슈어드는 링컨이 장화를 손수 닦는 점을 문제 삼기도 했다). 물론 나중에는 링컨을 존경하게 되었지만, 그들은 대통령 자리는 자기들처럼 출신배경이 좋고 가정교육을 잘 받은 사람들에게 훨씬 더 어울린다고 자부했다.

링컨은 유독 가족과의 사별을 자주 겪었다. 링컨이 세 살 때 갓난 남동생이 숨졌고, 아홉 살 때 어머니, 이모, 삼촌 등이 세상을 떠났고, 열여덟 살 때 갓난 여동생이 죽었다. 가족의 연이은 죽음으로 어려서부터 그의 마음속에는 깊은 빈자리가 생겼고, 그것은 1835년에 사랑하는 여인 앤 루트리지의 죽음으로 더욱 깊어졌다. 많은 사람들은 링컨이 루트리지의 죽음으로 인한 상처를 끝내 극복하지 못했다고 생각했고, 실제로 그는 자기가 사랑하는 모든 여인으로부터 버림받을까봐 두려워하는 듯했다. 나중에 그와 결혼한 메리 토드는 옛 애인 루트리지를 잊지 못하는 것 같은 남편을 괴롭혔고, 국정을 이끌기 위해 혼신의 힘을 기울여야 할 중요한 시기에 그를 곤경으로 몰고 갔다. 링컨 부부의 네 자녀 가운데 살아서 성년을 맞이한 아이들은 2명뿐이었다. 아들 윌리는 남북전쟁의 와중인 1862년에 죽었다. 하지만 그는 결코 남들 앞에서 아들의 죽음을 슬퍼하는 모습을 보이지 않았다. 물론 혼자 있을 때는 대성통곡을 마다하지 않았지만, 수많은 젊은이들이 전쟁터에서 목숨을 잃는 상황에서 전쟁을 승리로 이끌 만한 장군을 발탁하지 못한 점을 자책하지 않을 수 없었다.

매클렐런 장군은 전투를 회피했고, 앰브로스 번사이드 장군은 절반의 승리에 만족했고, 미드 장군은 게티즈버그 전투에서 리 장군이 이끈 남군을 격파하고서도 적극적으로 추격하지 않았다. 링컨은 그들이 쓸데없이 전쟁을 질질 끄는 바람에 희생자가 더 늘어난다고 여겼다. 남군에게 결정타를 가해 전쟁을 끝낼 유능한 장군이 필요했다. 링컨은 여섯 명의 장군을 차례로 해임한 끝에 정말 필요한 사령관을 발견했다. 그가 바로 율리시스 S. 그랜트 장군이었다. 이와 같은 일련의 과정이 영향을 미쳤는지 모르지만, 어쨌든 링컨은 평생 심각한 우울증을 달고 다녔던 것 같다. 절친한 친구 헨리 C. 휘트니가 말했듯이 "링컨의 인격을 이루는 여러 요소 중에서 그 알 수 없는 우울함만큼 뚜렷하고 뿌리 깊은 것은 없었다." 링컨과 동업한 변호사이자 나중에 그의 전기를 쓴 윌리엄 헌돈은 그를 "슬픔에 잠긴 사람, 끔찍이도 우울한 사람"으로 묘사했다. 제2차 세계대전 때 처칠이 그랬듯이 남북전쟁 때의 링컨에게도 지도자로서의 막중한 책임이 오히려 그런 우울함에서 벗어날 수 있는 탈출구였을지 모른다. 적어도 절망의 소용돌이에 휘말리지는 않을 수 있었을 테니까 말이다.

그러나 우리가 리더의 영혼을 이해하는 과정에서 여러 가지 값진 교훈을 얻을 수 있는 링컨의 성격의 복잡성은 여기서 그치지 않는다. 다음은 그가 스물여덟 살 때인 1838년에 일리노이 주의 스프링필드 청년회관Young Men's Lyceum of Springfield에서 발표한 연설의 일부분이다. 정치적 야심과 명예의 의미와 위상을 주제로 삼은 이

연설은 게티즈버그 연설에서 엿보인 페리클레스 식 억양이나 재선 후의 취임사에 담긴 잿빛 장엄함은 찾아보기 어렵다. 연설은 그저 담담한 어조로 출발한다.

앞으로 수행해야 할 모든 임무를 맡을 자격이 충분한 여러 위대하고 훌륭한 사람들을 통해 아마 확인할 수 있는 사실이겠지만, 그런 야심만만한 사람들은 의원이나 대통령 같은 자리만을 노릴 것입니다.

이것은 우리가 알고 있다고 생각하는 링컨의 모습과 다르지 않다. 실제로 그는 하원의원에 당선되고(1858년의 상원의원 선거에서는 낙선했지만) 결국 백악관에 입성함으로써 정치적 야심을 채웠다. 그러나 다음에는 상당히 뜻밖의 내용이 등장한다.

하지만 그런 자리는 사자 무리나 독수리 떼에 속하는 것이 아닙니다. 뭐라고요? 혹시 알렉산더, 카이사르, 나폴레옹 같은 위인들이 거기에 만족하리라고 생각하십니까? 결코 아닙니다! 탁월한 천재는 익숙한 길에 만족하지 않습니다. 천재는 지금까지 아무도 가보지 않은 곳을 원합니다.

이렇게 말하는 사람이 과연 대리석 기념관에 모셔진 성스런 영웅, 정직한 에이브, 위대한 해방자the Great Emancipator 등과 동일 인물일까? 아니면 19세기 유럽의 소설가 스탕달이 쓴 《적과 흑》의 주인공 줄리앙 소렐처럼 권력에 목마른 젊은이에 더 가까울까?

184

링컨은 탁월한 천재를 언급하면서 더욱 목소리를 높인다.

탁월한 천재는 다른 사람들을 기념하기 위해 세운 기념물에 비슷한 이야기를 덧붙이는 데 관심이 없습니다. 그는 우두머리 밑에서 봉사하는 것에 만족하지 않습니다. 그는 아무리 뛰어난 선구자의 발자취도 답습하기를 싫어합니다.

그리고 언젠가 노예해방을 이룩할 링컨의 가장 충격적인 면모가 등장한다.

탁월한 천재는 특별함을 갈망하고, 가능하다면 특별함을 지니고 있을 것입니다. 노예를 해방하거나 아니면 자유민을 노예로 삼는 한이 있더라도 말입니다.

링컨은 미국의 알렉산더 대왕이 되기로 마음먹은 것일까? 아니면 카이사르나 나폴레옹? 그는 마치 노예들을 해방시키는 것이나 동포들을 노예로 삼는 것이 서로 도덕적 차이가 없다는 듯이, 두 가지 중 하나를 선택해 자신의 갈망을 쉽게 채울 수 있다고 믿을 정도로 야심에 불타는 사람이었을까? 건국의 아버지들의 유산과 기존의 정치적 전통을 계승하는 데 전혀 만족하지 않는 사람이었을까? '탁월한 천재'라는 표현에는 링컨이 무엇을 바라는지, 무엇을 두려워하는지, 무엇이 되고자 하는지가 어느 정도 담겨 있다. 그가 자신의 주장에 너무 몰두하고 확신에 차 있는 바람에 우리가 그의 말을 단순한 주의환기로 간주하지 못하는 것이다. 하지만 그는 대통령 취임사에서 자신의 과업과 건국의 아버지들의 유산을 완전히 접목했고, 두 번째 독립전쟁인 '자유의 새로운 탄생'을 통해 그들의 약속을 실천하는 것을 과업으로 삼았다. 그는 익숙한 길을 깔보기는커녕 그것을 넓히고 존중했으며, 자신이 뭔가 과감하고 기발한 일을 한다고 떠들지도 않았다. 그는 단지 '건국의 아버지들'이 원했을 법한 일을 할 뿐이었다. 바로 이 때문에 게티즈버그 연설에는 '나'라는 단어가 한 번도 등장하지 않았던 것이다(게티즈버그 연설에서 링컨은 북군 전사자들에게 모든 영광을 돌려야 한다고 주장했다).

스프링필드 청년회관 연설의 주인공이 어떻게 게티즈버그 연설의 주인공과 동일 인물일 수 있을까? 그가 변한 것일까? 그가 자신의 야심과 타협한 것일까? 혹시 위대한 지도자에게는 늘 인정과 명예 같은 동기가 필요한 것일까? 혹시 인정을 받거나 명예를 추구하려는 욕구가 바로 지도자가 더욱 고귀한 목표를 이루지 못하도록 발목을 잡는 요소는 아닐까? 이와 같은 질문들에 귀 기울일 수 있다면, 리더십의 마법과 리더의 영혼을 이해하는 데 한걸음 더 다가갈 수 있을 것이다. 또한 그렇게 하기 위해서는 젊은 시절의 링컨이 당시 미국 사회에서 명예의 역할을 어떻게 바라봤는지 더욱 면밀히 검토할 필요가 있다.

독수리 떼: 민주주의에서의 정치적 명예
스프링필드 청년회관 연설의 주제는 '미국 정치제도의 영속성'이었다. 그가 민주주의 제도에 '알렉산더, 카이사르, 나폴레옹' 같은 영웅들을 위한 공간이 있는지를 따지는 다소 거북스런 질문을 던진 것은 바로 이런 맥락에서였다. 야심과 그것의 배출구를 둘러싼 문제를 기준으로 볼 때 링컨은 그 유명한 《미국의 민주주의》의 저자 알렉시 드 토크빌과 극명한 대조를 이룬다. 토크빌의 역작 《미국의 민주주의》는 특히 정치가의 도전과제와 관련해 미국인들이 스스로의 모습을 확인할 수 있는 거울이 되었다. 토크빌은 링컨이 스프링필드 청년회관 연설에 나서기 6년 전에 미국을 방문했다. 당시 그는 미국 사회의 평등주의가 비범한 지도자의 출현에 불리하게 작용할 것으로 판단했다. 그는 '미국에 야심만만한 사람들은 수두룩한 반면 고상한 야심을 지닌 사람은 드문' 까닭을 이렇게 풀이했다.

민주주의 국가에서 야심은 뜨겁고 지속적인 것이지만, 일반적으로 야심의 목적은 고상하지 않다. 삶은 대체로 손에 넣을 수 있는 작은 보상을 몹시 탐내는 데 소비된다. …… 미국인들은 항상 상업과 공업에 매달린다. 그들의 뿌리, 그들의 사회적 환경, 그들의 정치제도, 그리고 심지어 그들이 살고 있는 땅도 그들이 이와 같은 방향을 택할 수밖에 없는 원인이다. …… 오로지 무한히 펼쳐진 신천지를 개척해 이익을 얻기 위한 과정에서. …… 그들은 하찮은 결과를 손에 넣기 위해 자신의 역량을 최대한 발휘하고, 그것은 얼마 지나지 않아 필연적으로 그들의 미래상의 범위를 축소시키고 그들의 힘을 제약할 것이다.

하지만 이런 지적과 관련해 링컨은 일신론주의 목사이자 초월주의 사상가인 에머슨과 비슷한 부분이 많았다. 에머슨은 다음과 같이 썼다. "사람들이 위인의 능력을 믿는 것은 자연스럽다. …… 자연은 우수한 사람들을 위해 존재하는 것 같다. 세상은 훌륭한 사람들의 정직함에 의해 지탱된다. 그들은 세상을 건강하게 만든다." 에머슨은 링컨이 '독수리 떼'의 일원으로 인용한 나폴레옹에게 깊은 감명을 받았다(그렇다고 무비판적으로 바라보지는 않았다). 당시 많은 사람들이 나폴레옹을 불법적으로 권력을 빼앗은 찬탈자나 피에 굶주린 정복자로 간주한 반면 어떤 사람들은 나폴레옹을 위대한 해방자이자 인권의 대변자로 여겼다. 어느 쪽이든 간에 나폴레옹은, 특히 정치적 야심의 적절한 한계를 고려하는 문제와 관련해 19세기의 역사에 엄청난 족적을 남겼다.

링컨이 스프링필드 청년회관 연설에서 '사자 무리'를 언급한 것은 몇몇 건국의 아버지들에게 이의를 제기한 것으로 볼 수 있다. 해밀턴은 법, 제도, 견제와 균형 등에 의지한 미국 사회에는 고대 그리스와 로마의 공화국을 이끈 지도자들 같은 위대한 정치가의 역할을 배제하는 동시에 공적 봉사의 탈을 쓰고 야심을 감춘 선동가들의 부상도 예방할 것이고, 아테네 민주주의의 특징인 독재와 무정부상태의 양극단을 오락가락하는 경우는 없을 것이라고 주장했다. 아테네는 전면적인 민주주의의 유일한 역사적 선례이기 때문에 건국의 아버지들은 막 태동한 공화국의 재산, 공로, 법치 등에 대한 존중과 그 최초의 평등주의 체제인 아테네의 '폭민정치'를 구별하려고 애썼다. 그러나 링컨은 리더십과 관련한 훨씬 오래된 교훈, 즉 플라톤, 아리스토텔레스, 키케로 등이 주창하고 카스틸리오네와 베르게리우스 같은 사상가들을 통해 르네상스 시대의 유럽인들에게 전달된 교훈에 고개를 돌린다. 그것은 다름 아닌 명예추구와 정신수양 사이의 올바른 균형을 잡는 방법이었다. 그런 옛 사상가들은 정치가들이 조국, 가족, 신앙을 섬기는 과정을 통해 명예욕을 승화시키고, 전쟁터에서의 용맹함 같은 미덕보다 정신, 영혼, 도덕심 등을 고양하는 데 관심이 있었다.

스프링필드 청년회관 연설에서 링컨은 먼저 건국 이후 미국이 이룩한 성과를 언급한다.

영토의 넓이, 토양의 비옥도, 기후의 적합성 등의 관점에서 볼 때 우리는 이 세상에서 가장 나무랄 데 없는 부분을 차지하고 있습니다. 우리는 체계적인 정치제도에 입각한 정부를 갖고 있고, 지금의 정부는 이전 시대의 역사가 증언하는 그 어떤 사례보다도 시민적·종교적 자유의 목적에 이바지하고 있습니다.

하지만 그 위대한 업적은 우리가 이룩한 것이 아니라 우리를 위해 이룩된 것이었다.

이제 막 존재의 무대에 오르고 있는 우리는 이 근본적인 축복의 법적 상속인입니다. 우리는 그것을 성취하거나 확립하는 과정에서 땀을 흘리지 않았습니다. 그것은 우리가 예전에는 근면하고 용감하고 조국애가 있었으나 지금은 애석하게도 돌아가시고 없는 선조들에게 물려받은 유산입니다. 이 값진 땅을 소유하는 것과 그 땅의 언덕과 골짜기에 자유와 평등한 권리라는 정치체계를 세우는 것이 그들의 임무였고, 실제로 그들은 임무를 훌륭히 수행했습니다.

링컨은 본인이 속한 세대가 선조들에 버금갈 정도로 국가적 유산에 기여할 수 있는가 하는 문제를 고민하는데 이때 그의 말투는 무척 애매모호하다. 그는 지금까지의 영광은 오로지 건국 세대에게만 돌아가야 한다고 주장한다. 즉 우리는 단지 선조들의 업적을 물려받아 후손들에게 전해줄 뿐이다. 사반세기 뒤의 게티즈버그 연설과 재선 취임사에서 링컨은 건국의 아버지들과의 연속성을 주장하고, 현재 세대가 건국 세대의 업적을 다음 세대에 물려줄 뿐 아니라 그것을 확장해 '자유의 새로운 탄생', 즉 두 번째 독립전쟁을 성취한 점에 경의를 표한다. 하지만 바로 그 순간 링컨은 공적 봉사를 통해 명예를 추구하려는 욕망보다 대통령으로서 갖춰야 할 요건을 앞세웠고, 전쟁에서 목숨을 바친 사람들에게 모든 영광을 돌릴 수 있었다.

그렇다면 현재 세대는 어떻게 국가적 유산에 기여할 수 있었을까? 링컨이 스프링필드 청년회관 연설에서 지적했듯이 미국은 해외의 적에게 위협당할 우려가 거의 없다. 미국은 나폴레옹이 넘볼 수 없는 곳이었다.

앞으로 유럽의 군사 강대국이 갑자기 대서양을 건너 우리를 공격할 가능성이 있을까요? 전혀 없습니다! 유럽, 아시아, 아프리카의 모든 군대가 우리나라를 제외한 지구상의 모든 보물을 군자금으로 삼은 채 나폴레옹 같은 사령관의 지휘 하에 한꺼번에 몰려와 천년 동안 안간힘을 써도 결코 오하이오 강의 강물을 마실 수도, 블루리지 산맥에 발자국을 남길 수도 없을 것입니다.

오히려 위험은 미국의 내부적 타락에서 비롯된다.

그렇다면 과연 위험을 예측할 수 있는 시점은 언제이겠습니까? 만약 그런 위험이 닥친다면, 그것은 틀림없이 우리 내부에서 비롯될 것이라고 대답하겠습니다. 그것은 나라 밖에서 비롯될 수 없습니다. 만약 파멸이 우리의 운명이라면, 파멸을 만들어내고 완성하는 장본인은 바로 우리 자신일 것입니다. 자유인들의 나라로서 우리는 영원히 살아남거나 아니면 자살로 생을 마감할 것입니다.

링컨이 내다본 가장 심각한 위험은 악화 일로의 무법상태와 폭민정치의 징후였다. 그것은 개척자 정신의 부산물인데, 거기에 내재된 공격적 에너지는 한때 변경을 개척하는 데 쓰였으나 지금은 스스로에게 방향을 돌리고 있었다.

차라리 기우였으면 좋겠지만, 만약 그렇지 않다면, 심지어 지금도 우리 내부에서 불길한 그 무엇이 꿈틀대고 있을 겁니다. 그러니까 지금 온 나라에 스며들고 있는, 법을 무시하는 태도 말입니다. …… 이런 경향은 어느 공동체이든지 간에 무척 걱정스런 것입니다. 그리고 그런 경향이 지금 우리에게 존재한다는 사실은 비록 인정하기는 싫지만, 그것을 부인하는 것은 진실과 배치되는 것이고 우리 지성에 대한 모욕일 것입니다.

링컨은 날로 폭력에 시달리는 미국 사회를 다음과 같이 묘사했다.

군중이 저지르는 폭력 행위가 이 시대의 일상적인 뉴스입니다. 폭력 행위가 뉴잉글랜드에서 루이지애나까지 만연해 있습니다. 만년설로 뒤덮인 뉴잉글랜드에만, 혹은 뜨거운 태양이 내리쬐는 루이지애나에만 국한된 현상이 아닙니다. 이런 현상은 기후에 좌우되지도 않습니다. 또한 노예주와 자유주를 가리지 않습니다. 마찬가지로 그것은 쾌락을 좇는 남부의 노예 주인들에게도, 그리고 엄격한 관습의 땅인 코네티컷 주의 질서를 사랑하는 시민들에게도 나타나는 현상입니다. 원인이 무엇이든 간에 이런 현상은 온 나라에 공통적인 현상입니다.

이와 같은 의견을 갖고 있는 젊은 링컨과 훗날 위대한 인물로 성장한 링컨을 비교해보지 않을 수 없는데, 앞서 소개한 연설에서 링컨은 약간 과잉반응하는 듯한 모습을 보여준다. 즉 그는 마치 미국이 완전한 멸망의 위기에 봉착해 있다고 여기고 있고, 동시대의 미국인들이 그 위기를 진지하게 받아들여야 한다고 생각하는 듯하다. 그런데 다음 부분에서는 다소 흥분이 가라앉은 듯한 태도를 보인다.

알다시피 우리 미국인들은 정부에 대한 깊은 애정을 갖고 있습니다. 정부를 위해 크나큰 고통도 감수할 것입니다. 적어도 정부의 교체를 고려하기 전까지는 폐해를 오랫동안 끈기 있게 참을 것입니다. 그러나 이 모든 점에도 불구하고, 만일 법이 끊임없이 경멸과 비하의 대상으로 전락한다면, 자신의 인격과 재산을 보장받을 권리가 폭도들의 변덕에 좌우된다면 국민은 자연스레 정부에 대한 애정을 거둬들일 것입니다. 게다가 조만간 그런 일이 벌어질 것으로 보입니다. 그러므로 지금이 바로 위험을 예측할 만한 시점입니다.

앞으로 그런 위험에 맞서 어떻게 싸워야 할까? 다소 맥 빠진 것일지 모르지만, 링컨이 내놓은 해답은 준법정신 함양이다. 그리고 다음에 나오는 수사적 표현인 '정치 종교'는 약간 과장된 느낌이 든다. 그런 식의 시민 종교를 모두에게 강요하려는 열의의 측면에서 볼 때 링컨의 처방은 과격한 자코뱅 당원Jacobin 같은 느낌도 풍긴다.

"그런 위험에 어떻게 대비할 수 있을까요?" 답은 간단합니다. 모든 미국인들, 자유를 사랑하는 모든 사람들, 후손의 행복을 기원하는 모든 사람들이 이 나라의 법을 한 치도 어기지 않겠다고, 다른 사람들이 법을 어기는 관행을 결코 좌시하지 않겠다고 독립전쟁에서 흘린 피로 맹세하는 것입니다. 1776년의 애국자들이 헌법과 법률을 지키기 위해 그랬듯이 모든 미국인들이 자기 목숨과 재산과 신성한 명예를 걸도록 합시다. 법을 어기는 행위는 자기 아버지가 흘린 피를 짓밟고, 본인의 권리를 찢

어버리고, 자기 자식의 자유를 빼앗는 짓이라는 점을 모두가 기억하도록 합시다.

링컨은 종교, 사회계층, 제도 등을 망라한 보편적인 교화, 즉 장자크 루소가 《사회계약론》에서 요구한 그 유명한 시민 종교 같은 것을 꿈꾸는 듯하다.

미국의 모든 어머니들이 아이들에게 준법정신을 가르치도록 합시다. 학교에서, 신학교에서, 대학교에서도 가르치도록 합시다. 초급독본, 철자교본, 책력에도 표기하도록 합시다. 교회에서도 가르치고, 의회에서도 선언하고, 법정에서도 시행하도록 합시다. 요컨대 준법정신을 국가의 정치종교가 되게 합시다. 연령, 재산, 성별, 피부색, 언어, 신분 등을 가리지 말고 모두가 법을 수호하는 데 몸을 바치도록 합시다.

어느새 연설의 정신적 핵심이자 링컨의 주요 관심사인 듯한 주제가 등장한다. 앞에서는 법과 질서의 총체적인 붕괴를 다소 과장스럽게 예측했음에도 불구하고 이제 그는 미국의 가장 심각한 위험이 미국의 위대한 성공이라고 주장한다. 왜냐하면 이제는 더 이상 워싱턴과 제퍼슨 같은 걸출한 지도자들이 필요한 시절이 아니기 때문이다. 그리고 링컨이 활동하고 있는 시대의 야심만만한 젊은이들은 자신의 성취욕을 만족시킬 만한 시민적 사명이 전혀 없고, 강탈을 통해 명예를 추구하고 싶은 유혹에 시달릴 것이기 때문이다.

그러나 이런 질문을 던질 수 있습니다. 우리의 정치제도에 위험이 닥칠 것이라고 생각하는 까닭이 무엇인가? 우리는 정치제도를 50년 넘게 유지해왔다. 그러면 그보다 50배의 기간 동안 유지하지 못할 까닭도 없지 않겠는가?

실험은 성공적이었습니다. 그리고 수많은 사람들이 실험과정에서 불멸의 명성을 얻었습니다. 그러나 이미 우리는 사냥감을 잡았습니다. 그리고 사냥감을 잡았기 때문에 추격의 기쁨은 끝났습니다. 영광의 들판은 수확이 끝났고, 열매는 이미 다른 곳에 쓰였습니다. 그러나 수확을 바라는 새로운 사람들이 등장하고, 그들 역시 들판을 누빌 것입니다. 그것은 세계사에서 우리가 배운 교훈이 진실임을 부정하는 것이고, 야심과 재능을 지닌 사람들이 우리 앞에 꾸준히 나타날 것이라고 가정하는 것입니다. 또한 그들이 등장할 때 그들은 선조들처럼 통치욕구를 채우려고 애쓸 것입니다. 문제는 남들이 세워둔 체제를 떠받치고 지키는 과정에서 만족을 느낄 수 있는지의 여부인데, 절대 그럴 수 없을 것입니다.

이 부분에 이어 링컨은 이른바 사자 무리와 독수리 떼를 언급했다. 그 두 가지 표현은 〈제9호 연방주의자 논문〉에서 해밀턴이 고대 공화국의 부도덕한 선동가들에 대한 '혐오'와 '공포'를 고백한 점을 상기시키지만, 링컨의 의도는 해밀턴과 전혀 달랐다. 해밀턴은 상업을 비롯한 평화적 수단을 통해 개인적 야심을 구현하도록 유도하는 것, 미국의 여러 가지 제도, 법률에 의한 통치 등의 요소가 신생국가인 미국에 페리클레스와 카토 같은 인물의 등장을 막고 카틸리나와 카이사르 같은 인물이 등장할 상황을 예방하는 데 도움이 될 것으로 믿었다.

　나중에 제임스 매디슨도 동의한, 상업이 과도한 야심을 순화하고 방향을 돌리는 역할을 한다는 관점에는 로크, 몽테스키외, 볼테르 등이 표방한 계몽사상적 요소가 담겨 있다. 〈제10호 연방주의자 논문〉의 저자인 제임스 매디슨은 정부가 인간의 영혼에서 악의 원인을 제거할 수는 없지만 악의 외부적 영향은 통제할 수 있다는 다소 거북살스런 의견을 제시한다. 그렇게 할 수 있는 한 가지 방법은 정치적 야심을 행정, 입법, 사법의 세 가지 권력을 통해 승화시키는 것이다. 즉 세 가지 권력은 각기 다른 방식으로 인민을 대표하고, 그럼으로써 그 어느 권력도 나머지 권력들을 위압하거나 독재를 추구하지 못하도록 예방할 수 있다. 한편 서부개척을 통해 농업과 영리적 사업을 장려함으로써 명예욕을 사업적 성공으로 승화시키고 과도한 명예욕을 점진적으로 분산시키는 방법도 있다. 흔히 개인의 용기를 입증하는 수단인 참전욕구에서, 그리고 결투와 그 밖의 퇴행적 관습에서 생기는, 군사적 명예와 귀족적 자부심 같은 구세계의 규준은 물질적 복리, 사회적 풍습의 순화, 동등한 기회 부여 따위의 한층 원만한 욕구에 흡수될 것이다. 매디슨의 처방은 얼마 지나지 않아 미국 사회의 현실로 자리 잡았다. 토크빌이 1830년대 초반에 미국을 여행하면서 목격했듯이, 싫든 좋든 간에 군사적 명예 같은 유럽 귀족의 낡은 규준은 서부개척과 자유기업으로 대체되었고, 혈통에 의존한 군주는 자수성가한 사업가에게 자리를 빼앗겼다.

　그러나 링컨은 조금 다른 얘기를 하고 있다. 그에 따르면, 어쨌든 미국에는 선천적으로 독수리 떼에 속한 사람들이 등장할 수밖에 없다. 그러므로 토크빌처럼 민주주의에서는 남자다운 자부심이 사라질 것이라고 걱정할 필요 없다. 링컨은 신세계가 초래한 문명과 풍습상의 그 어떤 변화도 이런 근본적인 인간형을 뿌리 뽑을 수는 없다고 주장한다. 그것은 페리클레스 시대의 아테네까지, 펠로폰네소스전쟁을 기록한 위대한 역사가 투키디데스까지 거슬러 올라갈 수 있는 통찰이었다. 즉 페리클레스 같은 책임감 있는 지도자들은 어느 시대에나 나타나겠지만, 알키비아데스 같은 무책임한 선동가들도 나타나기 마련이다. 왜냐하면 인간 본성은 예나 지금이나 그대로이고, 존경받는 정치가나 전제군주가 되고 싶은 욕망도 마찬가지이기 때문이다. 링컨이 우려하는 위험은 새로 등장한 이 장래의 사자 무리가 법과 제도를 갖춘 평등주의적 공화국을 섬기는 과정에서 명예욕을 채우지 못할 가능성이다. 사실 법과 제도는 바로 그런 사자들이 필요 없는 세상을 위해 마련된 것이다.

알다시피 루소는 스파르타의 입법자 리쿠르고스 같은 공화국의 위대한 창건자를 언급한 바 있다. 루소에 따르면, 우리가 할 수 있는 일은 그런 걸출한 위인들이 나중에 자신과 같은 카리스마 넘치는 혁명가들이 출현해 공동체의 조화를 파괴하지 못하도록 훌륭한 법체계를 세움으로써 불멸의 명성을 향한 야심을 채우기만을 바라는 것뿐이다. 링컨이 '정치 종교'를 주창했듯이 루소는 질서정연한 공화국의 창건자는 '인간 본성을 바꿔야' 하고, 시민들을 한데 묶기 위한 '시민 종교'를 창시해야 한다고 말했다. 그렇게

한 뒤 창건자는 고대 로마 공화국의 킨키나투스처럼 권력을 자발적으로 포기하고 농장으로 되돌아가야 한다. 왜냐하면 본인과 같은 거물이 남아 있는 한 공익에 봉사하는 평등한 시민들로 이뤄진 공화국은 탈 없이 발전할 수 없기 때문이다.

이와 같은 루소의 주장에 대해 링컨은 다음과 같은 질문을 던진다. "그런 거물이 건국의 영광이 이미 사라졌다는 핑계를 내세우며 공화국에 봉사하는 데 만족하지 못하면 어떻게 될까?"

아주 비범한 재능과 그것을 최대한 발휘할 만한 야심을 가진 인물이, 어느 시점에는, 등장할 것이라고 충분히 예상할 수 있습니다. 그런 인물이 나타나면 우리는 서로 단결해 정부와 법을 수호하고 모두의 지혜를 모아 그의 사악한 야심을 분쇄해야 할 것입니다.

링컨은 그런 야심을 공적 봉사를 통한 명예추구로 승화시킬 수 있는 방법과 관련한 해묵은 문제를 꺼낸다. 어떻게 해야 잠재적인 독재자를 교화하고, 그의 열정을 순화해, 아리스토텔레스가 언급한 '위대한 영혼의 소유자the great souled man(메갈로프시코스 megalopsychos)', 즉 공화국에 봉사함으로써 다른 훌륭한 사람들에게 영광을 돌리는 모범적인 지도자로 변모시킬 수 있을까? 링컨이 불타는 영리추구를 통해 야심이 순화될 것이라는 당대의 일반적인 견해를 뛰어넘어 정치가와 정치적 야심의 해묵은 딜레마에 관한 고대의 확고부동한 시각으로 돌아올 수 있었던 것은 그가 주로 독학에 의존했기 때문일지 모른다. 이미 우리는 처칠 같은 위대한 정치가의 경우 성격과 상식이 정규교육보다 더 중요한 요소였다는 점을 알고 있다. 놀랍게도 링컨은 계몽사상과 제퍼슨, 매디슨, 해밀턴 등처럼 거기에 심취한 인물들의 핵심적인 전제 가운데 하나, 즉 권력욕을 자기보호본능과 경제활동으로 승화시킴으로써 과도한 명예욕의 위험을 예방할 수 있다는 생각에 반대하고 있다. 링컨은 인간 본성을 고려할 때 그런 전제는 무리가 있다고 여길 뿐 아니라 아주 바람직한 것으로 여기지도 않는다. 왜냐하면 아무리 모범적으로 운영되는 공화국에도 가끔은 명예욕에 불타는 사람들이 필요하기 때문이고, 그들이 마치 공화국을 무너뜨리기 위해 루비콘 강을 건넌 카이사르처럼 명예를 추구하기보다는 공화국을 위해 고군분투할 것이라는 희망을 품어야 하기 때문이다. 바꿔 말해 노예를 해방시킬 사람을 만나기 위해서는 그 사람이 동료 시민들을 노예로 삼을 수도 있는 독재자로 탈바꿈할 위험도 감수해야 한다.

명성은 그 사람의 가장 중요한 목표일 것이고, 비록 이익을 베풀든 피해를 입히든 간에 기꺼이 혹은 그보다 더 흔쾌히 목표를 이루겠지만, 그런 기회가 지나가고 건설의 과정에서 할일이 모두 사라지면, 전복의 과정에 과감히 뛰어들 것입니다. 이것은 가능성 있는 사례, 아주 위험한 사례이고, 지금까지 존재할 수 없었던 그런 사례입니다.

이렇게 볼 때 링컨은 로크와 매디슨의 자비로운 부르주아 유물론 대신에 아리스토텔레스와 투키디데스 같은 고대 사상가들의 정신을 따르고 있는 셈이다. 링컨은 정치적 야심은 특정 부류의 인간들에게 자연스런 현상이라고 말한다. 정치적 야심은 안일한 자기보호본능과 경제적 성공으로 환원될 수 없다. 일단 정치적 야심이 결코 사라지지 않을 것이라는 점을 인식했다면, 이제 관건은 그것의 에너지를 올바른 애국심 쪽으로 돌리는 방법이다.

링컨은 결코 충족되지 않는 과도한 야심이라는 딜레마 외에 또 하나의 위험을 덧붙인다. 그것은 시기, 질투, 탐욕 같은 진부한 감정이 사회질서에 던지는 도전장이었다.

과거에는 있었으나 지금은 없어진 또 하나의 이유도 여태껏 우리의 제도를 유지하는 데 큰 역할을 했습니다. 다름 아니라 혁명의 흥미진진한 장면이 우리의 판단력과 구분되는 우리의 열정에 미친 강력한 영향 말입니다. 그 영향 때문에 인간 본성상 어쩔 수 없는 평화, 번영, 건전한 정신 등과 아주 비슷한 시기, 질투, 탐욕 등이 숨죽여 억눌려 있는 동안 뿌리 깊은 증오의 원칙과 강력한 복수의 동기가, 서로를 향하는 대신에 오로지 영국인 쪽으로 향했습니다. 그러므로 인간 본성의 가장 근본적인 원칙은 주어진 상황에 따라 때로는 잠에 들고 때로는 고귀한 명분, 즉 시민적 자유와 종교적 자유를 확립하고 유지하기 위한 명분을 위해 잠에서 깨는 것입니다. 그러나 이런 감정상태는 그것을 초래한 상황에 따라 희미해지기 마련이고, 희미해지고 있고, 희미해졌습니다.

링컨은 질투와 복수의 감정이 독립전쟁을 계기로 영국인을 향한 증오로 승화되었다고 주장한다. 공동의 위험이 사라지자 그런 감정은 마땅한 배출구를 찾지 못했고, 결국 무법상태가 초래되었다. 여기에는 투키디데스가 기록으로 남긴 페리클레스의 전몰용사 추도연설과 비슷한 흔적이 남아 있다. 제3부에서 상세히 다루겠지만, 투키디데스가 주목한 주제 가운데 하나는 민주주의 사회에서의 질투의 문제와 그것이 공익을 위한 협동정신에 미치는 악영향이었다. 모두가 평등하다고들 하는 사회에서는 남다른 장점과 공로가 모든 차별에 반발하는 시샘 어린 분노를 불러올 수 있다. 링컨은 엄청난 독서를 자랑하는 사람이었다. 특히 셰익스피어의 작품과 성경을 빼놓을 수 없었다. 그는 호기심이 강하고 무척 독창적인 사람이었고, 당시 미국을 휩쓴 그리스 복고양식의 영향 속에서 투키디데스 같은 고대 철학자들의 사상을 받아들였을 것이다. 그러나 그가 인간 본성이 미덕과 악덕 사이, 공적 봉사와 독재자적 야심 사이를 오락가락하기 마련이라고 믿은 것은, 원래 갖고 있던 상식과 나중에 사회현상을 관찰한 결과였을 가능성이 있다.

링컨은 혁명적 열정이 이미 시대적 흐름과 어긋나면서 개인적 악덕이 만연할 것이라고 주장한다. 그가 보기에 혁명적 투쟁의 영광은 망각되지 않겠지만, 그것의 직접적 영향력은 시간이 흐르면서 점점 줄어들 것이다. 한때 미국이 살아남는 동력이었던 그런 열정은 이제 무법상태, 변경지역의 정의, 폭민정치 따위를 부추기게 되었다. 그러므로 이제 법치에 대한 헌신적 자세와 차가운 이성이 나서야 한다.

혁명의 장면이 영원히 망각되었다는 의미는 아닙니다. 다만 다른 모든 것과 마찬가지로 그것 역시 틀림없이 우리 기억에서 사라질 것이고, 세월이 흐르면서 점점 희미해질 것이라는 뜻입니다. 바라건대 앞으로 사람들이 마치 성경을 읽듯이 그것에 관한 역사를 읽고, 그것을 자세히 이야기했으면 합니다. 그러나 곧 기억에서 사라진다고 해도 그것의 영향은, 이제 막 영면한 세대가 그랬듯이 우리 세대도 널리 인식하고 생생하게 느낄 것입니다. 투쟁이 막바지에 이르렀을 때는 거의 모든 성인 남자들이 그 몇몇 장면에 동참하고 있었습니다. 그 결과 남편으로, 아버지로, 아들로, 형제로 참여한 장면의 역사, 즉 살아 있는 역사를 모든 가정에서 찾아볼 수 있었습니다. 그것은 난자당한 사지, 상처와 흉터, 언급되는 현장 등에서 알 수 있는, 직접적인 체험에 따른, 의심할 나위 없는 증언을 확보한 역사입니다. 또한 지혜로운 자와 어리석은 자, 배운 자와 그렇지 않은 자를 가리지 않고 모든 사람이 읽고 이해할 수 있는 그런 역사이기도 했습니다. 그러나 그런 역사는 이미 지나갔습니다. 이제 다시는 그것을 읽을 수 없습니다.

링컨에게, 그리고 그와 같은 시대를 살고 있던 사람들에게 자유를 위해 열의를 불살랐던 독립전쟁은 더 이상 살아 있는 기억이 아니었다. 그래도 링컨은 건국 시기의 '거목들'이 질투와 폭민정치의 영향으로 '쓰러져버린' 것을 안타까워한다.

그들은 강력한 요새였습니다. 그러나 침략자들이 결코 하지 못한 일을 우리 시대의 말없는 화포가 저지르고 말았습니다. 그 요새의 성벽을 무너뜨린 것입니다. 그들은 가고 없습니다. 그들은 울창한 숲의 거목들이 었습니다. 그러나 무자비한 폭풍이 그들을 휩쓸어버렸고, 푸르른 잎이 사라진 채 단지 여기저기에 줄기만 덩그러니 남아 있습니다. 몇 번의 부드러운 산들바람 속에서 소곤거리다가 사지가 절단된 채 거친 몇 번의 폭풍과 싸우고 나서 쓰러지더니 사라졌습니다. 그들은 자유의 신전을 떠받친 기둥이었으나 지금은 허물어졌습니다. 만일 후손인 우리가 건전한 채석장에서 캐낸 돌로 새로운 기둥을 세우지 않으면, 틀림없이 신전은 무너질 것입니다.

건국 초기의 이상이 퇴색해버린 지금 가장 중요한 치국책은 법을 존중하는 마음과 이성적 태도이다.

그간 열정이 큰 도움이 되었지만, 더 이상은 아닙니다. 앞으로 열정은 우리의 적이 될 것입니다. 이제 이성이, 냉철하고 치밀하고 차분한 이성이 앞으로 우리를 지켜줄 모든 재료를 제공해줄 것입니다. 그 재료로 보편적 지성, 건전한 도덕, 그리고 특히 헌법과 법률에 대한 존경심을 만들어냅시다. 그리고 우리는 마지막까지 발전했습니다. 우리는 마지막까지 자유인이었습니다. 우리는 마지막까지 그의 이름을 떠받들었습니다. 그가 오래 잠든 동안 우리는 그 어떤 적들도 그가 편히 쉬는 곳을 짓밟거나 더럽히지 못하도록 했습니다. 최후의 심판을 알리는 나팔소리가 우리의 워싱턴을 깨울 것입니다. 바로 그것을 기초 삼아 자랑스러운 자유의 건물을 세우도록 합시다. 그 유일한 위대한 제도에 대한 다음과 같은 진심 어린 평가처럼 말입니다. "지옥의 문도 그것을 이기지 못할

것이다."(마태복음 16장 18절의 일부—옮긴이)

　링컨은 이 치밀한 맺음말을 통해 냉정한 태도의 필요성을 열렬하게 피력하고 있다. 그러나 독수리 떼, 즉 카이사르와 나폴레옹처럼 문제의 소지가 있는 위인들에 관한 인상적인 회상을 접고 다소 심드렁한 시민적 교훈으로 방향을 돌린 뒤 결론에 도달하는 모습은 용두사미 같은 느낌을 준다. 당시로서는 본인도 예측하지 못했지만, 훗날 링컨은 지도자가 되어 독립전쟁 시기에 버금가는 국가적 위기를 극복하게 되었고, 건국의 아버지들이 보여준 것과 똑같은 정신적·도덕적 에너지를 발휘하게 되었다.

　이 연설 이후부터 대통령이 되기 전까지 링컨은 몸을 낮추고 때를 기다렸다. 잭슨 시대(앤드류 잭슨 대통령 재임기, 1829~1837년—옮긴이)의 순응주의는 링컨과 잘 어울렸다. 그는 속으로는 급진성을 키우는 한편 겉으로는 시대에 순응하는 듯 보였다. 아리스토텔레스가 말한 위대한 영혼의 소유자처럼, 즉 과거의 페리클레스와 미래의 처칠처럼 링컨에게도 절박한 국가적 위기만이 자신의 재능을 모조리 발휘함으로써 야심을 채울 수 있는 기회였다. 왜냐하면 그가 스프링필드 청년회관 연설에서 제기한 딜레마를 해결한 것은 바로 남북전쟁이었기 때문이다. 링컨은 자신이 공화국을 무너뜨리고 동포를 노예로 삼으려는 독재자가 아니라 공화국을 구출하려는, 그리고 노예를 해방하려는 독수리 떼의 일원임을 입증했다. 또한 미국 역사의 그 극적인 순간에 공익에 기여함으로써 그는 정의와 도덕이라는 고귀한 원칙을 지키는 한편 다음과 같은 젊은 시절의 기개를 저버리지 않을 수 있었다. "탁월한 천재는 익숙한 길에 만족하지 않습니다."

고대와 현대의 리더십: 건국의 아버지들의 딜레마

링컨의 스프링필드 청년회관 연설은 결과적으로 토크빌이 영웅을 배출하기 힘들 듯한 미국식 민주주의를 지나치게 우려했음을 보여준다. 링컨은 오히려 그런 인물들이 본인의 야심에 걸맞은 도전과제를 만나지 못하는 점을 우려했다. 링컨의 동시대 사람인 에머슨은 "사람들이 위인의 능력을 믿는 것은 자연스럽다"고 썼다. 그의 다음과 같은 결론은 파격적인 면에서 1838년 당시의 링컨의 생각과 흡사하다. "본성이 강하면 강할수록 반응도 적극적인 법이다. 그런 속성을 있는 그대로 받아들이자. 어린 천재는 우리가 간섭할 필요 없다." 그 천재가 바로 링컨이 말한 독수리 떼에 속한 사람이다.

건국의 아버지들도 정치적 야심이라는 문제를 고심했다. 그들은 공익을 위하는 것 같다가 양의 탈을 벗고 늑대로 돌변할 독재자가 등장할 위험 없이 정치적 야심을 공화국에 봉사하는 데 이용할 수 있는지, 혹은 어느 정도 이용할 수 있는지를 고민했다.

이 문제는 자연스럽게 몇 가지 쟁점으로 이어진다. 오늘날에는 비교적 성공한 수십 개의 민주주의 국가들이 있다. 이처럼 거의 모든 체제가 최소한 민주주의 원칙을 천명한 상황에서 미국의 건국이 얼마나 희귀하고 위험한 과업이었는지 상상하기는 어렵다. 오늘날의 관점에서 보면 미국의 건국은 마치 지구인이 다른 행성에 정착한 것과 같다. 어쨌든 투키디데스가 남긴 아테네에 대한 기록과 평가는 유럽의 지식층과 부유층이 민주주의를 부정적으로 인식하는 데 일조했다. 독립전쟁이 시작되고 1790년에 헌법이 비준될 때까지 민주주의를 바라보는 이처럼 보수적인 시각은 폭민정치, 사악한 선동가, 재산 몰수, 특권층을 겨냥한 집단학살 등 투키디데스가 말한 끔찍한 악몽이 그대로 재현된 듯한 1789년의 프랑스혁명을 계기로 여러 사람들에 의해 널리 정당화되었다.

앞서 언급했듯이 건국의 아버지들은 미국의 새로운 민주주의를 이처럼 말썽 많은 고대의 사례를 근거로 폄훼하지 못하도록 유의했다. 제임스 매디슨은 미국의 평등주의와 프랑스에서 나타난 혁명적 평등주의를 구분하려고 애썼다. 그는 〈제10호 연방주의자 논문〉에서 새로운 미국의 헌법이 '부채의 탕감과 재산의 평등한 분배 같은 부당하고 사악한 조치'를 선동하는 쪽으로 귀결되지 않을 것이라고 썼다. 그것은 자코뱅 당원들의 집단주의적·비합법적 '폭민정치'를 피하려는 것이었다. 비록 미국은 독립을 위해 영국과 싸웠지만, 미국인들의 실험은 프랑스혁명보다는 1688년의 명예혁명과 더 비슷했다. 명예혁명의 기본적인 바탕은 루소가 주창하고 훗날 프랑스의 자코뱅 당원들이 추구한 무계급사회라는 미래상이 아니라 재산권을 옹호한 로크의 원칙이었다. 윌리엄 피트와 에드먼드 버크 같은 영국의 정치가들은 미국의 그런 점을 분명히 이해하고 있었고, 영국과 동등한 권리를 요구하는 데 그친 대서양 건너의 동포들을 탄압하기 위한 전쟁에 나선 영국 정부를 비판했다. 명예혁명과 마찬가지로 미국 독립전쟁의 목적은 대의정부의 수립, 정당한 법 절차의 확립, 종교적 관용과 개인의 권리, 특히 재산권의 보장 등이었다. 물론 독립전쟁에서는 원칙적 차원에서 모든 인간이 평등하게 태어났다는 점이 선포되었다. 그것은 계급적 질서와 군주제에 얽매인 영국이 늘 회피한 본격적인 평등주의를 선언한 것이었다.

해밀턴은 새로운 헌법을 옹호한 글에서 옛날의 공화국과 새로운 미국인의 공화국을 구분하기 위해 최선을 다했다.

> 그리스와 이탈리아의 소규모 공화국들의 역사를 읽을 때면 여러 공화국을 끊임없이 휘저어놓은 혼란과, 늘 독재와 무정부상태의 양극단을 오가도록 이끈 잇따른 혁명에 혐오감과 두려움을 느끼지 않을 수 없다. 만약 그 공화국들이 간혹 고요한 듯 보일 때면 그것은 앞으로 다가올 격렬한 폭풍을 예고하는 순간적인 평화일 뿐이었다. 만일 때때로 아주 행복한 순간이 엿보여도 우리는 그것을 지금의 만족스런 장면이 곧 선동과 당파싸움의 사나운 파도에 휩쓸릴 것이라는 생각에서 비롯된 안타까운 시선으로 바라본다.

해밀턴은 투키디데스가 《펠로폰네소스전쟁사》에서 설명한 세계를, 그리고 서양 최초의 민주주의가 전개된 과정을 정확하게 묘사하고 있다. 아테네는 페르시아의 침략을 저지함으로써 그리스에서 주도적인 지위에 올랐고, 이후 앙숙인 스파르타와 장기간의 피비린내 나는 전쟁을 치렀다. 이후 두 나라의 싸움은 양쪽의 동맹시들의 내부적 구조를 점점 잠식했고, 결국 스파르타의 과두정을 지지하는 세력과 아테네의 민주정을 지지하는 세력 간의 끔찍한 내전으로 번졌다. 프랑스혁명의 무시무시한 실상이 전해질 무렵 미국의 재산가들은, 이미 투키디데스가 인상적으로 기술한 바 있는 계급적 차원의 집단보복, 하층민들에 의한 재산몰수, 도덕적 예의범절의 붕괴 등에 대해 잘 알고 있었다. 자코뱅 당원들의 공포정치는 고대인들이 모든 형태의 인민주권을 경멸한 것이 옳았음을 입증할 뿐이었다.

해밀턴은 페리클레스가 보여준 신중하고 건실한 리더십이 결국 민중의 열정에 무릎을 꿇은 과정에 대한 투키디데스의 비관적인 시각을 잘 알고 있다. 해밀턴을 비롯한 건국의 아버지들은 신세계의 학식과 재산을 갖춘 계층과 유럽의 책임 있는 정부의 친구들에게 제도적 견제와 균형이라는 무기를 갖춘 새로운 미국식 민주주의가 특정 당파나 부도덕한 선동가가 권력을 획득해 국민을 억압하지 못하도록 예방할 수 있는 법의 공화국이 될 것이라는 점을 확신시키기 위해 최선을 다해야 한다. 반면 고대의 공화국들은 페리클레스 같은 훌륭한 지도자들의 우발적 등장에 의존했다. 그러나 그런 지도자들은 권력을 둘러싼 당파 간의 투쟁에 휘말리는 경우가 많았다. 해밀턴의 글을 더 읽어보자.

만일 영광의 빛이 잠시 어둠을 뚫고 나온다면 일시적으로 우리 눈을 사로잡겠지만, 동시에 우리는 통치의 악덕으로 인해 방향이 비틀린 점, 그리고 그들을 낳은 축복받은 땅에 그토록 뜨거운 찬사를 보낼 만큼 뛰어난 재능과 고귀한 자질의 광채가 희미해진 점을 슬퍼할 수밖에 없다.

그러므로 미국인들의 새로운 공화국은 기본적으로 페리클레스처럼 훌륭하고 책임감 있는 지도자들이 출현하리라는 희망이 아니라 제도적 내구성에 의존하게 될 것이다.

여타의 학문 분야와 마찬가지로 정치과학도 지금까지 큰 발전을 이뤘다. 고대인들이 전혀 몰랐거나 불완전하게 알고 있었던 다양한 원칙의 효과가 이제 제대로 이해되고 있다. 권력의 체계적인 배분, 법률에 의한 견제와 균형, 일정한 자격요건을 갖춘 법관들로 구성된 사법부 등은 과거에는 없었던 전혀 새로운 요소나 최근 들어 이뤄진 중요한 성과로 볼 수 있다. 그것들은 하나의 수단, 그러니까 공화정의 우수성을 유지하고 공화정의 불완전성을 줄이거나 피할 수 있는 효과적인 수단이다.

건국의 아버지들은 비록 새로운 공화국이 기꺼이 공익을 위해 일할 위인의 우발적 등장에 대한 의존도를 낮추려고 노력했지만, 야심과 명예욕 같은 문제에서 완전히 해방될 수는 없었다. 왜냐하면 지속적인 법과 제도를 고안하더라도 모범적인 인격을 갖춘 사람이 나타나줄 필요는 있었기 때문이고, 그런 인물들에 대한 수요는 언제나 독재자와 선동가를 불러올 위험을 수반했기 때문이다.
민주주의를 향한 불신은 과연 신사들이 자신의 성장배경, 세련미, 교양 따위를 등지지 않고 민주적인 정부의 지도부에서 활약할 기회를 잡을 수 있을 것인가 하는 문제와 깊은 관계가 있었다. 토크빌이 《미국의 민주주의》를 집필한 기본적인 동기 가운데 하나는 자신과 같은 계급에 속한 유럽의 신사들에게 당시 유럽에서 태동한 민주주의 운동을 방기하지 말고 영국의 선례를 좇아 시작한 미국의 실험처럼 더욱 온건하고 책임감 있는 성과를 거두도록 방향을 잡아주라고 설득하려는 것이었다. 건국의 아버지들 중에는 평범한 상인에서 출발해 자수성가한 사람들이 일부 있었다. 그러나 그중에서 제퍼슨, 매디슨, 워싱턴 같은 사람들은 버지니아 주의 농장주들이었다. 동시대의 많은 사람들이 윌리엄앤드메리, 예일, 하버드, 프린스턴, 컬럼비아 같은 대학교에서 부족함 없이 공부했고, 영국의 지주계급처럼 유복한 환경에서 성장했다. 그들은 일찍이 평등주의적 사회에 적합한 민중적 행실과 자신의 귀족적 뿌리를 조화시켜야 하는 난처한 문제를 경험했다. 유명한 소설가 너새니얼 호손의 아들이자 19세기의 문필가인 줄리언 호손은 겉보기에 호감이 가고 대중적이며 허물없는 정치적 거래의 방식과 손수 설계한, 유럽의 미술품과 골동품을 갖춘 팔라디오식Palladian 저택인 몬티첼로Monticello에서 엿보이는 신사적 소양 사이에서 균형을 잡으려고 애썼던 제퍼슨의 고충을 다음과 같이 묘사한다.

제퍼슨은 원래 귀족가문 출신이었다. 덕분에 민주주의의 형태를 더욱 예민하게 관찰할 수 있었다. 우연적인 출생이 허락한 모든 것을 누릴 수 있었기 때문에 그는 그런 상황을 대수롭지 않게 여기고 가르침뿐 아니라 본보기를 통해서도 평등의 이론을 실천할 수 있었다. …… 어쨌든 그는 자신의 사상뿐 아니라 행동방식에서도 대중적이고자 했다.

건국의 아버지들이 자신의 명예욕을 공화국 수호와 공익 실현에 국한하도록 유념한 데는 그리스와 로마의 선례를 참고한 영향이 컸다. 그들이 참고한 선례 가운데 하나가 키케로가 쓴 《스키피오의 꿈》이었다. 스키피오는 전시와 평시를 가릴 것 없이 개인적 이득을 취하지 않고 오로지 공화국을 위해 일하는 정치가의 귀감이었다. 제퍼슨, 해밀턴, 워싱턴, 매디슨 등은 그리스와 로마의 문화적 가치를 배웠거나 적어도 알고 있었고, 시민적 명예와 개인적 야심 사이의 팽팽한 긴장관계와, 대중의 격정과 상류층을 향한 그들의 불만에 영합하고 선동한 카이사르, 카틸리나, 알키비아데스 같은 위험한 인물들의 선례도 잘 알고 있었다. 해밀턴은 새로운 공화국이 '카틸리나와 카이사르 같은 인물들'의 출현을 경계해야 한다고 여러 차례 경고했다. 살루스티우스가 쓴 《카틸리나의 음모Conspiracy of Catiline》는 키케로가 대중적 인기에 영합한 미래의 폭군으로부터 로마 공화국을 구해낸 과정을 설명한 책으로 건국의 아버지들이 그리스와 로마의 고전문화를 배울 때의 필독서였다.

　이 점과 관련해 워싱턴은 가장 흥미로운 사례 가운데 하나이다. 특유의 겸손함과 용감함, 그리고 극심한 배고픔과 부실한 보급에 시달린 대륙군을 이끌고 결국 승리를 거머쥔 불굴의 의지 덕분에 그는 생존해 있을 때도 우상에 필적할 만한 대접을 받았다. 요크타운 전투에서 승리한 뒤 그는 마치 실질적인 군주와 같은 지위에 올랐다. 호손은 다음과 같이 썼다.

그 이유는 우리가 진정으로 아무 조건 없이 타인을 돕는 데 몸 바치고 오로지 그 하나의 목적을 위해 모든 개인적 주장, 야심, 고통 따위를 잊은 사람을 발견하기 때문이다. 영국군의 항복 소식을 전해 들은 의원들은 교회에서 하느님께 감사드렸고, 필라델피아 거리는 온통 환하게 빛났다. 워싱턴에게는 찬사가 쏟아졌다. …… 프랭클린은 워싱턴에게 편지를 보내 이번의 승리가 '가장 최근에 태어난 후손들에게까지 그대의 이름을 전해줄 영광을' 더욱 빛나게 했다고 말했다.

영국 휘그당 지도자 찰스 제임스 폭스처럼 저 멀리서 워싱턴을 존경한 사람들도 그의 고귀함을 칭송했고, 그를 그리스와 로마의 훌륭한 장군과 정치가에 비유했으며, 그런 자질을 지닌 사람이 드문 구세계의 현실을 안타까워했다.

워싱턴 장군의 최근 의회연설에 담긴 원칙은 오늘날 유럽 각국 왕실의 정책과 비교할 수 없을 정도로 훌륭하다! 그는 자신이 처한 상황의 화려함에서 명예를 이끌어내기보다 자신의 정신적 품격을 위해 명예를 찾는다. 사실 워싱턴이 그토록 위급한 환경에서 그처럼 두드러진 활약을 펼치는 동안 그 누구도 그의 성격에 문제를 제기하지 않은 것은 정말 놀라운 일이다.

워싱턴은 특히 조지프 애디슨이 로마의 마르쿠스 포르키우스 카토 우티켄시스의 삶을 소재로 쓴 유명한 희곡 《카토》를 좋아했다. 카토는 카이사르의 최대 숙적이었고, 그를 공화국을 전복하고 스스로 왕이 되기 위해 대중의 불만을 부채질한 반역자로 간주한 원로원 세력의 대표였다. 희곡에 따르면, 카토는 북아프리카에서 공화파 패잔병을 이끌고 독재관 카이사르의 군대와 맞선다. 카이사르는 카토를 용서하고 휴전하려고 하지만, 카토는 정권 찬탈자의 자비를 받아들이는 대신 스스로 목숨을 끊는다. 애디슨의 희곡은 영국뿐 아니라 식민지 미국에서도 큰 인기를 끌었다. 확실히 워싱턴도 카토와 카이사르를 공화정의 양극단으로 인식했고, 심지어 밸리포지Valley Forge에서 적군에 포위되었을 때도 대륙군 장교들과 병사들에게 시민적 교훈을 가르치기 위해 연극을 관람하도록 했다. 워싱턴은 카토 같은 훌륭한 본보기를 확실히 수용하는 한편 카이사르 같은 대안, 즉 대중에게 추파를 던지고 한동안 거의 모든 사람들에게 사랑받은 배신자의 매력도 인식하고 있었을 것이다.

워싱턴은 병사들이 영국군과의 전쟁을 카토의 고결한 투쟁으로 여기기를 바랐음에 틀림없다. 물론 결과는 달라야 했겠지만 말이다. 또한 그는 병사들에게 설령 전쟁에서 지더라도 명예를 지켜야 하고 목숨을 잃는 한이 있더라도 영국의 폭정에 굴복하지 말아야 한다는 점을 알리려고 했을지 모른다. 그것은 워싱턴을 비롯한 독립전쟁의 주역들이 본인들은 그리스와 로마의 전철을 밟지 않으면서 역사상 가장 훌륭한 공화국의 출발을 의식적으로 재현하고 있다고 자부했음을 보여주는 생생한 증거이다. 예를 들어 패트릭 헨리의 감동적인 최후의 통첩 "자유가 아니면 죽음을 달라!" 는 《카토》의 제2막에 나오는 대사와 비슷하다. "지금은 다른 말은 필요 없다. 단지 속박 아니면 정복, 자유 아니면 죽음이다." 그리고 제4막의 대사 "너무나 슬프도다. 조국을 위해 딱 한 번만 죽을 수 있다니"는 마치 네이선 헤일(독립전쟁 때 스파이 활동을 하다가 영국 군에게 체포되어 교수형 당한 독립투사―옮긴이)이 남긴 불멸의 외침 "조국에 바칠 수 있는 목숨이 하나밖에 없다는 점만 아쉬울 뿐이다"의 예고편인 듯하다.

민주주의를 이끄는 지도자들의 야심과 명예욕의 허용 가능한 한계를 둘러싼 이런 딜레마는 예전부터 있었다. 그러나 프랑스혁명이 일어나고 나폴레옹이 등장함에 따라 문제가 더 복잡해졌다. 프랑스혁명은 초기에는 영국의 명예혁명과 미국의 독립전쟁을 본보기로 삼아 전개되었다. 혁명 초기의 지도자들인 탈레랑, 라파예트, 오노레 미라보 등은 벤저민 프랭클린과 제퍼슨 같은 미국 건국의 아버지들을 무척 흠모했다. 프랭클린과 제퍼슨은 한때 프랑스 파리에 머물며 그들과 교류하기도 했고, 특히 라파예트는 워싱턴의 부관으로 일하며 그를 아버지처럼 따랐다. 그러나 프랑스혁명이 자코뱅 당원들의 주도로 진정한 혁명의 국면으로 접어들면서 완전한 평등과 사유재산 및 종교의 폐지 같은 급진적인 구호가 등장하기 시작했다. 혁명 주도자들의 목표는 지상낙원, 즉 태초의 이상향을 건설하는 것과 특권계급 척결을 통한 역사적 전환을 도모하는 것이었다.

나폴레옹은 바로 이 같은 인류애를 구현하기 위한 이상주의적 공포정치와 유혈극이라는 배경 속에서 떠올랐다. 카이사르와 알렉산더 이후에 서구세계에 등장한 가장 위대한 정복자인 나폴레옹은 한동안 두 영웅의 제국 못지않게 넓은 광대한 제국을 다스렸다. 일찍이 루소는 《사회계약론》에서 정당한 체제를 세우기 위해 '인간 본성을 바꾸는' 신과 같은 '입법자'의 출현을 예언한 바 있었고, 나폴레옹은 마치 루소가 말한 그 입법자 같아 보였다. 우리가 제1부에서 살펴봤듯이 아주 인상적인 지도자들이 링컨과 처칠의 경우처럼 통치계급 외부에서 등장할 때도 있다. 하지만 그런 지도자 중에는 몽상에 가까운 목표를 성취하기 위해 폭정과 집단학살을 불사한 경우도 있었다. 오스트리아 태생의 히틀러와 그루지야 태생의 스탈린은 둘 다 오지 출신이었다. 두 사람 모두 주류사회에서 촌뜨기 취급을 받았다. 러시아인들은 스탈린의 강한 억양을 흉내 냈고, 독일인들은 여자 부하들을 상냥하게 대하는 히틀러를 빈Vienna 출신 촌뜨기라고 비웃었다. 나폴레옹도 마찬가지였다. 코르시카 출신인 나폴레옹을 진정한 프랑스인으로 받아들이지 않은 사람들도 있었고, 그 점은 나폴레옹의 가슴 한구석에 끝까지 상처로 남았다. 적대자들은 비하의 뜻으로 일부러 그를 보나파르트의 코르시카 식 이름인 부오나파르테Buonaparte로 부를 때가 많았다.

이처럼 나폴레옹은 마치 미개한 오지 출신의 이방인 같은 기분을 느껴야 했다. 게다가 그는 어릴 적에 친구들에게 따돌림을 당한 경험도 있었다. 그는 원래 어머니에게 효성이 극진했고, 아버지가 세상을 떠난 뒤에는 남편처럼 어머니를 돌보면서 자연스레 또래들과 멀어졌다. 나는 어릴 적에 부모님의 백과사전에서 나폴레옹이 브리엔느Brienne 군사학교를 다닐 때의 모습을 담은 그림을 본 적이 있다. 열 살 먹은 소년 나폴레옹은 군용 망토를 걸치고 삼각모자를 쓴 채 다른 아이들이 즐겁게 뛰어노는 모습을 노려보고 있었다. 사실 그 그림에서 묘사된 나폴레옹의 거만한 태도는 친구들과 어울리고 싶은 욕구, 하지만 그렇게 할 수 없는 상황, 친구들에게 거절당할 우려 등을 감추기 위한 자기보호 수단인 듯하다. 아무리 많은 훈장과 칭호와 궁전을 갖고 있어도 나폴레옹은 그 외톨이 같은 처지에서 결코 벗어나지 못했다. 전쟁터에서의 모습을 묘사한 초상화를 보면, 그는 홀로 전황을 살피고 수행원들은 마치 그의 고독을 방해하지 않으려는 듯이 물러나 있다. 그는 특히 자신을 갑자기 출세한 버릇없는 촌뜨기로 여긴 탈레랑 같은 귀족 출신 수행원들을 싫어했다.

탈레랑을 비롯한 온건파는 자코뱅 당원들의 재기를 막기 위해 그 젊은 보나파르트 장군에게 군사 쿠데타를 일으켜달라고 요청했다. 그렇게 정권을 장악한 나폴레옹은 이후 키루스 대왕, 한니발, 카이사르 같은 영웅들처럼 중동과 유럽을 휩쓸어버렸다. 그는 군사적 정복을 통해 전 유럽에 자유, 평등, 우애라는 프랑스혁명의 이상을 전파했다. 그는 군대를 이끌고 지나간 모든 곳에서 구래의 봉건적·귀족적 체제를 무너뜨리고 대의제도와 법치에 입각한 근대국가를 세우려고 했다. 나폴레옹 법전은 유럽의 여러 나라에서 채택되었고, 그가 몰락한 뒤에도 법전의 영향력이 남아 있었다.

동시에 나폴레옹은 그 새로운 자유주의적 세계체제의 황제가 되었다. 그는 신성로마제국의 잔류세력을 일소하고 아우구스투스 황제, 콘스탄티누스 황제, 샤를마뉴 대제 등으로 이어진 신성로마제국의 합법적 후계자로 자처했다. 나폴레옹은 역사적으로 뭔가 새로운 인물이었다. 그는 해방을 가져온 전제군주였고, 법치와 선출된 정부를 전파하는 정복자였다. 알렉산더 대왕이나 키루스 대왕처럼 나폴레옹도 젊은이들에게 명예와 출세의 기회를 제공했다. 나폴레옹 휘하의 여러 사령관들은 혁명의 직접적인 결과물이었다. 그들은 비록 보잘것없는 집안 출신이었지만 부와 명예와 직함을 손에 넣었고 귀족과 결혼했다. 그리고 무인의 길을 걷지 못한 사람들도 체계적인 행정과 개인적 권리의 확립으로 톡톡히 덕을 봤다.

나폴레옹이 15년간의 유혈극을 통해 전파한 혁명은 독창적이면서도 한층 온건한 유형의 혁명이었다. 정복과정에서 그는 자코뱅당의 폭력적인 수단을 동원해 중산계급의 온건한 목표를 실현하려고 했다. 그것은 탈레랑 같은 온건주의자가 나폴레옹을 지지한 이유이자 탈레랑이 자신과 같은 계급에 속한 사람들과 훗날 복귀한 부르봉 왕가에 의해 배신자로 낙인찍힌 까닭이기도 했다. 이처럼 나폴레옹은 링컨이 언급한 독수리 떼의 일원들과 중요한 차이점이 있었다. 알렉산더와 카이사르는 정복사업을 통해 근본적으로 귀족적인 가치를 전파했고, 피정복 민족과 동맹국 주민들 중에서 능력 있는 자들을 그리스와 로마의 귀족으로 포섭했다. 반면 나폴레옹은 만인평등이라는 근대 민주주의적 가치를 전파했고, 그것은 하느님 앞에서의 인간의 평등이라는 기독교적 전제와 일맥상통한 것이었다. 근대적 정치가로서의 그가 보여준 천재적인 능력은, 볼테르와 해밀턴 같은 계몽사상가들이 근대성의 열매로 칭송한 탄탄한 물질적 안락으로도 링컨이 스프링필드 청년회관 연설에서 언급한 혈기왕성한 젊은이들, 즉 남다른 명예와 영광을 갈망하는 소수의 젊은이들을 제대로 만족시킬 수 없음을 간파한 점이었다. 나폴레옹은 명예욕에 불탄 자들을 유럽의 모든 민족들에게 부르주아적 권리를 강제적으로 전파하는 과업에 활용함으로써 부르주아적 이기심의 약점을 카이사르 식의 영광으로 보완하고자 했다.

이 점이 바로 서구세계의 일류 정치가들과 지식인들 사이에서 나폴레옹에 대한 평가가 극명하게 다른 까닭이다. 톨스토이의 소설 《전쟁과 평화》의 등장인물 피에르 베주코프처럼 봉건적 정치제도를 지닌 반동적 체제에 살고 있으면서 계몽사상에 심취한 많은 사람들은 인권을 전파한 젊은 황제에 열광했다. 그러나 그들은 각자의 나라를 사랑했기 때문에 조국의 발전이 아무리 시급해도 외국 정복자의 힘에만 의존할 수는 없었다. 피에르는 러시아에 반드시 필요한 개혁은 외부의 군사적 위협을 격퇴할 때까지 유보해야 한다고 판단하고, 결국 쿠투조프 장군(러시아를 침략한 나폴레옹 군대를 물리친 러시아 장군-옮긴이)의 애국주의 노선에 가담한다. 나폴레옹은 압제자이면서도 해방자였다. 나폴레옹이 독일연방을 결성하도록 부추긴 목적은 기본적으로 오스트리아의 세력을 견제하기 위해서였으나 독일 민족주의가 대두하고 근대 국민국가를 건설하려는 열망이 달아오르는 결과를 낳았다. 영국인들은 처음에는 미국 독립전쟁이 일어났을 때처럼 프랑스혁명을 양면적인 시선으로 바라봤다. 워싱턴의 로마적 미덕을 높이 평가한 바 있었던 휘그당 지도자 찰스 제임스 폭스는 프랑스혁명이 유럽 전역에서 구체제를 타파한 점에 주목하기도 했으나 결국 나폴레옹을 영국과 유럽 대륙 전체를 위협하는 존재로 간주하게 되었다. 나폴레옹의 세력이 점점 커지고 그가 갑자기 허세와 영광에 광적으로 집착하자 영국인들은 공화주의 정신의 수호자, 입헌정치와 법치의 대변자로 자처하기 시작했다. 훗날 나폴레옹에게 결정적인 패배를 안긴 웰링턴 공작은 오만왕 타르퀴니우스를 타도한 루키우스 유니우스 브루투스, 한니발이 이끈 카르타고Carthage 군대를 무찌른 스키피오 아프리카누스, 독재관 카이사르에 맞선 마르쿠스 유니우스 브루투스 등에 버금가는 인물로 볼 수 있었다. 물론 그 모든 것의 이면에는 서양 최초의 민주주의를 꽃피운 아테네가 페르시아에 맞서 싸운 역사적 투쟁이 자리 잡고 있었다.

프랑스의 역사가이자 정치가인 프랑수아 기조도 나폴레옹의 극적인 부상과 몰락을 양면적인 시선으로 바라봤다.

루이 14세의 죽음 이래 처음으로 프랑스의 역사는 또다시 새로운 중심을 만나고, 그때부터 한 사나이를 중심으로 회전한다. 15년 동안 프랑스와 유럽은 영광의 정점이나 굴욕의 나락에서 승리나 패배를 맛보는 동안 불굴의 의지와 억제할 수 없는 권력욕에 압도된 채 보나파르트 장군이 자기 것이라고 주장하고 그가 영광과 죄악으로 뒤덮은 세계사의 그 페이지에 어쩔 수 없이 피와 보물을 낭비하고 말았다.

'영광과 죄악'의 이 절묘한 만남은 패기와 상상력으로 가득한 서구세계 곳곳의 젊은이들을 유혹하거나, 아니면 그들에게 혐오감을 줬다. 토크빌은 미국인들이 명예욕에 지나친 반감을 갖고 있을까봐 우려했지만, 나폴레옹과 비슷한 유형의 통치자들, 즉 민주주의의 옹호자로 위장함으로써 권력을 장악하는 선동가가 등장할 가능성을 걱정하기도 했다. 훗날 토크빌의 우려는 현실로 드러났다. 물론 그가 애초에 걱정한 미국이 아니라 고국인 프랑스에서 입증되기는 했지만 말이다. 보나파르트의 조카인 나폴레옹 3세는 토크빌이 미국의 미래를 불길한 시선으로 바라보면서 떠올린 '민주적 전제군주'의 구체적 사례, 즉 소외계층에게 평등을 확대하기를 바란다며 군대를 동원해 권력을 장악한 뒤 국민투표에서 영구집권에 찬성하도록 유권자를 겁박하는 선동가의 유령을 실제로 보여준 인물이었다.

그러나 원래의 나폴레옹에게서 느낄 수 있던 정신적 매력은 아직 남아 있었다. 스탕달의 소설 《적과 흑》은 다음과 같은 질문을 던진다. 줄리앙 소렐 같은 야심만만한 젊은이는 황제의 치욕스런 퇴장 이후의 부르주아 세계에서 무엇을 할 수 있을까? 이제는 더이상 황제의 깃발을 따라가며 사령관의 자리를 노릴 수 없다. 그에게 남겨진 것이라고는 부르주아적 물질만능주의와 출세욕일 뿐이다. 그의 유일한 전상戰傷은 부유한 사업가 드 라몰 후작의 딸의 침실에서 밀회를 즐긴 뒤 사다리를 타고 내려오다가 입은 상처뿐이었다.

명예를 좇을 무대가 사라진 점은 신생국가인 미국도 예외가 아니었다. 나폴레옹을 향한 도덕적 혐오감과 어쩔 수 없는 흥미는 에머슨의 다음 시론에도 분명히 드러나 있다.

그것은 아주 유리한 조건에서 진행된, 양심 없는 지성의 위력을 살펴본 실험이었다. 그토록 훌륭한 재주와 무기를 타고난 지도자는 없었다. 그렇게 훌륭한 조력자들과 추종자들을 거느린 지도자는 없었다. 그런데 그 대단한 재능과 권력의 결과는 무엇이었을까? 그 막강한 군대와 불탄 도시와 낭비된 재산과 수많은 희생자와 절망에 빠진 유럽인이 남긴 결과는 무엇이었을까? 아무것도 없었다. 모든 것이 그의 대포 연기처럼 사라졌고, 아무런 자취도 남기지 않았다. 그가 떠난 뒤 프랑스는 더 작아지고 더 가난해지고 더 허약해졌으며, 자유를 위한 항쟁이 처음부터 다시 시작되어야 했다.

나폴레옹과 '사자 무리'의 나머지 일원들이 아직 무명에 가까운 시골 변호사 링컨의 아주 특이한 생각을 통해 등장한 배경에는 바로 이처럼 상호모순적인 관점이 자리 잡고 있었다.

링컨, 그리고 리더의 영혼

제2부를 시작하면서 우리는 링컨 시대의 노예제가 미국 사회의 모든 부분에 해악을 끼친 독소 같은 존재였음을 살펴봤다. 노예제 폐지 과정에서의 역할을 고려할 때 링컨의 무척 복잡한 인격은 미국사뿐 아니라 세계사의 여러 바퀴살이 집결한 바퀴통으로 볼 수 있다. 그러므로 얼핏 유럽의 피비린내 나는 혼란이나 뉴잉

글랜드 식민지의 세련된 지적 문화와 무관해 보인 스프링필드 청년회관 연설은 근대세계의 민주적 리더십 문제를 둘러싼 여러 가지 난제가 반영된 것으로 해석할 수 있다. 링컨이 명예문제를 깊이 파고들었던 것은, 나폴레옹을 비롯한 사자 무리의 일원들이 건국 이후 가장 심각한 도전과제를 만난 신생 민주주의의 핵심을 건드렸기 때문이다. 우리가 링컨을 통해 리더의 영혼을 발견하려면, 그가 유혈이 낭자한 속죄의 길로 치닫는 동안 그의 성격 주변을 회전하면서 다양하고 유연한 시각으로 그것의 핵심을 파악할 수 있어야 한다. 그의 출신배경, 심리적 형성과정, 정치적 원칙의 발전과정, 사생활, 그리고 건국의 아버지들이나 당시 미국의 여러 사회계층과의 관계 중에서 단 하나만을 지목해 그의 위대함의 결정적인 요인으로 내세우기는 어렵다. 회전하는 바퀴와 마찬가지로 그의 삶의 여러 바큇살도 서로 분리되어 있지만 바퀴통을 안정적으로 유지하기 위해 함께 움직였다.

물론 노예제 폐지 과정에서 링컨은 과거에 스프링필드 청년회관 연설에서 찾고자 했던 명분을 발견했다. 그는 공화국의 파괴자가 아니라 구원자였다. 꼬집어 말하자면 그는 일종의 미국판 나폴레옹이었다. 알다시피 프랑스 황제 나폴레옹은 유럽 각국과의 전쟁을 통해 평등과 인권이라는 근대적 원칙을 수용하도록 강요했고, 링컨은 미국 내부의 상당수 국민을 상대로 전쟁을 벌인 끝에 모든 미국인에게 자유를 확대했다. 더구나 나폴레옹이 평등의 원칙을 위해 투쟁하면서 유럽의 봉건적 잔재를 일소했듯이 링컨은 미국에 남아 있는 구세계의 전근대적 지주나 봉건적 귀족과 유사한 느낌의 잔재와 싸웠다.

　물론 나폴레옹과 링컨의 유사성을 지나치게 강조할 필요는 없다. 비록 남북전쟁 기간에는 간혹 봉건주의 이론에 관심을 가진 몽상가들도 있었지만, 남부 사람들은 대체로 인권과 미국의 헌법을 소중히 여겼다. 다만 노예제는 양보할 수 없었을 뿐이다. 실제로 건국의 아버지들 중에는 워싱턴, 매디슨, 제퍼슨처럼 노예를 소유한 지주계급 출신이 많았다. 그러므로 노예제를 제외한다면, 북부와 남부의 이념적 차이는 나폴레옹의 프랑스와 차르의 러시아 사이의 이념적 차이와는 거리가 멀었다. 하지만 노예제에 대한 집착을 별도로 하더라도 남부에는 매디슨과 해밀턴이 꿈꾼 상업과 통상의 공화국이라는 미래상에 동참하지 않으려는 분위기가 있었다. 심지어 남북전쟁 이전에도 남부는 대도시와 연기를 뿜어대는 공장을 갖춘 북부를 너무 앞서가는 듯한 곳으로, 즉 루소의 목가적 이상향에 공감한 제퍼슨이 미국이라는 국가의 중추적 요소로 묘사했던 '자작농'의 땅에서 너무 멀어진 듯한 곳으로 바라보기 시작했다. 어떤 면에서 남북전쟁은 영국에서 벌어진 중앙과 지방, 상인세력과 지주세력, 의회파와 왕당파 사이의 투쟁이 확대된 것이었다. 제퍼슨 식의 이상을 대변한 인물로 추앙받은 남군의 스톤월 잭슨 장군은 남부가 북부의 '은행 통치'와 '부자의 이익'에 맞서 과거의 농경사회의 생활방식을 수호하려고 한다고 믿었다. 그가 보기에 남부는 소박했던 과거를 연상시키는 더욱 우아하고 느긋한 사회였다. 연방을 탈퇴하고 전쟁에서 패할 때까지 노예제를 고수한 남부의 여러 주는 결과적으로 미국의 목가적 이상향에 사형선고를 내리고 북부의 산업과 상업의 승리를 확정하고 말았다.

하지만 유럽의 근대화를 위한 나폴레옹의 전쟁과 미국의 근대화를 위한 링컨의 전쟁의 가장 중요한 차이는 샤를마뉴, 콘스탄티누스, 아우구스투스 등의 면류관을 탐낸 코르시카의 하사와 달리 링컨은 개인적 명예욕, 허세, 자기과시 따위가 전혀 없이 주어진 사명을 수행했다는 점이다. 사실 링컨이 국가적 사명을 수행할 때, 그가 대통령으로서 좌절과 대규모 살육의 시절을 헤쳐나갈 때 그의 영혼에는 한 치의 개인적 이기심도 존재하지 않았다. 그는 마치 성자 같은 자기희생과 자기절제를 보여줬다. 주변 사람들은 그런 놀라운 변화를 분명히 느꼈다. 친구인 헌돈은 다음과 같이 썼다.

링컨 대통령은 최고의 위인이었다. 그는 그리스도 이래 가장 관대하고, 가장 고귀하고, 가장 사랑스런 인물이었다. 그는 워싱턴보다 더 순수하고 더 뛰어났고, 내가 보기에 감히 비교할 수 없을 정도의 위엄을 갖췄다. 지금 그는 미국 역사에서 아주 중요한 위치에 있다. 부디 하느님의 축복이 있기를!

헌돈의 평가가 유별난 것은 아니었다. 링컨을 잘 알든 모르든 간에 19세기의 많은 미국인들은 그를 거의 초인적인 존재로 바라봤다. 그런 현상은 특히 링컨의 사후에 두드러졌다. 헌돈의 글을 더 살펴보자.

링컨은 매우 섬세하고, 내성적이고, 잘 나서지 않는 타고난 신사였다. 그는 정신력이 강하고, 생각이 깊었고, 진실하고 정직했고, 인내심과 끈기가 있었고, 자비심으로 충만한 고운 마음씨와 정의를 사랑하는 양심을 갖췄으며, 사악한 마음을 품지 않았고, 나쁜 결점에 비해 훌륭한 미덕이 많았다. 그는 강하고, 자신감 넘치고, 솔직하고, 실용적인 지혜로 가득했고, 남자답고, 고결했다. 그는 역사상 가장 뛰어난 위인에 속하고, 이 기독교 문명과 자유로운 제도의 가장 우수한 유형 가운데 하나이다. 그리고 만일 마음껏 찬사를 보내도 된다면, 그가 평생 강인한 정신력과 굳건한 의지와 고귀한 행동으로 일관했다고, 자신의 삶과 죽음을 통해 세상을 더욱 높은 경지로 끌어올렸다고 말하고 싶다.

여기서도 우리는 링컨과 미래 유럽의 해방자 사이의 중대한 차이에 주목해야 한다. 링컨은 당시의 대다수 미국인들처럼 개신교 성경의 운율에 익숙한 환경에서 자랐다. 그의 부모는 원래의 교단에서 이탈한 노예해방론자들 중심의 어느 침례교회를 다녔다. 링컨의 연설을 얘기할 때, 킹 제임스 판King James Version 성경 특유의 음울한 분위기와 하느님 앞에서의 고결함을 강조하는 경향을 빼놓을 수는 없다. 토크빌은 그런 돈독한 신앙심을 미국 특유의 행운으로 여겼다. 유럽에서는, 특히 프랑스에서는 종교는 민주주의와 뚜렷하게 대립했다. 기독교는 민주주의를 무신론으로 여겼기 때문에 민주주의는 종교와의 노골적인 투쟁을 통해서만 성취될 수 있었다. 나폴레옹은 교회에 관용적인 태도를 취했지만, 인권이라는 세속적 교의를 장려하는 과정에서 이른바 평균적인 자코뱅 당원처럼 극렬하게 교권에 반대했다. 반대로 미국의 민주주의는 모든 사람은 하느님 앞에서 평등하다는, 그리고 우리는 하느님의 일을 하고 정의와 구원의 명분을 고양하기 위해, 그리고 언덕 위의 빛나는 도시를 건설하기 위해 이 땅에 태어났다는 신교도적 확신에서 직접 비롯된 것이었다.

링컨의 신앙심은 그가 생존해 있을 때부터 뜨거운 논쟁의 대상이었다. 그가 세상을 떠난 뒤 몇몇 기독교 성직자들은 링컨이 신자였다고 주장했다. 그러나 친구인 헌돈과 아내인 메리 토드 링컨처럼 그를 가장 잘 아는 사람들은 그가 기독교를 믿지 않았다고 분명히 말했다. 스프링필드에서 그와 어울렸던 사람들은 링컨을 토머스 페인과 같은 이신론자로 여겼다. 심지어 링컨은 성경과 기독교적 계시의 핵심 교리를 반박하는 소논문을 썼다가 그의 정치적 장래를 걱정한 친구의 설득으로 없애버렸다고 한다. 그리고 게티즈버그 연설과 노예해방선언의 초안에는 하느님이 전혀 언급되지 않았다.

인간은 신을 인식할 수 없다고 여긴 불가지론자였는지는 모르지만, 확실히 그는 기독교에 담긴 도덕률은 존중했다. 그의 믿음이 어떤 성격을 지녔든 간에 링컨은 동포들의 독실한 신앙을 이해했고, 그의 훌륭한 연설은 구약성경의 운율이나 수사적 표현과 깊은 관계가 있었다. 링컨은 노예제 폐지론의 든든한 지원군인 기독교계의 협조 없이는 노예해방이라는 명분을 실현할 수 없음을 잘 알고 있었다. 그럼에도 불구하고 기본적으로 그는 정치인이었고, 열정적인 정치가였다. 그는 단지 좋은 일을 하려는 열의에 만족하지 않았다. 그는 좋은 일을 국가적 차원에서 실천하고야 말았다. 그에게 훌륭한 전기를 선사한 찬우드 경이 간파했듯이, 훗날 아무리 성자와 같은 존재가 되었다고 해도 링컨은 젊은 시절의 뜨거운 열정을 버리지 않았다. 링컨처럼 공익에 봉사함으로써 명성을 누렸고 링컨보다는 대통령직을 더욱 즐겁게 수행한 테오도어 루즈벨트는 그를 자신과 통하는 사람으로 여겼다. 그는 링컨이 아리스토텔레스의《니코마코스 윤리학Nicomachean Ethics》에 나오는 위대한 영혼의 소유자들처럼, 그리고 20세기의 처칠처럼 평화로운 시기에는 결코 뛰어난 활약을 보여주지 못했을 것이라는 점을 알고 있었다. 전쟁이나 위기가 없으면 국내경제와 득표활동 같은 평범한 일에만 매달릴 가능성이 높기 때문이었다.

만일 큰 전쟁이 없으면, 위대한 장군이 등장하지 않을 것이다. 만일 큰 사건이 터지지 않으면, 위대한 정치가가 나타지지 않을 것이다. 만일 링컨이 평화로운 시기에 살았다면, 아무도 그의 이름을 알지 못했을 것이다.

역사가인 윌스는 게티즈버그 연설을 페리클레스의 전몰용사 추도연설과 비교했다. 실제로 게티즈버그 연설의 억양에는 페리클레스와 성경의 느낌이 묻어 있다. 물론 링컨만 그랬던 것은 아니었다. 링컨이 게티즈버그 연설을 하던 날 그보다 먼저 연단에 섰던 당대의 명연설가 에드워드 에버릿은 분명히 페리클레스의 연설을 본보기로 삼았다. 에버릿은 장장 두 시간에 걸쳐 연설을 했지만, 링컨의 연설이 끝난 뒤에 다음과 같이 고백했다고 한다. "저는

2시간 동안 말했지만, 대통령께서는 2분 만에 훨씬 많은 것을 말씀하셨습니다."

지금까지 우리가 논의하고 있는 모든 주제, 즉 고대인들과 현대인들이 명예를 바라보는 관점, 그리고 건국의 아버지들이 쌓은 업적을 새로운 세대가 더욱 풍성하게 만들 수 있는 방법은 게티즈버그에서 링컨이 섰던 연단으로 모아지는 것 같다. 링컨도 건국의 아버지들처럼 대중선동과 혁명적 급진주의를 혐오했다. 그는 결코 혁명가가 아니었다. 다만 그는 결과의 불평등을 위한 기회의 균등과 재산권을 강력하게 지지했을 뿐이다. 그리고 링컨 자신의 입지전적 성공이 바로 개인의 타고난 능력과 근면함이 성취할 수 있는 바를 보여주는 생생한 증거였다.

링컨은 훌륭한 가문에서 태어나 명문학교를 다닌 귀족이 아니라 평민 출신이었다. 1852년에 일리노이 주 의회에 입성했을 때 그는 이렇게 말했다. "저는 아주 보잘것없는 신분으로 태어났고 지금까지 그런 신분으로 살았습니다." 그는 직접 군대를 이끌고 무공을 세우려고 하지 않았으나 전쟁에서 승리하고 억압받는 사람들에게 자유를 선사하기 위해 휘하의 장군들의 공명심을 이용하기는 했다. 그는 물질적 이익을 염두에 두지 않고 오로지 올바른 길을 선택하려고 했고, 그것은 장군들에게 훌륭한 본보기가 되었다.

그런 점은 링컨이 평범한 인물들뿐 아니라 율리시즈 S. 그랜트와 윌리엄 테쿰세 셔먼 같은 최고의 명장들처럼 비상한 능력을 지닌 인물들까지 더욱 높은 도덕적 경지로 끌어올린 비결이었다. 셔먼은 허세와 자존심이라면 누구 못지않은 사람이었지만, 그도 링컨 앞에서는 겸손해졌다. "내가 만난 모든 사람 중에서 링컨은 선량함이 가미된 위대함을 가장 많이 지닌 사람이었다." 스프링필드 청년회관 연설에서 링컨은, 적어도 상상 속에서는 노예해방이 아닌 노예화를 감행하는 위대한 인물을 떠올렸을지 모른다. 하지만 그가 1858년의 상원의원 선거에서 스티븐 A. 더글러스를 물리칠 때 내세운 주장은 한 사람을 노예로 삼으면 결국 만인의 노예화라는 비극적 상황을 맞게 된다는 것이었다. 그가 원칙에 입각한 위대함의 길을 발견한 것은 바로 그런 입장을 취했을 때였다.

링컨이 갖고 있던 리더로서의 영혼을 이해하는 열쇠는, 그의 인격과 그의 정치가 어떻게 밀접하게 연결되었고 어떻게 유기적으로 성장했는가를 추적하는 것이다. 우선 다음과 같은 질문으로 시작해보자. 링컨의 정치적 원칙은 무엇이었는가? 대통령 자리에 오르기까지, 그리고 심지어 대통령에 당선된 이후에도 많은 사람들이 그를 기회주의자로 치부했다. 노예제 폐지론자들은 그를 노예제와 흔쾌히 타협할 인물로 여겼다. 에머슨은 위인의 덕목 가운데 하나로 관행과 타협하지 않는 태도를 꼽은 바 있다. 표면적으로 링컨은 에머슨의 기준에 부합하지 않을지 모른다. 왜냐하면 링컨은 본심을 오랫동안 감추고 있었기 때문이다. (언젠가 링컨은 "나무 한 그루를 8시간 만에 잘라야 한다면, 6시간 동안 도끼를 갈겠다"고 비틀어 말할 적이 있었다.) 그런데 다른 관점에서 보면 그는 "어리석은 일관성은 소인배의 허깨비이다"라는 에머슨의 격언을 몸소 실천한 인물이었다. 그는 원칙에 입각한 사명을 위해 전술을 기꺼이 수시로 바꿨다. 버크를 비롯한 영국인의 정치적 관점에서 링컨은 돛을 너무 왼쪽으로도 너무 오른쪽으로도 기울이지 않는 궁극의 '기회주의자'였다. 당시 발행되었던 잡지 〈하퍼스 위클리Harper's Weekly〉에서는 그의 당선 소식을 다음과 같이 약간 놀란 듯한 논조로 전했다.

12개월 전, 그에게는 당이 없었다. 북부 민주당원들은 그를 증오했다. 공화당 보수파는 그를 너무 급진적이라고 여겼다. 공화당 급진파는 그를 너무 보수적으로 생각했다. 민주당 주전파는 다시 권력을 잡을 기회를 노리고 있었다. 그는 묵묵히 자기 길을 걸었다. ……

링컨의 인격과 원칙이 함께 발전한 과정을 추적할 때는 그와 로버트 E. 리를 비교해보는 것이 좋다. 왜냐하면 링컨의 진정한 경쟁자가 바로 리였기 때문이다. 리는 무기력한 제퍼슨 데이비스(남북전쟁 당시의 남부 연합 대통령-옮긴이)와 달리 링컨에 필적할 만한 인물이었다. 리는 마치 건국의 아버지들의 살아 있는 화신 같았고, 그의 아내는 조지 워싱턴의 부인인 마사 워싱턴의 후손이었다. 리는 개인적으로는 존경할 만한 인물이었으나 정치적으로는 꽉 막힌 데가 있었다. 그는 고향의 토지에 집착하는 자작농의 전통을 진심으로 소중히 여겼고, 결과적으로 노예제를 옹호했다. 그는 모든 주에 노예제의 존폐를 각자 결정할 권리가 있다고 주장한 더글러스의 논리를 구체적으로 실천한 인물이었다. 더글러스의 주장은 건국 초기에 헌법 비준 논쟁이 벌어졌을 때의 '반反연방파'에게까지 소급되는 것이었다. 당시 반연방파는 미국의 각 주를 프랑스의 계몽사상가 루소가 고대 도시국가를 찬미하며 낭만적으로 묘사한 '고결한

소小 공화국'으로 간주했다. 당대 최고의 군인인 리는 버지니아 공화국Commonwealth of Virginia을 가장 사랑했고, 연방은 그 다음이었다. 링컨의 입장에서 볼 때 그는 승리와 노예해방으로 가는 길을 가로막은 거대한 나무였다.

링컨이 정치가로서 보여준 미덕과 관련해 가장 불가사의한 점은 그를 평생 동안 따라다닌 우울증이었다. 링컨의 우울증은 그의 신앙심에 대한 논쟁과 깊은 관계가 있다. 왜냐하면 우울증이라는 현대적 의학용어 이면에는 절망이라는 과거의 용어가 있기 때문이다. 그것은 실존적 범주이고, 궁극적으로는 신학과 신앙의 범주이다. 우리가 느끼는 절망의 정도는 정의와 행복을 바라는 인간의 기대를 현실과 우주와 하느님의 의도가 뒷받침하지 않는다는 불신의 정도에 달려 있다. 운명의 역할과 우주에서의 인간의 위치에 대한 링컨의 견해 중에서 우리가 '우울증'의 결과로 판단할 만한 부분은 종교적 성찰이나 적어도 그것의 타당성을 둘러싼 고민과 따로 떼어놓고 생각하기 어렵다. 링컨의 친구이자 경호원인 워드 힐 레이먼이 증언했듯이 링컨은 전통적 의미의 기독교인이 아니었을지 모르지만, 틀림없이 그는 인간의 운명이 인간보다 더 우월한 힘에 달려 있다고 믿었을 것이다.

링컨은 결코 초자연적 존재를 믿지 않는 사람이 아니었다. …… 그는 언제나 자신을 특별한 뜻에 영향을 받는 존재, 어떤 미지의 불가사의한 힘에 의해 만들어진 존재라는 진지한 신념을 갖고 있었다.

링컨의 내면적 심리상태를 예리하게 묘사한 레이먼의 글을 읽다보면, 원인과 결과를 구분하기가 어렵다. 흔히 현실에서의 상실감과 정신적 충격의 결과로 설명할 수 있는 우울증 소인素因 때문에 그는 이 세상의 알 수 없는 수수께끼를 둘러싼 우울함의 뿌리인 운명의 신비한 힘을 찾아낸 것일까? 아니면 원래부터 그런 우주적 성찰에 빠진 나머지 현실에서의 상실감에 따른 슬픔이 더욱 악화된 것일까? 레이먼의 말을 더 들어보자.

그의 마음은 개인적 위엄과 권세 같은 화려한 미래상과 뒤섞인 곧 닥칠 듯한 불운을 걱정하는 심각한 염려와 음울한 예측으로 가득했다. 그는 당면한 미래의 장막 바로 너머의 광경을 피로 얼룩진 금박으로 칠했다. 그것은 멋지지만 무시무시한, 매력적이지만 끔찍한 그의 '운명'이었다. 그의 증상은 버니언(17세기 영국의 설교가. 《천로역정》의 저자. 우울증을 앓았다–옮긴이)과 쿠퍼(18세기 영국의 시인. 우울증을 앓았다–옮긴이) 같은 열정적인 신앙인들과는 공통점이 거의 없었다. 오히려 그는 자신의 별을 의식하는 운명론자에 가까웠다.

우울함은 링컨의 정치적 전망에도 영향을 미쳤다. 언론인이자 그의 절친한 친구였던 노아 브룩스는 "링컨은 낙관적인 성격의 소유자가 아니었고, 사물의 밝은 면을 볼 때도 언제나 재난과 패배에 대비했다"고 했다. 링컨의 경호원이었던 윌리엄 크룩은 남군의 항복 이후 리치먼드Richmond를 방문했을 때 겪은 무척 흥미로운 경험을 다음과 같이 전해줬다. "링컨 대통령이 리치먼드 시가지를 걸어가면서 연방과 자신의 승리를 느낄 때만큼 슬퍼 보인 적은 없었다.”몇 년간의 노력과 고통을 통해 승리의 영광을 쟁취하는 바로 그 순간에 기쁨을 느끼지 않은 점을 어떻게 이해해야 할까? 전쟁으로 인해 죽어간 동포들과 황폐화된 국토 때문에 슬픔을 느낀 것일까? 물론 그런 이유도 있었을 것이다. 그러나 그의 위대한 사명, 즉 자신의 개인적 좌절과 음울한 성정을 극복하는 동력이었던 일생의 과업이 끝났다는 점에서 찾아온 슬픔을 느꼈을 수 있지 않을까? 아마 그는 이제 그런 도전과제가 사라진 데 따른 허탈감을 다시 느낄 것이라는 점과 단순히 허탈해질 뿐 아니라 불행한 결혼 생활을 비롯한 개인적 슬픔을 잊을 만한 도전과제가 없다는 점을 예측했을 것이다. 하긴 혹자는 처칠의 경우도 전쟁에 매달리는 동안 잠잠하던 우울증이 전쟁이 끝나자 재발했을 것이라고 생각한다. 전쟁이 막을 내린 뒤 어린 손녀가 할아버지의 파란만장한 삶에 대해 질문을 던지자 처칠은 이렇게 대답했다고 한다. “나는 결국에는 아무것도 이루지 않으려고 많은 것을 이룬 셈이란다.” 하지만 링컨의 경우는 처칠과 달랐다. 링컨에게 정치가로서의 강인한 의지를 선사한 것은 바로 그의 우울함이었다.

링컨의 정치적 원칙

리더십을 탐구하면서 느낄 수 있는 최고의 기쁨 가운데 하나는 리더십 문제를 다룬 명저들이 많다는 점이다. 그런 명저들은 특정 지도자의 삶을 소개할 뿐 아니라 역사해석의 기준인 가치와 담론의 조건을 형성하기도 한다. 흔히 우리는 전기를 통해 특정 지도자의 인격에 접근한다. 사실 전기는 우리가 현재와 미래의 여러 지도자들을 평가하는 데 큰 영향을 미친다. 처칠이 1935년에 발표한 《이 시대의 위인들Great Contemporaries》은 20세기의 전기 가운데 최고봉으로 꼽을 만한 책이다. 《이 시대의 위인들》은 당시의 유명 정치지도자들의 주요 업적을 소개할 뿐 아니라 각자의 출신배경과 성정이 그런 위대한 업적에 미친 영향을 탐구한 걸작이었다. 밸푸어, 레온 트로츠키, T. E. 로렌스, 아돌프 히틀러 등을 다룬 처칠의 이 짤막한 시론 한 편에는 다른 책 한 권보다 더 많은 가르침이 담겨 있다. 처칠의 《이 시대의 위인들》에 버금가는 걸작으로는 더프 쿠퍼가 쓴 탈레랑의 전기와 데이비드 세실 경이 쓴 《멜버른》을 꼽을 수 있다(《멜버른》은 케네디가 가장 좋아한 책이었다).

그간 탁월한 통찰력과 수사법으로 오늘날 우리가 리더십 문제를 바라보는 시각에 큰 영향을 미친 위대한 저술가들이 꾸준히 등장했다. 그중 한 사람이 바로 1917년에 링컨의 전기를 발표한 찬우드 경이다. 물론 이후 링컨에 관한 더 많은 정보가 알려졌지만, 심오한 심리적 통찰력, 예리한 정치적 분석, 화려한 문체 등을 겸비한 찬우드의 전기는 여러 세대에 걸쳐 칭송을 받았고, 지금도 링컨을 연구하는 사람들에게 값진 교훈으로 남아 있다. 찬우드가 쓴 《링컨》은 뛰어난 완성도와 균형감을 자랑하는 책이다. 그는 링컨을 찬양하지도 비난하지도 않는다. 그는 링컨의 위대함에도, 기회주의적 태도와 교묘한 책임회피에도 귀 기울인다. 그런 공평한 사실주의는 오늘날의 상당수 정치 관련 서적과 뚜렷한 대조를 이룬다. 사실 요즘의 정치 관련 서적은, 만일 어떤 지도자가 조금이라도 개인적 이익을 추구하거나 타협적인 태도를 보이면 정치 자체를 부패의 온상으로 치부하는 값싼 냉소주의와 특정 지도자의 동기를 순수하기 그지없는 것, 즉 개인적 명예욕이 전혀 없는 완전히 이타적인 것으로 주장하는 천진난만한 이상론 사이를 오락가락하는 경향이 있다. 그 두 가지 관점 모두 위선적인 구호일 뿐이다. 사람들이 그런 위선적인 구호를 외치는 까닭은 정치를 통해 어떤 선한 목적을 달성하기 위해서는 반드시 권력을 잡아야 한다는, 즉 때로는 타협해야 한다는 점과 인간은 원래 명예와 출세를 간절히 바란다는 점을 인정하지 않기 때문이다.

링컨을 아주 미묘한 색채로 묘사한 찬우드처럼 우리는 값싼 도덕적 이상론과 값싼 냉소주의 모두를 배격해야 한다. 무엇보다도 찬우드는 링컨이 전시의 지도자로서 보여준 영웅적 활약상이 그의 명예욕과 공명심뿐 아니라 한결 어둡고 불분명한 그의 심리상태가 서로 맞물린 과정을 밀도 있게 파헤쳤다. 토크빌과 브라이스 경(영국의 정치인 겸 역사가─옮긴이)을 위시한 외국의 일류 저술가들처럼 찬우드도 미국에 호감을 갖고 있었으나 미국 사회에서 엿보이는 결점과 약점을 외면하지 않았다. 미국인들은 대체로 토크빌 같은 외국인의 평가를 긍정적으로 받아들였다. 왜냐하면 외국인들은 신선한 것에는 흥미를 느끼고 위험스러운 것에는 경계심을 느끼면서 미국을 색다른 방식으로 바라봤기 때문이다. 그러므로 토크빌과 찬우드 같은 인물들의 책은 미국인이 스스로를 바라보는 거울이 될 수 있다. 물론 미국인과는 다른 시각에서 묘사한 다른 윤곽이 보이겠지만 말이다.

찬우드는 링컨의 정치적 사명의 핵심을 꿰뚫고 있었다. "그러므로 링컨의 다음 발언에서 벗어날 탈출구는 없다. '만일 노예제가 나쁘지 않다면, 세상에 나쁜 것은 하나도 없다.'" 링컨 시대의 현실, 그의 인격, 그의 삶을 에워싼 환경 등에 비춰볼 때 바로 이와 같은 핵심적인 원칙에서 여러 가지 필연적인 결론이 나올 수밖에 없다.

잘못을 바로잡는 것이 간단하지도 않았고, 즉각적이고 전격적인 노예해방이 최선이지도 않았다. 그러나 남부의 정치인들은, 매우 혐오스런 폐단을 막아야 했고, 아무리 조심스럽고 실험적인 것이어도, 노예의 지위 향상을 꾀할 정책을 고안해야 했다. 인간을 거래하는 관습을 고수하려고 애쓰면서 이런저런 이유를 내세운 채 제도의 해악을 외면한 사람들을 싸잡아 비난할 수는 없다. 그러나 모든 개혁을 무시한 채 무슨 수를 써서라도 노예제를 영원히 유지하고 더욱 확대하려는 의도적이고 지속적인 정책은 범죄에 가까운 정책이다.

당대인들은 링컨을 열렬한 급진주의자나 소심한 점진주의자로 볼 수 있었고, 실제로 두 가지 시각이 널리 퍼져 있었다. 철저한 노예제 폐지론자들과 각 주의 권리를 주장한 남부의 노예제 옹호론자들 모두 링컨을 비난했다. 토크빌은 미국에서 다수 의견에 의한 독재가, 당장에는 정치적 압제로 이어지지는 않겠지만, 알게 모르게 정신적 침식을 유발함으로써 신분과 공적의 구별이 사라짐에 따라 비범한 능력을 지닌 사람이 활약할 여지가 없어질 가능성을 우려했다. 그가 보기에 미국에서 출세와 성공을 맛보려면 보통사람들의 눈높이를 맞춰야 한다. 찬우드는 링컨이 정치적 경력을 쌓은 잭슨 시대를 토크빌의 미래상이 실현된 시기로 간주했다. 실제로 19세기 중반에 영국의 정치는 벤저민 디즈레일리 같은 여러 인물들의 활약을 바탕으로 화려하게 꽃피었지만, 미국의 정치는 그렇지 못했다.

겉모습만 보면 링컨은 전형적인 기회주의자, 순응주의자였다.

링컨의 경력을 평가할 때 그가 정치가로 성장하는 동안 만연한 민중정치 개념이 리더십에, 그리고 개인적 특성에 점점 불리하게 작용했다는 점을 명심해야 한다. 잭슨 대통령 재임기에 민주당원들이 민중에 의한 통치를 꾀하는 데 적합한 방식으로서 채택한 새로운 정당조직은 의사표명의 극단적인 획일성을 초래했고, 그런 획일성에 위배되는 행동을 무분별할 뿐 아니라 부적절한 것으로 치부했다.

정치 초년병 시절에 링컨은 원칙을 저버리고 돈만 밝히는 정치꾼으로 평가될 때가 많았다. 찬우드의 설명을 들어보면 일리 있는 평판이었다.

얼마 지나지 않아 링컨의 동료들 사이에서는 어떤 제안이나 의견을 내놓을 시점이 무르익었는지에 관한 문제가 대두되었다. 아마 독자들은 링컨도 그런 고민을 하지 않았는지 궁금할 것이다. 혹시 그는 정치를 하면서, 그리고 특히 대통령으로서의 막중한 사명을 수행하면서 설령 비열하지는 않아도 최소한 천박한 기회주의적 요소를 보여주지는 않았을까? 혹은 여러 가지 인간적 결점을 지닌 사람이 아주 유익한 정치적 수완일 뿐 아니라 영웅적인 자기절제가 요구되는, 치밀한 계산과 지혜로 무장한 기회주의자로 변신하듯이 링컨도 그랬던 것은 아닐까?

하지만 잭슨 시대의 순응주의 덕분에 링컨은 자신의 핵심사명을 교묘히 채색할 수 있었다. 그는 얼핏 기회주의자로 비춰졌으나, 결국 목표실현에 필요한 지지세력을 확보하지 않은 채 성급히 목표를 밝히거나 지엽적 문제에 힘을 낭비하지 않으면서 일관성 있게 노예제 폐지라는 핵심사명에 다가갔다. 이런 의미에서 볼 때 19세기 중반의 미국 정치계를 장식한 순응주의는 링컨에게 유리하게 작용했고, 덕분에 그는 평범한 중도파로 위장할 수 있었다. 링컨은 그렇게 과소평가됨으로써 자신의 장기적 목표를 굳이 드러내지 않을 수 있었다. 찬우드의 말을 들어보자.

링컨의 사상과 정서의 형태와 그의 성격이 미국의 정치인에게 부과된 제약과 아주 잘 어울리고, 따라서 거의 해를 끼치지 않는 그런 종류에 속한 점은 링컨과 미국 모두에게 다행이었다. 그는 다른 방식으로도 끈질긴 사람임을 입증할 수 있었다. 여러 가지 점에서, 아마 대부분의 점에서 그가 마음속에 품었던 생각은 주변의 여러 사람들과 큰 차이가 있었지만, 그는 그것을 악착같이 감추려고도 불쑥 드러내려고도 애쓰지 않았다.

역사가 도리스 컨스 굿윈이 언급했듯이 링컨은 모든 견해에 기꺼이 귀 기울였지만, 근본적인 부분에서는 결코 마음을 바꾸지 않았다. 그는 일찌감치 노예제 폐지를 목표로 삼고 정확한 시기와 방법은 훗날로 미룬 채 때를 기다리며 한걸음 한걸음 다가갔다. (대통령에 당선된 지 한참 뒤인 1864년에 비로소 그는 노예제가 잘못되었다고 '생각하고 느끼지' 않은 '때를 기억할 수 없다'고 주장했다.) 자유로운 사회라는 원칙과 노예제 사이의 모순을 더 이상 견디지 못할 시점에 도달한 것은 링컨이 아니라 바로 미국이었다. 링컨은 이미 오래전에 노예제 폐지를 결심했다. 미국이 그에게 다가올 준비가 되었을 때, 그는 이미 여러 해 전부터 동일한 도덕적 위치에 자리 잡고 있으면서 동포들도 거기 동참하기를 기다렸다. 마음만 먹었다면 링컨도 그 옛날 페리클레스가 아테네 시민들에게 전했던 말을 할 수 있었을 것이다. "나는 그대로입니다. 변한 것은 여러분입니다."

더구나 링컨은 삶의 중요한 대부분의 문제는 우리가 알 수 없는 운명의 손에 달려 있다고 믿었다. 그것은 그의 우울함의 결과일지 모르고, 혹은 타고난 비관적인 성정과 공적으로나 사적으로나 그가 맞이한 역경의 상호작용을 통해 얻은 지혜일 수도 있다. 다시 말해 그는 최선을 다하되 결과는 하늘에 맡겨야 한다는 생각을 갖고 있었다. 찬우드가 말했듯이 링컨은 "이성의 궁극적인 승리를 믿는 일종의 운명론적 확신을 갖고 있었고, 이성의 승리를 위한 정치적 선동이 백해무익하다고 생각했다." 그는 잘만 구슬리면 자기편이 될 수 있는 사람들과 멀어지지 않기 위해 굳이 노예제 반대의사를 열렬히 표명하지는 않았다.

중도파나 부동층을 포기하면서까지 자신의 도덕적 신념을 과감히 선언하는 이상주의자들이 보기에 링컨은 기회주의자였을 수 있다. 언젠가 링컨은 노예제처럼 도덕적으로 까다로운 문제는 "그것을 찬성하는 아주 현명한 영혼들을 통해 거점을 확보해야 한다. 하느님이 준비가 되셨을 때 그런 문제들이 정리되어 법으로 자리 잡고 우리 제도 안에 녹아들 것이다"라고 말했다. 찬우드는 링컨의 이처럼 조심스런 태도에 고개를 끄덕이며 이렇게 말한다. "이런 반응은 다소 냉정해 보이지만, 링컨은 아마 때가 충분히 무르익을 때 올바른 길을 선택할 사람으로 판단할 만하다."

　　어쨌든 여기에서는 링컨의 심각한 우울증과 리더로서의 뛰어난 능력 사이의 역설적인 연관성이 드러난다. 최소한 개인적 차원에서 그를 수렁에 빠뜨렸을 법한 그 무서운 절망감은 끊임없이 닥쳐온 수많은 공적 차원의 문제로 인해 지치지 않는 끈기로 탈바꿈했다. 이성과 정의가 필연적으로 승리한다고 여기지 않으면서 동시에 무지와 불의가 이성과 정의를 영원히 억누를 수도 없다고 믿었기 때문에 링컨은 온몸으로 목표를 간직했고, 결국 운명은 그에게 목표를 정확히 언제 어느 정도까지 성취할 수 있을지 알려줬다.

　　찬우드에 따르면, 그가 대통령에 당선되기 5년 전에 죽마고우인 조슈아 스피드에게 보낸 편지는 '링컨이 정치에 대해 진심을 털어놓은' 유일한 사례였다. 스피드는 켄터키 주의 명문가 출신으로 서쪽인 일리노이 주로 이주해 한 재산 모은 사람이었다. 스피드는 링컨이 변호사 일을 시작한 1830년대에 스프링필드에서 그와 친구가 되었다. 문제의 편지에서 링컨은 훗날 스프링필드 청년회관 연설을 통해 딱 한 번 공개적으로 밝힌 뜨거운 야심을 이렇게 털어놨다. "세속적인 수단으로 실현할 수 있는 모든 것을 훨씬 넘어선 이상향 엘리시온을 꿈꾼 것이 특히 자네와 나의 불행이라고 확신하네." 그리스 신화에 나오는 엘리시온은 이승에서 위대한 정복자와 정치가로 활약했던 사람들의 영혼이 머문 곳이고, 링컨이 스프링필드 청년회관 연설에서 언급한 독수리 떼를 위한 곳이기도 하다. 따라서 링컨은 스스로를 그런 부류에 속한 것으로 여긴 셈이다. 하지만 스프링필드 청년회관 연설 이후 그는 지상으로 내려왔고, 미국이 그에게 정해준, 그리고 노예제를 둘러싼 임박한 위기가 정해준 한계 안에서의 세속적 정치활동을 예견했다.

링컨이 스피드에게 보낸 편지의 나머지 부분에는 그가 마음속에 품은 정치적 지향점이 제시되어 있다. 우선 그는 노예제 반대 의사를 밝힌다. 링컨에 따르면, 스피드는 '노예제의 추상적 오류'는 인정하지만, 노예소유주로서의 법적 권리를 포기하기보다는 차라리 '연방이 해체되기를' 바란다. 링컨은 스피드를 비롯한 모든 노예소유주들에게 그런 권리를 포기하도록 요구하지는 않는다고 주장한다. 다만 여기서 링컨이 말하는 노예소유주는 현재 노예를 갖고 있는 사람이다. "자네의 노예들과 관련해 우리나라의 헌법에 입각한 자네의 권리와 내 의무를 인정하네." 즉 이때까지 링컨은 새로운 준주準州로 노예제를 확대하는 방안에만 반대하고 있다. 비록 도덕적 문제는 있지만 이미 확고하게 자리 잡은 곳에서는 노예제를 그대로 유지하고, 다만 세월이 흐르면서 자연스레 쇠퇴하기를 기대할 뿐인 것이다. 이것은 훗날 북부 연방의 강력한 적수인 리와 건국의 아버지인 제퍼슨과 본질적으로 동일한 입장이었다. 그는 극렬 노예제 폐지론자들이 좋아할 만한 사람은 전혀 아니었다.

하지만 편지에서 링컨이 털어놓은 노예의 고통, 즉 어려서부터 그를 괴롭힌 끔찍함에 대한 순전히 개인적 차원의 호소는 무척 인상적이다. "가여운 피조물들이 사냥을 당하고 잡혀와 다시 감옥에 갇힌 채 무보수의 노동에 시달리는 모습을 지켜보면서도 입술을 깨물고 침묵을 지키기가 끔찍이도 싫었음을 고백하네." 그것은 잘만 구슬리면 자기편으로 끌어들이거나 적어도 반대편으로 만들지는 않을 법한 부동층의 인심을 잃지 않기 위해 그간 억눌렀던 양심의 가책이었다.

이어서 그는 1841년에 스피드와 함께 증기선을 타고 루이스빌에서 세인트루이스까지 여행한 추억을 꺼낸다. 증기선에는 인간 가축시장에 팔려나갈 10여 명의 노예가 족쇄를 찬 채 실려 있었다. "그 광경은 끈질기게 나를 괴롭혔고, 지금도 오하이오 강 같은 자유주와 노예주를 가르는 경계선에 올 때마다 비슷한 모습이 눈에 띈다네." 이것은 노예주에 물리적으로 접근하기만 해도 자신을 괴롭힌 부당한 현실을 향한 그의 안타까움을 엿볼 수 있는 창이고, 사실로 확증되지는 않은 링컨의 유명한 경험담, 그러니까 그가 스물두 살 때 뉴올리언스에서 노예시장을 생전 처음 목격하고 분노에 떨었다는 일화와 일맥상통한 고백이기도 하다. 사실인지 아닌지 모르나 그때 링컨은 이렇게 말했다고 한다. "세상에 이럴 수가……. 언젠가 기회만 된다면 내 기필코 저것을 없애버리겠다!" 그런데 혹시 유년기에 아버지에게 버림받은 데 따른 무기력감 때문에 세인트루이스행 증기선의 가여운 인간화물에 대한 연민이 더욱 깊어진 것은 아닐까? 당시 링컨의 아버지는 아내와 사별한 뒤 다른 여자를 집으로 들이기 위해 나갔다가 여섯 달 만에 돌아왔고, 그동안 링컨의 형제자매들은 누더기를 걸친 채 영양실조에 시달렸다. 링컨은 어려서부터 인간은 홀로 내버려진 채 아무런 도움도 받지 못할 수 있다는, 그리고 인간의 선량함이나 도리를 막연히 믿을 수는 없다는 충격적인 사실에 깊은 상처를 받았을 것이다. 아버지에게 버림받고 누더기를 걸친 아이의 처지에서 무기력감을 뼈저리게 느꼈기 때문에 그는 틀림없이 평생 끔찍한 억압에 시달릴 수밖에 없는 증기선의 노예들에게 깊이 공감했을 것이다.

링컨은 편지에서 스피드에게 노예소유주들만 재산권자로서 그 문제에 '관심'을 가질 자격이 있으므로 다른 사람들은 간섭하지 말라는 생각은 잘못이라고 충고한다. 그는 스피드가 재산권을 뛰어넘는 기준, 이를테면 양심 같은 기준도 있다는 점을 깨닫도록 조심스럽게 타이른다.

나로 하여금 비참한 기분을 느끼게 할 수 있고 실제로 계속 그렇게 강요하는 일에 간섭할 자격이 없다고 여기는 태도는 옳지 않다고 생각하네.

그런 다음 공직자로서 어떤 식으로든 미국의 노예제와 타협할 수밖에 없는 점을 자책한다. 노예제의 확대에만 반대한 것은 자신과 친구인 스피드가 사랑하는 연방을 유지하기 위해 본심을 희생한 것이다. 그는 북부인들이 기존의 노예제를 인정한 점을 마치 연방을 지키기 위한 애국심에 따라 양심을 십자가에 못 박은 것으로 비유하면서 자신의 이중적 태도를 북부 전체로 확대한다.

얼마나 많은 북부인들이 헌법과 연방을 유지하기 위해 자기 감정을 억눌렀는지 알아야 하네. 나는 노예제의 확대에 반대하네. 왜냐하면 내 판단과 감정이 너무나 확고하기 때문이고, 그 반대를 택해야 할 의무가 전혀 없기 때문이네. 이 점에서 자네와 내 의견이 달라야 한다면, 우리는 서로 달라야 하네.

바꿔 말해 링컨은 스피드가 남부와 각 주의 권리에 대한 참을 수 없는 간섭으로 여기는 것과 노예제 폐지론자들이 우유부단한 중심 잡기로 치부하는 것을 현실적인 타협으로 바라본다. 그리고 다음과 같은 말로 일단 결론을 맺는다. "현재로서는 노예제 확대에 반대하는 것 이상은 할 수 없다." 그런데 혹시 '현재로서는'이라는 단서가 밝은 미래를 예고하는 것은 아닐까?

끝으로 링컨은 비판자들에게 자주 지적당한 문제, 즉 앵글로색슨계 이외의 이민자들과 가톨릭교도들을 배척한 반反외래인 운동 조직인 아메리카당을 지지하거나 적어도 배척하지는 않은 점을 다룬다. 우선 그는 아메리카당의 주장에 공감하지 않았고, 아울러 그들을 적으로 만들 생각도 없었다. 정치적 전술의 관점에서 볼 때 그 문제는 적군과 아군이 명백히 구분된 것이었다. 아메리카 당원들은 주로 13개 식민지 정착민들의 후손인 앵글로색슨계 신교도들이었다. 그들은 남다른 역사적 자부심과 새로운 이민자들의 가톨릭 신앙을 향한 뿌리 깊은 적대의식을 갖고 있었고, 기득권을 지키기 위해 이민자들을 배척하려고 했다. 그러나 동시에 그들은 충실한 노예제 폐지론자들이었다. 노골적인 반가톨릭적 성향으로 무장한 그 근본주의적 신교도들은 구약성서의 예언자들이 보여준 엄격한 도덕성을 무기 삼아 노예제를 향한 증오심에 불을 붙였다. 이미 1790년대부터 퀘이커교의 도덕주의자 존 울먼 같은 독실한 신자들은 새로운 예루살렘의 그 고결하고 경건한 사람들에게 묻은 도덕적 오점을 근절할 것을 줄기차게 외쳤다. 따라서 링컨으로서는 그들을 무작정 멀리할 수는 없었다.

그는 아메리카당의 시각을 다음과 같은 말로 평가한다. "어찌 내가 아메리카당의 시각에 동조할 수 있겠는가? 흑인이 억압받는 현실을 혐오하는 사람이 어떻게 백인의 등급을 가르는 데 찬성할 수 있겠는가?" 흑인의 평등을 주장하는 사람이 아일랜드계 가톨릭교도들이나 유대인들의 평등에 반대할 수는 없는 일이다. 그는 건국의 아버지들이 사실상 "흑인을 제외하고 모든 인간은 평등하게 태어났다"고 선언한 점에서 큰 잘못을 저질렀다고 본다. 그가 보건대 만일 아메리카당이 정권을 잡으면 "흑인, 외국인, 가톨릭교도 등을 빼고 모든 인간은 평등하게 태어났다"고 선언할 것이다. 링컨은 그런 일이 벌어지기 전에 차라리 '위선이라는 비열한 불순물이 없는 순수한 독재국가인' 러시아 같은 곳으로 떠나고 싶다는 말을 덧붙인다.

남북전쟁 이전의 구舊연방은, 1857년의 드레드 스코트Dred Scott 사건에서 태니 대법관이 주민 과반수의 의사와 무관하게 주와 준주의 노예제를 금지하는 것은 위헌이라고 판결하면서 대단원의 막을 내리기 시작했다. 태니 대법관의 판결은 스티븐 더글러스의 입장보다도 강경한 것이었다. 1858년의 상원의원 선거에서 링컨과 맞붙은 더글러스는 미국의 모든 주와 준주는 그 문제를 독자적으로 결정해야 한다고 주장했는데, 그것은 이미 3년 전에 미주리 협정Missouri Compromise이 폐기되면서 예고된 결정이었다. 태니 대법관의 판결은 사실상 남부의 주들이 연방의 간섭을 받지 않는 독자적인 노예소유권을 지닌 독립국가를 이루고 있다는 존 C. 칼훈의 주장에 힘을 실어줬다. 바야흐로 연방정부가 모든 주에서 노예소유주의 권리를 국법으로 보장해야 할 상황이었다. 태니 대법관이 내린 판결의 요지는 흑인 노예들은 인간이 아니라 재산에 불과하다는 것, 그리고 재산을 획득하고 소유할 권리는 보편적이며 예외를 허용할 수 없다는 것이었다. 제임스 매디슨이 존 로크를 흉내 낸 표현을 빌리자면, 그것은 합법정부의 '1차 목표'였다.

노예제 폐지론자들이 노예를 해방해 여타 미국인과 동등한 존재로 만듦으로써 불협화음을 일소하기를 원한 반면 노예는 미국인도 아니고, 엄격히 말해 인간도 아니라고 주장한 태니 대법관은 노예를 영원히 구속함으로써 모순을 해결하려고 했다. 당시 뜻밖의 판결에 놀란 여러 관찰자들이 말했듯이 태니의 결정은 건국의 아버지들의 의도나 헌법의 작동원리에 관한 당대인들의 인식과 정면으로 배치되었다. 어쨌든 태니는 흑인은 시민이 될 수 없고 시민의 권리도 가질 수 없다고 선언했다. 하지만 이미 그 무렵에는 여러 주에서 흑인들이 수십 년 동안 시민의 권리를 충분히 누리고 있었다. 태니의 결정은 그런 모든 선례에 위배되었고, 헌법을 산산조각 내버렸다. 찬우드는 이렇게 말한다.

이것만 말해두면 되겠다. 네 명의 대통령들, 그러니까 헌법제정에 관여한 건국 초기의 대통령들은 모두 미국 영토 안에서 노예제 허용 여부에 관한 결정권은 의회에 있다는 확고한 믿음에 입각해 행동했다.

드레드 스코트 판결은 노예제 존폐 여부를 해당 지역 주민들의 의사에 맡기자는 더글러스의 주장에 담긴 논리를 강화했고, 나아가 그것을 국법의 지위로 끌어올릴 위험이 있었다. 만약 주민투표로 특정 부류의 사람들을 노예로 삼기로 결정하는 것이 그 지역의 고유 권한이라면, 결국 다수의 주민은 누구라도 노예로 삼기로 결정할 수 있다. 그것은 일반적인 미국인과 달리 흑인은 인간이 아니라는 사실에서 유추한 것이다. 만약 흑인을 인간이 아니라고 본다면, 다른 부류의 사람들도 그렇게 볼 수 있다.

미주리 협정의 폐기와 드레드 스코트 판결을 계기로 노예제가 확대됨으로써 기존의 중도적 입장을 유지하기 어려워진 링컨이 그간 마음속에 담아뒀던 야심만만한 목표, 즉 노예제의 완전한 폐지를 위해 본격적으로 나서게 되었다는 점은 무척 역설적인 사실이다. 아리스토텔레스가 말한 위대한 영혼의 소유자처럼 링컨은 위기의 순간에 빛났다. 더 이상 타협적 태도를 견지하기가 어려워질수록 그의 숨은 재능도 꽃을 피웠다. 찬우드의 말을 들어보자.

링컨이 직접 남긴 기록에 따르면, 미주리 협정의 폐기는 그의 정치적 관심이, 우리가 보충설명하자면 그의 정치적 야심이 '갑자기 엄청나게 되살아난' 계기가 되었다. 그가 가슴 깊이 소중히 간직한 견해는 더 이상 인내를 바라지 않았다. 이제 필요한 것은 적극적인 행동이었다.

미주리 협정의 폐기를 통해 도덕적 측면의 루비콘 강을 건넌 뒤 링컨은 눈에 띄게 당당하고 열정적으로 발언하기 시작했다. 그는 경쟁자인 더글러스를 태니 대법관의 그 불쾌한 견해와 연결해 생각했다.

더글러스에게는 흑인도 인간이라는 생각이 아예 없다. 따라서 자신과 관계있는 입법과정에 어떤 도덕적 문제가 있을 수 있다는 생각도 없다. 그의 관점에서는 어떤 새로운 지방의 노예제 존폐 여부는 마치 그의 이웃이 자기 농장에 담배를 심느냐 마느냐 같은 문제처럼 전혀 중요하지 않은 문제이다.

당시 링컨은 여론의 동향을 살폈고, 여론이 점점 탄탄한 형태와 실체를 갖추는 과정을 놓치지 않았다. 찬우드의 설명을 들어보자.

링컨은 이렇게 말했다. "여론에는 언제나 여러 가지 갈래의 개별적 의견을 형성하는 '중심사상'이 있다. 초창기부터 최근까지 우리 여론의 중심사상은 '인간의 평등'이었고, 비록 그것은 어떤 식의 불평등도 현실적으로 불가피한 문제인 것 같다는 점에 항상 굴복했지만, 그것은 만인의 실질적인 평등을 향해 점진적이고 진취적인 노력을 경주해왔다." 그가 재차 강조한 바에 따르면, 건국의 아버지들은 결코 평등이 실제로 존재한다거나 그들의 행동으로 실질적인 평등을 당장 이룰 수 있다는 명백한 거짓말을 한 적이 없다. 대신 그들은 평등에 꾸준히 다가갈 수 있는 기준을 마련해뒀다.

다시 말해 미국의 건국과정을 이렇게 해석한 링컨의 시각에서 평등은 현재의 사실을 묘사한 것이 아니라 앞으로 성취하기 위해 끈질기게 노력해야 할 이상으로 볼 수 있다. 그런데 링컨의 해석은 정말 사실에 부합할까? 아니면 뚜렷한 미래상을 지닌 정치가가 건국이념에 위배되는 듯한 인상을 주지 않으면서 국가적 경로를 근본적으로 바꿀 수 있는 과정을 보여주는 것일까? 제1부에서 살펴봤듯이 최고의 정치적 수사법의 목표는, 국민에게 당장 과거와 과감히 결별하는 것이 아니라 단지 기존의 잠재력을 최대한 끌어올리는 것이라고 호소함으로써 자발적인 국가 발전을 도모하는 것이다. 링컨이 건국의 아버지들로서는 평등이 실제로 존재한다고 믿을 수 없었기 때문에 그것을 앞으로 끈질기게 추구해야 할 목표로 삼았다고 주장하는 것은 약간의 논리적인 비약이었다. 그러나 아마 건국의 아버지들이 실제로 의도한 바는 다음과 비슷할 것이다. 인간은 생명, 자유, 행복추구 같은 양도할 수 없는 특정한 권리를 갖고 있다. 국민은 대의정부에 일부 권리를 위임할 수 있고, 공무원들은 국민을 대표해 권한을 행사할 것이다. 정부는 법치를 통해 모든 국민을 보호하겠지만, 동시에 언론의 자유, 종교의 자유, 결사의 자유, 재산권 같은 시민의 기본적 권리를 침해하지 않을 것이다.

즉 계몽사상의 영향을 받은 건국의 아버지들은 평등을 목표로 삼지 않았다. 그들은 단지 평등을 최소한의 출발점으로 여겼다. 그들이 보기에 모든 인간은 평등하게 태어난 존재일 뿐이었다. 정부가 우리를 타인의 비정상적 행동으로부터 보호하기 위해서는 우리는 각자의 자기보호 권리를 우리가 선출한 정부에 위임해야 한다. 그러므로 우리는 그 합법적인 권한을 지닌 정부를 따르고 우리에게 부여된 나머지 자유를 마음껏 누린다. 사실 건국의 아버지들은 실질적인 조건의 평등을 실현하려는 시도를 각자의 공적과 능력을 무시하는 급진적인 움직임으로 규정하고 단호히 배척했다. 그들은 결과의 불평등으로 이어지는 기회의 균등이 옳다고 믿었다. 링컨은 이와 같은 건국의 아버지들의 평등개념을 더욱 확장했고, 실질적인 조건의 평등을 실현하기 위한 지속적인 정치적 행동을 다짐했다. 비록 그는 그런 식의 과업을 삶의 모든 영역에 확대해, 이를테면 경제적 평등 같은 목표까지 추구할 생각은 없었겠지만 노예제를 원래의 계약을 위반한, 결코 묵과할 수 없는 제도로 낙인찍기 위해서는 급진적인 원칙을 수용할 필요가 있었다.

링컨의 전기를 쓴 해리 자파의 주장에서 알 수 있듯이, 그것은 사실상 미국의 두 번째 독립전쟁이었다. 건국의 아버지들을 지나치게 탓하는 듯한 인상을 피하고자 링컨은 그들이 단일정부를 수립하기 위해, 그리고 영국을 상대로 성취한 승리의 열매를 낭비하지 않으려는 간절한 마음에서 노예제를 묵인할 수밖에 없었다고 주장했다. "그들은 상황의 절실한 필요성 때문에 노예제를 묵인했을 뿐 그 이상은 양보하지 않았다." 링컨이 보기에 건국의 아버지들은 독립전쟁을 거쳐 성취한 자유가 훗날 노예들의 자유로 이어질 것으로 여겼다. "건국의 아버지들은 대중이 언젠가 그것이 사라질 것이라는 믿음으로 안도할 수 있는 곳에 노예제를 놓아뒀다." 그러나 노예제는 건국의 아버지들이 전혀 예상하지 못한 길을 걸었다. 그러므로 그것을 폐지하거나 적어도 확대를 막기 위해 애쓰는 정치가들은 건국의 아버지들의 참뜻을 거스르는 것이 아니라 그것의 열매를 따는 것, 즉 '노예제를 건국의 아버지들이 원래 놓아둔 자리로 되돌려놓는 것'이다.

찬우드는 링컨이 대권을 잡기까지 오랫동안 시달린 딜레마를 다음과 같이 간추려 설명했다.

노예제에 점점 익숙해진 사람들이 대수롭게 여기지 않는 차이, 즉 이미 손을 쓸 수 없는 미주리 주의 노예제를 인정하는 태도와 손을 쓸 수 있는 캔자스 주로 노예제가 확산되는 것을 방치하는 태도의 차이는, 링컨이 보기에는 선과 악의 차이, 즉 현명한 사람들이 스스로 치유할 수 있는 폐단을 참는 것과 방탕한 사람들이 그것을 미덕으로 여기는 것의 차이만큼 현격한 것이었다. 그것은 링컨과 다수의 공화당원들이 서로 다른 점이었다. 링컨과 그들의 차이는 얼핏 희미해 보이지만 실제로는 그와 노예제 폐지론자들의 차이보다 훨씬 뚜렷했다. 노예제가 캔자스 주로 확신되는 것을 묵과할 수 없는 까닭은, 나중에 드러났듯이 캔자스 주로 이주한 사람들 대다수가 노예제를 원하지 않았기 때문이 아니라 노예제 자체가 옳지 않기 때문이고, 자유국가인 미국과 노예제는 어울리지 않을 것이기 때문이다.

아리스토텔레스의 윤리학적 가르침에 따르면, 미덕이란 양극단 사이의 중용이지만 둘 중 하나에 더 가까운 것이다. 이렇게 볼 때 링컨은 노예제의 즉각적인 폐지와 노예제의 영구적인 유지라는 양극단 사이의 중용을 선택하고 있지만, 결국 노예제를 폐지하는 쪽에 가깝다. 링컨은 캔자스 주로 노예제를 확대하는 것에 반대했다. 하지만 그것은 캔자스 주 사람들이 노예제를 원하지 않았기 때문이 아니라 연방이 그런 도덕적 오점의 확산을 방치할 수 없었기 때문이다. 더글러스는 비록 개인적으로는 노예제에 찬성하지 않았지만, 노예제 존폐 여부를 각 주가 스스로 결정해야 한다는 입장이었다. 반면 노예제 폐지론자들은 북부와 남부, 기존 주와 신생 주를 막론한 모든 곳에서 노예제를 허용하지 말아야 한다고 주장했다. 링컨의 견해는 이미 노예제가 자리 잡은 곳에서는 허용하되 앞으로는 해당 지역의 여론과 무관하게 노예제를 확대하지 말아야 한다는 것이었다. 위대한 정치가들이 흔히 그렇듯 링컨이 모두에게 동일한 만족도를 선물하지 않은 것은 최후의 승리를 위한 초기 작전이었다.

찬우드는 링컨이 양극단 사이의 중용을 모색한 과정을 이렇게 요약한다.

그의 목표와 의도에 관해 확실히 두 가지를 말할 수 있다. 첫째, 연방에 어떤 위험이 닥칠 것으로 예상했든 간에 그는 결코 연방에 가치를 부여하는 원칙을 포기하는 듯한 수단에 의존해 위험을 피하려고 하지는 않았을 것이다. 둘째, 그는 어떤 대가를 치르더라도 연방을 수호할 각오를 하고 있었을 것이다. 생각이 깊고 온화한 성정의 소유자에게 전쟁은 언제나 끔찍이도 싫은 것이지만, 결코 개인적 죽음 이상의 최악으로 보일 수는 없다.

처칠은 이런 링컨의 모습에서 궁극적인 목적을 유연하게 추구하기 위해 상황변화에 따라 전술을 기꺼이 바꾸는 '기회주의자'의 전형을 발견했다.

균형을 유지하면서 꾸준히 항해하기 위해 그는 배의 방향을 상황에 따라 이리저리 바꾼다. 개별 사안에서 그가 주장한 내용을 서로 비교해보면 무척 다를 뿐 아니라 취지가 서로 어긋나거나 방향이 반대이다. 그러나 그의 목표는 처음부터 끝까지 그대로이다. …… 그것을 일관성 없는 태도로 치부할 수는 없다. 변화하는 상황 속에서 일관성을 유지할 수 있는 유일한 방법은 가장 중요한 목적을 그대로 간직한 채 상황에 적응하는 것이다.

미주리 협정이 폐기된 뒤 링컨은 이제 노예화의 논리가 모두에게 적용될 수 있는 점을 여러 차례 지적했다. 노예제의 무제한적 확대의 원칙은 근본적인 측면에서 태니의 입장은 물론 더글러스의 입장과도 부합하는 것이었다. 왜냐하면 더글러스의 입장도 노예제의 확대를 허용한 것이었고, 지금은 노예제를 금지한 개별 주와 준주의 주민들이 앞으로 마음을 바꿀 수 있는 환경을 조성할 것이기 때문이다. 찬우드는 링컨의 견해를 이렇게 설명한다.

링컨의 주장에 따르면, 그 원칙은 다음과 같은 간단한 형태로 요약할 수 있다. 만일 어떤 사람이 다른 사람을 노예로 삼기로 결정한다면, 제3자는 그 누구도 거기에 반대할 권리가 없다.

찬우드의 설명을 더 들어보자.

남부의 지식인들 사이에서 확고히 자리 잡은 중심사상은 '피부색과 무관한 방식의' 인간에 의한 인간의 노예화에 찬성하는 것이었다. 이제 만인의 권리를 역설한 건국의 아버지들이 확립한 원칙과, 링컨이 지목한 '왕권신수설'의 사례이자 건국의 아버지들이 반대한 원칙 중 하나를 확실히 선택해야 했다.

따라서 남북전쟁은 독립전쟁의 연장선으로 볼 수 있었다. 독립전쟁의 적은 영국이었지만, 현재의 적은 남부였다. 사실 크게 보면 남북전쟁은 인간의 권리와 책임정치를 확립하기 시작한 영국의 명예혁명을 계승한 것이기도 했다. 그러므로 남북전쟁은 영국에서 일어난 의회파와 왕당파 간의 내전이 재현된 것이었다. 즉 북부는 신교도 개혁파의 역할을 맡았고, 남부의 리 장군이 왕당파의 정신을 대변했다고 볼 수 있다.

위대한 적수: 로버트 E. 리

내가 1년쯤 머문 적도 있고 이후에도 여러 차례 들른 적 있는 워싱턴 시는 아주 매력적인 도시이다. 물론 높은 범죄율, 소박한 유흥문화, 모범생 같은 사고방식, 주변 3개 주를 2시간 동안 차를 몰로 돌아다녀야 겨우 알맞은 집을 구할 수 있는 점 따위를 문제 삼는 불만의 목소리가 있기는 하다. 그러나 외부 방문객에게 워싱턴 시는 마치 로마제국의 수도 같은 느낌을 준다. 워싱턴 시에는 대리석, 반구형 건물, 팔라디오풍의 계단 같은 제퍼슨 식 고전주의의 영향이 곳곳에 남아 있다. 그런 풍경은 마치 여러 시대를 거쳐 미국인의 공화국까지 이어진 고대의 공화국을 의도적으로 모방한 것이자 민주적인 기회를 갖춘 법치에 대한 로마인의 헌신과 아브라함적 신앙의 연민이 결합된 것으로 보인다. 내가 워싱턴에 머물 때 폴저 도서관Folger Library 근처의 자갈길 거리에 있는 연립주택에서 스미소니언Smithsonian 협회 건물에 마련된 사무실로 매일 걸어가는 동안 늘 들르고 싶은 곳이 있었다. 국회의사당을 지나 국립수목원으로 걸어가다 보면, 저 멀리 모여 있는 일렬로 줄지어 선 그리스풍과 로마풍의 기둥과 삼각형 박공벽이 반대편 끝의 워싱턴 기념탑에서 마무리될 때 내셔널 몰National Mall이 보였다.

실없는 소리처럼 들릴지 모르지만, 내셔널 몰은 마치 고대세계에 대한 내 유년시절의 상상력에 불을 지폈던 〈클레오파트라Cleopatra〉나 〈성의聖衣, The Robe〉 같은 영화에 나오는 로마제국의 그럴듯한 대규모 촬영장 같았다.

우드로윌슨센터Woodrow Wilson International Center for Scholars의 객원 연구원으로 있으면서 워싱턴에 머물렀던 해에 나는 당시 윌슨센터가 입주한 붉은 벽돌의 오래된 '스미소니언 캐슬Smithsonian Castle'의 고딕풍 부속탑 중 하나의 꼭대기 층에 마련된 사무실을 썼다. 그 높다란 둥지에 자리 잡은 채 나는 세로 칸막이가 있는 창문을 통해 넓게 펼쳐진 내셔널 몰을 내려다봤다. 그때 나는 플라톤의 시각에서 바라본 정치가에 관한 책을 쓰고 있었고, 진부하게 들릴지 몰라도 현대판 로마의 웅장한 건물들을 바라보면서 고대 공화국에 관한 책을 쓴다는 생각에서 영감을 느꼈다.

꽃향기가 그윽하게 피어오른 어느 아름다운 봄날, 나는 지하철을 타고 알링턴 국립묘지Arlington National Cemetery로 향했다. 길고 구불구불한 언덕길을 올라가다가 길게 늘어선 침울하고 오싹한 느낌의, 전몰용사들의 묘비와 마주쳤다. 거기에 묘비가 있는 것은 이미 알고 있었다. 그런데 뜻밖에도 그 언덕 꼭대기에 리 장군의 고택이 있었다. 그 전에 나는 자동차를 타고 워싱턴 시가지를 지나면서 포토맥 강 위쪽 언덕 위의 나무들 사이로 리의 고택의 기둥들을 본 적이 있었고, 그때 어렴풋이 그곳이 방문객들에게 개방되어 있다고 생각했다. 그러나 국립묘지에 가서 직접 마주칠 줄은 몰랐다.

256

리의 고택과 그것을 둘러싼 환경에는 무언가 매력적인 요소가 있었다. 그때는 평일이라 아무도 없었다. 나는 하얀 기둥들에 둘러싸인 그리스풍의 커다란 주랑 현관에 혼자 서서 그 앞에 펼쳐진 광경을 내려다봤다. 현대 도시 워싱턴의 모습은 대부분 국립묘지 곳곳에 서 있는 나무 아래에 숨어 있었다. 그곳에서 조용히 산들바람을 맞으며, 꽃향기를 맡으며, 매미 울음소리를 들으며 혼자 서 있으면 누구나 리가 거기 살았던 시절, '워싱턴 시'가 온통 진흙 길로 가득했던 시절로 되돌아가는 듯한 상상에 빠질 것 같았다.

그것은 조지 워싱턴의 후손과 결혼한 버지니아 주 귀족이자 농장주인 인물의 저택에서 바라본 풍경이었다. 한동안 남북전쟁 이전의 미국, 즉 제인 오스틴(《오만과 편견》으로 유명한 영국의 여류 소설가—옮긴이)의 소설에 나오는 중도적 입장의 명문가 사람들과 다르지 않은, 토지와 학식으로 무장한 건국 초기의 연방파와 민주공화파가 지배한 미국이 저 아래 펼쳐진 듯했다. 저택의 내부는 짙은 색깔의 오크 목재로 마감되어 있었고, 기름 먹인 가구와 오래된 나무의 향기가 가득했다. 여러 개의 방은 리가 전쟁으로 비워두기 전의 상황을 그대로 재현해 정성스럽게 장식되어 있었다. 나는 리가 북군 최고사령관을 맡아달라는 링컨의 제안을 아내와 함께 밤새도록 고민했던 그 응접실에 서 있었다. 리가 결국 연방의 붕괴를 원하지 않았던 것만큼 자신의 첫 번째 진정한 '조국'인 버지니아 공화국에 총부리를 겨눌 수 없다는 결론을 내린 곳이 바로 그 응접실이었다.

어릴 적에 부모님이 주신 미국 독립전쟁에 관한 그림책을 읽었을 때부터 나는 리 장군에 흠뻑 빠졌다. 나는 남군 병사들의 멋진 회색 군복(북군 병사들의 청색 군복보다 왠지 고급스러워 보였다), 남군의 당당하고 호탕한 기백, 리 장군의 귀족다운 위엄과 은근한 교양미 등에 끌렸다. 물론 그 어린 나이에도 링컨과 북부의 명분이 100퍼센트 옳았고 남부의 명분이 100퍼센트 틀렸음을 알고 있지만 말이다. 정의와 아름다움이 늘 함께할 수는 없다는 점을 깨달은 것은 그때가 처음이었다. 나는 리 장군에게는 다른 남부연합 사람들이 근접하지 못하는 요소가 있다는 것도 느꼈다. 사진 속 그의 얼굴은 언제나 차분하고 평온했지만, 그의 눈을 보면 마치 아주 오랫동안 계속될 끔찍한 사태를 예측하고 동포들이 겪을 고통을 껴안는 듯한 느낌을 읽을 수 있었던 것이다. 그러나 그의 눈은 세계에서 가장 훌륭한 나라에 어쩌다가 그런 불행이 닥쳤는지 이해할 수 없다고 말하는 것 같기도 하다.

미국인들, 심지어 북부인들도 유독 리에게는 남부 연합의 여타 지도자들을 향한 비난과 모욕을 자제해왔다. 사람들은 마치 그의 선택이 얼마나 고통스러웠는지 알고 있는 것 같았고, 그가 북군을 증오하는 마음이 없었음을 이해하는 듯했다. 비록 나중에는 역사의 무대에서 사라졌지만 불과 몇 년간의 전쟁을 거치면서 그는 미국에서 가장 존경받는 인물 가운데 한 사람으로 떠올랐다. 전쟁이 끝난 뒤 그는 그간의 경험을 발판으로 사리사욕을 채우기는커녕 버지니아 주의 소규모 사립대학의 학장에 취임해 마치 오스틴의 소설에 나오는 주인공처럼 격조 있는 여생을 보냈다. 리는 그 사립대학의 학문적 수준을 끌어올리기 위해 불철주야 힘썼고,

"모든 학생이 신사가 되어야 한다"는 것을 '유일한 학칙'으로 선언했다. 그는 군인생활에 관심 있는 젊은이들은 학문적 소양을 쌓아야 한다고 주장했다. 이렇듯 그에게는 가족애, 조국애, 학구적 태도 등과 군사적 야망 사이에서 적절한 균형을 유지하려고 했던 로마의 스키피오 아프리카누스와 비슷한 점이 있었다. 물론 마음속으로는 틀렸다고 생각한 명분을 위해 싸운 뒤에 역사의 무대에서 사라진 점도 마찬가지일지 모른다.

여러 세대에 걸쳐 리는 미국의 군인들에게 전시에도 명예와 품위를 보여준 인물, 완벽한 신사적 무인으로 남았다. 알링턴 국립묘지는 그를 향한 존경심의 역설적인 증거이다. 북군의 몽고메리 메이그스 장군이 북군 병사들을 매장할 장소로 리가 비워둔 저택 주변의 땅을 선택한 데는 그를 모독하려는 의도가 담겨 있었다. 그런데 오히려 리 장군의 전설은 미군 병사들의 최후의 안식처를 감싼 신성한 분위기와 어우러진 웅장한 고택에서 더욱 구체적으로 표현되었다. 주변의 묘지들은 리를 모독하기는커녕 그가 남긴 고택과 명성을 더욱 빛내고 있다. 죽음을 통해 그는 북부와 남부 모두의 가장 위대한 장군이 되었다.

링컨의 전기를 쓴 찬우드는 남북전쟁 발발 당시의 북부 문화와 남부 문화를 다음과 같이 적절하게 설명한다. 북부에서는 "발언권이 강한 지식인들이 공화당을 지지했다." 〈뉴욕트리뷴〉의 호러스 그릴리를 비롯한 문학계, 정치계, 언론계 등의 유력인사들은 노예제 폐지론을 중심으로 뭉쳤고, 적어도 노예제 확산을 막아줄 연방을 유지하기 위해 투쟁했다. 반면 사교계 인사들은 대다수 건국의 아버지들의 출신지이자 여전히 유행과 우아한 생활방식을 선도하고 있는 남부의 입장에 동조했다. "사교계를 주도한 여론은 언제나 모든 사안에서 남부의 시각에 기울었다." 리는 유행에 민감한 사교계 인사들이 주목한 남부 사회의 미덕을 상징하는 인물이었다. 반면 대통령의 신분으로 뉴욕을 방문해 오페라를 관람하러 갈 때 알맞은 장갑의 색깔도 몰랐던 링컨은 뜻밖에도 북동부 지역의 지식인 사회에서 가장 뛰어나고 똑똑한 사람들, 즉 게티즈버그 전투에서 영웅적인 활약을 펼친 메인 주 출신의 고전학 교수 조슈아 체임벌린과 링컨에게 〈오 대장! 우리의 대장!O Captain! My Captain!〉이라는 시를 바친 뉴욕 주 출신의 시인 월트 휘트먼 같은 젊은 이상주의자들의 우상이 되었다. 이와 같은 역설적인 상황은, 케네디를 도왔던 보스턴의 진보적인 지식인들이 나중에 텍사스 출신의 무례한 존슨 밑에서 일하며 그가 민권법을 통해 전임 대통령이 우아한 제스처만 취했을 뿐인 의제를 구체적으로 실현하는 모습을 지켜본 1세기 뒤에 다시 벌어졌다. 즉 링컨 대통령 이후 민권의 가장 큰 진전을 달성하기까지는 더욱 투박하고 더욱 실리적인 인물이 필요했던 것이다.

아무튼 리에게는 워싱턴의 타고난 기품 같은 요소가 있었던 모양이다. 찬우드의 설명을 들어보자.

'기사騎士'는 리에게 딱 들어맞는 별명이었다. …… 어느 병사의 비망록에 따르면, 울즐리(남북전쟁 때 리 장군을 직접 만난 영국의 장군—옮긴이)는 리를 '타고난 위대함으로 깊은 인상과 두려움을 심어준 몇 안 되는 인물

가운데 한 사람'으로 여기고 있다. 울즐리는 그의 '위엄', 그의 성격적 '매력', '그의 미소의 달콤함과 고전적인 연설방식의 인상적인 품격'에 대해 언급한다. 울즐리는 "그의 위대함 앞에서 나는 움츠러들 수밖에 없었다"고 말한다.

이것은 리의 아들이 유년기의 기억을 바탕으로 묘사한 아버지의 모습과 거의 일치한다. 개인적 차원에서 리는 성실한 남편이자 가정적인 남자였다. 그는 늘 병약한 아내인 메리 커스티스를 정성껏 돌봤고, 전선에서도 자녀들에게 꾸준히 편지를 보내는 등 세심하게 신경 썼다. 제퍼슨 같은 버지니아 귀족의 후손답게 그도 정원 가꾸기와 집 꾸미기에 관심이 많았다. 그의 삶은 예민하고 자기성찰적인 성정의 링컨이 꿈꾸지 못한 평온함과 당당함의 수준을 보여줬다.

개전 초기에 리가 이끈 남군은 군수물자와 인력 측면에서의 북군의 압도적인 우위가 무색해 보일 정도로 북군에게 잇따른 패배를 안겼고, 최소한 소강상태는 유지할 수 있었다. 그것은 부분적으로 링컨 휘하의 북군 지휘관들의 무능력에 기인했을 뿐 아니라 남부의 문화와 전통 때문이기도 했다. 찬우드의 설명에 따르면, 당시의 남부인들은 '야외활동'에 알맞게 자랐고, 검소한 생활에 익숙했다. "무엇보다도 남부에서는 모든 계급의 사람들이 전투를 남자라면 당연히 해볼 만한 일로 여겼다. 반면 전투를 싫어한 북부 사람들은 대부분 사업을 남자가 할 일로 생각했고, 전쟁을 시대에 뒤떨어진 것으로 치부했다."

리는 조상 전래의 제퍼슨 식의 '자작농적' 특징을 가장 구체적으로 표현한 인물이었다. 진정한 남부풍의 지도자는 제퍼슨 데이비스를 비롯한 남부의 정치인들이 아니라 바로 리였다. 찬우드의 말을 들어보자.

그는 마음만 먹었다면 남부연합의 지배자가 될 수 있었을 것이다. …… 그러나 리는 군인으로서의 임무 외에는 아무것도 염두에 두지 않았다. 그 실패한 명분에 헌신했던 모든 사람들 가운데 가장 존경받고 가장 돋보이는 인물이지만, 그는 개전 초기에는 연방탈퇴를 위해 아무것도 하지 않았고, 지금은 데이비스가 원하는 바에 충실할 뿐이었다.

요컨대 리는 북부 편이 아니었고, 그렇다고 전적으로 남부 편이지도 않았다. 그러나 바로 여기에서 그의 비극이 시작되었다. 그는 어쩔 수 없이 정의와 애국심을 구분해야 했다. 링컨은 노예제 폐지를 확고한 목표로 삼고 시기와 전술 면에서 유연성을 발휘한 반면 리는 그릇된 중도의 길을 택했다. 그는 노예제에 찬성하지도, 연방이탈에 찬성하지도 않았다. 그러나 그는 노예제 폐지론자나 북부연방 지지자도 아니었다. 버지니아 주 출신 선조인 제퍼슨처럼 리도 노예제를 죄악으로 여기면서도 노예를 소유하고 있었다. 1856년에 아내에게 보낸 편지에서 그는 이렇게 말했다. "장담컨대 이처럼 개명된 시대에서 노예제가 도덕적·정치적 폐단임을 인정하지 않는 사람은 거의 없을 것이오." 그러나 노예제 폐지는 개명된 여론의 점진적인 전파와 '천년이 단 하루 같은' 하느님의 호의에 의해서만 가능할 것이라고 덧붙였다. 그는 버지니아 주의 연방탈퇴에 반대했으나 북군 사령관직을 맡지는 않았다. 그런 애매모호한 태도를 바탕으로 그는 도덕적 원칙을 외면한 채 개인적 명예와 지조를 지키기 위해 애썼다. 투키디데스의 《펠로폰네소스전쟁사》에 나오는 아테네의 성실하고 고결한 온건파 장군 니키아스처럼 리도 헛된 중도노선을 걸으며 자존심을 지켰지만, 정작 조국에게 최선으로 작용할 길을 걷지 않았다.

물론 이처럼 엄밀한 판단도 필요하겠지만, 여전히 사람들은 세상을 '바람과 함께 사라지게' 할 대재앙을 앞둔 리의 개인적 품격에 매력을 느낀다. 리는 용기, 명예, 가족애, 학구적 태도 등에 따른 흠잡을 데 없는 명성과 고결한 성격의 완벽한 표현이었다. 그는 링컨보다 균형과 조화를 이룬 성격의 소유자였고, 심미적으로도 더 친근한 인상을 줬다. 사진 속의 링컨은 마치 밤낮으로 전선에 명령을 내려야 하는 급박한 상황에서 사진을 찍는 시간도 아깝다는 듯이 머리카락은 헝클어져 있고 피부는 거무스름하고 얼굴은 깡마르고 주름이 잡혀 있다. 반면 리는 차분하고 세련된 느낌을 주고, 그의 하얀 머리카락과 수염에는 아버지 같은 푸근함이 담겨 있다. 견장 뒤쪽의 목에 착용한 스카프는 약간 멋을 부린 느낌이 나고, 옛 기마병의 위풍당당함을 느낄 수 있다. 목격담에 따르면 병사들이나 대중 앞에서 그는 언제나 허리를 꼿꼿이 세운 채 당당한 자세로 말을 탔고, 미소는 머금지 않았지만 늘 품위를 잃지 않았으며, 모자에 손을 대고 정중하게 숙녀들에게 인사를 했고, 화가 나더라도 결코 목소리를 높이지 않았다. 그는 적을 책망하지 않았다. 그리고 마치 전쟁 이면에 정치적 명분이 있음을 인정하지 않으려는 듯이, 혹은 구태여 옳고 그름을 주장하기가 하찮다는 듯이 적을 지칭할 때도 정식 명칭을 쓰지 않았다. 심지어 전투 현장에서도 그는 북군을 '저 사람들'로 불렀다. 혹시 그는 북군이 같은 동포임을 인정할 수 없었던 것일까? 아니면 자신은 이제 더 이상 그들의 일원이 아닌 상황을 직시할 수 없었던 것일까? 링컨의 군대를 '저 사람들'로 부른 것은 마치 북군을 하늘에서 떨어진 정체불명의 침략자로 여기는 듯한 느낌을 줬다.

링컨이 신경과민, 열정, 동정, 번민 등에 빠져 있었다면 리는 균형감, 적당한 침묵, 위엄, 정중함 등을 보여줬다. 링컨은 사람들이 각자의 짐을 지도록 설득하고 사람들에게 그의 짐을 함께 지자고 부탁하려고 했다. 프레더릭 더글러스(흑인 노예 출신의 노예제 폐지론자—옮긴이)는 "그와 친구로 지내면서 나의 미천한 출신배경이나 피부색이 떠오른 적은 단 한 번도 없었다"고 회고했다. 한편 리는 굳이 남북의 대립에 관한 자신의 견해, 그러니까 '신사는 자기 임무에 충실할 뿐'이라는 태도를 드러내려고 하지 않았다. 그러나 리의 중용적 태도는 결국 사랑하는 조국에 해악을 미치게 되었다. 아테네의 니키아스처럼 리도 평화를 사랑하는 마음과 자신의 명성과 뿌리에 얽매인 나머지 사려 깊은 사람이라면 결코 중립적일 수 없는 상황에서도 중립을 지키고 말았다. 니키아스와 리는 서로 정반대의 이유에서 잘못된 선택을 했다. 니키아스는 전쟁을 막기 위해 전력투구했어야 했고, 리는 링컨을 도와 전쟁을 승리로 이끄는 데 혼신의 힘을 다 바쳐야 했다. 그러나 두 사람의 실수는 공통적으로 잘못된 중용의 개념에서, 그리고 개인적 차원의 고결함과 사회적 정의가 분리될 수 있다는 착각에서 비롯되었다.

물론 리는 연방탈퇴를 반대했고, 노예제를 죄악으로 여겼으며, 노예제가 사라지기를 바랐고, 노예제의 확대에 반대했다. 하지만 그것만으로는 부족했다. 그의 중도적 입장은 착각이었다. 결과적으로 과격한 노예소유주들이 득세해 욕심을 채울 뻔한 기회를 줬기 때문이다. 그는 매력적인 인물이었지만, 그리고 개인적으로는 악한 사람이 아니었지만, 결과적으로는 부정한 세력과 잘못된 명분에 도움을 줬다. 가장 나쁘게 말해 그의 고결함은 도덕적 상상력의 실패였고, 관용적 자세가 단지 수많은 사람들을 노예로 삼아 그들을 고통으로 몰아넣는 것을 뜻할 뿐인 상황에서 서로의 방식을 존중하며 살자는 천진난만한 바람이었다. 그의 아들이 묘사한 리의 가정생활, 즉 자녀들에 대한 사랑, 병약한 아내에 대한 헌신적 태도, 규칙적이고 깔끔한 생활태도 등은 수많은 남자들과 여자들과 아이들이 가축처럼 낙인찍히고 채찍질당하는 상황으로 몰아넣은 제도를 없애기 위해 50만 명의 군인들이 근대 전쟁사에서 유례를 찾아보기 힘든 유혈극을 통해 온 들판을 피로 물들이는 세계가 아니라 마치 제인 오스틴의 세계, 즉 흰색 기둥이 떠받친 집, 소풍, 사냥 등으로 장식된 영문학의 신고전주의 전성기의 세계로 이동한 듯한 느낌이 든다. 리는 미국이 너무나 오랫동안 무시하고 외면하려고 애쓴 죄악의 뒤늦은 대가를 치르느라 피의 바다를 건너야 했을 때 과거의 미국에 살고 있었다.

링컨이 프랜시스 블레어의 중재로 리에게 북군 사령관직을 제의했을 때 리는 대통령에게 감사의 뜻을 전했고, 몇 마일 떨어진 대저택으로 돌아와 밤새도록 아내와 함께 그 문제를 의논했다. 만약 그가 링컨의 제안을 받아들였다면 이후의 상황이 얼마나 달라졌을까? 알다시피 리는 제2차 불런 전투Second Bull Run, 프레더릭스버그 전투Fredericksburg, 챈설러즈빌 전투Chancellorsville 등에서 카이사르와 알렉산더에 버금가는 활약을 펼쳤고, 실제로 유럽의 유명 군사학교 생도들이 그 탁월한 명장의 솜씨를 가까이서 지켜보기 위해 전투현장에 직접 참가할 정도였다. 링컨이 만약 그를 은근히 깔보며 미국의 나폴레옹이 되려는 꿈을 품고 깃털 장식이 달린 모자를 쓴 채 우쭐대면서도 정작 전투에는 소극적이었던 매클렐런 대신에 개전 초기부터 리의 도움을 받았다면 어떻게 되었을까? 리가 링컨의 제안을 거절한 것은, 거기에 아무리 진심과 번민이 담겨 있었다고 하더라도 전쟁이 더 장기화되면서 더 많은 희생을 초래했다고 볼 수 있다.

호손이 언급했듯이 제1차 불런 전투는 패배한 북군과 링컨을 충격과 자성으로 몰아넣었지만, 남부인들이 자만과 착각에 빠지는 계기가 되기도 했다. 남부인들은 남부 특유의 용기와 기개가 북부의 인력, 생산력, 경제력 등을 눌렀다며 한껏 들떴다. 챈설러즈빌 전투에서도 리는 수적 열세에도 불구하고 북군을 교묘히 유인해 포위한 뒤 칸나에 전투Cannae(제2차 포에니전쟁 당시 한니발이 이끈 카르타고군이 로마군에 대승을 거둔 전투—옮긴이)와 아우스터리츠 전투Austerlitz(나폴레옹의 프랑스군이 러시아와 오스트리아 연합군을 섬멸한 전투—옮긴이)에 버금가는 완승을 거뒀다. 리는 셰넌도어 산맥Shenandoah의 계곡으로 병력을 파견해 펜실베이니아 주의 북쪽까지 돌진했다. 그것은 북부의 수도 워싱턴의 정치인들을 압박해 휴전을 이끌어내기 위한 정치적 전략의 일환이었고, 거의 성공을 거둘 뻔했다. 리는 남군이 아무리 용감하게 싸워도 결국 장기전에서는 패배할 것이라는 점을 잘 알고 있었다. 처음부터 인력과 군수물자의 측면에서 우위에 있던 북군의 전력은 엄청난 속도로 증강되고 있었다. 하지만 단기적으로는 불리한 전력이 오히려 남군 병사들에게 자극제가 되었다. 그들은 불타는 투지로 전력의 열세를 극복할 수 있다고 믿었다.

링컨에게는 리가 가진 품위와 세련미가 없었을지 모른다. 앞서 언급했듯이 링컨은 베르디의 오페라 〈가면무도회〉를 관람할 때 알맞은 장갑의 색깔을 모른다는 이유로 뉴욕 언론인들에게 조롱당한 적이 있다. 반면 리는 당연히 그런 예의범절을 잘 알고 있었을 것이다. 그러나 링컨은 모든 외적 형식을 희생해야 했고, 그것을 차가운 도덕적 결의의 불로 태워야 했다. 그것이 바로 링컨이 리를 능가하는 위인인 까닭이다. 링컨은 엄격한 도덕적 논리를 갖고 있었지만 리는 그렇지 못했다. 사실 노예제가 나쁘지 않다면 리가 무척 혐오하는 모든 것들, 즉 소심함, 상스러움, 방종, 천박함, 무식함 등도 나쁘지 않다. 만일 사람이 사람을 소유할 수 있다면 겁쟁이, 강간범, 무뢰한이 되지 말라는 법도 없을 것이다. 그러므로 리의 생활방식은 사상누각일 뿐이었다. 그는 항복조인식에 참석하기 위해 깨끗한 군복 한 벌을 따로 마련해두는 등 끝까지 품격을 유지한 채 마치 멋진 기사처럼 말을 타고 애퍼매틱스Appomattox(리가 그랜트에게 항복한 곳-옮긴이)의 벌판을 떠나 역사와 전설 속으로 사라졌다. 리는 항복의 표시로 건넨 칼을 그랜트가 받지 않자 감격한 표정이 역력했다. 그가 말을 타고 남군 진영으로 되돌아오자 병사들은 '리 대장님Daddy Lee'의 군복을 만지고 흐느끼며 그를 따라갔다. 그는 눈물을 흘리며 병사들에게 이제 마음 편히 고향으로 돌아가라고 말했다. 훗날 그는 쓰라린 마음을 감춘 채 남부인들에게 "이제 적개심을 버리고 자손들을 미국인으로 키우십시오"라고 말했다. 지주귀족 리는 링컨을 비롯한 그 누구보다 건국의 아버지들에 가까운 인물이었다. 그러나 그들이 보여준 정의감을 고려하지 않을 때만 그렇다. 사실 건국의 아버지들은 인격수양과 교양보다 정의감을 더 중요하게 여겼다.

정의롭지 않으면서도 신사가 될 수 있다면, 아마 리는 역사상 가장 완벽한 신사일 것이다. 그러나 노예제에 대해 다음과 같이 말한 사람은 바로 버지니아 주의 정신적 지주인 제퍼슨이었다. "하느님은 정의롭고 하느님의 정의가 영원히 잠들 수는 없다는 사실을 떠올릴 때 이 나라의 장래를 염려하지 않을 수 없다." 노예제 존치문제를 둘러싼 미국 사회 내부의 다툼이 있었을 때 제퍼슨은 이렇게 예언했다. "전능하신 하느님에게는 그런 다툼에서 우리 편을 들어줄 속성이 없다." 그것은 링컨이 건국의 아버지들이 남긴 말 가운데 가장 좋아한 말이었다. 리는 조국을 사랑했지만, 충분히 사랑하지는 않았다. 그가 증오한 것은 거의 없었지만, 노예제는 증오할 만한 것이었다.

링컨의 내면

남부의 연방이탈과 남북전쟁 과정에서 링컨의 개인적 인격과 대통령으로서의 책무는 더욱 심층적이고 밀접하게 상호작용했고, 결국 하나로 융화되어 완벽한 통일체를 이뤘다. 링컨의 활약은 국내외적으로 광범위한 반응을 불러왔다. 그를 잘 아는 사람이나 적어도 개인적으로 만나본 적 있는 사람뿐 아니라 국내외의 여러 관찰자들까지 다양한 반응을 쏟아냈다. 이른바 '부르주아 공화국'을 냉소적으로 평가한 카를 마르크스조차 링컨을 향한 경외심을 감추지 않았다. 하지만 그는 일단 링컨을 고귀한 원칙에 입각하지 않은, 진부한 사고방식을 지닌 평범하고 상상력이 부족한 인물로 묘사한다.

링컨은 역사적 기록의 측면에서 아주 독특한 인물이다. 그에게는 진취적 기상도, 이상주의적 충동도, 역사적 훈장도 없다. 그는 자신의 아주 중요한 행동에 언제나 아주 평범한 형태를 부여한다. 다른 사람들은 실리적인 문제를 위해 '이상을 쟁취하기 위한 싸움'이라는 명분을 내세우는 반면 링컨은 이상을 쟁취하기 위한 싸움에도 '실리'를 거론한다.

도서관 개인열람석에서 책에 파묻혀 있던 마르크스는 도덕, 전쟁, 평화 같은 복잡한 쟁점을 일반인이 쉽게 이해할 수 있는 소박한 어휘로 바꾸는 링컨의 천재적 재능을 제대로 이해하지 못했다. 그는 링컨의 스프링필드 청년회관 연설에서 드러난 복잡한 심리 상태도 이해하지 못했고, 링컨이 본의 아니게 국정을 좌우하는 위치에 이르렀다고 잘못 판단했다.

그는 마치 상황에 이끌려 '사자의 역할을 연기'해야 하는 점을 사과라도 하듯이 자신에게 주어진 난해한 독창곡을 마지못해 부른다.

링컨은 연기를 하지 않았다. 다른 사람들 눈에는 소박해 보일지 몰라도 그의 내면에는 사자가 숨어 있었다. 그것은 다름 아닌 연방을 지키되 만약 노예제를 없애는 데 필요하다면 연방의 분리도 불사하려는 단호한 의지였다. 마르크스는 링컨의 무덤덤한 어법을 못마땅하게 여기지만, 인민이 권력의 원천인 법치의 공화국에서는 화려한 웅변술보다 명료한 어법이 더 높이 평가받는다는 점을 몰랐다.

링컨이 적에게 고한 아주 강력한 선언은, 언제나 주목할 만한 역사적 기록으로 남겠지만, 하나같이 상대방 변호사에게 보내는 일상적인 소환장 같다.

하지만 링컨의 성격에 대한 무지에도 불구하고, 마르크스는 일부 미국인들과 심지어 일부 북부인들보다도 먼저 노예해방선언의 의미를 완전히 파악했다. 마르크스의 지적에 따르면, 노예해방선언은 건국 초기에 미국인들이 맺은 사회적 계약의 사망선고였다.

이전과 동일한 문체로 작성된 최근의 노예제 폐지령은 건국 이래 미국 역사상 가장 중요한 문서이자 과거의 미국 헌법을 폐기하겠다는 선언과 다름없다.

마르크스와 달리 링컨의 성격을 비교적 정확히 파악한 사람들도 있었다. 다만 랠프 에머슨이 거기 포함되지 않은 것은 뜻밖의 사실이었다. 비록 나중에는 링컨을 직접 만났고 그를 높이 평가했지만, 확실히 에머슨은 그의 진정한 위대성과 천재성을 놓치고 말았다. 에머슨은 '정직한 에이브'라는 링컨의 대중적 이미지에만 머물고 있었던 것 같다. 반면 다른 사람들은 그런 평범한 대중적 이미지가 비록 윤곽은 완벽하게 묘사하지만 그토록 복잡한 인물을 얼마나 단순화한 것인지 잘 알고 있었다. 링컨은 자신의 출신배경을 결코 부끄럽게 생각하지 않았지만, 도리스 컨스 굿윈이 말했듯 굳이 빈곤, 방치, 사별 등으로 점철된 과거의 아픈 상처를 되살리려고도 하지 않았다.

링컨은 자신이 얼마나 멀리서 왔는지, 얼마나 남다른 사람인지 잘 알고 있었다. 그는 제퍼슨이 말한 '타고난 최적임자', 즉 타고난 귀족의 생생한 증거였다. 제퍼슨은 미국 민주주의의 토대는 물려받은 특권이 아니라 평평한 운동장이라고 주장했다. 그래야 상대적으로 우수한 지성과 성격을 타고난 사람들이 각광받고 출세할 수 있었다. 결과의 불평등을 위한 기회의 균등이라는 원칙을 링컨보다 더 분명하게 입증한 사람이 과연 있었을까? 또한 링컨은 미국인들의 타고난 품위와 도덕적 에너지를 진심으로 믿었다. 링컨이 보기에 자신의 뛰어난 지도력은 본질적으로 다른 사람을 능가하는 우월성의 요인이 아니었다. 그러나 에머슨은 그런 미묘한 차이를 알아채지 못한 것 같다. 그가 링컨을 그토록 인색하게 평가한 데는 변경 출신의 투박한 시골사람을 향한 뉴잉글랜드 출신 귀족의 은근한 자존심이 작용한 듯하다. 에머슨은 링컨이 생각보다 '천박'하지 않은 점에 반색하며 다음과 같이 말한다.

대통령은 내가 기대했던 것보다 훨씬 더 호의적인 인상을 남겼다. 그는 솔직하고 진지하고 악의 없는 사람, 변호사의 사고방식, 명료한 발언태도, 정확성을 갖춘 사람, 알려진 바와 달리 천박하지 않은, 아이 같은 쾌활함이 있는 사람이었다. ……

당시 이처럼 링컨을 과소평가한 사람들은 얼마나 많았을까? 그런 부정적 평가는 링컨이 잠재적 정적들의 방심 속에서 차근차근 정치적으로 성장하고 결국 목표를 달성하는 데 영향을 미쳤을까? 평범함과 솔직함 같은 그의 대중적 이미지는 그가 국민에게 쉽게 다가가는 데, 그리고 원래의 포부를 고이 간직하는 데 도움이 되었다. 링컨은 보통사람 영웅 같은 이미지로 유명했다. 1865년에 〈뉴욕타임스〉에는 다음과 같은 기사가 실렸다. "링컨이 존경과 사랑을 받는 비결은, 아무리 변변찮은 소년도 그를 흉내 낼 수 있다는 점에 있다." 물론 〈뉴욕타임스〉의 기사대로 흉내야 낼 수 있었겠지만, 과연 성공할 수 있었을까?

물론 '정직한 에이브'라는 대중적 이미지는 거짓이 아니었다. 그것은 링컨의 천품과 내면 깊숙한 곳에서의 체험으로부터 우러나

온 것이었다. 측근들이 여러 차례 단언했듯이 그는 정말 꾸밈없고 솔직한 사람이었다. 그러나 그는 그 소박한 뿌리의 탄탄한 기반 위에 타고난 지성과 삶의 경험을 통해 얻은 더욱 세련된 통찰력과 지식의 집을 세울 수 있었다. 그를 아는 많은 사람들은 도덕적 위선과 독단에서 자유로운 지적 유연성을 흠모했다. 찰스 호지(19세기 미국의 성서학자—옮긴이)는 남북전쟁이 한창일 때 〈프린스턴리뷰〉에 기고한 글에서 이렇게 말했다. "그는 결코 하나의 사상에 얽매인 광신자가 아니었다. 어떤 방안이 신통찮으면 다른 것을 시도하곤 했다." 호지의 평가는 루즈벨트에 대한 윌스의 평가와 일맥상통하고, 핵심적인 도덕적 목표를 성취하기 위한 전술적 유연성이 위대한 리더십의 증표라는 점을 다시 한 번 강조하고 있다.

물론 링컨의 유연성을 노예제 폐지를 위한 기회주의와 타협적 태도로 간주하는 사람들도 있었다. 또한 링컨에게 전쟁을 일으킨 남부인들에 대한 노골적인 적의가 없는 점에 놀라는 사람들도 있었다. 해방노예 출신으로 빈민을 위해 학교를 세우고 영부인 메리 토드 링컨과 절친한 친구로 지냈던 엘리자베스 케클리는 "링컨은 본래 아량이 넓었고, 오로지 전쟁에 전력을 쏟았음에도 불구하고, 자신에게 반대한 세력의 용맹함을 존경하지 않을 수 없었다"고 말했다. 전하는 바에 따르면, 링컨은 리의 항복 소식을 듣자마자 창문을 열더니 백악관 잔디밭에서 연습 중인 해병군악대에게 〈딕시Dixie〉(남군의 행진곡—옮긴이)를 연주하도록 했다. 연주가 끝나자 그는 다시 군악대에게 "내가 들은 최고의 곡 가운데 하나"라고 말했다고 한다. 만일 그가 좀 더 오래 살았다면, 전쟁이 끝난 뒤 강경한 노예제 폐지론자들이나 복수를 꿈꾸는 북군 병사들의 반발을 무릅쓴 채 남부에 비교적 온건한 정책을 펼쳤을 것이다.

링컨을 만난 많은 사람들은 그의 타고난 교양, 즉 부족한 세련미를 만회하고도 남을 인간에 대한 예의에서 비롯된 타고난 신사다움에 놀랐다. 영국의 언론인 에드워드 다이시는 이렇게 썼다. "그에게는 허세가 전혀 없었고, 모든 사람을 정중하게 대하려는 분명한 마음가짐이 있었다. 그것은 고귀한 교양의 외형은 아닐지라도 그것의 본질로 볼 수 있다." 하원의장 슐러 콜팩스는 적의를 품지 않으면서도 자기 견해를 변함없이 고수한 링컨의 토론 태도를 다음과 같이 높이 평가했다. "그토록 부당한 비판을 받으면서도 그는 상대방을 책망하는 말을 입에 담지 않았다. 대신 답변에 나설 때는 끈기와 참을성을 발휘하며 주장의 타당성을 입증하기 위해 최선을 다했다." 그런 가식적이지 않은 품위는 그를 만난 수많은 사람들에게 깊은 감동을 줬다. 비록 토론에서는 마음을 열고 넓은 아량을 발휘했지만, 그는 결코 만만한 상대가 아니었다. 북군 사령관 카를 슈르츠는 "링컨은 다른 사람의 탁월한 지식과 교양을 충분히 존경했지만, 그것을 두려워하지는 않았다"고 말했다. 노예제에 반대하는 여론에 불을 지핀 소설 《톰 아저씨의 오두막Uncle Tom's Cabin》의 저자 해리엇 비처 스토는 링컨의 외면적인 무던함과 유연함의 진정한 동력인 내면적 강인함을 잘 알고 있었다. 그녀가 간파했듯이 링컨은 방법을 상황에 맞게 바꿨지만, 목적은 그대로 간직했다. 바로 그 때문에 그는 목표의식 없이 이리저리 휘둘리는 사람으로 오해를 받기도 했다. 하지만 그는 굳이 열변을 토하거나 강력한 의사를 나타낼 필요가 없었다. 가슴속에는 굳건한 목표가 자리 잡고 있었기 때문이다. "링컨은 강한 사람이지만, 그의 강인함은 특별하다. 그것은 공격적이라기보다는 수동적이었고, 수동적인 것 중에서도 석조 부벽扶壁이라기보다는 강철선에 가깝다." 마지막으로 덧붙이자면 링컨은 근본적으로 수수께끼 같은 인물이었다. 측근들이 절실하게 느꼈듯이 그에게는 아무도 알 수 없는 면이 있었다. 그의 정치적 우군 가운데 한 사람이었던 알렉산더 매클루어는 이렇게 썼다. "그는 속임수를 모르는 사람, 본심을 감출 줄 모르는 사람이었고, 이야기를 좋아하는 사람들 중에 가장 솔직하고 자유로운 사람 같았다. 그러나 그를 제대로 이해한 사람은 드물었고, 링컨을 속속들이 알고 있는 사람은 바로 링컨 자신이었다."

과연 링컨의 성격을 어떻게 요약할 수 있을까? 기본적으로 그의 지도자적 영혼을 움직인 동력은 서로 부딪치는 충동들, 즉 불타는 공명심과 고독과 소외로 인한 우울함이었다. 그의 입장에서 야심을 채운다는 것은 고독의 구멍을 메우기 위함이었고, 대체로 뜻을 이뤘을 것이다. 그러나 삶은 덧없고 평화와 안식은 멀기만 하다는 점을 알았기 때문에 그는 성공으로 야심을 채운 뒤에도 허울뿐인 명성에 만족하지 않았다. 그는 성공을 통해 정치가로서 더욱 심오한 경지에 도달할 수 있었고, 고독을 통해 좁게는 동포들의, 넓게는 인간의 나약함에 대한 연민을 느낄 수 있었다.

아마 앞서 던진 질문의 대답은 정치 초년병 시절에 링컨이 품고 있던 야심에 대한 찬우드 경의 견해에서 찾을 수 있을 것 같다.

찬우드 경이 볼 때 링컨의 생애에서 가장 중요한 교훈 가운데 하나는, 정치가는 간절한 명예욕을 품지 않고서는 정의라는 대의명분을 증진할 수 없다는 점이었다. 그가 보기에 이 교훈을 부정하는 것은 지나친 순진함이나 위선에 불과했다. 이 땅에서 하느님의 정의를 증진하라는 기독교적 명령을 감안할 때 조국에 봉사하려는 정당한 야심은 기독교의 가치를 부정하는 요소이기는커녕 기독교의 미덕 그 자체이다.

우리는 헌돈이 몇 번이고 강조한 링컨의 엄청난 야심을 인정하는 데 주저하지 말아야 한다. 그리고 만일 야심이 절호의 기회를 간절히 바라는 마음이라면, 예로부터 문학이 단골 주제로 삼았고 아마 에피쿠로스 철학까지 거슬러 올라갈 수 있는, 야심을 비난하는 태도는 앞으로 삼가야 할 위선에 불과하며, 각자의 내면에서 발견할 수 있는 힘과 어울리는 야심은 반드시 기독교적 의무의 일부로 솔직하게 인정해야 한다.

일리노이 주 상원의원 선거에 처음으로 출마했을 때 링컨은 이렇게 말했다. "누구나 나름의 야심을 갖고 있다고들 한다. 그것이 사실이든 아니든 간에 나는 동포들에게 존경받을 만한 존재가 됨으로써 그들에게 진정으로 존경받고 싶은 것만큼 위대한 야심은 없다고 말할 수 있다." 동포들에게 존경받고 싶은 그 간절한 마음은 기성사회의 이방인이라는 느낌 때문에 더욱 짙어졌다. 그의 미천한 출신배경은, 설령 그가 비컨힐Beacon Hill(보스턴의 상류층 거주지역—옮긴이)에서 태어났다고 해도 갖고 태어났을 법한 순전히 선천적인 외로움과 소외감을 더욱 부추겼다. 그런 고독감은, 다른 위대한 지도자들의 경우와 마찬가지로, 그가 대중과 독특한 공감대를 형성하고 나아가 출생, 가족관계, 학교, 신분 따위의 매개수단을 초월해 국민 전체와 융화되는 발판이 되었다.

나는 아주 보잘것없는 신분으로 태어났고 지금도 마찬가지이다. 내게는 나를 추천해줄 부유하거나 유명한 친척도 없다. 나는 오로지 이 나라의 개별적인 유권자와 마주할 뿐이다.

국민 전체와 직접 유대를 맺을 수 있다는 느낌은 그의 탁월한 연설솜씨의 밑바탕이었을 것이다. 투키디데스가 역사상 최초로 간파했듯이, 웅변술은 지배집단 내부의 사적 협상에서 벗어나 대중의 동의를 통해 정책을 결정해야 하는 민주주의 사회의 모든 지도자의 필수요건이다. 아마 링컨의 고립감은 그가 국민 전체에게 느끼는 유대감보다 더 중요한 유대감은 없다는 느낌을 부추겼을 것이고, 덕분에 그는 머릿속과 가슴속의 생각과 진심을 직접 국민에게 전달하는 능력을 키웠을 것이다. 링컨은 화려한 언변의 소유자는 아니었다. 사실 그는 변호사답게 문구를 분석하는 데 매달릴 때가 많았다. 토크빌은 일찍이 미국에서는 법 앞의 평등이 타고난 신분이나 가문보다 더욱 중요한, 가장 중요한 사회적 가치이므로 장차 법조인들이 주요 정치지도자로 활약할 것이고, 정교한 수사적 기교를 불신하는 민주적 경향에 적합한 정책을 명확하게 드러내는 모범사례로 법률적 사고방식이 각광받을 것으로 예측한 바 있었다. 찬우드는 다음과 같이 말했다.

링컨이 간혹 아주 감동적인 웅변솜씨를 보여주고 때로는 조용한 그의 성
정이 깜짝 놀랄 정도의 열정으로 돌변할 때도 있지만, 그를 일반적인 달
변가로 보기는 어렵다. 그의 몇몇 연설은 아주 평범하고, 더글러스와의
무미건조한 토론은 대부분 청중들에게 경의를 표하는 수준에 불과하다.

19세기 미국의 유명한 정치인이자 법률가 겸 웅변가인 대니얼
웹스터는 외면적으로는 솔직하고 꾸밈없지만 내면적으로는 '뜨거
운 불' 같은 진정성과 도덕적 신념이 담긴 것이 미국 정치가들에게
적합한 유형의 웅변이라고 주장했다.

명료성, 힘, 진실 등은 확신을 불러일으키는 자질이다. 사실 진정한 웅
변은 말로 이뤄지지 않는다. 그것은 저 멀리서 가져올 수 있는 것도 아
니다. 사람들은 진정한 웅변에 도달하기 위해 노력하고 배우겠지만, 소
용없는 짓일 것이다. 온갖 방식으로 단어와 구를 배치하겠지만, 거기 도
달하지 못할 것이다. 진정한 웅변은 사람에, 주제에, 상황에 존재하는
것이기 때문이다.

이런 관점에서 볼 때 링컨은 최적임자였다. 링컨은 웹스터가 주
목한 '뜨거운 불'을 갖고 있었다. 그를 아는 여러 사람들이 증언했
듯이, 링컨은 희망적이든 절망적이든 간에 어떤 특별한 운명이 다
가오고 있다고 믿었고, 그런 믿음은 웹스터의 관점과 일맥상통했

다. 찬우드는 다음과 같이 썼다.

그는 웅변가의 최고 무기인 발언 이면의 인격을 갖고 있었다. 피오리아 Peoria(일리노이 주의 도시―옮긴이)에서 그의 연설을 들은 어느 신문의 편집자는 이렇게 말한다. "청중들에게 연사인 그가 정치가로서 동포들에게 어떤 거부할 수 없는 임무를 갖고 있다는 확신을 심어준 점은 그 어떤 웅변술보다 중요했다."

찬우드는 링컨의 연설방식과 영국 의회에서 통용된 전형적인 연설방식을 비교한다. 당시 영국 정치인들은 비록 어떤 주장이 '실속 없는 것으로 드러나도' 청중들이 '결국에는 모든 것이 고상한 소리의 어떤 대단한 운율로 귀결될 것'이라고 확신할 수 있도록 청중들이 '위험하게 귀 기울이는 대신에 즐겁게 기대하도록' 애썼다. 게티즈버그 연설에서 적나라하게 드러났듯이 링컨의 연설방식은 정반대였다. 링컨은 청중의 주목을 끌기 위해 초반에 미사여구를 동원했고, 연설 말미에는 장황한 표현이나 화려한 수식 대신에 간결하고 담백한 표현을 주로 사용했다. 찬우드의 글은 계속 이어진다.

링컨은 논쟁적인 연설에서 초반이나 화제를 바꿀 때 화려한 표현을 가장 많이 쓴다. 마치 그는 청중들이 진심으로 자신을 따를 만한 분위기를 조성하기 위해, 그들이 차분한 판단력에 걸맞은 추론에 집중하도록 하기 위해 의도적으로 연설 초반에 수사적 표현을 모두 써버리려는 듯했다.

찬우드는 링컨의 익히 알려진 우울함과 운명론적 체념을 그의 정치가적 능력과 연관시킨다. 찬우드가 보기에 그는 너무나 순수한 이상을 지닌 나머지 주어진 상황에서 최선의 기회, 즉 차악次惡과 타협하지 못하는 십자군이 아니었다.

설령 그가 그렇게 느꼈더라도 어떤 부당한 절망감이 그의 판단에 영향을 미쳤다고 가정할 수는 없다. 그는 기질적으로 미래가 보여줘야 할 것을 예측하지 않으려 했고, 우울함 덕분에 앞으로 다가올 재앙에 적절히 대비할 수 있었다.

링컨의 내면에 자리한 삶의 덧없음과 변화무쌍함은, 끊임없이 역경과 좌절 앞에서도 꿋꿋한 불굴의 정신의 원천이었을 뿐 아니라 그가 개인적으로 조국의 불투명하고 위태로운 운명, 그리고 아직 풀리지 않은 운명의 창조주와의 관계, 즉 우주를 지배하는 신성한 힘에 공감할 수 있는 동력이 되었다. 자신과 조국의 불확실한 미래는 서로를 비추는 거울이었다. 1839년, 링컨은 다음과 같이 말했다.

만일 내 안의 영혼이 그것의 전능한 창조주에 어울릴 정도로 고양되고 확대되는 듯한 느낌이 든다면, 그것은 바로 내가 외부의 모든 세계에게 버림받은 조국의 명분을 숙고한 뒤 홀로 용감하게 압제자들에게 도전장을 던질 때이다.

찬우드가 지적하듯이 링컨이 연방수호와 노예해방이라는 원대한 목표를 성취한 뒤에도 그의 업적을 합당하게 평가하지 않는 사람들이 많았다. 그들은 링컨보다 더욱 쉽게, 아마 더욱 빨리 그렇게 할 수 있었을 것이라고 자화자찬했다. 지지자들도 처음에는 지나치게 눈치를 살피고 우물쭈물하는 듯한 링컨의 태도에 무척 실망했다. 찬우드의 글을 읽어보자.

무엇보다도 최고 관심사인 정책적 관점에서 우리는 노예제도를 뿌리 뽑을 결정적인 조치가 오랫동안 연기됨으로써 그 특별한 쟁점이 마치 우리에게 그토록 대단하고 중요하지 않은 문제로 전락하는 모습을 지켜볼 것이다. 그 모든 것은 여러 훌륭하고 영리한 사람들에게 불만과 깊은 의구심을 안겨다줬다. 그들은 신성한 열정으로 가슴이 활활 타오르는 지도자를 갈망했다. 그들은 얼마 뒤 모든 사람들이 그 진가를 깨달은 링컨의 인내력을 일반인의 상상을 불허하는 특유의 자제력으로 이해하기는커녕 비록 저열하지는 않아도 그저 평범한 수준의 미온적인 성향 탓으로 돌렸다.

하지만 전쟁이 서서히 피비린내를 거두고 막바지로 치달으면서 링컨도 차츰 타협적 태도를 접기 시작했다. 그는 점점 더 슬퍼지고 외로워지고 어두워졌을 뿐 아니라 더욱 깊어지고 강해졌으며, 심지어 이타적인 명예를 뛰어넘어 가히 성자 같은 수준에 올랐다.

권력을 행사하고 막중한 책임감을 느끼는 과정에서 그는 새로운 역량을 갖췄던 것 같다. 물론 그것을 실제로 증명할 수는 없지만, 당시 링컨을 지켜봤던 미국인들은 그가 대통령직과 하나가 되는 과정을 자주 언급한다. 그리고 그것은 아마 여기 제시된 약간의 기록으로 전달될 중요한 인상일 것이다. 다시 말해 그것은 안타깝게도 권력과 권력에 따른 괴로움을 이기지 못하고 망가진 여러 정치가들과 전혀 다른 사람, 즉 처음에는 억세고 영리했다가 나중에는 아주 강하고 아주 현명해진, 그리고 처음에는 정직하고 용감하고 관대했다가 나중에는, 엄청난 긴장 속에서도 엄청나게 정직하고 용감하고 관대한 인물로 탈바꿈한 사람에 대한 인상일 것이다.

제왕적 공화국의 세계?

스프링필드 청년회관 연설에서 링컨은 시민의 준법정신을 환기하기 위한 정치 종교를 주창했다. 공교롭게도 세상을 떠난 뒤 그는 불멸의 존재로, 제2부를 시작할 때 살펴봤듯이 내셔널 몰의 실물보다 큰 대리석 조각상으로 재탄생함으로써 시민 종교의 상징이자 '자유의 새로운 탄생'을 신조로 삼은 순교자가 되었다. 아마그는 스스로를 그런 초인적 관점에서 바라보지 않았을 것이다. 그러나 그는 사람들에게 그런 식으로 비춰지는 상황의 가치를 이해했을 것이다. 사실 그는 자신의 사명과 건국의 아버지들의 사명을결합하는 것의 가치를 잘 알고 있었다. 사후에 쏟아진 찬사를 통해 마침내 그는 스프링필드 청년회관 연설에서 찬미했던 독수리떼의 일원이 되었다.

링컨은 고대의 여러 공화국을 빛낸 영웅들의 후계자로 칭송받

앗을 뿐 아니라 하느님의 계획을 실천할 사람으로 명명되기도 했다. 1865년, 유명한 조합교회주의 목사이자 노예제 폐지론자인 헨리 워드 비처는 링컨에게 바친 조사에서 그를 모세와 다윗까지 거슬러 올라가는 계보에 올려놓았다.

그리고 지금 이 순교자는 살아 있을 때보다 더 힘차게 승리의 행진을 하고 있다. 그가 재림하는 모든 단계마다 나라는 성장한다. 여러 도시와 주는 그의 관을 운구하고, 대포는 장엄한 진보로 시대를 앞서간다. 그는 죽었다. 하지만 여전히 말하고 있다! 워싱턴이 죽었는가? …… 다윗이 죽었는가? 마땅히 지금까지 살아 있어야 할 그 사람이 죽었다고? 그는 이제 육신의 속박에서 벗어나 열정이 결코 나타나지 않는, 그 무엇도 방해하지 않는 곳에서 떠올라 무한한 과업에 나선다. 이제 그의 생애는 무한함과 접목되고, 앞으로 그 어떤 세속적 삶에서도 거둘 수 없는 결실을 맺을 것이다.

30년 뒤, 한때 남부연합을 지지했던 헨리 워터슨은 링컨을 예수 그리스도에 비유하면서 동시에 그를 고대의 영웅들과 같은 반열에 올려놓기도 했다.

고대 그리스의 연극의 합창곡을 통해 근대의 가장 장엄한 주제의 서곡이자 종곡으로 찬미할 만한 업적의 소유자인 링컨만큼 인상적인 인물을 또 어디서 찾아볼 수 있을까? 하느님의 아들로 초라한 마구간에서 태어나, 아주 가난하고 누추한 환경에서, 한줄기 희망이나 든든한 배경도 없이, 선천적 품격과 후천적 품격도 없이, 이름도 명성도 없이, 변변한 교육도 받지 못한 채 자랐지만, 이 나라의 운명이 달린 그 막중한 순간은 온전히 그의 몫으로 남아 있었다.

링컨이 미국에 남긴 또 다른 유산은 남북전쟁과 노예제 폐지를 통해 독립전쟁의 정신을 직접 계승한 점이었다. 결과적으로 그것은 두 차례의 역사적 투쟁의 합당한 성과에 따른 미국적 자유의 영속화일 뿐 아니라 세계 곳곳의 자유를 향한 전망이었다. 제퍼슨이 신생 민주주의를 칭송할 때 '인류의 신념'에 호소했듯이 링컨은 건국 이후부터 87년이 걸린 자치 실험을 인류의 '마지막, 최고의 희망'으로 내세울 수 있었다. 북부가 전쟁에서 승리해야 하는 이유를 설명하면서 링컨은 북부의 승리에 담긴 의미가 미국 내부에 국한되지 않는다고 주장했다. "이것은 본질적으로 인민의 투쟁, 즉 이 세계에서 인간의 조건을 향상시키는 것을 주요 목적으로 삼은 정부의 형태와 실체를 유지하기 위한 투쟁이다." 그가 노예제를 혐오한 까닭은 '노예제 자체의 추악한 불의 때문'만이 아니라 '노예제가 우리 공화국의 원칙이 세계에 미치는 합당한 영향을 박탈하기 때문'이기도 했다.

그로부터 약 40년 뒤인 20세기 초에 이르러 미국은 마침내 강력한 군사력과 경제력을 자랑하는 나라로 성장했고, 이와 같은 도덕적 사명감의 차원에서 다른 나라들을 대면하게 되었다. 1900년의 공화당 전당대회(윌리엄 매킨리와 테오도어 루즈벨트가 각각 대통령 후보자와 부통령 후보자에 지명되었다)에서 기조연설에 나선 상원의원 알

프레드 비버리지는 새로운 세기를 맞아 뻗어나갈 미국의 국운을 다음과 같이 전망했다.

그는 청교도적 뿌리를 갖고 있는 미국이 세계의 '주인 국가'로 성장할 운명을 타고난 점은 미국의 역사를 통해 증명된다고 주장했다.

그것은, 최초의 청교도 이주자들이 인디언의 땅에 도착한 이래 지금까지 이런 힘들이 보살펴온 사람들의 정부들 사이에서 미국이 갖는 주권의 '신성한 사건'입니다.

그러므로 미국의 동의 없이는 그 어떤 나라도 전쟁을 일으킬 수 없을 것이다. 그것은 미국인들의 자존심의 원천일 뿐 아니라 모든 인류의 행복의 뿌리이기도 하다.

이것은 바람직하지 않거나 불확실한 운명이 아닙니다. 이것은 명확하고, 웅대하고, 신성한 운명입니다. 앞으로 여러 나라들이 미국의 허락 없이는 전쟁을 하지 못하게 된다면, 이 벅차오르는 자부심에 미국인의 심장이 어찌 설레지 않겠습니까?

미국의 군사력이 점점 강해질 때 더 이상 어느 나라의 정부도 자국민을 억압할 수 없을 것이다.

각국 정부가 미국의 요구에 따라 대량학살을 멈춘다면, 이 벅차오르는 자부심에 미국인의 심장이 어찌 설레지 않겠습니까? 그럼에도 불구하고 시간이 거의 다가왔음을 아는 군주가 아직까지 콘스탄티노플Constantinople에서 완강히 버티고 있습니다.

미국이 세계무역을 지배하게 될 때 전 세계에 경제적 번영이 찾아올 것이다. 미국의 군사력과 경제력은 아마 미국의 이익뿐 아니라 모든 민족의 자유를 증진할 것이다.

세계의 평화를 좌우하는 국제교역이 위대한 공화국이 자랑하는 무력의 보호를 받으며 세계 곳곳의 바다를 건너게 된다면, 이 벅차오르는 자부심에 미국인의 심장이 어찌 설레지 않겠습니까? …… 세계지도를 바꾸기 위해 강대국들의 회의가 필요할 때나 국제적 모임에서 미국이 가장 막강한 영향력과 가장 공정한 결정권을 행사한다면 이 벅차오르는 자부심에 미국인의 심장이 어찌 설레지 않겠습니까?

과연 비버리지의 호언장담은 적중했을까? 양차 세계대전 같은 몇몇 사례를 보면 확실히 들어맞은 것 같다. 반면 한국전쟁과 베트남전쟁 같은 경우에는 인적·물적 손실에 비해 얻은 이익이 얼마나 컸는지 의문스럽다. 아무리 선의였다 해도 국제문제에 대한 그런 식의 개입은 가끔 물질적 탐욕과 정치적 기회주의로 인해 더럽혀질 때가 있었다. 미국이 '가장 막강한 영향력과 가장 공정한 결정권을 행사'할 수 있다는 세기말적 낙관론에 대한 이와 같은 진지한 성찰을 통해 우리는 제1부부터 시작된 근대 미국 대통령들의 대서사시를 돌이켜볼 수 있다. 또한 우리는 그런 성찰을 통해 다음과 같은 폭넓은 질문을 던질 수도 있다. 민주주의는 과연 핵심가치인 자유를 위협하지 않은 채 국내와 국외를 가리지 않고 제왕적 권력을 획득할 수 있을까? 이 질문은 곧 우리를 최초의 민주주의 국가인 아테네로, 즉 민주주의의 원형이자 어떤 면에서 볼 때 자유와 제국 사이의 모순을 가장 생생하게 드러낸 증거로 안내할 것이다.

3
PART

최초의 민주주의

페리클레스, 아테네,
그리고 자유가 직면한 도전

자, 다음과 같은 시나리오를 떠올려보자. 자유와 번영을 자랑하는 모범적인 민주주의제국이 규모와 자원 면에서 과소평가할 만한, 저 멀리 떨어진 '하찮은 소국'을 침략하기로 결정한다. 전쟁 초기에는 국내의 모든 세력이 일치단결하지만, 차츰 의견이 대립한다. 처음에는 조용히 전쟁의 도덕적 명분에 의구심을 품는 수준에 그친 사람들이 점차 노골적인 적으로 변신한다. 그들은 정부가 해외에서 분출하는 군사력이 결국 국내의 반발을 잠재우는 데 사용될 가능성을 우려한다. 동시에 정부는 전쟁에 박차를 가하기 위한 군사력 증강의 필요성을 인식하고, 결과적으로 국내에서 정부의 영향력이 커진다. 정부는 그렇게 증강한 군사력을 이용해 국내의 반대세력을 억누르고 싶은 유혹을 느낀다. 그 때문에 반대세력은 해외에서의 전쟁에 필요한 힘이 국내의 민주주의적 자유를 위협할 것이라는, 최고 행정관이 결국에는 제국주의자가 될 것이라는 반대세력의 공포감은 더더욱 짙어진다. 결국 민중은 승전에 필요한 조치를 과감하게 취했을 것 같은 부류의 사람들에게 등을 돌리고, 그들이 전쟁을 확대해 획득한 권력이 국내의 자유를 위협하자 그들을 관직에서 내쫓는다.

이 시나리오는 2명의 대통령의 때 이른 몰락으로 이어진 미국의 베트남전쟁 당시의 경험과 비슷하다. 또한 현재 미국이 겪고 있는 이라크 문제, 즉 민주주의를 다른 나라에 확대하기 위한 선의의 계획이 국내에서의 광범위한 반대를 초래하고 또 한 사람의 최고 사령관의 힘을 약화시키고 있는 현상을 떠올리는 사람도 많을 것이다. 그러나 절묘하게도 앞서 소개한 시나리오는 투키디데스의 《펠로폰네소스전쟁사》에 나오는 아테네의 시켈리아 침략과정에도 적용된다. 아테네의 시켈리아 침략도 적에 대한 과소평가가 한 가지 불씨가 되었고, 국내의 정치적 긴장을 초래했으며, 결국에는 주전파의 지도자 알키비아데스가 권력을 빼앗기고 망명길에 오르면서 대단원의 막을 내렸다.

서구세계 최초의 초강대국 간의 충돌을 서술한 역사가인 투키디데스는 민주주의와 제국의 만성적인 딜레마를 인상적으로 설명했고, 9·11 이후의 세계, 즉 차기 대통령이 맞이할 세계에도 여전히 소중한 교훈을 남겼다. 민주주의와 제국 사이의 관계는 정치가를 다룬 역사에서 가장 오래된 주제 가운데 하나이고, 여전히 현대적 의미가 있는 주제 가운데 하나이기도 하다. 민주주의는 원래부터 제국주의적 팽창으로 귀결될 운명을 타고난 것일까? 제국을 추구하면 국내의 건전한 통치에 필요한 시민적 미덕이 훼손될까? 다른 나라를 겨냥한 무력 사용은 도덕적으로 정당화할 수 있을까? 해외로 제국의 힘을 분출하면 국내에서 독재체제가 들어설 위험이 높아질까? 우리가 이상의 질문을 던지고 해답을 고민하는 것은 모두가 투키디데스 덕분이다.

투키디데스가 최초로 발견한 이 긴장관계는 오늘날에도 적용된다. 현재 우리가 겪고 있는 문제도 옛날과 크게 다름없기 때문이다. 물론 똑같지는 않다. 그러나 리더십의 유형과 리더십을 둘러싼 도전과제는 예나 지금이나 일정한 패턴을 이룬다. 즉 강경파가 있으면 온건파가 있고, 소장파가 있으면 노장파가 있으며, 민주주의에서 여론을 형성하기 위한 수사적 표현이 중요한 만큼 그에 따른 선동의 위험성도 높아진다. 이런 패턴을 처음 발견한 사람이 투키디데스였고, 여러 세대를 거쳐 르네상스 시대의 치국책 연구가들, 미국의 건국의 아버지들(정치가이면서 동시에 정치사상가였다), 대대적인 개혁과 빛바랜 영광의 주인공인 나폴레옹, 독수리 떼에 매료된 링컨 등이 그것을 재발견하고 새롭게 장식했다. 그 패턴은 전제국가의 침략을 물리친 아테네인들처럼 히틀러의 침략에 맞서 서구세계를 지킨 처칠의 맹렬한 야심과 국내경제를 재건하는 한편 해외에서 민주주의의 적들을 상대로 전쟁을 벌인 루즈벨트의 과감한 결단력에서도 찾아볼 수 있다. 그리고 이후의 사례들로는 나치즘을 계승한 전체주의와의 냉전, 어떤 희생을 치르더라도 전세계의 자유를 수호하겠다는 의지를 천명한 케네디, 선의와 오판이 뒤섞인 이라크전쟁 등을 꼽을 수 있다.

투키디데스가 페리클레스, 알키비아데스, 니키아스, 아르키다모스 같은 펠로폰네소스전쟁의 주역들에게서 최초로 발견한 미덕과 성격적 결함은 오늘날에도 다양한 상황에 적응한 새로운 조합을 통해 변화무쌍한 만화경처럼 다시 등장한다. 투키디데스 덕분에 우리는 제국주의적 팽창에 따른 지속적인 모순과 역동성, 그리고 그것이 국내의 자유를 위협할 가능성에 눈뜰 수 있다. 시켈리아섬 정복을 둘러싼 알키비아데스의 군사적 야심과 아테네의 민간권력 사이의 충돌은 카이사르와 원로원, 나폴레옹과 탈레랑, 매클렐런과 링컨, 패튼과 아이젠하워, 맥아더와 트루먼, 웨스트멀랜드(베트남전쟁 때의 미군 총사령관─옮긴이)와 존슨 등의 사례에서 알 수 있듯이 그 뒤로도 오랫동안 반항적이거나 성급하거나 지나치게 낙천적이거나 무능한 장군들과 그들을 견제하는 민간권력 사이의 투쟁에서 여러 차례 반복되었다. 부시 대통령과 럼스펠드 국방부장관의 관계는 또 하나의 변종이다. 왜냐하면 군사력의 민간 관리자인 부시의 공격적 성향이 오히려 세부적인 계획수립을 회피한 민간인 총사령관인 럼스펠드를 압도했기 때문이다. 어쨌든 대체로 민간권력과 군사권력 사이의 이런 긴장관계는 비극으로 끝났다. 그것은 아테네로 소환되기 전에 알키비아데스가 수립한 전쟁전략을 아주 긍정적으로 평가한 투키디데스의 지적처럼 반골 기질의 무인들이 전쟁을 승리로 이끄는 방법의 측면에서 옳을 때가 가끔 있었기 때문이다. 그러나 승리에 필요한 용맹함은 시민의 권리와 선출직 공무원의 권위를 침해하는 값비싼 대가를 초래할 수 있다.

투키디데스는 민주주의가 제국을 지향하는 과정에서의 복합적인 동기를 최초로 간파한 인물이기도 하다. 사실 그런 동기는 로마제국과 대영제국의 사례뿐 아니라 미서전쟁, 양차 세계대전, 한국전쟁, 베트남전쟁, 이라크전쟁 등을 거치며 초강대국의 입지를 굳힌 미국의 사례에서도 되풀이된다. 로마와 영국과 미국이 제국으로 발돋움하는 과정에서 치른 전쟁 가운데 오로지 순수한 이상 때문에, 혹은 단지 현실적인 이익 때문에 치른 전쟁은 하나도 없었다. 부시행정부의 이라크전쟁은 '오로지 원유' 때문만은 아니었지만, 물질적 이익이 전혀 배제된 전쟁도 아니었다. 그러므로 이라크전쟁은 확실히 민주주의의 전쟁에 포함된다. 영국과 미국의 대외정책 관련 논쟁에서 흔히 등장하고, 건국의 아버지들뿐 아니라 민주주의에서 명예욕의 허용 가능한 배출구를 모색한 청년 링컨을 심각한 고민에 빠뜨린 강경파와 온건파, 팽창주의와 고립주의 사이의 고질적인 대립은 이미 강경노선의 젊은 팽창주의자 알키비아데스와 온건노선의 나이 든 협상주의자 니키아스 간의 경쟁에서 찾아볼 수 있다. 물론 투키디데스 이후 세상은 크게 변했다. 세기를 거듭할수록 인간의 전쟁능력은 전 세계를 파멸로 몰아넣을 수 있을 만큼 엄청나게 성장했다. 그러나 그렇기 때문에 오히려 예나 지금이나 여전한 정치가의 딜레마와 그것을 해결하는 과정에서 성격, 신중함, 의지 같은 인간적 요인이 차지하는 역할이 더욱 돋보이는 것이다. 투키디데스가 최초로 간파했듯이 민주주의와 제국 사이의 근본적인 긴장관계는 아직 여러 가지 방식으로 남아 있기 때문에 지금 내가 이 책을 쓰고 있는 2008년 여름에도 고상한 의도, 현실적 이익, 그리고 민주적 시민 사이의 충돌로 인해 미국 대통령이 또다시 휘청거리고 있고 후계자에게 아직 해결하지 못한 위기를 떠넘길 것 같다. 아마 차기 대통령은 어김없이 제국의 유혹과 도전과제를 내세우며 미래를 향해 국가와 세계를 이끌고 갈 것이다.

앞으로 살펴보겠지만, 아테네의 민주주의와 제국주의적 야심에 대해 투키디데스는 복합적인 평가를 내렸고, 오늘날의 주전파와 주화파 모두 거기에 만족하지 못할 것이다. 우선 그는 아테네 내부의 반대세력이 승리를 가져올 가능성이 가장 높은 알키비아데스를 해임하지 않았더라면 전쟁에서 이길 수 있었을 것이라고 주장한다. 그가 보기에 전쟁은 언제나 부당한 것은 아니었고, 모든 면에서 정의에 어긋나는 것도 아니었다. 그의 전쟁을 바라보는 관점은 우리가 인간 본성을 바라보는 시각, 우리의 공격 성향, 지정학적 위치, 자국의 생활방식을 고수하는 데 필요한 힘의 정도 등에 따라 다르다는 것이었다. 이렇게 볼 때 투키디데스는 모든 곳에서 영원히 평화를 유지할 수 있다고 여긴 평화적 이상에 심취한 사람도 아니었고, 국제문제는 자국의 이익을 추구하는 합리적인 행위자들을 통해 처리할 수 있다는 키신저 식의 현실주의 정책을 옹호한 사람도 아니었다. 그 두 가지 유형의 사람들과 투키디데스가 다른 점은 그가 힘의 사용을 바라보는 관점이었다. 그는 권력행사가 언제나 도덕적 쟁점일 수밖에 없다고 여겼다. 그가 보기에 그것은 도덕추구 대 권력추구의 문제나 현실론 대 이상론의 문제가 아니라 주로 도덕적 권력추구 대 비도덕적 권력추구의 문제이다. 예를 들어 투키디데스는 카터가 에너지 소비를 줄이기 위한 운동을 '전쟁의 도덕적 등가물'로 묘사함으로써 마치 전쟁은 원래부터 도덕적일 수 없다는 뜻을 암시한 점에 결코 동의하지 않았을 것이다. 투키디데스의 관점에서 볼 때 특정 종류의 전쟁은 최소한 부분적으로는 도덕적 명분에 입각할 수 있고, 나머지는 전혀 그렇지 않다.

투키디데스의 관점을 차용하면, 민주주의 체제도 단지 자위적 차원에서 자국의 영향력을 외부로 확대해야 할지 모른다고 생각할 수도 있다. 나아가 특정한 민주주의 체제가 국내와 국외 모두에서 자유를 증진하는 한편 제국주의적 권력을 확대하는 가능성을 고려해볼 수도 있다. 적어도 이것은 민주주의의 전성기를 구가한 아테네인들이 내세운 주장이었고, 투키디데스(아테네인이었다)도 즉각 부인하고 나서지는 않는다. 그에 따르면, 전쟁이 재앙인 까닭은 그것이 비도덕적이기 때문이 아니라 민주주의 정치의 본질 때문이다. 아테네의 민주주의제국에서는 개인주의, 야심, 개인적 자유, 기술혁신, 문화, 번영 등이 꽃피고 있다. 아테네의 가장 위대한 정치가 페리클레스는 전몰용사 추도연설에서 그 점을 칭송했다. 그러나 아테네의 제국추구 경향은 개인과 국가 간의 긴장관계를 초래했고, 그 결과 공익을 훼손하기도 했다. 개인들이 국가의 제국주의적 팽창을 통해 명성, 재산, 권력 따위를 추구하는 경향은 공익을 우선시하는 건전한 태도에 해악을 끼칠지 모른다. 이것은 순수한 사실판단도 아니고 순수한 가치판단도 아니다. 다만 사건이 인물과 충돌할 때 일어나는 일이다. 그리고 국내의 민주주의와 국외의 제국 사이의 이런 긴장관계는 도덕적·심리적 결과뿐 아니라 아주 중요한 실질적 결과를 낳는다.

이렇게 볼 때 투키디데스의 입장은 저속한 현실주의뿐 아니라 고상한 도덕주의보다 우위에 있다. 그는 인간 본성은 결코 변하지 않을 것이기 때문에 자신의 설명에 담긴 교훈은 영원히 유효할 것이라고 주장한다. 페리클레스 같은 위대한 지도자와 알키비아데스 같은 기회주의적 지도자가 등장하는 배경이기도 한 민주주의와 제국 사이의 긴장관계가 늘 똑같이 되풀이되지는 않을 것이다. 그러나 늘 유사한 긴장관계가 조성될 것이고, 비슷한 유형의 지도자들이 꾸준히 등장할 것이다. 링컨이 언급한 독수리 떼는 동일한 방식은 아닐지라도 싫든 좋든 늘 우리 곁에 머물 것이다.

　　이처럼 투키디데스의 견해에는 현대인들의 생각을 새로이 가다듬게 하는 힘이 있다. 오늘날 우리는 도덕을 무시하는 실리주의적 태도 아니면 인간 본성을 경시하며 도덕적 순수성에 집착하는 태도 두 가지 가운데 하나에 기울어 있다. 이런 점에서 고대의 저작들은 이타적 도덕성을 내세운 채 무조건적 평화, 평등, 번영 등이 바람직할뿐더러 심지어 가능하다고 주장하는 현대인들의 허세보다 훨씬 엄격하고 비관적인 것으로 볼 수 있다. 사실 지난 20세기에는 평화, 순수, 이상의 미명 아래 수많은 사람들이 학살당하고 삶의 터전을 빼앗겼으며, 21세기에도 신앙, 애국, 세계평화 같은 고귀한 명분 아래 자행되는 테러와 집단학살이 사라질 기미가 전혀 없다. 권력은 그것의 도덕적 영향과 불가분의 관계에 있다고, 그 어떤 이상도 인간 본성의 한계와 역량에서 떼어놓고 생각할 수 없다고 믿었던 투키디데스 같은 저술가에게 우리가 배울 만한 점이 있는 까닭은 아마 바로 이 때문인 듯하다.

투키디데스는 호메로스를 비롯한 고대 그리스의 시인들과는 달리 경험주의적 접근법을 택했다. 그는 자신이 직접 경험한 전쟁을 최대한 정확하게 서술하고자 했다. 오늘날 그에 관한 사료는 거의 남아 있지 않다. 다만 본인이 남긴 기록에 따르면 그는 기원전 460년에 태어났고, 펠로폰네소스전쟁이 일어난 지 8년 뒤에 장군에 임명되었지만, 스파르타군과의 전투에서 패한 뒤 20년 동안 해외에서 망명생활을 했다. 투키디데스의 진면목은 그의 걸작 《펠로폰네소스전쟁사》에서 드러난다. 출처가 불분명한 이야기에 따르면, 《펠로폰네소스전쟁사》는 투키디데스 사후에 버려진 채로 발견되었고, 아테네의 장군이자 소크라테스의 제자인 크세노폰 덕분에 널리 알려졌다고 한다. 투키디데스가 전쟁으로부터 이끌어낸 교훈 가운데 몇 가지는 일찍이 고대 그리스의 구비문학에서 다음과 같은 질문을 통해 논의된 바 있었다. 과연 어느 정도의 명예추구가 적절할까? 공익에 복무하기 위한 건설적인 야심을 장려하는 것과 양의 탈을 쓴 잠재적 폭군에게 기회를 주는 것은 정확히 어떻게 구분할 수 있을까? 훗날 링컨은 1838년의 스프링필드 청년회관 연설에서 이것과 비슷한 문제들을 고민하기에 이른다. 인간의 호전적 충동과 명예욕이 무자비한 폭정과 무의미한 전쟁에서 벗어나 법치의 공화국의 동포들을 위한 봉사에서 비롯되는 명예 쪽으로 향하도록 교육하고 순화할 수 있는 중용적 수단이 있을까?

호메로스는 이와 같은 문제에서 양면적인 태도를 취했다. 작품에서 그는 아킬레우스를 그리스 청년들이 영원히 본받아야 할 존재로 치켜세우는 것 같다. 그러나 아킬레우스는 무척 반항적이었고, 실제로 트로이아 전쟁 도중에 총사령관인 아가멤논에 대한 순전히 개인적인 원한 때문에 전투에서 발을 빼기도 했다. 문제는 근본적으로 폭군과 지도급 시민이 공통적으로 교만과 공격성 같은 특징을 갖고 있다는 사실이다. 이런 난제는 소포클레스의 비극 〈오이디푸스 왕〉에 나오는 합창곡에 표현되어 있다. 연극에서 합창단은 신께 부디 폭군을 막아주고 동시에 야심만만한 인물이 나라를 위해 일하도록 해달라고 기원한다. 테바이Thebai 사람들은 오이디푸스가 어떤 부류에 속하는 사람인지 잘 모르고, 오이디푸스 자신도 마찬가지이다. 그것이 비극의 일부분이다. 테바이의 장로들은 다음과 같이 노래한다.

오만이 폭군을 낳는다.
오만이 성급하게 헛된 것을 지나치게 포식하면
마침내 지붕 위로 올라가고,
반드시 있기 마련인 폐허로 곤두박질치고,
그때는 오만의 발도 소용없다.

그러나 곧이어 비난의 수위가 가라앉는다.

그러나 신께 기원하노니
부디 나라에 도움이 될 만한 뜨거운 야심은 절대 없애지 마소서.
원컨대 영원히 우리의 수호자로 남아주소서.

소포클레스는 자발적인 국가의 수호자와 잠재적인 폭군을 구분하기 어려운 점이 시민적 삶의 영원한 숙제이고 바로 지금 아테네인들 앞에 그런 수수께끼가 놓여 있음을 암시하고 있다.

이것은 리더의 영혼에 대한 심오한 통찰이다. 그리고 투키디데스는 그것을 당면한 현실의 맥락에서 보여주고 있다. 그는 다음과 같은 질문을 던진다. 민주주의와 제국은 양립할 수 있을까? 대외적 팽창과 경제적 번영은 필연적으로 시민의 정신을 훼손해 쾌락주의적 방종을 낳고 결국 자신만의 권력과 명예를 극대화하기 위해 민주주의를 기꺼이 희생시키는 야심만만한 인물의 등장을 초래할까? 이어서 더욱 심각한 질문이 등장한다. 민주주의 체제는 제국의 지위에 오름으로써 피해를 입을 가능성이 높을 뿐 아니라 실제로 제국의 지위를 추구할 가능성도 높지 않을까? 개인의 복리와 행복을 장려하는 체제는 국내에서 그런 기대치를 만족시킬 수 없을지 모른다. 따라서 개인의 높은 기대치를 만족시키기 위해서는 팽창주의적 대외정책에 의존할 수밖에 없을 것이다.

투키디데스에 따르면, 때로는 무력에 의존해 자유를 수호해야 할 경우가 있다. 아테네는 당시 가장 강력하고 선진적인 체제이자 훈련과 장비를 잘 갖춘 약 20만 명의 상비군을 전선에 배치할 능력을 보유한, 수백만 명의 인구를 자랑하는 광대하고, 질서가 잡히고, 부유한 다국적 제국인 페르시아의 압도적인 군사력에 맞서 어쩔 수 없이 그리스 전체를 수호할 역할을 맡지 않았다면 제국의 지위에 오르지 못했을 것이다. 아테네는 훗날 영국이 나폴레옹을 물리친 뒤에 깨달았고 미국이 제2차 세계대전에서 승리한 뒤에 깨달은 사실, 즉 당면한 위기가 지나간 뒤에 갑자기 차지할 수 있는 지정학적 영향력을 포기하기가 그리 쉽지 않다는 점을 가장 먼저 간파한 나라였다. 다시 말해 갑자기 호랑이 등에 올라탄 국가는 거기서 금방 내려올 수도 없고, 굳이 내려올 마음도 없을지 모르는 것이다.

1452년에 로렌초 발라가 라틴어로 번역해 다시 서구세계에 소개한 이래 투키디데스의 《펠로폰네소스전쟁사》는 지금까지 민주주의와 리더십에 대한 근대적 평가에 지대하고 지속적인 영향을 미치고 있다. 1650년에 《펠로폰네소스전쟁사》를 영어로 번역한 영국의 정치사상가 토머스 홉스는 아테네의 민주정과 스파르타의 과두정의 충돌에 따른 내전의 위험을 지적한 투키디데스에 깊은 감명을 받았다. 두 개의 초강대국이 벌인 이념적 투쟁은 그리스의 여러 동맹시 간의 정치적 조화를 깨뜨렸고, 결국 양측의 과격파들이 각 동맹시의 정권을 강탈하고 오로지 자기 정파만의 이익을 위해 권력을 휘두르게 되었다. 홉스는 당시 영국에서 벌어진 내전에서도 비슷한 양상을 발견했다. 그가 보기에 투키디데스의 설명은 오직 절대군주만이 인간 본성의 잠재적 위험을 억제할 수 있다는, 그리고 권력, 부, 명성 따위를 둘러싼 자연적 욕구로 인한 '만인에 대한 만인의 투쟁'을 예방할 수 있다는 역사적 증거였다.

홉스의 관점에서 투키디데스의 설명은 민주주의가 당파투쟁, 선전선동, 폭민정치 따위로 변질될 우려가 가장 많은 최악의 정치체제임을 입증하는 것이기도 했다. 개인주의와 자유로운 의사표현을 장려하는 점에서 볼 때 민주주의는 다른 정치체제보다도 자연상태의 혼란과 방종에 더 가까웠고, 일상적 수준에서 벌어지는 만인에 대한 만인의 투쟁과 닮았다. 개인적 야심보다 아테네의 이익을 앞세운 페리클레스를 지도자로 맞이했을 때 잠시 빛난 막간은 오히려 이와 같은 견해를 입증해줄 뿐이었다. 홉스에 따르면, 페리클레스는 이름만 빼면 실질적인 군주였다. 그가 보기에 페리클레스는 민주주의에서 흔히 나타나는 방종에 관한 법칙을 증명한 예외적인 인물이었다. 물론 영국의 로크와 프랑스의 몽테스키외 같은 계몽사상가들과 해밀턴처럼 계몽사상에 심취한 미국의 주요 인사들은 홉스와 달리 절대군주를 선호하지 않았다. 그러나 그들은 홉스와 마찬가지로 인민주권, 당파투쟁의 가능성, 다수결에 의한 폭정 등을 깊이 우려했다. 또한 그들은 질서와 체계를 갖춘 정부가 페리클레스처럼 훌륭하고 선견지명이 있는 정치가들이 아주 우연히 등장하는 것보다 사회의 평화와 개인의 자유를 훨씬 안정적으로 보장할 수 있다고 여긴 홉스의 견해에 공감했다. 그들이 보기에 새로운 민주주의 실험의 무대인 미국은, 매디슨이 말했듯 야심이 야심에 의해 상쇄되고 명예욕이 평화로운 영리활동의 구체적인 보상으로 승화되는 법치국가를 지향해야 했다.

영국과 미국의 근대적 대의정부가 세계 곳곳으로 확산됨에 따라 내부적 차원의 자유체제와 대외적 차원의 제국주의적 권력 사이의 조화를 추구한 정치가들은 팽창주의적 민주주의의 역사를 최초로 규명한 투키디데스의 영향에서 벗어날 수 없었다. 예를 들어 링컨은 무력행사를 통해 남부의 퇴행적 과두정을 물리치고 북부의 자유민주주의제국의 권위를 확립했다. 윌스를 비롯한 일부 역사가들은 페리클레스의 전몰용사 추도연설과 플라톤이나 데모스테네스가 작성한 연설문을 비롯한 고대 그리스의 여러 유명한 연설과 링컨의 게티즈버그 연설 사이에 형식적 유사성이 있다고 주장한다. 반면 제임스 맥퍼슨 같은 역사가들은 링컨이 그리스어와 라틴어를 알지 못한 점과 그리스와 로마의 고전작품보다는 성경과 셰익스피어의 작품에 더 많은 영향을 받았다는 점을 들어 두 가지 연설의 직접인 연관성을 인정하지 않는다.

그래도 분명해 보이는 사실은 링컨의 게티즈버그 연설이 19세기 미국에 널리 퍼진 그리스 복고양식의 영향권 안에 있었다는 점이다(당시 미국에서는 고대 그리스 문화의 부활 움직임 속에서 투키디데스를 비롯한 그리스의 여러 저술가들의 작품에 대한 관심이 크게 일어났다). 이런 의미에서 적어도 투키디데스는 게티즈버그에서 링컨과 연단에 나란히 서 있었다고 볼 수 있다. 사실 링컨의 2분짜리 명연설에 앞서 에드워드 에버릿이 전사자들에게 바친 2시간짜리 연설은 페리클레스의 전몰용사 추도연설을 본보기로 삼은 것이었다. 그러므로 에버릿은 당시 미국 사회에서 유행한 그리스 복고양식을 구체적으로 표현한 인물이었던 셈이다. 그는 일신론주의 목사이자 하버드대학교 고전학 교수이자 정치지도자였고, 당시 고전학 분야의 세계적인 중심지인 독일에서 철학 박사학위를 획득한 최초의 미국인이었다. "사람들이 위인의 능력을 믿는 것은 자연스럽다"고 말한 에머슨은 하버드대학교를 다닐 때 에버릿에게 배웠고, 평생 그를 존경했다. 페리클레스를 본보기 삼아 연설에 나선 사람, 그리고 위인의 역사적 역할을 강조한 에머슨을 가르친 사람이, 페리클레스에 버금가는 명연설을 남긴 링컨과, 그리고 에머슨이 제시한 위대함의 기준을 에머슨 자신보다도 더욱 충실히 만족시킨 링컨과 같은 날, 같은 무대에 섰다는 사실은 참으로 의미심장하다.

한편 테오도어 루즈벨트는 링컨과 달리 고전에 관한 해박한 지식을 갖고 있었다. 그가 남긴 편지글에 따르면, 그는 투키디데스의 그리스어 원전을 백악관에서 저녁 독서시간에 읽은 것을 포함해 적어도 두 차례 읽었다고 한다. 그는 투키디데스의 작품을 톨스토이의 소설처럼 위대하지만 "도덕을 초월해 있다"고 평가했다. 앞으로 다시 살펴보겠지만, 그것은 무척 흥미진진한 시각이다. 왜냐하면 여기서 민주주의와 제국에 대한 투키디데스의 탐구가 지금까지 미국이 경험한 바와 얼마나 밀접한 관계가 있는지에 관한 질문이 제기되기 때문이다.

폭군 히틀러의 침략과 압제에 맞선 자유체제의 위대한 동맹을 이끈 처칠도 투키디데스의 작품에 영향을 받았다. 물론 얼마나 직접적인 영향을 받았는지는 추측에 의존할 수밖에 없지만 말이다. 앞서 언급했듯이 처칠은 대학교에 진학하는 대신에 고전작품을 닥치는 대로 읽었다. 처칠은 그리스어를 읽을 줄 몰랐으나 졸업 후에도 그에게 관심을 가졌던 해로우Harrow고등학교 시절의 교장 토머스 웰던이 홉스의 영어 번역본을 읽도록 권했다. 처칠의 전기를 쓴 마틴 길버트는 그가 실제로 번역본을 읽었는지 여부는 밝히지 않았지만, 아마 읽었던 것 같다. 처칠에 관한 강의를 진행하고 있는 듀크대학교의 영문학 교수 마이클 발데스 모지스는 독서광인 처칠이 투키디데스의 작품을 읽지 않았을 가능성을 무척 낮게 본다. 그는 처칠이 쓴 책《강의 전쟁The River War》을 증거로 내세우며 처칠과 빅토리아 시대의 영국인들이 투키디데스를 통해 제국건설에 관한 교훈을 얻었을 것으로 추측한다. 알래스카 대학교University of Alaska의 제임스 뮬러 교수는 제1차 세계대전을 다룬 처칠의 책《세계의 위기The World Crisis》에서 참고문헌 목록에는 오르지 않았지만 투키디데스에 관한 주석으로 보이는 것을 발견했다. 가장 구체적이고 가장 그럴싸한 연관성은 제2차 세계대전에 관한 처칠의 비망록에서 상세히 드러난다. 1942년, 전황이 연합군에 크게 불리했을 때 처칠의 절친한 친구이자 언론계의 거물인 비버브룩 경은 그에게 보낸 편지에서 투키디데스의 글을 인용하며 위로했다고 한다. 인용문의 내용은 아테네의 어느 지도자(클레온일 가능성이 높다)가 아테네인들에게 결코 스파르타와 협상하지 말도록 촉구하는 것이었다. 문제의 비망록에서 처칠은 투키디데스의 글을 인용한 비버브룩의 편지를 특별한 논평 없이 언급하는데, '유명한 역사가'라는 수식어 없이 그냥 '투키디데스'라는 이름만 쓰고 있다.

하지만 투키디데스를 사랑하는 오늘날의 독자들에게는 베트남전쟁이 펠로폰네소스전쟁과 유사하고 아주 섬뜩하고 또렷한 사례이다. 일반적으로 베트남전쟁을 1950년대부터 시작된 봉쇄정책과 자유주의적 개입노선이 맞이한 대재앙으로 인식하듯이 투키디데스도 아테네의 최정예 함대와 지상군이 시켈리아에서 당한 패배를 국내에서 민주주의를 보존하고 그것을 국외로 전파하는 한편 제국을 확대하려는 이중적 야심이 맞이한 최후의 일격으로 묘사한다. (아테네인들은 시켈리아의 민주정파가 아테네군의 침략에 발맞춰 과두정파에 맞서 봉기할 것으로 확신했던 것 같다. 그것은 아테네판 '민심 얻기' 작전이었고, 베트남전쟁과 이라크전쟁에서도 유사한 사례를 찾아볼 수 있다.)

아테네의 시켈리아 원정과 그것의 끔찍한 결말, 그리고 그것으로 드러난 아테네 민주주의의 실상 등을 이해하기 위해서는 서로 짝을 이루는 두 쌍의 사건을 고려해야 한다. 첫 번째 쌍은 페리클레스의 전몰용사 추도연설과 이후 아테네를 휩쓴 전염병이고, 그두 가지 사건은 페리클레스와 그의 후계자들에 대한, 그리고 특히 시켈리아 원정에 대한 투키디데스의 평가로 마무리된다. 두 번째 쌍은 이른바 〈멜로스 대화편Melian Dialogue〉과 그 뒤에 일어난 시켈리아 원정이다. 일단의 아테네 장군들이 약소국 사람들에게 국제정치의 냉혹한 현실을 가르친 내용이 담긴 〈멜로스 대화편〉은 "힘이 곧 정의이다"라는 유명한 격언을 최초로 선언한 것이었다. 거기에는 절정에 도달한 아테네인들의 오만이 구체적으로 드러나 있고, 뒤이어 일어난 시켈리아 원정과 패배는 흔히 그런 오만의 비극적 결과로 간주된다.

여기에는 확실히 무언가 중요한 의미가 담겨 있다. 투키디데스는 오만은 몰락을 자초한다는 교훈을 들려주고자 실제 사건을 인용하는 일종의 비극 작가이다. 투키디데스가 소개한 비극에는 고대 그리스 세계의 여러 정치가들의 사고방식과 민중의 정서가 담겨 있다. 오늘날의 가치중립적 '객관적' 역사가들과 반대로 투키디데스는 몸소 입증할 수 있는 사실에 국한되지 않은 채 실제 사건들에 담긴 온갖 종류의 심리와 교훈을 추려낸 도덕적 역사가이다. 하지만 〈멜로스 대화편〉을 수록하고 시켈리아 원정을 언급한 점을 들어 그가 팽창주의와 권력추구를 언제나 위험하고 부도덕한 요소로 여겼다는 식의 결론을 내리지는 말아야 한다. 투키디데스는 국제관계에서 평화가 정상적인 것이거나 달성할 수 있는 것으로 여기지 않았고, 항상 바람직한 것이라고도 주장하지 않았으며, 아테네인들이 과거에 저지른 악행의 대가를 반드시 치를 것이라고도 생각하지 않았다.

그 이유를 이해하기 위해서는 첫 번째 쌍의 사건, 즉 페리클레스의 전몰용사 추도연설과 그 뒤에 발생한 전염병 사건을 면밀히 살펴보고, 투키디데스가 독자들에게 바라듯이 첫 번째 쌍의 사건이 두 번째 쌍의 사건으로 이어지는 과정을 자세히 더듬어봐야 한다.

페리클레스는 펠로폰네소스전쟁이 벌어진 첫해에 전사한 아테네 병사들과 선원들의 넋을 기리기 위해 그 유명한 추도연설에 나섰다. 그때만 해도 전사자 숫자가 그리 많지 않았다. 그는 장기간의 전투로 전사자가 늘어나고 정신적 피로감이 커져 사기가 떨어지기 전에 미리 사기를 진작하고 여론의 기반을 다지고자 했다. 연설 말미에 그는 아테네인들에게 시민으로서의 의무를 다해줄 것을 엄숙히 요청했다. 그는 아테네 시민들은 아테네의 장점과 스파르타의 장점을 겸비할 수 있다고 말한다. 즉 아테네인들은 고급문화, 관용, 긴장이완, 개인적 안락 등을 칭송하지만 전시에는 스파르타인처럼 억센 모습을 보여줄 수 있다는 것이다.

우리의 경쟁자들은 어릴 적부터 엄격한 규율에 따라 남자다움을 추구하는 반면, 우리 아테네인들은 우리가 원하는 대로 살지만 위기가 찾아오면 언제나 당당히 맞설 자세를 갖추고 있습니다.

엄격한 집단적 도덕에 어긋나는 것을 싫어하고 개인의 자유와 쾌락추구가 애국적 경계심을 갉아먹는다고 믿은 스파르타인들과 달리 아테네인들은 자신들의 개방성, 유복한 환경, 다양성 등을 자랑으로 여긴다.

우리는 이웃이 자기가 좋을 대로 행동하는 모습에 화내지 않습니다. 우리는 1년 내내 운동경기와 희생제의를 엽니다. 그리고 각자의 집은 우리가 일상생활에서 느낄 수 있는 기쁨의 원천이고 근심을 잊는 데도 요긴하게 쓰입니다. 한편 우리 도시의 위대함에 이끌려 세계 곳곳의 물산이 우리 항구로 속속 도착합니다.

페리클레스에 따르면, 아테네의 모든 시민들이 누리는 개인적 자유의 기쁨은 애국심을 좀먹기는커녕 그들이 함께 획득한 것을 수호하기 위한 개인적 동기를 불러일으킨다.

우리 조국의 성격을 진지하게 생각해볼 때 이 투쟁에 임하는 우리의 자세는 잃어서 아까울 만한 축복이 전혀 없는 자들과는 같지 않습니다.

요컨대 페리클레스는 아테네를 위해 싸울 만한 뚜렷한 이유가 많은 점을 동포들이 늘 명심하도록 촉구하고 있다. 그는 아테네인들은 아테네의 화려한 시가지와 웅대한 건물로 '날마다 눈을 호강시켜야' 하고, '심장이 조국을 사랑하는 마음으로 가득할 때까지' 애국심을 다져야 한다고 외친다. 의미심장한 사실이지만, 우리가 알기로는 스파르타의 지도자들 중에 페리클레스와 비슷한 내용의 연설을 한 사람은 없다. 태어날 때부터 사익보다 공익을 앞세우도록 강요한 스파르타에서는 그런 연설이 전혀 필요 없었다. 스파르타인들은 왜 조국이 자신에게 꼭 필요한 존재인지 고민할 이유가 없었다.

리더의 영혼에 대한 투키디데스의 값진 통찰 가운데 하나는 리더십이 해당 체제의 성격에 의해, 즉 다른 종류의 것을 배제한 채 특정 종류의 성격적 특징을 장려하는 법률, 헌법, 관습, 생활방식 등의 성격에 의해 형성된다는 사실이다. 페리클레스가 아테네를 본보기로 내세우기는 했지만, 사실 모든 성격유형과 모든 생활방식을 겸비한 체제는 없다. 전쟁은 처음에는 이기심과 권력욕에 따라 시작되겠지만, 필연적으로 한 체제가 자국의 생활방식을 다른 체제에 강요하는 가치의 충돌양상으로 변모할 것이다. 동시에 전쟁의 충격파는 국내의 독자적 생활방식을 위협할 것이다. 실제로 아테네와 스파르타의 전쟁은 점차 물질적 이익뿐 아니라 두 가지 정치원리를 둘러싼 전쟁, 즉 민주정 대 과두정 혹은 개인주의 대 집단주의의 전쟁으로 비화되었다.

아테네와 스파르타는 각자의 우방을 확보하려고 했다. 거기에는 실리적인 이유뿐 아니라 자국의 명분과 생활방식을 정당화하려는 속셈이 담겨 있었다. 동시에 두 체제는 전쟁이 격화되면서 내부적인 위기에 시달렸다. 페리클레스가 사망한 뒤 아테네는 순전히 군사적·정치적 권력을 향한 이기적인 야심을 위해 확전을 촉구하는 정치인들이 등장하면서 위기를 맞았다. 한편 스파르타는 해외에서 전투를 벌여야 할 필요성 때문에 국내에서의 엄격한 생활방식이 흔들렸다. 그러자 아테네인들은 스파르타의 국유노예들에게 반란을 선동했고, 국외에 파견된 일부 스파르타 장군들은 국내에서는 상상하기 어려운 방식으로 마치 총독처럼 오만하게 행동했다. 전쟁이 일어나면 두 개의 체제는 상호작용하고 혼합되기 시작한다. 페리클레스가 세상을 떠난 뒤 클레온 같은 아테네의 일부 지도자들은 스파르타의 규율, 잔혹함, 상명하복식 의사결정 따위를 모방했다. 반면 스파르타인들은 막강한 함대가 상징적으로 보여준 아테네 특유의 역동성과 유연성을 흉내 냈고, 전쟁 막바지에 아테네 해군을 상대로 몇 차례의 놀라운 승리를 거뒀다.

두 개의 초강대국: 아테네와 스파르타

투키디데스는 《펠로폰네소스전쟁사》의 초반부터 이 두 원형적 체제를 소개하는데, 두 체제가 지향한 가치는 이후에 전개될 여러 사건의 밑바탕을 이룬다. 아테네와 스파르타는 그리스적 가치를 각자 고유한 방식으로 해석해 구현했다. 스파르타는 고대 그리스의 덕성을 규정하는 원류이자 남성적 명예라는 호메로스 시대의 규준을 상징하는 존재였다. 투키디데스에 따르면, 스파르타는 법이 수호하는 공익을 중시하는 자치적 귀족정 체제로서 무정부상태와 참주정 사이에서 적절히 균형을 잡은 최초의 도시국가였다. 균등한 사회적 경기장에서 사치의 유혹을 거부한 스파르타인들은 개인적 야심을 거둔 채 소박한 생활방식을 고수하고 법에 순종했다.

스파르타인들은 소박한 옷차림을 처음으로 받아들였고, 부자들은 보통 사람들과 똑같은 생활방식을 유지하기 위해 최선을 다했다.

전설의 입법자 리쿠르고스가 만든 스파르타의 법은 여러 세기 동안 그대로 유지되었다.

아득한 옛날 스파르타에는 훌륭한 법이 생겼고, 참주정의 위협으로부터 확고한 자유를 누렸다. 스파르타는 400년 넘게 동일한 형태의 정치체제를 유지하며 최근의 전쟁에까지 이르렀고, 다른 국가의 문제를 조정할 정도의 지위를 누리고 있다.

투키디데스는 스파르타에는 아테네와 달리 훌륭한 건물이 없고 외면적으로 화려하지도 않았다고 말한다. 하지만 그는 미래의 여행자들은 스파르타에는 텅 빈 들판과 오두막의 흔적을 발견할지 몰라도 전성기의 스파르타는 파르테논 신전을 갖춘 아테네만큼 혹은 아테네보다 위대했다고 말한다.

만일 신전과 공공건물이 버림받고 스파르타 전체가 황폐해진다고 가정한다면, 후손들은 권력의 진정한 상징이었던 스파르타의 명성을 인정하지 않으려 할 것이다. 그럼에도 불구하고 스파르타는 외부의 수많은 동맹시는 말할 것도 없고 펠로폰네소스 반도의 5분의 2를 차지한 채 전체를 이끌고 있다. 그래도 스파르타는 조밀한 형태로 건설되지 않고 웅장한 신전과 공공건물이 없는 대신 그리스 전통양식의 마을로 이뤄져 있기 때문에 다소 아쉬운 인상을 줄 것이다. 반면 만일 아테네가 스파르타와 마찬가지의 불운을 겪는다면, 사람들은 눈앞에 펼쳐진 광경을 근거로 아테네의 국력이 실제보다 두 배는 컸을 것이라고 짐작할 것이다.

투키디데스의 이 역설적인 통찰은, 페리클레스가 아테네인들의 조국애를 불러일으키기 위해 화려한 시가지와 웅대한 건물로 '눈을 호강시켜야' 한다고 호소하면서 전몰용사 추도연설을 마무리할 때 분명히 드러난다. 혹시 투키디데스는 페리클레스가 아테네의 화려한 외관을 강조하면서 진정한 국력의 크기를 감추고 있었었다고, 스파르타는 아테네 같은 물질적 장식물은 갖지 못했지만 사기가 더욱 높았다고 말하려는 것일까? 야만인들에게 짓밟힌 로마제국의 화려한 유적을 보면 누구나 영국의 역사가 에드워드 기번(《로마제국쇠망사》의 저자—옮긴이)의 탄식에 쉽게 공감할 수 있을 것이다. 뉴델리에 남아 있는 웅장한 영국령 인도 총독부 건물에서도 비슷한 느낌이 든다. 과거의 지배층이 영국에 의해 대체되고 흡수되었음을 의미하기 위해 무굴제국 양식과 힌두교 양식을 뒤섞어놓은 그 건물은 그 규모로 미뤄 짐작할 때 틀림없이 그 자리에 영원히 머물러 있을 줄 알았던 것 같다. 마찬가지 관점에서 볼 때 뉴욕의 9·11테러 현장을 방문해보면 현대판 로마제국이 어떻게 소련의 전차와 폭격기에 맨손으로 맞서 싸운 광신적인 투사들을 본보기로 삼은 자들에게 공격당해 상처를 입었는지 곰곰이 생각해보지 않을 수 없다.

풍요로움과 세련미 같은 가시적 외양이 항상 내면의 의지력과 일치하지는 않는다. 사실 우리는 그런 외면적 요소에 흠뻑 빠진 채 도덕적 요소의 상실을 감추고 있는 것인지 모른다. 오늘날 아테네와 스파르타의 유적을 직접 눈으로 확인해보면 투키디데스의 선견지명에 공감할 것이다. 알다시피 아테네에는 파르테논 신전이 여전히 매력을 뿜내고 있지만, 고대 스파르타 지역에는 기껏 목초지와 여기저기 흩어진 낮은 성벽과 허름한 주춧돌만 남아 있을 뿐이다. 아테네인들은 영원불멸의 건물로 이뤄진 도시 풍경이 고유의 생활방식을 영원히 지켜줄 것이라고 확신했다.

투키디데스에 따르면, 스파르타인들은 국유노예와 외국인을 엄격하게 대했다고 한다. 폐쇄적인 스파르타인들은 외부의 방문자들에 적대적이었고 내부적 혁신을 외면했다. 스파르타 경제는 농업 중심이었고, 도시의 상업과는 거리가 멀었다. 지배층인 귀족들은 전적으로 토지에서 부를 축적했다. 그런 식의 폐쇄경제에서는 상인계급이 지위향상을 모색할 기회가 차단되었고, 외부의 무역업자도 필요 없었다. 스파르타인들은 아테네인들과 달리 화려하고 정교한 웅변술을 불신했다. 알다시피 스파르타식spartan은 '엄격한ascetic'이라는 뜻이고, 스파르타인의 본거지 지명인 '라케다이모니아Lacedaemonia'에서 유래한 '과묵한laconic'이라는 낱말은 말수가 적고 요점만 말하는 모습을 가리킨다. 여기에는 열등한 존재에게 자신의 속뜻을 일일이 설명하지 않으려는 귀족적 태도와 누구나 가질 수 있는 지성보다 소수의 행운아만 누릴 수 있는 교양을 중시하는 경향이 담겨 있다. 여러 측면에서 스파르타인들은 외부인들에게 극도의 반감을 가졌다. 그러나 자기들끼리는 자유와 조국애를 무척 중시했고, 서로를 위해 기꺼이 모든 것을 바치려는 자세를 갖고 있었다. 이것은 고대의 아테네와 현대의 미국을 비교하기가 어려운 지점이다. 즉 스파르타인들은 네이선 헤일 같은 식민지 시절의 애국자들과 비슷했겠지만, 페리클레스 시대의 아테네제국은 세계의 패권을 거머쥔 1950년대의 미국에 더 가까웠다.

반면 페리클레스가 묘사한 아테네의 민주주의에는 활기, 최신 유행, 허물없음, 국제적 감각, 화려함 등의 스파르타와는 다른 그리스적 정체성이 구체적으로 표현되어 있었다.

아테네인들은 처음으로 무기를 잠시 내려놓은 채 더욱 편하고 화려한 생활방식을 받아들인 사람들입니다. 사실 아테네의 부유한 나이 든 남자들이 아마포 속옷을 갖춰 입거나 메뚜기 모양의 황금 매듭으로 머리를 묶는 호사를 그만둔 것은 최근의 일입니다. 그런 사치스런 풍습은 이오니아 지역의 동족들에게 널리 퍼져 오랫동안 그곳의 나이 든 남자들 사이에서 유행했습니다.

아테네의 국제적 감각은 막강한 해군력과 활발한 교역활동에 힘입은 바가 컸다. 하지만 거기에는 아테네인 특유의 기질도 작용했다. 아테네인들은 페이라이에우스Peiraieus 항구로 몰려드는 새로운 사상, 새로운 종교, 새로운 생활방식 등을 환영했다. 아테네에서는 외국인 사업가, 수사학자, 자연과학자 등이 자유롭게 활동했고, 심지어 외국인이 아테네의 군대에서 복무하는 경우도 있었다. 해상경제를 구축하고 페르시아에 맞서 싸우기 위해서는 강력한 함대가 필요했기 때문에 기존의 지주 귀족과 기사계급은 세월이 흐르면서 차츰 노를 잡은 다수의 평민들에게 밀려났다. 선원과 수병으로서 해상교역과 전쟁에서 맹활약한 아테네 평민들은 참정권을 쟁취했다. 스파르타의 정치는 밀실에서, 즉 귀족들이 선출한 원로들과 집정관들의 소규모 평의회를 중심으로 이뤄졌지만, 아테네의 정치는 공개적인 민회를 바탕으로 이뤄졌다. 민회에는 아테네의 모든 성인 남성이 포함되었다. 전쟁전략도 민회에 모인 시민들에 의해 직접 논의되었다. 장군들은 전투에서 패하거나 시민들의 눈에 거슬리는 처신을 했을 때 본국으로 소환되어 해임되었다. 투키디데스 본인이 몸소 겪었듯이 아테네인들은 지도자를 전폭적으로 지지할 수도, 돌연 태도를 바꿔 적대적으로 변할 수도 있었다. 그리고 무엇보다도 웅변술이 중요했다. 다수를 설득할 수 있는 뛰어난 웅변술은 출세와 성공에 절대적으로 필요한 요소였다.

투키디데스는 두 체제를 마치 영화처럼 생생하게 묘사한다. 스파르타의 들판은 고요하고 소박한 풍경이 펼쳐져 있다. 스파르타 군대는 무자비하게 목표를 향해 움직인다. 토론은 피하고 웅변은 믿지 않는다. 반면 아테네의 시가지는 활발하고, 왁자지껄하고, 사람들로 북적인다. 스파르타인들은 변화를 싫어한다. 아테네인들은 변화를 받아들인다. 경제적 이익이나 군사적 승리를 얻을 수만 있다면 어떤 변화도 기꺼이 수용한다. 스파르타인들은 무척 단도직입적이다. 고유의 생활방식을 유지하는 것을 최우선 과제로 여긴다. 스파르타인들은 외부인의 일에 간섭하지 않고, 그들에게 간섭당하기도 싫어한다. 아테네인들은 교묘하고, 영리하고, 속내를 드러내지 않고, 교활하며, 때로는 거짓말도 불사한다. 이방인을 환영하고, 영향력과 권력을 확대하고 싶은 마음으로 가득하다. 가질 수 있는 것은 무엇이든지 손에 넣는다. 그것도 온화한 미소를 띠며 말이다. 요컨대 아테네인들은 나보다 훨씬 못난 사람들이 있다고 생각했다.

대리전: 코린토스와 케르키라의 싸움

제1차 세계대전이 대표적인 사례이지만, 작은 불씨가 큰 싸움으로 번진 여러 전쟁들과 마찬가지로 아테네와 스파르타가 벌인 수십 년간의 전쟁은 소규모 동맹시 사이의 사소한 다툼에서 시작되었다. 두 초강대국 간의 해묵은 긴장관계는 그 작은 불씨를 계기로 모습을 드러냈고, 결국 그리스 전체를 휩쓸어버린 대재앙으로 번졌다.

그 대규모 전쟁의 시발점은 무엇이었을까? 투키디데스의 지적에 따르면, 정치를 이해하는 한 가지 열쇠는 말과 행동의 차이, 겉으로 드러낸 명분의 정당성과 그 밑에 감춰진 물질적 동기의 차이를 이해하는 것이다. 전쟁으로 인한 풍요로움의 상실을 두려워한 충돌 당사자들의 물질적 이기심이 순수한 정의에 대한 요구를 희석시킬 수 있듯이 정의에 대한 강력한 요구가 극도의 독선으로 이어져 부와 권력을 상실할 가능성을 감수한 채 전쟁을 치를 수도 있다.

펠로폰네소스전쟁의 원인을 탐색하면서 투키디데스는 리더십에서 정치적 수사법이 차지하는 역할을 보여주는 사례를 제시한다. 우선 그는 충돌 당사자들이 충돌의 뿌리로 지목하는 구실 prophasis, 즉 '불만의 이유와 차이의 지점'을 검토한다. 하지만 그는 그렇게 겉으로 내세운 입장은 이면에 자리 잡은 충돌의 진정한 이유와 원인aitia에서 비롯된 것임을 밝혀낸다.

내가 보기에 진정한 원인은 수면 아래에 감춰져 있다. 국력이 신장된 아테네와 거기에 충격을 받은 스파르타는 전쟁으로 치달을 수밖에 없었다. 하지만 조약파기와 선전포고로 이어지는 과정에서 양측이 내세운 주장을 참고하는 것이 좋겠다.

양측의 충돌은 이오니아 반도의 도시국가 에피담노스Epidamnus에서 과두정이 무너진 뒤 망명한 과두정파가 주변의 이민족과 합세해 조국을 위협하면서 시작되었다. 에피담노스인들은 모도시母都市인 케르키라Kérkyra에 도움을 청했다. (당시 그리스의 여러 도시국가들은 해외에 식민지를 건설했고, 그 식민도시가 독립적인 도시국가로 발전했다. 하지만 자도시子都市와 모도시의 유대관계는 유지되었다.) 그러나 전혀 이익이 되지 않을 것으로 판단한 케르키라는 에피담노스의 요청을 거절했다. 그러자 에피담노스는 케르키라의 모도시인 코린토스Kórinthos에게 매달렸다. 코린토스인들은 자도시의 자도시인 에피담노스를 보호해야 할 의무가 있다고 생각했다. 그러나 거기에는 케르키라에 본때를 보여주려는 속셈도 있었다.

그 식민도시가 케르키라에 속하는 만큼 자신들에게도 속한다고 여겼기 때문에 코린토스인들은 일종의 보호의무가 있다고 느꼈다. 게다가 그들은 모도시를 경멸하는 케르키라인들에게 앙심을 품고 있었다. 그들은 모도시로서 유독 케르키라인들에게 희생제의 같은 공적인 행사에서 우선순위를 차지하는 등의 공손한 대접을 받기는커녕 푸대접을 받았다고 여겼다. 케르키라인들은 이미 그리스에서 가장 부유한 공동체들과 어깨를 나란히 할 만한 수준의 부를 쌓았다. …… 그런 모든 불만 때문에 코린토스는 에피담노스에게 약속한 원군을 파견하려고 했다.

이렇듯 에피담노스와 거기서 추방되어 이민족과 합세한 과두정파 사이의 충돌이 코린토스와 코린토스의 자도시인 케르키라 사이의 심각한 충돌로 번진 것이다.

충돌 초기에 케르키라는 코린토스와의 해전에서 승리하며 기선을 잡는다. 한편 코린토스인들은 지상군과 해군의 전력을 다지면서 반격을 노린다. 그러나 전쟁은 양측이 아테네와 스파르타를 끌어들이면서 걷잡을 수 없이 확대된다.

첫 번째 싸움에서 케르키라에게 일격을 당한 뒤 코린토스는 이듬해까지 대대적으로 함선을 건조하는 등 전력 증강에 온힘을 쏟았다. …… 그

소식을 전해 들은 케르키라는 아테네에 접근해 동맹을 맺고 지원을 이끌어내기로 결정했다. 케르키라의 의도를 간파한 코린토스도 아테네로 사절단을 보내 케르키라와 아테네 해군의 협력을 저지하려고 했다. 아테네에서는 민회가 소집되었고, 의견이 분분했다.

케르키라도 아테네로 사절단을 보내 코린토스가 스파르타 편에 섰다고 일러바친다. 사절단은 스파르타가 아테네의 국력신장을 두려워한 나머지 아테네를 치려고 한다고 주장한다. 사절단이 아테네 민회에서 호소한 바에 따르면, 전쟁은 불가피하고, 스파르타와 코린토스가 전쟁준비를 할 시간을 주는 것보다는 선제공격을 가하는 편이 낫다. 사절단은 민회에 모인 아테네인들에게 다음과 같이 말한다.

만일 전쟁이 일어나지 않을 것이라고 생각한다면, 그것은 큰 착각일뿐더러 스파르타가 여러분을 시샘하고 전쟁을 원한다는 사실과 코린토스가 그 부분에서 한몫한다는 사실을 외면하는 것입니다. 코린토스는 여러분의 적이며, 앞으로 여러분을 공격하기 위한 사전작업으로 지금 우리를 치려고 합니다. 코린토스는 우리와 여러분이 공동의 적을 향해 단결하는 것을 막기 위해, 우리와 여러분을 정복하기 위해, 우리와 여러분의 손발을 묶거나 자기 힘을 키움으로써 여러분과 우리보다 우위에 서기 위해 그렇게 합니다. 사실 여러분과 우리는 코린토스의 공격 계획이 무르익기를 기다리는 대신 먼저 계획을 수립해야 합니다.

물론 케르키라가 전쟁의 불가피성을 주장한 것은 아테네의 힘을 빌려 코린토스를 격퇴하려는 속셈이 크게 작용하기도 했다. 게다가 그 뒤에 열린 스파르타의 민회에 비춰볼 때 케르키라는 틀림없이 스파르타와 코린토스 사이의 대 아네테 공동전선을 과장한 것 같다. 사실 스파르타는 아직 코린토스에게 확답을 하지 않았다. 또한 케르키라는 그 시점에서 스파르타가 아테네와 케르키라 사이의 동맹을 기정사실화한 것으로 부풀렸을 수도 있다. 왜냐하면 실제로 그때까지 아테네와 케르키라는 공식적인 동맹을 맺지 않았기 때문이다.

이번에는 코린토스의 사절단이 아테네의 중립을 요청한다. 아테네 민회에서 그들은 아테네인들과 마찬가지로 자신들에게도 반기를 든 자도시를 응징할 권리가 있다고 말한다. 즉 케르키라 같은 자도시가 모도시인 코린토스의 권위를 능멸하고 반란을 일으키는 것을 방관한다면, 아테네의 식민도시들도 그렇게 할 것이고, 그러므로 아테네는 코린토스의 권리를 보호해줘야 하고, 적어도 사태에 개입하지는 말아야 한다는 주장이다.

모든 도시국가는 동맹시를 응징할 권리를 갖습니다. 만일 여러분이 규칙을 어긴 모든 자들을 수용하고 원조하는 것을 정책으로 삼는다면, 그만큼 많은 수의 여러분의 동맹시가 우리 편에 설 것이고, 여러분이 그렇게 확립한 원칙은 우리보다 여러분 자신을 더 무겁게 누를 것입니다.

하지만 이런 식의 논리전개는 전적으로 그럴듯하지는 않았다.

특히 케르키라가 실제로는 코린토스의 동맹시가 아니었기 때문이다(물론 코린토스는 케르키라의 모도시였지만, 그렇다고 양측이 공식적인 동맹관계를 맺은 것은 아니었다). 즉 애초에 케르키라가 양측의 동맹관계를 끝낼 수 있는 협정 자체가 없었다. 단지 코린토스는 자도시인 케르키라의 경제력과 국력이 갑자기 향상된 점이 화날 뿐이다. 코린토스인들은 한술 더 떠 아테네를 압박하는 주장을 펼친다. 그들은 케르키라의 호언장담과 달리 전쟁은 일어나지 않을 수도 있다고 주장한다. 그러나 아테네가 케르키라를 지원하고 그들 편에 선다면 전쟁이 일어나게 될 것이다. 아테네는 케르키라의 함대에 눈독을 들일지 모른다. 그러나 우리와 원수가 되면 거기서 얻는 모든 단기간의 이익도 소용없을 것이다. 그러므로 중립을 지키고 간섭하지 않는 편이 낫다.

현명한 선택이 중요한 시점입니다. 케르키라인들이 여러분을 잘못된 선택을 하도록 설득하기 위해 내세우는 핑계인 전쟁의 도래는 아직 불확실합니다. 거기에 휩쓸려 당장 우리를 적으로 삼을 필요는 없습니다. …… 그리고 케르키라 해군과의 동맹 가능성에 현혹되지 마시기 바랍니다. 다른 일류 도시국가에 대한 모든 불의와 담쌓는 것은 일시적인 이익을 위해 영구적인 평화를 희생시켜 얻을 수 있는 그 무엇보다도 고귀한 용기입니다.

하지만 아테네 민회에서 중립을 요구할 때 코린토스인들은 코린토스가 스파르타를 끌어들이려고 애쓴다는 케르키라의 주장을 거론하거나 스파르타가 양측의 충돌을 아테네에 대한 전면전을 위한 발판으로 삼을 가능성을 결코 언급하지 않는다. 나중에 밝혀지지만, 그 두 가지는 아테네인들이 케르키라와 코린토스의 사절단이 제시한 주장을 논의할 때 가장 우선적으로 고려한 사항이었다. 왜냐하면 아테네인들은 줄곧 스파르타와의 전쟁이 임박할 것으로 느꼈기 때문이다.

아테네인들은 코린토스의 중립 요청을 거부하고, 케르키라와 방어동맹을 맺기로 결정한다.

아테네인들은 코린토스 사절단의 1차 방문 때에는 그들의 말을 귀담아 들으려는 분위기가 있었다. 그러나 2차 방문 때에는 마음이 바뀌었고, 케르키라와의 조건부 동맹을 맺기로 결정했다. 즉 동맹의 목적은 공격이 아니라 방어였다. 그리고 펠로폰네소스 동맹과의 평화조약을 파기하지는 않았다. …… 이제 펠로폰네소스전쟁의 도래는 시간문제일 뿐이라는 느낌이 들기 시작했다.

아테네인들의 동기는 복합적이었고 애매한 부분이 있었다. 그들은 케르키라인들이 내세운 명분을 이타적 입장에서 옹호하지도, 그것이 본질적으로 옳다고 여기지도 않았다. 대신 그들은 얼마 전에 코린토스에게 승리를 거둔 케르키라의 함대를 앞으로 다가올 스파르타와의 전쟁에 활용하고 싶은 마음이 굴뚝같았다. 게다가 그들은 케르키라를 지원함으로써 케르키라와 코린토스가 서로 피를 흘리며 싸우지만 어느 편도 결정적인 승리를 거두지 못하도록 할 수 있음을 알고 있었다.

케르키라처럼 강력한 해군력을 가진 도시국가를 코린토스에게 넘겨줄 수는 없는 일이었다. 케르키라와 코린토스는 그런 충돌을 통해 서로에게 타격을 줄 수 있었고, 아테네 입장에서 그것은 언젠가 코린토스 같은 만만찮은 해상세력을 상대로 벌일 싸움을 고려할 때 결코 나쁘지 않은 선택이었다.

그러나 여느 전쟁과 마찬가지로 외교적 계산과 단계적 군사전략은 실제 전투의 충격 속에서 엉망이 되고 만다. 코린토스가 그다음의 해전에서 케르키라에게 승리함으로써 전쟁이 확대되기 시작한다. 처음에는 단지 케르키라 편에 서서 사태를 관망하던 아테네 해군은 서서히 전투의 열기가 고조되자 코린토스와 직접 교전을 벌이기 시작한다.

케르키라가 궁지에 몰리자 마침내 아테네가 본격적으로 끼어들기 시작했다. 개전 초기 아테네는 코린토스의 함선을 한 척도 공격하지 않았다. 그러나 케르키라의 패배가 명백해지고 코린토스가 압박해오자 마침내 모두가 나서야 했고, 코린토스와 아테네가 서로에게 칼날을 겨눌 시점에 이르렀다.

이 시점에서 코린토스는 아테네와 혼자 맞붙기가 부담스러웠고, 결국 조심스럽게 작전을 중지한다.

그 다음 날 아테네 함선 30척이 항해에 적합한 모든 선박을 이끌고 바다로 나왔고, 적군의 교전의사를 알아보기 위해 코린토스 해군이 정박해 있는 항구로 향했다. 코린토스 해군은 육지를 멀리 떠나 난바다에 도열해 있었지만, 공격할 의사를 보이지 않은 채 더 이상의 움직임은 없었다. 왜냐하면 아테네의 증원군이 도착한 데다 여러모로 전황이 불리하다는 점을 알고 있었기 때문이다. …… 오히려 그들은 귀국길을 고민했다. 그들은 아테네가 혹시 최근에 일어난 충돌로 인해 조약이 파기되었다고 여길까봐 걱정했다.

스파르타에서 열린 회의와 전선의 확대

이후 몇 달 동안 '폭풍 전야의 고요' 속에 치열한 외교전이 벌어진다. 코린토스인들은 스파르타의 행동을 촉구하기 위해 아테네에 불만을 가진 도시국가들을 부추긴다. 결국 스파르타는 아테네를 적대시하는 모든 도시국가를 특별회의에 초청한다. 케르키라와 아테네의 동맹에 대한 외교적 반격에 착수한 코린토스는 아직 미온적인 스파르타를 자극해 막강한 적수인 아테네의 급성장을 저지할 전쟁에 동참하도록 유혹한다. 코린토스는 케르키라를 물리칠 욕심으로 기꺼이 세계대전을 획책한다.

앞서 코린토스와 케르키라의 사절단이 내세운 주장을 신중히 평가하는 과정에서 아테네인들의 성격이 드러난 것처럼 다음 연설에는 스파르타인들의 정신세계가 분명히 드러나 있다. 코린토스인들은 스파르타인들의 자존심을 건드려 행동에 나서도록 유도한다. 그들은 스파르타인들이 둔감하고 폐쇄적이고 고립되어 있어

세상 밖에서 무슨 일이 벌어지는지 알지 못한다고 지적한다.

스파르타인들에게 고합니다! 여러분은 조국의 법과 사회조직에 대한 확고한 신념 때문에 다른 도시국가에 대한 우리의 견해를 의심의 눈으로 바라보는 경향이 있습니다. 그 때문에 절제하는 자세를 보이기도 합니다만, 외교문제와 관련한 지식이 상당히 제한적일 수밖에 없기도 합니다. 그간 누차 아테네인들이 우리를 공격할 것이라는 점을 알려드렸지만, 여러분은 우리의 말이 진실인지 확인해보기는커녕 단지 우리가 이기심 때문에 그렇게 말한 것으로 치부하고 말았습니다.

코린토스 사절단은 스파르타가 여러 동맹시를 실망시킬 뿐 아니라 아테네의 부상을 방관함으로써 위험을 자초한다고 주장한다.

이 모든 책임은 여러분에게 있습니다. 아테네인들이 페르시아와의 전쟁 이후에 도시의 방비를 강화하고 기다란 성벽을 쌓도록 방관한 것은 바로 여러분이었습니다.

코린토스 사절단의 주장에 따르면, 지금까지 아테네인들은 스파르타인들이 그들의 속셈을 모른다고 생각했다. 하지만 이제부터 그들은 스파르타인들이 눈치가 없을 뿐 아니라 겁을 먹었다고 확신할 우려가 있다.

우리는 아테네인들이 어떻게 침략해올지, 얼마나 은밀히 공격해올지 잘

압니다. 그들은 둔감한 판단력의 소유자인 여러분이 눈치채지 못할 것이라는 자신감을 갖고 있을지 모릅니다. 그러나 그것은 여러분이 뻔히 알면서도 움직이지 않을 것이라는 확신을 통해 그들이 느낄 자신감에 비하면 아무것도 아닙니다.

코린토스 사절단은 다음과 같이 말한다. 스파르타인들은 방종에 빠진 아테네인들을 비웃으며 규율과 단결을 자랑할 것이다. 그러나 사절단이 보기에 아테네인들이 더 규율이 잡혀 있다. 아테네인들은 언제나 자신을 채찍질하고 앞으로 나아갈 방법을 모색한다.

아테네인들은 혁신에 무척 익숙하고, 그들의 계획은 착상단계와 실현단계 모두에서 기민한 것이 특징입니다. 여러분은 이미 가진 것을 지키면서 새로운 발명과 담쌓는 재주가 있고, 어쩔 수 없이 행동에 나설 때도 과욕을 부리지 않습니다. 반면 그들은 능력 밖의 모험을 즐기고, 뜻밖의 과감한 행동에 나서며, 위험에 처할 때도 활기가 넘칩니다. 여러분의 습관은 갖고 있는 능력에 비해 사소한 일을 시도하는 것, 여러분의 판단력이 인정한 것조차 믿지 않는 것, 위험에서 벗어날 출구가 없다고 상상하는 것입니다.

코린토스인들의 주장에 따르면, 스파르타인들이 아테네인들에게 뒤처지는 까닭은 원래의 방식을 고집하고 외부세계와 담을 쌓으려는 성향 때문이다.

아테네인들에게는 여러분의 꾸물대는 버릇과 대조적인 민첩함이 있습니다. 그들은 본거지에만 머물지 않지만, 여러분은 조국을 떠나는 법이 없습니다. 그들은 외부적 진출을 통해 더욱 많은 것을 획득하려고 하지만, 여러분은 본거지에 남겨둔 것이 걱정되어 밖으로 나가지 못합니다. 그들은 성공을 재빨리 추구하고 실패를 해도 좀처럼 물러나지 않습니다. 그들은 조국을 위해 기꺼이 몸을 바치고, 나중에 필요할 때를 대비해 지혜를 고이 간직합니다.

코린토스 사절단은 스파르타가 아테네의 역동성에 눈을 떠야 한다고 촉구한다.

이렇게 그들은 쾌락을 즐길 여유가 거의 없이 평생 동안 시련이나 위험과 씨름합니다. 해야 할 일을 하는 것 외에는 휴일을 모릅니다. 그들에게는 고된 일이 고요한 삶의 안락함보다는 행복에 가깝습니다. 그들은 자신에게도 남에게도 휴식을 선사하지 않기 위해 이 세상에 태어났습니다.

이렇듯 아테네와의 싸움에 동참하도록 스파르타를 설득하는 과정에서 코린토스 사절단은 무심코 페리클레스가 전몰용사 추도 연설에서 그랬던 것처럼, 아테네인들의 성향을 역동적이고 용감하고 혁신적이라고 평가한다. 하지만 페리클레스의 연설과 투키디데스의 아테네인의 생활방식에 관한 설명에서 알 수 있듯이 사실 아테네인들은 사치와 안락함에 젖어 있었다. 페리클레스는 아테네인에게 동기를 부여하기 위해서는 이기심에 호소해야 한다는 점을 무척 우려했고, 칭찬할 만한 사람들을 향한 개인적 질투의 집단적 힘을 두려워했다.

코린토스 사절단은 국경 안에 머물고, 외부와 교류하지 않고, 자기 일만 신경 쓰고 싶어 하는 스파르타인들의 특징을 솔직하게 지적한다. 물론 세상은 그리 만만하지 않다. 언제나 몸을 웅크리고 있을 수는 없다. 평화는 영원한 공연이 아니라 권력과 풍요로움을 둘러싼 끝없는 투쟁 속의 일시적인 막간일 뿐이다. 아테네인들은 늘 나라의 힘을 키우고 발휘하기 위해 기술적 발전을 추구한다. 다른 나라 사람들은 그들을 따라가야 한다. 그렇지 않으면 잡아먹힌다.

여러분은 내가 남에게 해를 입히지 않으면 남도 내게 피해를 주지 않을 것이라는 생각을 갖고 있습니다. 그러나 심지어 여러분과 똑같은 이웃을 만나도 그런 식의 생각은 거의 통하지 않았을 것입니다. 작금의 현실에서 그러한 여러분의 습성은 구태의연합니다. 기술도 그렇지만 정치에서도 언제나 개선에 힘써야 하는 것이 철칙이고, 비록 소규모 공동체에서는 고정된 방식이 최선일지 모르지만, 지속적인 행동이 필요한 경우에는 지속적인 방법 개선이 동반되어야 합니다. 따라서 아테네인들은 폭넓은 경험 덕분에 여러분보다 혁신에 앞섰던 것입니다.

아테네를 방문한 코린토스 사절단은 중립을 지키고 현재 상태를 고수하도록 요청했다. 왜냐하면 그들은 아테네가 케르키라의 편을 들지 않기를 바랐기 때문이다. 그러나 스파르타로 건너와서는 과감한 용기와 적극적인 해외진출을 역설한다. 상대가 다르면 전략을 바꾸고 전략을 바꾸면 수사법도 바꾼 것이다.

이후에 벌어진 여러 사건들에 비춰볼 때 스파르타에서 열린 회의에 참석한 코린토스 사절단의 이 마지막 연설은 아테네를 사실에 가깝게 묘사한 것으로 볼 수 있다. 왜냐하면 회의가 열리고 있을 때 아테네 사절단이 다른 볼일로 스파르타를 방문하기 때문이다. 그들은 코린토스 사절단의 주장을 전해 들은 뒤 발언권을 요청한다. 그들이 스파르타에 나타난 것은 전적으로 우연인데, 마치 아테네인들이 이익을 증진하기 위해 곳곳을 누비면서 언제나 활발히 움직인다는 코린토스 사절단의 경고가 입증되는 듯하다. 더구나 코린토스 사절단이 무슨 흉계를 꾸미고 있는지 모르는 상태에서 우연히 스파르타를 방문했기 때문에 그들은 아테네 특유의 단결력을 과시하고 주장의 설득력을 높이는 효과를 본다. 그들은 사전협의 없이도 동포들을 대표해 중요한 외교정책 문제를 편안하게 거론하고, 현장에서 조국의 이익을 지키기 위해 인상적인 주장을 펼치는 모습을 보여준다. 따라서 단호한 집단행동에 나설 수 있는 그리스 유일의 존재로 자부하고 아테네인들을 개인적 복리와 쾌락에만 관심 있는 모래알 같은 집단으로 치부하는 스파르타인들의 착각을 지적한 코린토스 사절단의 통찰력이 입증된다.

아테네 사절단이 내세우는 논거는 말과 행동 사이의 긴장관계가 생생하게 드러난 또 하나의 사례이다. 그들은 아테네인들이 가질 만한 것을 가졌다는 점, 즉 그들의 제국이 정당하다는 점을 입증하기 위해 발언에 나선다고 주장한다. 하지만 투키디데스에 따르면, 그런 수사법 이면에는 스파르타인들에게 아테네의 국력을 과시하고 전쟁보다는 현재의 평화국면을 선택하도록 협박하려는 의도가 담겨 있다.

아테네 사절단은 우선 과거에 스파르타가 주저할 때 아테네는 마라톤Marathon 전투와 살라미스Salamis 해전에서 페르시아 군대를 무찔러 그리스 전체를 구원한 점을 상기시킨다. 그들의 주장에 따르면, 아테네가 국력이 커지고 여러 동맹시를 거느리게 된 것은 단지 게으른 스파르타가 일찌감치 물러났을 때 동맹시들이 아테네 품에 안겼기 때문이다.

후방에는 지원군이 보이지 않고 전방에서는 모든 것이 적의 수중에 넘어갔지만, 우리는 남은 동맹시를 버리고 떠나는 대신 우리의 도시를 포기하고 우리의 재산을 단념했습니다. 그러나 우리에게는 우리를 도와주는 데 무관심했던 여러분을 미워할 생각이 없었고, 우리의 배에 올라 위험과 맞닥뜨릴 용기만 있었습니다.

절박한 민족적 위기를 맞아 기꺼이 조상 대대로 내려온 땅을 포기하고 바다에서 페르시아 군대를 무찌른 점은 코린토스 사절단이 묘사한 아테네인들의 용맹함, 기동성, 활력, 선진적인 항해 기술 따위를 입증해준다.

우리는 폭력적 수단으로 제국을 획득하지 않았습니다. 다만 여러분이 이민족과의 전쟁을 마무리 짓기를 꺼렸기 때문이고, 동맹시들이 우리에게 지휘권을 맡기며 매달렸기 때문입니다. 무엇보다도 피치 못할 상황으로 인해 우리의 제국이 지금의 모습을 갖추게 된 것입니다. 나중에는 명예욕과 이기심도 작용했지만, 두려움이 우리의 주된 동기였습니다.

아테네 사절단은 우선 페르시아에 대한 건전한 두려움 때문에 제국을 건설했다고 주장한다. 확실히 그것은 단순한 인간 본성의 문제이다. 일단 우리 것이 되었기 때문에 명예욕과 이기심의 차원에서 제국을 지키기 위해 노력했다. 무슨 문제라도 있는가? 당신들도 펠로폰네소스 반도 전체를 통치하고 있다. 우리 아테네인들은 그것을 문제 삼지도 시샘하지도 않는다. 우리에게도 같은 권리가 있지 않은가?

어쨌든 여러분은 펠로폰네소스 반도의 여러 도시국가들을 평정했습니다. …… 그러므로 우리가 남들이 건네준 제국을 받아들이고 두려움, 명예욕, 이기심 같은 세 가지 절실한 동기에 따라 제국을 포기하지 않은 것은 일반적인 관습에 어긋나는 별난 행동이 아니었습니다.

아테네 사절단은 스파르타인들이 여태까지 아무런 불만을 제기하지 않았다는 식으로 말한다. 즉 그동안 아무 말이 없다가 단지 아테네가 스파르타의 이익을 위협할 것 같으니까 갑자기 꼬투리를 잡는다는 주장이다. 목적을 달성할 대안이 있다면 그 누구도 정의에 호소하지 않는 법이다.

게다가 우리는 지금의 지위를 누릴 자격이 있다고 자부하고, 여러분도 지금까지는 그렇게 생각했습니다. 그런데 이제 여러분은 이기적인 계산에 사로잡혀 정의를 외칩니다. 그러나 힘으로 모든 것을 얻을 수 있으면서 정의를 위해 야심을 억제한 사람은 전혀 없었습니다.

아테네 사절단은 상대방을 달래는 동시에 으르는 듯한 태도로 말한다. 우리가 마음만 먹었다면 당신들에게 큰 피해를 끼칠 수 있었다. 하지만 그럴 능력이 있을 때조차 우리는 자제한다. 당신들은 이런 우리의 관대함을 알아야 한다.

지배의 권리를 마다할 정도로 인간 본성보다 뛰어나지는 않아도 그런 지위 때문에 어쩔 수 없이 존중하는 것보다 더 정의를 존중하는 사람은 마땅히 칭찬받을 만합니다.

즉 신중히 처신하라는 말이다. 앞으로 상황은 훨씬 나빠질 수 있다.

아테네 사절단의 주장에 따르면, 아테네가 너무 점잖게 대우한 나머지 동맹시들의 간이 커졌다. 즉 동맹시들은 그들이 아테네에 얼마나 큰 은혜를 입었는지, 아테네가 마음만 먹으면 얼마나 독하게 대우할 수 있는지를 잊어버렸고, 사소한 일도 트집을 잡는다.

제국이 우리에게 부여한 권력에서 말미암은 자신들의 정의관과 모순되는 패배 때문에 그들은 원래의 소유물 대부분을 가질 수 있음을 감사해야 하는 점을 잊어버렸고, 우리가 처음부터 법을 외면한 채 탐욕만 채웠다면 상상하기 어려웠을 정도로 우리에게 빼앗긴 것에만 화를 냅니다.

사절단은 이렇게 말한다. 우리처럼 신사적인 사람들이 과연 이런 대접을 받아야 하는가?

하지만 아테네 사절단의 주장에는 커다란 논리적 구멍이 있다. 과연 아테네 지도자들은 자국민, 그러니까 동포들에게도 그렇게 말할 수 있을까? 그리고 아테네의 평민들은 그들이 해외의 동맹시 사람들을 대하는 방식처럼 국내의 지도자들에게 대우받아도 괜찮을까? 투키디데스는 아테네 사절단이 제국을 정당화하는 과정을 보여주면서 민주주의의 지도자들이 외국인을 대우하는 방식과 자국민이 지도자들에게 기대하는 대우방식 사이의 불길한 모순을 상기시킨다. 그런 도덕적 모순은 페리클레스 이후의 지도자들이 해외에서의 독재적 지배방식을 국내에서도 적용하고 싶은 유혹에 빠졌을 때 아테네 민주주의의 응집성이 흔들리는 요인이 되었다.

겉보기에는 무척 솔직한 듯한 아테네 사절단의 연설은 사실 절반의 진실과 교묘한 둘러대기에 가깝다. 즉 코린토스 사절단의 경고가 옳았다. 아테네 사절단은 본질적으로 스파르타인들과 전혀 다르지 않게 행동하는 것처럼 말한다. 그들의 주장에 따르면, 제3자들이 거론하는 공격성은 단지 환경과 숙명의 산물일 뿐이다. 그런 상황에서는 누구나 다 똑같이 행동할 것이다. 처음에는 페르시아에 대한 두려움 때문에, 나중에는 명예욕과 이기심 때문에 아테네나 스파르타나 어쩔 수 없이 권력을 추구하고 다른 도시국 가를 지배할 뿐이다. 그것이 바로 아테네인들의 인간관이다. 그러 나 그것은 전체 이야기의 일부분에 불과하다. 아테네 사절단은 서 로의 행동방식을 인정하고 스파르타의 영역을 존중한다는 의사를 밝힐 때조차 아테네의 힘에 대한 스파르타인들의 두려움을 이용 해 경계심을 누그러뜨리려고 애쓴다. 즉 겉으로는 서로 각자의 몫 을 지켜야 한다고 말하지만, 속으로는 우리에게 덤비면 가만두지 않겠다고 으름장을 놓는다.

앞으로 살펴보겠지만, 스파르타인들은 인간 본성의 보편성을 믿는 경향이 있다. 그러나 두려움 때문에 동맹시들을 지배하게 되 었다는 아테네 사절단의 주장의 이면에는 그럴 능력이 있는 강자 는 약자를 억압하고 이용할 것이라는 논리가 있다. 정복하지 않 으면 정복당한다. 그것이 바로 이 세상이 돌아가는 방식이다. 세 상의 이치가 정말 그렇다면, 과연 국제문제에서 정의가 존재할 수 있을까? 아마 영구적인 긴장완화는 존재할 수 없을 것이고, 진정 한 평화는 더더욱 그럴 것이며, 기껏해야 충돌 사이의 간헐적인 휴지기만 존재할 것이다. 만일 그것이 적보다 먼저 적을 제압하는 문제라면, 선제공격이 가장 합리적인 정책으로 보일 것이다.

아테네 사절단은 솔직하게 털어놓는다. 그들은 동기의 도덕적 순수성 뒤에 권력욕을 감추려고 하지 않는다. 화통하고 남자다운 방식으로 그들은 일단 손에 넣은 제국을 포기할 생각이 전혀 없 다는 점을 밝힌다. 그들은 모든 나라는 각자의 이기심을 인정하 는 '합리적 행위자들'로서 윤리적 문제에 구애받지 않은 채 서로의 주권을 존중할 줄 안다는 믿음을 갖고 있다. 사실 아테네인들은 제국을 갖고 있으면서도 동맹시들과 외국인들을 부드럽게, 심지어 관대하게 대한다. 그들은 종속국에게 터무니없는 거만함이나 잔인함을 드러내지 않고, 다만 자기들이 원하는 것을 제공해주면 약속한 평화와 번영을 보장해주겠다고 말할 뿐이다. 그들은 드넓은 주변 지역과 국유노예를 지배하고 싶은 스파르타인들의 욕구를 이해한다고 주장한다. 만일 권력추구를 어쩔 수 없는 성향으로 가정한다면, 아테네인들의 자비롭고 솔직한 제국주의적 자질은 미덕일지 모른다. 반대로 그렇지 않다면, 그것은 정복욕을 숨기기 위한 궤변일 뿐이다.

아테네인들은 은근히 힘을 과시하면서 스파르타인들에게 겁을 주려고 했지만, 기대했던 것과 정반대의 효과가 나타난다. 투키디데스의 기록에 따르면, 아테네 사절단의 주장을 듣고 나서 그 문제를 진지하게 검토한 스파르타인들 대다수는 "아테네인들은 노골적인 침략자들이다. 당장 전쟁을 선포해야 한다"는 결론에 도달했다.

코린토스 사절단의 경고 때문이든, 아니면 아테네인들의 간을 키워줬다는 자책 때문이든 간에 스파르타인들은 아테네인들을 마땅히 격퇴해야 할 노골적인 침략자로 간주하게 되었다. 그것은 케르키라 사절단의 원조 요청을 들은 뒤에도 한발 물러나 사태의 추이를 살핀 아테네인들의 행동방식과는 뚜렷하게 대조되었다. 여기서 우리가 배울 수 있는 교훈은 그 어떤 체제도 언제나 기존의 관례를 따르는 것은 아니라는 점이다. 즉 아테네인들도 조심스런 태도를 보일 수 있고, 스파르타인들도 과감한 결정을 내릴 수 있다.

하지만 스파르타의 왕 아르키다모스는 전면전에 따른 참혹한 결과를 두려워했고, 사력을 다해 전쟁을 만류한다. 투키디데스에 따르면, 스파르타인들은 아르키다모스 왕을 현명하고 적합한 지도자로 여겼다. 그의 연설은 우리가 스파르타 정치가들의 정신세계를 엿볼 수 있는 중요한 자료이기도 하다. 냉전의 주역인 미국과 소련에 강경파와 온건파가 존재했듯이 펠로폰네소스전쟁의 주인공인 아테네와 스파르타에도 주전파와 주화파가 있었다. 즉 만장일치란 없었던 것이다.

아르키다모스는 동포들에게 당장 전쟁에 돌입하는 대신 협상을 모색하자고 호소한다.

여러 동맹시들이 단 하나의 도시를 공격하기 전에 잠시 숨을 돌리는 것을 겁쟁이 같은 행동이라고 생각할 필요 없소. 아테네인들은 우리만큼 많은 동맹시를 갖고 있고, 그 동맹시들이 아테네에 조공을 바치고 있소이다. 전쟁은 무기의 문제이라기보다는 무기를 갖추기 위한 자금의 문제이오.

그는 아테네를 바다에서 무찌를 수는 없고 해전의 명수인 아테네는 스파르타처럼 육지방어에 연연하지 않는다고 주장한다. 이 부분에서 그는 아테네인들의 유연성에 관한 코린토스 사절단의 지적과 페르시아와의 전쟁에서 기꺼이 도시를 버리고 해전을 선택했다는 아테네 사절단의 회상에 영향을 받은 것 같다. 아르키다모스는 아테네의 막강한 자금력을 지적한다. 동시에 그는 스파르타인이 둔감하고, 순진하며, 느릿느릿하다는 코린토스 사절단의 비난을 부정한다. 당장에는 야전에서 아테네를 이길 수는 없지만, 아테네도 그리스의 본토를 장악한 우리를 해코지할 수 없을 것이다. 여기서 똘똘 뭉쳐 있는 우리는 강한 사람들이다. 조상들이 물려준 풍습은 남자다운 불굴의 정신과 중용의 미덕이다. 우리는 승리에 들뜨지도, 패배에 주눅 들지도 않는다. 법이 우리 모두에게 명예와 용맹을 가르쳤고, 예나 지금이나 우리를 든든히 지켜주고 있다.

아르키다모스의 주장에 따르면, 스파르타인들은 아테네인들처럼 혁신에 매달릴 필요가 없다. 사실 우리가 아무리 용감하고 아무리 치밀한 계획과 최신의 무기를 갖춰도 뜻밖의 운명 앞에서는 아무 소용없다. 그는 호메로스나 그 밖의 비극 시인들과 마찬가지로 인간의 삶은 예측할 수 없는 운명에 좌우된다고 믿는 듯하다. 최고의 무기는 과감한 모험이 아니라 조심성, 규율, 충실한 준비 등이다. 개인의 탁월한 역량에 기대는 것은 위험하고, 그것은 집단적 엄격함, 강인함, 자기신뢰 같은 스파르타 문화만큼 믿음직하지 않다.

아르키다모스가 보기에 스파르타인들은 코린토스 사절단이 꼬집은 기존의 생활방식을 부끄럽게 여길 이유가 없다.

코린토스 사절단이 심하게 질책한 둔감함과 미온적 태도를 부끄러워할 필요 없소. 만일 우리가 무턱대고 전쟁에 나서면, 시작을 서두르다가 끝맺음을 늦추게 될 뿐. 옛날부터 지금까지 자유롭고 이름 높은 이 도시는 우리의 것이었소이다.

알다시피 코린토스 사절단이 칭송한 아테네인들의 과감함은 예기치 못한 결과를 낳을 수 있다. 우리 스파르타인들은 차분하게 행동하는 편을 좋아한다.

그들에게 비난받지만 사실 우리는 현명한 차분함을 갖고 있소. 그런 차분함을 갖추고 있기 때문에 우리는 남들처럼 성공에 자만하거나 실패에 좌절하지 않소. 우리는 판단력이 흐려질 만큼 남들의 칭찬에 우쭐대지 않고 비난에 움츠러들지 않소. 우리는 타고난 전사들이고 현명하며, 그것은 규율 덕분이오.

페리클레스는 아테네를 가리켜 제국주의적 힘과 세련된 지식과 문화를 겸비할 수 있는 '그리스의 학교'라 불렀지만, 아르키다모스는 과잉교육을 자제함으로써 시민의 의무를 방기하거나 오만해지지 않은 스파르타인들을 칭송한다.

우리는 타고난 전사들이오. 극기를 통해 명예와 용기를 자제하기 때문이오. 우리는 현명하오. 너무 많이 배워 법을 무시하거나 지나친 방종으로 인해 법을 어기는 일이 없도록 교육받았고, 쓸데없는 술수를 너무 많이 알지 않도록, 적들의 사고방식이 우리의 사고방식과 다르지 않다는 점과 인간의 계산으로 운명의 변화를 좌우할 수 없음을 고려하도록 길러졌소. 인간에게는 근본적으로 큰 차이가 있다고 생각하지는 말아야 하오. 대신 아주 엄격한 학교에서 양성된 사람이 우월하다고 생각해야 할 것이오.

아르키다모스의 세계관은 《오이디푸스 왕》의 저자인 아테네의 비극 시인 소포클레스의 세계관과 비슷한 점이 많다. 소포클레스는 《오이디푸스 왕》을 통해 당대의 그리스인들에게 두뇌와 용맹으로 세계를 지배하려는 제국주의적 오만이 몰락을 초래할 것이라는 점을 경고하려고 했고, 실제로 스파르타와의 전쟁에서 점점 전세가 불리해지자 많은 아테네인들은 오만과 제국주의적 야심이 몰락을 초래한다는 아르키다모스의 견해에 은근히 동조하게 되었다.

물론 스파르타인들은 아르키다모스를 존경하기는 했지만, 아테네와 한판 승부를 벌이고 싶은 마음이 간절하다. 최종결정은 스파르타의 명분의 정당성을 지적한 집정관 스테넬라이다스가 발표하고, 양측의 충돌과정에서 처음으로 신들에게 호소한다. 냉전이 점점 고조되면서 양측은 서로 신들이 자기편이라는 심정적 확신 때문에 이익을 합리적으로 따져보기 힘들어진다. 외교가 유혈과 투쟁에 굴복하고, 종교적 열정이 애국심에 기름을 붓는다.

스파르타인들이여 조국의 영광을 위해 전쟁에 찬성하고, 더 이상 아테네의 오만을 용납하지도 우리의 동맹시들이 붕괴하도록 방관하지도 말아야 합니다. 신들과 함께 침략자들을 물리칩시다!

하지만 투키디데스는 이와 같은 결정 이면에 자리 잡은 것은 종교적 열정이 아니라 아테네인들에 대한 두려움이었다고 주장한다.

스파르타인들은 전쟁을 선포해야 한다고 결의했다. 그것은 동맹시들의 설득을 받아들였기 때문이 아니라 이미 대부분의 그리스 도시국가들을 복속한 아테네의 국력신장을 두려워했기 때문이다.

결국에는 아테네인들의 명제가 옳았던 것 같다. 즉 국제관계가 어차피 지배하는 자와 두려움에 떠는 자, 정복하는 자와 정복당하는 자의 관계일 수밖에 없다면, 아테네는 제국을 유지하는 편이 옳고 스파르타는 아테네의 제국을 정복하려고 애쓰는 편이 옳다. 아테네인들은 두려움을 부추김으로써 스파르타인들의 이기심에 호소하는 데는 성공했다. 하지만 역설적으로 스파르타인들은 아테네인들의 기대와 달리 정반대의 결론에 도달했다. 이제 전쟁은 불가피해졌다.

냉전의 역사

투키디데스는 대리전이 초강대국 간의 전면적인 충돌로 접어드는 과정을 설명하다가 갑자기 43년 전으로 돌아가 아테네의 국력신장과 스파르타와의 초기 긴장관계를 거론한다. 수십 년 전의 과거사를 캐는 과정에서 그는 현재 벌어지고 있는 위기의 주역들이 겉으로 내세운 동기와 속에 감춘 동기만으로는 정치가들의 폭넓은 선택범위와 그들이 처한 환경을 설명하기 어렵다는 뜻을 내비친다. 즉 더욱 깊이 있는 역사적 차원이 필요한 것이다. 제1부에서 살펴봤듯이 미국과 소련의 냉전을 유발한 심층적인 원인을 이해하기 위해서는 제2차 세계대전의 마지막 단계로 돌아가야 한다. 미국과 소련 사이의 불신과 적의, 두 초강대국 지도자들의 심리상태, 그들이 내놓은 정책의 발전과정 등은 침략자 나치 독일을 무찌른 미국과 소련이 우방으로서 승전국의 지위에 오른 시점, 즉 공동의 적이 사라지고 서로를 의심의 눈초리로 바라보기 시작한 시점을 통해서만 완전히 설명될 수 있다. 비슷한 맥락에서 아테네와 스파르타는 서로 힘을 합쳐 페르시아를 물리친 뒤 서로를 경계하기 시작했다. 트루먼, 케네디, 닉슨, 레이건 같은 지도자들을 완전히 이해하려면 제2차 세계대전 이후의 시대를 이끌어간 상황을 고려해야 하고 소련의 위협에 대한 미국의 태도를 좌우한 애치슨과 키신저 같은 인물들의 영향력을 감안해야 하듯이 투키디데스는 아테네와 스파르타의 상호불신이 살라미스 해전의 영웅인 아테네의 테미스토클레스와 스파르타의 파우사니아스 같은 장군들에게서 말미암은 것이라고 본다. 이처럼 역사는 민주주의 정치를 이해하고 실천하는 데 필수적인 요소이다. 과거로부터 면면히 내려오는 일정한 경향과 양식을 간파하지 못하면 오늘날의 주요 지도자들의 심층적 동기와 세계관을 완전히 이해하기 어렵다. 역사의 수레바퀴는 과거와 똑같이 돌아갈 때도 있지만 그렇지 않을 때도 있다. 그러므로 우리는 페리클레스와 알키비아데스 같은 지도자들의 동기와 배후사정을 이해할 필요가 있다. 비슷한 유형의 지도자들이 다시 등장할 수 있기 때문일 뿐 아니라 전혀 다른 유형의 지도자들과의 차이를 인식하는 데도 도움이 되기 때문이다.

한때 우방국이었던 두 강대국 사이의 상호불신은 아테네가 항구와 시가지 사이에 성벽을 쌓겠다고 발표하면서 시작되었다. 스파르타는 아테네의 성벽공사를 못마땅하게 여겼다. 성벽을 쌓으면

육로로 아테네를 공격하기가 더욱 어려워지는 반면 아테네는 압도적인 해군력을 그대로 유지할 수 있을 듯했기 때문이다. 스파르타인들은 드러내놓고 반대하지는 않았지만, 페르시아 군대가 다시 쳐들어와 성벽이 있는 도시국가 하나를 점령한 뒤 그리스 전체를 겨냥한 난공불락의 전초기지로 삼을 위험이 있다며 그리스 도시국가들은 성벽을 쌓지 말아야 한다고 주장했다. 게다가 일부 그리스 도시국가들은 이미 스파르타에게 점점 기세등등해지는 아테네의 코를 납작하게 만들어주기를 바라고 있었다. 투키디데스의 말을 들어보자.

아테네가 어떻게 나올지 알고 있었던 스파르타인들은 아테네로 사절단을 보냈다. 비록 주로 동맹시들의 부추김에 못 이겨 행동에 나섰지만, 그들은 원래 아테네뿐 아니라 다른 모든 도시국가도 성벽을 보유하지 않았으면 하고 바랐을 것이다. 스파르타의 동맹시들은 새로 증강된 아테네의 해군력과 페르시아와의 전쟁에서 보여준 아테네인들의 용맹함을 두려워했다. 스파르타인들은 아테네인들에게 성벽공사를 취소할 것을 요청했을 뿐 아니라 다른 도시국가들의 성벽을 무너뜨리는 데 동참해줄 것을 부탁했다.

늘 그렇듯이 공식적으로 천명한 입장과 속에 감춰둔 동기는 서로 다르기 마련이다.

스파르타인들은 속내를 드러내지 않았다. 대신 또다시 쳐들어올지 모르는 페르시아 군대가 난공불락의 요새로 삼을 수 있다는 핑계를 댔다.

오늘날의 관점에서 보면 아테네의 성벽공사계획은 레이건 대통령이 핵공격에 대비해 구상한 전략방위계획Strategic Defense Initiative: SDI과 비슷하다. 미국 정부는 전략방위계획이 다른 나라를 공격하기 위한 것이 아니라 순수한 방어계획이라고 주장했다. 하지만 소련은 전략방위계획을 미국이 미국의 선제공격에 대한 보복에 대비하기 위해 구상한 것으로 여겼다. 즉 소련은 미국이 적국의 보복공격에 살아남을 가능성을 고려하지 않는다면 그런 식의 방어계획이 필요할 리가 없다고 생각했다.

테미스토클레스는 스파르타에게 직접적인 위협을 가하지 않고서도 성벽을 쌓는 과정을 통해 자국의 공격에 대한 적국의 군사적 보복으로부터 아테네를 보호할 준비를 갖추고 있었는지 모른다. 그러나 스파르타인들은 테미스토클레스의 성벽공사계획에 담긴 진짜 속셈을 재빨리 알아차리지 못했다. 투키디데스의 설명에 따르면, 아직 스파르타인들은 페르시아와의 전쟁에서 그리스를 지켜낸 아테네의 군사적 활약에 고마움을 느끼고 있고, 아테네의 의도를 호의적으로 해석한다. 그것은 코린토스 사절단이 약 40년 뒤에 지적한 스파르타인들의 둔감함과 순진함이 드러낸 대목이기도 하다.

스파르타인들은 사절단을 보내 성벽에 대한 의구심을 드러낸다. 테미스토클레스는 사절단을 접견하고, 성벽이 완성될 때까지 억류하는 잔꾀를 부린다. 성벽이 완성되자 그는 사절단에게 "아테네는 이제 시민들을 충분히 보호할 정도의 방비를 갖췄다"고 말하면서 성벽을 기정사실로 선언한다. 용감한 전사였으나 외교적 속임수에는 익숙하지 못했던 스파르타인들답게 사절단은 테미스토클레스의 궤변에 아무런 대꾸도 못한 채 귀국길에 오른다.

독자들에게 테미스토클레스의 음모를 다시 상기시킴으로써 투키디데스는 수십 년 뒤에 아테네 사절단이 스파르타인들 앞에서 두려움 때문에 제국을 손에 넣었고 명예욕과 이기심 때문에 지켰다며 제국을 옹호하는 장면을 새로운 시각으로 바라보도록 유도한다. 바로 그 장면에서 페르시아와의 전쟁이 완전히 끝나기 전에 이미 테미스토클레스가 제국을 꿈꿨음이 분명히 드러난다. 훗날 코린토스 사절단이 불만을 털어놨듯이, 그리스의 다른 도시국가들이 페르시아와의 전쟁을 이끌어줄 것을 요청한 뒤에 아테네는 나머지 도시국가들 위에 군림하는 존재가 되었다.

투키디데스는 페르시아 전쟁과 그 결과를 설명하면서 아테네의 테미스토클레스와 스파르타의 파우사니아스의 역할에 주목한다. 페르시아의 침략이라는 비상사태는 두 사람의 잠재력이 분출되는 계기가 되었다. 이런 점에서 볼 때 테미스토클레스와 파우사니아스의 사례는 링컨, 처칠, 루즈벨트 같은 현대의 지도자들의 사례를 예고한 것이었다.

두 사람의 대조적인 활약상은 두 체제의 성격과 두 체제에서 통용되는 정치가적 능력을 엿볼 수 있는 중요한 단서이다. 스파르타인들은 대체로 외부세계와의 접촉을 삼갔다. 그리고 집단주의적 제도와 배치되는 개인적 야심을 부추기는 외부적 사안에 연루되지 않으려고 했다. 외부세계와의 문제를 해결하기 위해 해외로 진출한 스파르타의 지도자들은 개인적 권력의 묘미를 맛보면서 외부세계의 문화에 오염되곤 했다. 하지만 국내에서는 해외에서 경험한 그런 식의 권력을 꿈꿀 수는 없었다.

파우사니아스도 예외는 아니었다. 투키디데스에 따르면, 파우사니아스는 다른 도시국가들의 문제에 개입할 때 무척 비열하고 잔인하게 행동했다고 한다. 그는 경험이 일천한 데다 외국인을 혐오했기 때문에 페르시아에 맞선 모든 동맹시들이 등을 돌리고 아테네에게 주도권을 맡기게 된다. 즉 아테네가 떠오르도록 문을 열어준 장본인은 스파르타였다.

파우사니아스의 난폭함은 이미 그리스인들, 특히 최근에 자유를 찾은 그리스인들이 용납하기 어려울 지경에 이르렀다. 그들은 아테네인들에게 동족으로서 그리스인 전체를 이끌어달라고, 파우사니아스의 난폭함을 막아달라고 부탁했다. 아테네인들은 그들의 부탁을 받아들였고, 그런 식의 난폭함을 좌시하지 않기로, 이익이 되는 한 모든 일에 개입해 해결하기로 마음먹었다.

결국 스파르타 정부는 파우사니아스를 본국으로 소환한 뒤 사령관직에서 해임한다. 하지만 스파르타인들은 그가 해외에서 저지른 실수와 위법행위를 크게 문제 삼지는 않는다. 그들은 그가 동맹시들에게 입힌 피해보다 그가 겪은 심리적 부담을 더 염려한다.

그가 지금껏 부추긴 증오심으로 인해 동맹시들이 등을 돌리고 아테네 편에 서자 스파르타 정부는 그를 소환했다. 스파르타에 도착하자마자 그는 개인적 차원의 직권남용은 질책을 당했으나 중죄는 저지르지 않았다는 판결을 받았다. …… 그들은 해외로 파견된 장군들이 파우사니아스처럼 타락할까봐 두려워했다. 아울러 그들은 페르시아와의 전쟁에서 벗어나고 싶었고, 전쟁을 이끈 아테네인들의 능력과 당시 아테네인들이 보여준 우호적 태도에 만족했다.

파우사니아스는 동맹시 사람들에게 무례했지만 여전히 조국 스파르타를 사랑하고 있었고, 동포들은 그를 용서한다. 스파르타인들은 외부인들의 감정에는 무관심하고, 오직 동포들만을 친구로 여긴다. 게다가 파우사니아스는 귀국하자마자 무례한 태도를 버리고 예전처럼 집단 속에 녹아든다. 그것은 충성심을 유발하는 체제의 능력과 내부적 안정성을 보여주는 증거였다. 스파르타는 집단의 차원에서는 크게 칭찬할 만한 나라이다. 스파르타의 약점은 다른 나라들을 상대할 때 미숙하고 정도에서 벗어날 때가 많은 개별적 지도자들에게서 엿볼 수 있다.

이런 점에서 볼 때 아테네의 민주주의는 스파르타의 집단주의와 무척 대조적이다. 테미스토클레스는 국내와 국외를 가리지 않고 맹활약한 훌륭한 지도자이다. 그는 강인하고 영리하고 유연하고 든든하고 감동적인 인물이다. 그는 파우사니아스처럼 상대를 함부로 대하거나 위협하지 않은 노련한 협상가이다. 하지만 아테네인들은 그의 야심을 우려하고, 결국 스파르타인들의 말을 믿고 변명의 기회로 주지 않은 채 그에게 반역죄를 적용해 사형선고를 내린다. 요컨대 아테네인들은 테미스토클레스가 앞으로 행사할지 모르는 막강한 권력이 두려운 나머지 과거에 크나큰 은혜를 베푼 사람을 배신하고 만다. 그의 지도력이 필요한 것은 사실이지만, 그는 동포들을 부와 명예의 토대로만 여기는 것 같다. 아테네는 탁월한 개별적 지도자들을 배출하지만, 결국 단결과 분별 있는 숙고의 능력이 부족하다. 아테네의 지도자들이 제국을 경영하는 정치가로서 보여준 바로 그 훌륭한 자질 때문에 국내의 민주적 평등이 위협받는다. 테미스토클레스의 사례에서 드러난 문제는 페리클레스와 클레온, 알키비아데스, 니키아스 같은 이후의 지도자들에게서도 되풀이된, 즉 해외에서의 제국주의적 성공은 국내의 폭정을 유발한다.

결국 아테네인들이 제국을 손에 넣는 것은 국내문제에만 매몰된 채 국제문제를 등한시한 스파르타 덕분이다. 동맹시들은 지속적인 안보와 아테네 지도자들의 상대적인 온건성을 원한다. 그리고 페르시아의 지속적인 위협과 무관하게 아테네는 그런 지배적 위치를 원한다. 테미스토클레스는 동맹시들에게 대가를 받고 군사적 의무를 대행하는 양식을 확립함으로써 아테네의 지배권을 강화한다. 그것은 동맹시들이 자주국방을 포기하는 한편 아테네에게 막대한 금전적 대가를 바치도록 유도하려는 술수였고, 덕분에 아테네는 해군력을 증강하고 동맹시들에 대한 지배권을 더욱 강화한다. 투키디데스는 다음과 같이 지적한다.

그것은 동맹시들의 탓이었다. 국방의 의무에서 벗어나고 싶은 나머지 그들 대부분은 현금으로 각자의 몫을 부담하고 자주국방을 포기하기로 했다. 따라서 아테네는 동맹시들이 제공한 자금으로 해군력을 강화했고, 동맹시들은 훗날 동맹에서 이탈했을 때 언제나 자금과 실전경험 없이 전쟁에 나서게 되었다.

반면 스파르타는 되도록 빨리 전쟁에서 벗어나기를 바란다. 스파르타 정부는 해외에서의 패권이 체제 내부의 안정성을 훼손할 부정적 영향을 염려한다. 즉 군대가 나라를 비운 채 국외에서 활동하고 그리스 전역의 정세가 불온해짐에 따라 국유노예들이 봉기할 위험과 파우사니아스 같은 지도자들이 국외에서 절대권력을 휘두르는 과정에서 '흑심'을 품을지 모르는 위험을 걱정한다.

결국 스파르타와 아테네의 냉전에서 얻을 수 있는 교훈, 그리고 약 40년 뒤에 벌어질 열전을 이해하기 위한 열쇠는, 바로 지배적 지위는 강요된 것이 아니라 선택한 것이라는 점이다. 아무리 부인해도 아테네 같은 나라들이 단지 두려움 때문에 제국을 손에 넣지는 않는다. 아테네가 제국으로 변신한 것은 아테네 시민들이 원했던 일이다.

페리클레스의 전몰용사 추도연설과 전염병

펠로폰네소스전쟁의 전체적인 맥락을 살펴봤으므로 이제 앞서 언급한 한 쌍의 결정적 사건, 즉 페리클레스의 전몰용사 추도연설과 그 뒤에 발생한 전염병에 시선을 돌려보자. 페리클레스의 연설에는 개인과 도시의 대립이라는 문제가 드러나 있다. 그가 보기에 아테네는 여러 측면에서 결함이 있는 도시국가이다. 스파르타와 달리 아테네의 주요 결함은 개인의 이기심이 도시 전체의 이익을 압도하는 경향이다. 그것은 페리클레스가 질투의 문제를 강조하는 부분에서 뚜렷하게 드러난다. 즉 연설에서 그는 전사자들을 지나치게 칭송할 가능성을 우려해 다음과 같이 경고한다(물론 스파르타에서는 전혀 필요하지 않은 경고였을 것이다).

이 문제에 익숙하지 않은 사람이 만일 자신의 능력보다 뛰어난 업적을 들으면, 아마 질투심이 생긴 나머지 연사의 과장된 평가로 생각할 것입니다. 왜냐하면 사람들은 높이 평가된 행동을 자기도 할 수 있다는 확신에 몇 차례 도달할 때만 남들이 칭찬받는 것을 견딜 수 있기 때문입니다. 그런데 그런 선을 넘으면 질투가 생기고 질투는 의심을 동반합니다.

페리클레스는 이기심과 공적 책무 사이의 균형을 잡기 위해 애쓴다. 개전 초기의 몇 달 동안 비교적 소규모의 접전이 벌어지던 상황을 감안할 때 페리클레스는 연설 자체의 맥락이 암시하는 것보다 훨씬 웅대한 주제를 다루고 있다. 페리클레스는 아테네 시민들에게 앞으로 전투가 점점 치열해지고 자기보존의 욕구가 공적 책무에 큰 부담을 주기 전에 지금 당장 올바른 자세로 전쟁에 임하도록 촉구한다. 이처럼 정치가에게는 선견지명이 필요하다. 지도자들은 미리 생각할 줄 알아야 한다. 동료 시민들의 결의와 성격을 단단히 구축할 시점은 심각한 위기가 시작될 때이고, 그렇게 하는 방법은 이라크와의 전쟁에서 보여준 부시행정부의 태도와 달리 상황에 따른 즉흥적인 합리화에 급급해하는 것이 아니라 보상과 위험부담을 솔직하게 털어놓는 것이다.

그럼에도 불구하고 페리클레스가 역설하는 공동희생의 정신에는 문제가 있다. 그는 아테네인들이 틀림없이 개인적으로 목숨을 잃을 것이라는 점을 의도적으로 언급하지 않는다. 그들의 죽음은 '모두가 겪는 일'이고 치열한 전투 속에서 '무덤덤한 일'에 지나지 않지만, 개인적으로 명예를 누릴 것이다. 게다가 전사자들은 결코 질투의 대상이 되지 않을 것이다. 대신에 그들은 살아남은 동포들과 더 이상 경쟁하지 않으므로 예외 없이 존경받을 것이다.

용기 있는 사람에게는 비겁함으로 인한 치욕이 조국을 위해 싸우다가 무덤덤하게 받아들인 죽음보다 훨씬 통탄스러울 것입니다! 살아 있는 자들은 질투심과 상대해야 하지만, 죽은 자들은 시기의 대상이 아니므로 마음껏 명예를 누립니다.

개인적 이기심과 공익 사이의 긴장관계를 해소할 주요 해결책은 모든 개인이 아테네를 '사랑'하는 것이다.

아테네의 힘을 깨달아야 하고, 아테네를 향한 사랑이 여러분의 가슴을 가득 채울 때까지 날마다 눈길을 줘야 합니다.

페리클레스는 마치 개인이 아테네에게 가장 이로운 일을 하는 것보다 더 영광스런 일이 없다는 듯이 말한다.

그들 모두가 목숨을 바쳤기 때문에 그들 개개인은 결코 녹슬지 않는 명성을 얻었습니다.

그러나 개별적인 아테네 시민과 아테네의 이익이 서로 일치하지 않으면 어떻게 될까? 그런데 흥미로운 것은 투키디데스는 훗날 불멸의 명성을 얻은 페리클레스의 연설을 지지하지 않은 점이다. 그는 단지 연설을 소개할 뿐 아테네가 페리클레스의 설명과 일치한다는 증거를 전혀 내놓지 않는다. 물론 페리클레스는 연설을 통해 이상적인 아테네의 미래상을 제시하고, 다가올 도전을 극복하기 위해 아테네인들이 반드시 갖춰야 할 자세를 촉구하려고 했을지 모른다. 앞서 언급했듯이 수사법의 목적은 청중에게 최선의 행동을 촉구하는 것이다. 전몰용사 추도연설에서 페리클레스는 게티즈버그 연설의 주인공 링컨이나 〈절대 포기하지 않겠다〉의 주인공 처칠과 마찬가지로 이상적 미래상을 제시하고, 그것을 실현하기 위해서는 타고난 미덕만 발휘하면 된다는 점을 역설한다.

그러나 페리클레스의 연설 직후에 전염병이 발생했고, 전체를 하나로 묶어주는 공익이 없을 때, 개인의 이익을 전제로 삼아 전체를 위한 의무를 고려하고 개인의 노력으로는 재난에서 벗어날 수 없는 점이 분명할 때 양자의 균형이 얼마나 위태로운지가 적나라하게 드러나고 말았다. 국가가 개인을 보호하지 못하면, 공익과 개인적 이익 사이의 괴리는 커질 수밖에 없다.

352

전염병으로 아테네 인구의 3분의 1이 사망했고, 많은 사람들이 스파르타의 육상공격에 대비해 아테네의 성벽 안으로 이주하면서 초래된 비위생적 환경 때문에 피해가 더 컸다. 인근의 농촌 지역을 떠나 도심으로 이주한 것은, 고대 그리스의 신앙에 따라 조상을 섬기며 살던 가정적 단란함을 저버린 것을 뜻하기도 했다. 결국 신앙심이 깊은 사람들은 스파르타와 전쟁을 벌이면 아테네에 전염병이 창궐할 것이라는 금언을 떠올렸고, 그런 일을 초래한 페리클레스를 탓하기 시작했다. 다수의 아테네인들이 보기에 전염병은 아테네의 오만에 대한, 정확히 말해 페리클레스가 칭송한 대담함, 자유로운 사고, 유쾌함 따위에 내린 신의 징벌이었다. 아테네는 제국적 지위와 물질적 번영을 좇는 동안 전통적인 생활방식, 즉 한때 스파르타인들과 공유했던 절제와 경애 같은 종래의 규준을 저버린 나머지 전염병이라는 천벌을 받은 것 같았다.

수많은 사람들이 끔찍한 고통을 당하며 목숨을 잃자 이제 페리클레스가 남긴 교훈은 설 자리가 없다. 공익을 위한 미덕이 아니라 개인적 이기심과 악덕이 생존의 열쇠가 된다. 몇몇 사람들이 동포들을 살리기 위해 고귀한 희생을 하지만, 타인을 살리기 위한 고귀한 희생에도 불구하고 고귀한 사람들이 가장 심한 고통을 당한다. 페리클레스가 언급한 개인의 '무덤덤한' 죽음은 소름 끼치는 개인적 고통을 묘사한 투키디데스의 이야기에 버금갈 정도로 창백하다.

서로 왕래를 두려워하면 무관심 속에 목숨을 잃었다. 용기를 내어 서로를 방문해도 죽음을 맞았다. 특히 예의를 중시한 사람들이 목숨을 많이 잃었다. 체면 때문에 그들은 가족들조차 병자의 신음소리를 지긋지긋해하고 결국에는 전염병의 힘에 굴복했을 때조차 친구들의 집을 거리낌 없이 방문했다.

전염병이 휩쓴 아테네는 사회조직이 완전히 붕괴하고 있었다.

죽어가는 사람들이 차곡차곡 쌓여 있었고, 거의 목숨이 끊어진 사람들이 길거리에서 비틀거렸고, 갈증을 참지 못해 샘물로 모여들었다. 그들이 머문 신전에는 거기서 숨진 사람들의 시체가 가득 남아 있었다. 전염병이 걷잡을 수 없을 정도로 퍼지면서 앞으로 어떤 일이 닥칠지 알 수 없었던 사람들은 무슨 짓이든 마다하지 않게 되었다. 장례절차도 엉망이었다. 불타고 있는 시신 위에 다른 시신을 던져버리고 가버릴 때도 있었다.

삶이 점점 비참해짐에 따라 사람들도 점점 천박하고 뻔뻔하게 행동한다. 보카치오가 《데카메론》에서 묘사한 난봉꾼들처럼, 사람들은 목숨이 붙어 있을 때까지 모든 쾌락을 즐기려고 발버둥친다.

과거에는 숨어서 했던 짓을 뻔뻔스럽게 저질렀고, 호의호식하던 자들이 갑자기 죽어가고 무일푼이던 자들이 그들의 재산을 차지하는 모습을 지켜보면서 이제 사람들은 거리낌 없이 쾌락을 즐겼다. 사람들은 닥치는 대로 돈을 쓰고 마음껏 즐기려고 마음먹었다. 모든 것이 일장춘몽 같았다. 과거에는 명예스럽게 여긴 인내심은 모두에게 외면 받았고, 앞으로 살아남을지 아무도 몰랐다. 대신 현재의 쾌락과 거기에 이바지하는 것이라면 모든 것이 명예롭고 쓸모 있는 것이었다.

전염병으로 기진맥진하고 사기가 떨어진 아테네인들은 스파르타와의 전쟁을 포기하고자 한다.

그들은 전쟁의 주역이자 그 모든 불행의 원흉인 페리클레스를 헐뜯기 시작했고, 스파르타와의 협상을 간절히 바라게 되었다. 실제로 사절단을 보냈으나 뜻을 이루지 못했다. 실망이 극에 달했고, 모든 비난의 화살이 페리클레스에게 향했다.

페리클레스의 그 불멸의 연설과 전염병을 나란히 배치함으로써 투키디데스는 시민적 충성심이 전통, 법, 종교 등에 의해 확고하게 자리 잡지 않은 상태에서 개인의 이기심을 충성심의 토대로 여기고 거기에 매달리는 것이 얼마나 부질없는 짓인지 보여준다. 전쟁과 마찬가지로 전염병에 시달리는 상황에서는 개인의 생존과 이익이 우선이다. 이렇듯 자연재해는 우리에게 중요한 도덕적 교훈을 가르쳐준다. 알다시피 부시행정부는 루이지애나 주를 휩쓴 허리케인 카트리나가 남긴 고통으로 인해 후세인과 탈레반에 대한 미국의 승리가 빛을 잃었을 때 국내에서 자국민을 지켜주지 못하면 국외에서의 승리도 소용없다는 교훈을 얻었다.

전염병은 물러갔고, 페리클레스는 다시 연설에 나선다. 그는 자신의 국정운영에 대한 아테네인들의 불만을 거론한다. 전몰용사 추도연설보다 아름답지도 감동적이지도 않은 이 연설에서 그는 시민들에게 화려하게 빛나는 아테네를 '사랑하는 사람'이 되라고 주문하지 않는다. 대신 그는 공익의 유일한 목적은 개인에게 도움이 되는 명백한 실용적 가치임을 주장한다. 그것은 이기심에 따른 합리적 평가에 호소하는 것이었다. 즉 그는 시민들에게 홀로 자활하기보다는 도시에 소속되어 있는 편이 항상 나을 것이라고 주장한다. 공익은 신경 쓰지 말고, 우리의 '공동의 안전'을 고민하라.

개인적으로는 무척 행복할지 모르지만, 나라가 망하면 시민도 파멸을 피할 수 없습니다. 반면 부강한 공화국은 언제나 불행한 개인들을 구해줄 수 있습니다. 국가는 개별 시민의 불행을 막아줄 수 있으나 시민은 국가의 불행을 막을 수 없기 때문에 모든 사람은 국가를 지키는 데 앞장서야 하고, 개인적 고통에 매몰된 나머지 공동의 안전을 외면하지 말아야 하며, 자기가 전쟁을 권한 점과 전쟁에 찬성한 점을 탓하지 말아야 합니다.

페리클레스는 자신의 일관성과는 대조적인 동료 시민들의 변덕을 질책하기도 한다.

저는 언제나 같은 사람이고 이리저리 바뀌지 않습니다. 변하는 것은 여러분입니다. 사실 여러분은 피해를 입지 않을 때는 저의 조언을 받아들였다가 불행을 만나면 그것을 후회했습니다.

356

페리클레스는 시민들이 국가의 안전과 각자의 생존에 대해 염려하는 마음을 파고든다.

여러분은 위대한 국가의 시민으로 태어났고, 혈통에 버금가는 관습에 따라 양육되었기 때문에 심각한 재난에 기꺼이 대처하고 빛나는 명성을 고이 간직해야 할 것입니다. …… 그러므로 더 이상 개인적인 고통에만 슬퍼하지 말고, 일신의 안위 대신에 공화국의 안전을 걱정해야 합니다.

놀랍게도 페리클레스는 동맹시들이 아테네의 온건한 지배에 고마움을 느낀다는 식의 허세를 부리지 않는다. 아테네의 지배력이 느슨해질 경우 동맹시들이 과연 어떻게 나올지 알 수 없다는 것이다. 그러므로 지금처럼 지배권을 유지하고 있는 것은 호랑이 등에 올라탄 형국과 같다.

솔직히 말해 지금 여러분이 참주정을 운영하고 있기 때문입니다. 참주정을 받아들인 것은 잘못이겠지만, 참주정을 포기하면 불안이 초래될 것입니다.

페리클레스의 이 연설에서는 정치가들이 상대적으로 불리한 환경에서 수사법을 바꿀 필요가 있다는 점이 다시 한 번 드러난다. 첫 번째 연설에서도 그랬지만 그는 조국 아테네에 봉사하는 것이 개인에게도 최선의 이익임을 강조하지만, 일단 전염병이 닥쳐 사회조직의 취약성이 드러나자 냉혹하고 현실적인 태도를 취한다. 물론 주눅이 들거나 사과를 하지는 않지만 시민들에 대한 기대치를 낮춘다.

이 지점에서 드디어 투키디데스는 자신이 페리클레스를 지도자로서 어떻게 평가하는지 털어놓는다. 투키디데스는 페리클레스였다면 시켈리아 원정을 허락하지 않았을 것으로 추측한다. 하지만 그 이유는 단지 무리한 원정으로 아테네의 자원이 고갈될 우려가 있기 때문일 것이다. 아테네가 제국의 지위에 오른 점과 그가 전몰용사 추도연설에서 칭송한 아테네 풍습의 모든 장점이 부도덕하지 않다면 본질적으로 시켈리아 원정은 부도덕하지 않은 것이다. 더구나 투키디데스는 시켈리아 원정이 성공했을 것이라고 장담한다. 본국으로 소환되기 전까지 알키비아데스가 보여준 전쟁 수행과정은 '무척 바람직한 것'이었다. 시켈리아 원정은 편의주의적 실책이었고, 바로 그 점 때문에 페리클레스는 원정에 반대했을 것이다. 그는 평화주의자가 아니었고, 제국의 지위에 찬성했다. 솔직히 말해 페리클레스는 아테네가 동맹시들 위에 군림하고 있는 점과 아테네 시민들의 충성심이 아테네의 대외적 영향력에 따른 보상에 달려 있는 점을 알고 있었다.

그는 아테네인들에게 조용히 기다리라고, 함대에 신경 쓰라고, 새로운 원정에 나서지 말라고, 전쟁 도중에는 도시를 위험에 노출시키지 말라고 주문했고, 그렇게 하면 이로운 결과를 얻게 될 것이라고 장담했다.

하지만 투키디데스는 머지않아 시켈리아 원정에서 일어날 재앙으로 눈길을 돌린다.

그들은 정반대로 행동했다. 그들은 전쟁과 전혀 무관한 사안에서도 개인적 야심과 사적 이익에 사로잡힌 채 아테네와 동맹시들 모두의 부당한 계획에 손을 댔다. 하지만 그런 계획은 설령 성공을 거둬도 개인의 명예와 이익에만 도움이 될 것이었고, 결국 실패함으로써 나라 전체에 재난을 초래했다.

독특한 개인적 자질의 소유자인 페리클레스가 버티고 있을 때는 이기적인 정치인들이 자신의 권력을 키우고 명성을 빛내는 방향으로 국가를 이끌어가는 일이 없었다. 지도자로서 개인적 이익을 취하지 않았기 때문에, 그리고 끊임없는 대외적 팽창을 바탕으로 권위와 위엄을 누리지 않았기 때문에 페리클레스는 격려와 경계를 통해 과도한 절망과 과도한 확신을 동시에 제어할 수 있었다. 그는 아테네인들이 잘못을 저지르면 주저 없이 지적했다.

그것의 원인은 가까운 곳에 있다. 사실 페리클레스는 그의 지위, 능력, 고결함 덕분에 독자적으로 대중을 장악할 수 있었다. 요컨대 그는 대중에게 이끌리지 않고 대중을 이끌었다. 그는 결코 부당한 수단으로 권력을 추구하지 않았기 때문에 굳이 대중에게 아첨할 필요가 없었고, 과감히 대중의 의견을 비판해 반발을 초래할 정도로 뜨거운 존경을 받았다. 사람들이 지나치게 자신만만해하고 들떠 있을 때면 그는 언제나 말로 그들에게 경각심을 불러일으키곤 했다. 한편 사람들이 돌연한 공포에 시달릴 때면 재빨리 자신감을 불어넣어줄 수 있었다. 요컨대 아테네는 명목상으로는 민주주의이지만 한 사람의 일등 시민이 통치하는 체제였다.

페리클레스의 사망 이후에 아테네의 발목을 잡은 것은 아테네의 정치적 핵심동력, 즉 민주주의와 제국 사이의 긴장관계였다. 남다른 신중함의 소유자인 페리클레스가 무대에서 사라지자 후계자들을 통해 그런 긴장관계의 위험이 서서히 엿보이기 시작했다. 사람들이 도시와 도시의 집단적 이익보다 자신과 자신의 이익을 중시하기 시작했다. 클레온, 알키비아데스, 니키아스 같은 지도자들은 너나 없이 페리클레스가 전몰용사 추도연설을 통해 막으려고 애쓴 위험, 그리고 전염병이 창궐하면서 수면 위로 떠오른 위험을 몸소 보여줬다. 투키디데스는 페리클레스의 업적을 평가할 때조차 진지하고 신중한 자세로 전쟁을 수행한 점만을 칭찬할 뿐 그가 전몰용사 추도연설에서 묘사한 아테네의 화려한 이미지에는 관심이 없다.

페리클레스는 온건한 제국주의를 지향했다. 그는 도시의 자원을 신중하게 고려한 원정을 선호했다. 그는 아테네인들의 역량을 초과하는 모험을 감행하지 않기를 바랐다. 테미스토클레스의 뒤를 이어 도시의 유력 정치가로 부상한 순간부터 그는 커다란 위험 부담을 지적하며 다가올 전쟁에 신중하게 접근한다. 그것은 아르키다모스의 태도와 비슷하다. 물론 차이점도 있다. 아르키다모스는 전쟁 자체를 반대했지만, 페리클레스는 아테네인의 성격과 풍요로움이나 안락함을 선호하는 성향을 잘 알고 있다. 그는 제국주의적 목적을 추구하면서도 신중한 수단을 선호한다. 그의 연설 중에서 최초로 기록된 연설, 즉 이후에 기록된 전몰용사 추도연설에 비해 덜 알려진 연설에서 페리클레스는 제국의 위대함을 전혀 언급하지 않는다. 대신 그는 아테네가 어쩔 수 없이 남과 싸워야 하는 난처한 입장에 있는 것처럼 묘사한다. 그것은 경각심을 고취하기 위한, 그리고 쉽게 승리할 수 있을 것이라는 지나친 열정과 착각을 방지하기 위한 의도에서 비롯된 것으로 보인다. 그는 아테네인들이 과도한 자신감을 갖지 않도록 애쓰는데, 삶은 숙명에 의해 좌우되고 개인적 노력에는 한계가 있다는 스파르타인들의 부정적 전망이 살짝 엿보이는 것 같다.

아테네의 자원에 대한 아르키다모스의 평가에 견줄 만한 언급을 통해 페리클레스는 스파르타가 자력으로 전쟁에서 이길 수 없다는 분석을 내놓는다. 즉 막강한 해군력을 보유한 아테네는 난공불락의 섬과 같다는 것이다. 아울러 스파르타와 스파르타의 동맹시들과 전면적인 지상전을 벌이는 것은 무모하다고 본다. 그는 아테네가 딱 버티고 앉아 있으면 틀림없이 전쟁에서 승리할 것이라고 주장한다. 대신 충동적인 흥분을 이기지 못하면 패배할 것이다.

제해권은 정말 중요한 사안입니다. 잠시 생각해봅시다. 우리가 섬사람이라면 어떻겠습니까? 그보다 유리한 고지가 있겠습니까? 앞으로 이 점을 고려해야 합니다. 우리의 땅과 집에 대한 생각에서 벗어나 바다와 도시를 주의 깊게 살피고 지켜야 합니다. 땅과 집에 대해 느끼는 초조함에 못 이겨 수적으로 우세한 펠로폰네소스 동맹과 싸움을 벌이는 일은 없어야 합니다. 한 번의 승리 다음에는 여전히 막강한 적과의 또 다른 전투를 맞이할 것입니다. 그러다 패배하면 우리 전력의 원천인 동맹시들이 동요할 것입니다. 동맹시들은 우리에게 힘이 없으면 결코 가만히 있지 않을 것입니다.

이처럼 조심스럽고 약간은 스파르타풍에 가까운 조언은 아테네의 충동적인 기질과 어긋나지만, 페리클레스에게는 청중들을 매료시킬 권위와 카리스마가 있었다. 하지만 그가 전몰용사 추도연설에 나섰을 때는 이미 전쟁이 진행되고 있었다. 이제 아테네는 만만찮은 적과의 생사를 가르는 장기전을 앞두고 있고, 승리를 마냥 낙관할 수 없는 상황이다. 어쨌든 페리클레스는 제국주의자였다. 바로 그 때문에 순수하고 이타적인 관점에서 정치를 바라본 소크라테스는 훗날 그를 윤리적으로 볼 때 아테네의 팽창을 갈망한 알키비아데스보다 나을 바가 없는 나쁜 지도자로 여겼다. 페리클레스는 아테네가 가혹한 대외정책을 시행하는 점과 아테네 시민들의 충성심이 제국적 지위에 따른 물질적 보상에 좌우된다는 점을 알고 있었다. 그는 개인들이 각자의 이익과 아테네 전체의 이익을 동일시해야 한다고 끊임없이 주장했지만, 훗날 투키디데스가 소개한 〈멜로스 대화편〉에서 그보다 더 뻔뻔스런 장군들이 밝히듯이 페리클레스가 의미한 '이익'은 '더 많이 갖는 것'이었다. 비록 절제와 중용 같은 온건한 태도를 하나의 전술로 권했지만, 페리클레스는 인간의 본성과 존재방식을 부드러운 시선으로 바라보지는 않았다. 그는 아테네를 위해 일하는 것이 각자가 원하는 풍요로움과 명예를 얻는 길이라고 주장했다.

이런 점에서 볼 때 페리클레스와 그의 후계자들은 서로 관점이 다르다. 즉 페리클레스와 달리 후계자들은 아테네의 이익보다 자신의 개인적 이익을 앞세운다. 하지만 어떤 의미에서 그런 이기적인 리더십은 페리클레스도 수긍한 제국주의적 논리 자체에서 합리화될 수 있었다. 즉 만일 더 많이 갖는 것이 최선이라면, 지도자가 동료 시민들보다 더 많이 가지는 것이 잘못일까? 바로 이런 논리적 배경 속에서 알키비아데스가 등장했다. 마찬가지 논리로 아테네인 전체가 더 많이 갖는 것을 목표로 삼는다면, 더 적게 갖는 정책은 공익에 배치되지 않을까? 이런 의미에서 볼 때 스파르타인들과 소포클레스가 연상되는 보수적 경향을 대변하고 전쟁과 제국주의를 진정으로 반대하며 내면적 성찰과 욕구 자제를 선호한 니키아스는, 페리클레스의 관점에서 니키아스보다 개방적이고 이기적인 알키비아데스만큼이나 공익에 반하는 인물이었다.

투키디데스가 전염병 사태를 설명한 뒤 곧장 페리클레스를 평가한 점은 우연이 아닐 것이다. 왜냐하면 전염병처럼 극단적인 상황은 아테네의 팽창주의적인 민주주의가 항상 안고 있는 문제, 즉 개인이 공익에 봉사하기보다 자신의 이익을 꾀할 가능성을 드러내기 때문이다. 더구나 페리클레스가 비교적 온건한 노선의 제국주의를 표방함으로써 자신의 명예욕을 채울 수 있었다고 해도 모두가 그렇게 하지는 못했고, 투키디데스도 모두가 그렇게 할 수 있다거나 그렇게 해야 한다고 생각하지 않는다. 페리클레스는 후계자들도 사적 이익을 추구하기보다는 조국에 봉사하는 것을 영광으로 여길 것으로 기대했지만 그것은 착각이었다.

그의 후계자들은 달랐다. 그들은 각자 지배권을 잡으려고 했고, 결국 변덕스런 대중의 비위를 맞추며 국정을 운영하고 말았다. 위대한 주권국가에서 쉽게 일어날 법한 일이지만, 그 때문에 숱한 실수가 일어났고, 그중에서도 시켈리아 원정은 상대의 전력을 오판했기 때문이라기보다는 원정군을 보낸 뒤에 적절한 지원조치를 취하지 않고 사적인 파벌싸움에 집착했기 때문에 실패로 돌아갔다. …… 그들은 내부적 혼란으로 자멸하면서 적에게 무릎을 꿇었다.

아테네가 갖고 있는 역량과 자원에 어울리지 않을 정도로 제국을 확장하지 않도록 유도하며 자신의 명예욕과 권력욕을 충족시킨 점에서 볼 때 페리클레스는 무척 독특한 사례였다. 제국주의에 신중함을 가미한 덕분에 그는 한동안 아테네의 상징으로 군림했다. 그러나 그가 세상을 떠나자 제국주의와 신중함이 서로 결별했고, 그가 통치하는 동안 감춰져 있었던 아테네의 상반되는 두 가지 의견이 모습을 드러냈다. 페리클레스는 제국주의와 신중함을 겸비했지만, 그가 죽은 뒤 아테네의 정계는 차츰 주전파와 주화파로 갈라지기 시작한다. 주전파는 끊임없는 팽창을 바라는 반면 주화파는 제국주의의 오만과 비도덕성을 염려하고 아테네가 강국으로 떠오르기 전의 소박하고 품위 있는 시절로 돌아가기를 바란다. 페리클레스의 후계자들은 아무도 그의 중도적 노선을 계승하지 못한다. 대신에 그들은 도가 지나친 제국주의적 야심에 사로잡히거나 권력의 짐을 내려놓고 한결 순수했던 시절로 되돌아가기를 바라면서 양극단을 오락가락할 뿐이다.

주화파의 지도자 니키아스도, 팽창주의의 대변자 알키비아데스도 페리클레스와 달리 개인적 이익과 공익을 일치시키지 못했다. 그러나 두 사람은 페리클레스보다 더욱 전형적인 아테네인이었다. 사실 두 사람은 아테네인의 핵심적인 문제, 즉 국내에서의 자치와 평등(니키아스)과 해외에서의 지배와 착취(알키비아데스)를 적절히 겸비하려는 욕구를 구체적으로 표현한 인물들이다.

역사적으로 볼 때 홉스의 견해가 옳았다. 페리클레스는 진정한 해법이 아니라 행복한 우연이었을 뿐이다. 후계자들은 그가 결합해놓은 것을 해체해버렸다. 알키비아데스의 뒤는 천박하고 난폭한 클레온이 잇고, 니키아스 다음에는 신중한 디오도토스가 나타난다. 하지만 그 누구도 페리클레스 특유의 균형감을 재현할 능력도 의사도 없다. 알키비아데스는 민주주의제국의 오만의 화신이었다. 그는 용감하고 진취적이고 젊고 부도덕하고 방탕하고 무례했다. 그는 성벽 안쪽의 도시 권력을 강화하기 위해 조상 대대로 내려온 농촌 지역의 신전을 없애버리려고 했다. 그는 무제한적인 팽창을 선호했고, 시켈리아뿐 아니라 아프리카까지 넘봤다. 〈멜로스 대화편〉에 잘 요약되어 있는 그의 신조는 '힘이 곧 정의이다'였다. 반면 니키아스는 국제문제에 개입하지 않으려는 신앙심 깊고 온건한 '침묵하는 다수'를 대표하는 인물이다. 따라서 페리클레스 같은 훌륭한 모범사례가 있었음에도 불구하고 투키디데스가 기록한 역사에 따르면, 아테네에서는 사적 이익과 공적 이익이 적절한 조화를 이루지 못했다.

결국 펠로폰네소스전쟁이 확대되고 아테네가 쓰라린 패배를 맛본 것은 이런 긴장관계 때문이었다. 알키비아데스는 더 많은 돈이 필요했고 최고의 명성을 누리고 싶은 욕망이 있었다. 알키비아데스의 무모한 야심을 더 이상 좌시할 수 없었던 아테네인들은 시켈리아 원정대의 지휘권을 니키아스에게 넘김으로써 적절한 균형을 유지하려고 했다. 하지만 니키아스는 그런 원대한 계획을 수행하기에는 적절하지 않은 인물이었다. 아테네인들은 꿩도 먹고 알도 먹으려고 했다. 즉 제국이 없으면 아테네의 공익을 꿈꿀 수 없다는 페리클레스의 말에 동의한다면, 니키아스의 개인적 행실은 공익에 배치되는 처신이었을 것이었다. 반면 침략을 삼가고 평화를 유지한 채 내부적 자치에 몰두하는 것이 아테네에게 이익이라는 소포클레스와 '침묵하는 다수'의 의견에 동의한다면, 알키비아데스는 공익에 배치되는 인물이었을 것이다. 이후의 내용을 보면 투키디데스는 두 번째 대안을 선호하는 듯하다.

동맹시 다루기: 미틸레네의 반란

주요 동맹시인 미틸레네Mitylene의 반란으로 아테네의 정치계는 페리클레스의 중도적 노선을 포기하고 분열하기 시작한다. 미틸레네의 반란은 국정운영방식이 서로 달랐던 아테네와 스파르타가 각자의 동맹시를 다루고 반란에 대처하는 방식이 생생하게 드러난 사건이기도 했다.

미틸레네가 배신할 조짐을 눈치챈 아테네인들은 격노했다. 미틸레네는 특별한 동맹시였다. 즉 미틸레네는 아테네에게 현금으로 조공을 바칠 의무가 없었고 독자적으로 함대를 운용할 수 있었다. 미틸레네의 배은망덕한 행위에 분노한 아테네인들은 미틸레네로 쳐들어가 성인들은 모조리 죽이고 아이들은 노예로 삼기로 결의한다. 아테네는 사령관인 파케스에게 공격명령을 전달하기 위해 갤리선을 보낸다. 그러나 그 이튿날 '도시 전체에 사형선고를 내린 조치의 무자비함을 우려하는 분위기가 조성'되었다. 그런 분위기를 반영하듯 회의가 다시 소집되었고, 덕분에 우리는 페리클레스가 전몰용사 추도연설에서 무마시키려고 애썼던 여론의 균열이 드러난 치열한 논쟁뿐 아니라 압도적인 인기를 누린 지도자의 선언을 엿볼 수 있다. 일찍이 페리클레스는 아테네가 원칙적으로는 적들에게 관대할 수 있지만 필요할 때는 스파르타처럼 강경한 조치를 취할 수 있다고 주장했다. 그런데 미틸레네 사태를 둘러싼 토론에서는 클레온과 디오도토스가 각각 스파르타풍에 가까운 강경한 대응과 그보다 관대한 대응을 주장하면서 과거에 페리클레스가 주창한 균형상태가 흔들리기 시작한다.

'아테네에서 가장 난폭한 인물'이자 당대 최고의 인기 정치인이었던 클레온은 아테네인들이 상대를 잘 믿는다고 말한다. 그것은 코린토스인들이 스파르타인들에게 했던 말과 아주 비슷한 지적이었다. 그러나 클레온이 말하는 아테네인들의 신뢰는 지나치게 감상적인 것으로 스파르타풍의 근성이 전혀 없다. 클레온은 페리클레스가 칭송한 아테네인들의 낙관적 태도에 스파르타인들의 무자비함을 가미하고 싶어 한다. 그는 아테네인들은 반란을 일으킨 미틸레네에 강경한 태도를 취하고 모조리 죽이거나 노예로 삼아야 한다고 주장한다. 즉 그는 자유롭고 국제적인 도시 아테네를 '그리스의 학교'로 칭송한 페리클레스에 일격을 가하는 한편 스파르타의 고결함을 역설한 아르키다모스를 본보기 삼아 교양 있는 기만보다 교양 없는 정직이 낫다고 선언한다. 그는 지금까지 아테네인들이 위대한 웅변가들의 연설에 너무 많이 귀 기울였다고, 이제는 말수를 줄이고 마음을 굳게 먹어야 한다고 주장한다.

클레온은 아르키다모스와 마찬가지로 인간 본성은 대체로 비슷하다고 생각하고, 애국심을 흔들어놓을 정도로 너무 많은 교양을 쌓지는 말아야 한다고 주장한다.

보통사람들은 재능이 뛰어난 사람들보다 대체로 공무에 더 적합합니다. 재능이 뛰어난 사람들은 마치 자신의 지혜를 과시하는 것보다 중요한 일은 없다는 듯이 늘 법보다 더 똑똑해 보이고 싶어 하고, 제시된 모든 방안을 뒤엎어버리고자 합니다. 그리고 그런 행위를 통해 그들은 조국을 몰락의 길로 이끌 때가 많은 반면 총명함에 자신 없는 사람들은 법보다 똑똑하지 않아도, 훌륭한 웅변가의 연설에서 흠을 잘 잡아내지 못해도 만족해합니다. 우리는 총명함과 지적 경쟁에 휩쓸리기보다는 이런 점을 본받아야 합니다.

클레온은 학자연하는 나약한 태도를 비난하며 공산세력에 당당히 맞설 것을 주문한 조 매카시나 조지 월리스와 비슷한 인물이다. 근본적으로 클레온의 입장은 아테네의 이익을 침해한 미틸레네인들을 응징해야 한다는 것이다. 그것은 아테네의 힘이 약해지면 동맹시들이 언제라도 덤벼들 것이라는 점을 지적한 페리클레스의 마지막 경고를 더욱 솔직하게 이해한 것이다. 클레온이 조매카시에 가깝다면, 페리클레스는 매카시보다 훨씬 노련했던 애치슨과 닮았다고 볼 수 있다. 클레온의 말을 더 들어보자.

만일 제 조언을 따른다면 여러분은 미틸레네인들이 감수해야 마땅한 대접을 하게 될 것입니다. 그러나 다른 결정을 내린다면 그들에게 은혜를 베풀기보다는 여러분 자신에게 유죄판결을 내리게 될 것입니다. 왜냐하면 만일 그들의 반란이 옳다면, 여러분의 지배는 잘못된 것이기 때문입니다. 하지만 옳든 그르든 간에 여러분이 지배하기로 결정한다면, 원칙을 실천해야 하고 이익이 요구하는 대로 미틸레네인들을 응징해야 합니다. 아니면 제국을 포기해야 하고, 어떤 위험부담도 없이 자비심을 키워야 합니다.

클레온은 아테네도 스파르타처럼 자국의 이익을 단호하게, 때로는 무자비하게 추구하기를 바란다. 그는 아테네인들에게 일단 결정을 내렸으면 무슨 수를 쓰더라도 실현해야 한다고 호소한다. 그는 페리클레스가 칭송한 국제주의적 개방성에 반대한다. 그는 외부의 의견과 다양성에 회의적이었던 스파르타 과두정의 편협성과 배타성을 원한다. 아테네인들이 전쟁 전에 스파르타에서 열린 회의에서 되도록 타국을 부드럽고 관대하게 대한다고 주장했을 때는 페리클레스의 관점이 상당 부분 반영되었다. 그런데 페리클레스가 세상을 떠난 이후 클레온은 이제 관대함 운운하는 태도는 제국이 더 이상 감당할 수 없는 사치일 뿐이라고 말하고 있다.

클레온의 연설이 끝나자 디오도토스가 나선다. 투키디데스의 기록 외에 디오도토스에 관해 알 수 있는 사료는 전혀 없지만, 연설 및 논증방식을 미뤄보건대 그는 한결 품위 있는 귀족 가문 출신인 듯하다. 이런 관점에서 볼 때 그는 알크마이온 가문Alcmaeonid 출신인 페리클레스와 비슷한 점이 있었던 것 같다. 디오도토스는 만일 아테네가 늘 반란군이나 적군을 모조리 죽이는 방법에만 의존하면, 결국 그들은 최후의 한 사람까지 결사적으로 싸우려 들 것이라고 주장한다. 그가 보기에 그것은 아테네에게 최선의 이익으로 이어지기 어렵다. 따라서 순전히 실리적인 이유에서 그는 죽음의 공포와 삶의 희망을 적절히 섞어가면서 적들을 지배해야 한다고 주장한다.

미틸레네인 중에서 반란과 무관한 사람들, 그리고 무기를 갖자마자 자발적으로 도시를 우리에게 넘겨준 사람들을 죽인다면, 우선 은인을 죽이는 범죄를 저지르는 것이고 다음으로는 반란죄가 있든 없든 똑같이 처벌할 것이라고 미리 선포하는 결과를 낳는 것입니다. 덕분에 봉기를 선동한 그 도시의 상류계급은 즉각 시민들을 자기편으로 만들 수 있는 것입니다.

상대적으로 온건한 이런 정책은 본질적으로 더 옳지만, 디오도토스는 편의성에 방점을 찍는다. "문제는 정의가 아니라 미틸레네인들을 우리에게 이로운 우방이 되도록 유도하는 방법입니다."

두 사람 모두 이기심을 좇는 것이 본질적으로 정당하다고 주장하지만, 각자의 추론과정은 정반대이다. 즉 클레온은 미틸레네인들을 잔인하게 대하는 것을 아테네의 이익에 부합하고 정당한 방식으로 주장하지만, 디오도토스는 그들을 더욱 정당하게 대우하는 것이 아테네의 이익에 부합한다고 주장한다. 디오도토스는 페리클레스의 사려 깊은 중도적 노선, 그러니까 제국을 유지하되 무조건적인 정복은 삼가고, 적들을 터무니없이 잔인하게 대우하지 않는 관례를 부활시키려고 애쓴다. 그러나 제국의 화려한 모습을 보기만 해도 공익에 봉사하도록 이끌 수 있다고 생각한 페리클레스와 달리 디오도토스는 이제 더 이상 자유로운 제국의 빛나는 이미지를 활용하지는 못한다. 대신 그는 더욱 솔직하고 현실적인 입장을 취한다. 그가 보기에 정당한 행위는 그 자체의 이익을 위해 우연히 추구되는 것일 뿐이고, 이기심이 정당한 행위를 합리화하는 중요한 근거가 되어야 한다. 이렇듯 그는 있는 그대로의 편의성을 내세우며 선조들에게 물려받은 아테네의 온건한 노선을 유지하려고 애쓴다.

그런데 디오도토스의 주장에는 한 가지 문제가 있다. 즉 실제로 미틸레네인들은 끝까지 항전한 경험이 있었다. 바로 그 때문에 처음부터 아테네인들이 강경한 태도를 보인 것이다. 하지만 디오도토스의 관대함에 공감하는 사람들도 일부 있다. 오만함을 경계하고 부드러움을 선호하는 아테네인들의 마음 깊이 자리 잡은 경향은 첫 번째 토론이 끝나고 두 번째 토론에 접어든 상황에서 각각 파견된 배 두 척의 항해 속도에서 드러난다. 미틸레네인들을 처형하라는 명령을 전달하기 위해 출발한 첫 번째 배는 되도록 천천히 움직였다. 승무원들도 명령의 파급효과를 두려워했기 때문이다. 반면 처형조치를 유보한다는 명령을 전달하려고 파견된 배는 최대한 빨리 움직였다.

첫 번째 갤리선이 먼저 레스보스Lesbos 섬에 도착함으로써 자칫 미킬레네인들을 학살하는 일이 벌어질까봐 다시 갤리선 한 척이 즉각 파견되었다. …… 다행히 첫 번째 배는 그토록 끔찍한 임무를 서두르지 않았고, 두 번째 배가 앞서 말한 것처럼 서두른 덕분에 두 갤리선이 만날 수 있었다. 파케스가 이제 막 명령을 확인하고 처형 준비에 나설 때 두 번째 배가 항구에 도착해 학살을 막았다.

클레온은 페리클레스조차 결국에는 공공연히 '참주 같은 도시 tyrant city(아테네의 제국적 지위를 비유한 말–옮긴이)'라고 일컬은 것을 둘러싼 이해관계를 더욱 확실히 간파했을지 모르지만, 여전히 부드러운 접근법을 선호하는 아테네인들도 많았다.

반란을 일으킨 동맹시에 대한 아테네의 이중적 태도와 스파르타가 아테네의 동맹시인 플라타이아Plataea의 행위에 대응하는 방식은 뚜렷한 대조를 이룬다. 스파르타인들은 플라타이아인들을 스파르타 특유의 방식으로 대우한다.

그렇게 도착한 스파르타인들은 전혀 책망하지 않았다. 대신 그들은 플라타이아인들을 소집했고, 전쟁에서 스파르타와 동맹시들에게 도움을 주었는지 물었다. …… 그런 적이 없다고 말하자 그들을 밖으로 데리고 나가 모조리 죽였다.

그것은 국내에서의 단결과 화합, 국외에서의 난폭함과 무자비함이라는 스파르타적 규범의 또 다른 사례였다. 그들이 보여준 가혹한 무언의 정의(즉 보복)는 클레온이 아테네인들에게 바라는 것이다. 하지만 미틸레네 사태를 둘러싼 토론에서조차 아테네와 스파르타의 차이가 드러난다. 클레온은 민주정치의 관례에 따라 장황한 연설을 해야 한다. 반면 스파르타인들은 완전한 만장일치를 보여준다. 그들은 토론이 필요 없다. 그들은 아테네인들보다 공공심이 강하고 더욱 공격적이다.

또 다른 전염병: 케르키라 내전

이제 투키디데스는 훗날 홉스와 현대의 여러 정치학자들에게 소중한 교훈을 남긴 케르키라 내전의 참상을 전한다. 내전에 휩싸인 케르키라인들은 논쟁, 유혈사태, 반란, 재산몰수, 집단학살 등을 차례로 겪는다.

케르키라 내전을 살펴보기 위해서는 초강대국 간의 충돌로 비화된 원래의 국지전으로 돌아갈 필요가 있다. 케르키라와 코린토스 간의 다툼으로 시작된 전쟁이 그리스 전역으로 번지면서 과두정 체제들은 케르키라와 스파르타 편에 서고, 민주정 체제들은 아테네에 힘을 보탠다. 그런데 아테네와 스파르타 사이의 전쟁은 체제 간의 전쟁뿐 아니라 각 체제의 내전을 유발하기도 한다. 투키디데스는 이렇게 말한다. "그리스 세계 전체가 요동쳤다. 아테네인들을 끌어들이려는 민중의 지도자들과 스파르타인들의 힘을 빌리려는 참주들 사이의 투쟁이 곳곳에서 벌어졌다."

전쟁으로 각 국가의 내부 질서가 무너지고 시민들이 서로를 적으로 여기고 싸우기 시작한다. 후세인 정권이 붕괴한 이라크의 사례처럼 그간 억눌려 있던 이념적·종교적 증오가 터져 나오고, 개인 간의 복수, 강탈, 납치, 학대가 횡행한다. 기존의 윤리적·종교적 금기는 무너지고 성소가 유린된다.

케르키라인들은 서로 적으로 간주한 동포들을 도살하는 데 여념이 없었고, 민주정을 전복하려는 시도를 범죄로 규정했지만, 어떤 사람들은 개인적 원한으로 살해되고 또 어떤 사람들은 빚을 제때 갚지 못해 죽임을 당했다. 이렇듯 온갖 형태의 죽음이 잇달았고, 그런 상황에서는 늘 그렇듯 폭력이 미치지 않는 곳은 없었다. 아들이 아버지에게 살해되고, 신께 기도하는 사람들이 제단에서 질질 끌려 내려오거나 제단 위에서 살해되었고, 어떤 사람들은 디오니소스 신전 안에 갇힌 채 죽어나갔다.

투키디데스는 케르키라 내전을 그 전에 아테네를 휩쓴 전염병에 비견할 만한 현상으로 바라본다. 그는 아테네의 전염병 사태를 설명할 때처럼 의학 용어를 구사하면서 비슷한 특징을 잡아낸다.

혁명이 여러 도시에 안겨다준 그 끔찍한 고통은 인간 본성이 달라지지 않는 한 언제나 일어났고 앞으로도 일어날 것이다. …… 평화와 번영을 구가할 때는 갑자기 급박한 상황으로 내몰릴 일이 없기 때문에 국가들과 개인들은 평온할 수 있다. 그러나 전쟁은 평온한 일상생활을 앗아가고, 대다수 사람들의 성격을 그들의 운명 수준으로 떨어뜨리는 난폭한 스승이다. 그렇게 반란이 이 도시에서 저 도시로 번졌고, 마침내 반란이 엄습한 도시의 사람들은 이미 내란이 일어난 도시의 일을 전해 들음으로써 교활한 권력장악과 잔인한 보복을 마다하지 않았다.

투키디데스가 볼 때 내전은 개인과 공익 사이의 조화를 결정적으로 파괴하고, 가정을 해체하며, 종교적 신앙을 훼손하는 것이다. 내전은 과감함, 이기심, 악덕 따위가 표준으로 자리 잡고 절제와 이타적 태도는 얼빠진 짓으로 간주되는 전염병 사태와 비슷하다.

그리하여 모든 형태의 사악함은 그런 문제들 때문에 그리스의 여러 국가들에 뿌리를 내렸다. 명예와 관계 깊은 고대의 수수함은 비웃음 속에 사라졌고, 사회는 서로를 결코 믿지 않는 여러 개의 진영으로 쪼개지기 시작했다.

합리성과 도덕성 사이의 연관성은 철저하게 훼손되고, 결국 영악한 사기꾼과 정직한 바보라는 이분법을 낳는다. 페리클레스는 질투심으로 인해 애국심이 훼손될 가능성을 우려했고, 지금 그의 우려가 현실로 드러나고 있다. 그는 시민들이 서로를 도와야만 개인이 안전해질 수 있다는 점을 깨닫기를 바랐지만, 이제 그의 소망은 잔인한 열정에 밀려났다.

그 도시들에 들이닥친 혼란 속에서, 원래 법을 무시했고 이제는 주인에게 대드는 인간 본성은 법에 대한 존경심을 무시한 채 마음대로 열정을 뽐냈다. 질투의 치명적인 힘이 없었더라면 복수가 종교 위에, 이익이 정의 위에 서지 못했을 것이다. 사실 사람들은 도움이 필요한 위험한 시절을 만나면 근근이 버티는 대신에 걸핏하면 복수에 뛰어들고, 생존에 필요한 보편적인 법을 너 나 없이 저버리는 사례를 보여주고 만다.

내전은 도덕적 타락의 전염병을 그리스 전역으로 퍼뜨린다. 그 전염병은 아테네까지 퍼지고, 당파 간의 비열한 권력다툼 속에서 모든 공익의 개념이 사라진다. 이제 남은 것은 당파뿐이다. 투키디데스는 다음과 같은 결론을 내린다. "전쟁은 난폭한 스승이다." 즉 무엇보다도 전쟁은 동포들에게 무슨 일이 생기든 간에 자신을 먼저 지켜야 하는 세상에 적응하라고 가르친다.

천벌: 〈멜로스 대화편〉과 시켈리아 원정

아테네가 돌이킬 수 없는 재앙에 휘말리기 시작한 것은 협상을 통해 스파르타와의 전쟁을 끝낼 수 있으리라는 낙관적인 전망 때문이었다. 기원전 425년에 아테네 함대가 스파르타 본토와 가까운 필로스Pylos 섬을 점령하고, 그 근처에 주둔해 있던 스파르타 병사들을 포로로 삼는다. 본토의 스파르타인들은 아테네 함대가 그렇게 가까운 곳까지 접근하면, 거기에 부화뇌동한 국유노예들이 반란을 일으킬 가능성이 있음을 잘 알고 있었다. 스파르타는 본토를 지킬 병력의 필요성을 인식하고, 전쟁 초기부터 지상전을 통해 아테네를 위협하고 있던 병력을 철수시킨다.

수적으로 우세한 국유노예들의 반란과 내부적 붕괴를 두려워한 스파르타인들은 플라타이아인들을 도살할 때의 가차 없는 잔인함을 이번에는 보여주지 못한다. 즉 본토에서의 반란 가능성은 스파르타의 아킬레스건이다. 예로부터 스파르타인들은 막강한 지상군을 바탕으로 강력한 해군력을 자랑하는 아테네에 충분히 맞설 수 있다고 생각했다. 그러나 아테네 장군 데모스테네스가 바다와 육지에서 동시에 작전을 펼친 끝에 필로스 섬을 점령해버린다. 이제 육지에서도 안심할 수 없는 상황이다. 재빠르게 움직이는 함대를 보유한 아테네는 언제든지 스파르타 해안에 나타날 수 있고, 억압받는 국유노예들을 선동할 수 있다. 아테네는 지난날 페리클레스가 강조한 융통성과 유연성을 갖추고 있다. 아테네는 여전히 제해권을 유지할 뿐 아니라 지상전도 충분히 치를 수 있음을 보여주지만, 스파르타는 바다에서 아테네를 상대할 능력이 없다. 취약한 해군력 때문에 스파르타는 필로스 섬을 되찾지 못하고, 얼마 안 되는 포로들을 구하기 위해 강화를 요청하기에 이른다. 그만큼 스파르타인들은 동포애가 강하다. 이방인들과 국유노예들을 가혹하게 대할 때와는 전혀 다른 모습이다.

스파르타는 아테네로 사절단을 보내 화친을 공식적으로 제안한다. 양쪽 모두 한발 물러나 원래의 상태로 되돌아가자는 것이다.

늘 그렇듯이 스파르타인들은 인간이라면 누구나 모든 것을 잃을 위험이 있는 무모한 도박보다는 지금 갖고 있는 것을 안전하게 지키는 편을 선호한다고 믿는다. 애초에 전쟁을 피하고자 했던 아르키다모스와 마찬가지로 스파르타인들은 운명이 결코 인간의 마음대로 좌우할 수 없는 것이라고 본다. 모험은 예측할 수 없는 운명의 장난으로 실패할 가능성이 높다. 전쟁은 언제나 우리의 원래 의도에서 벗어나고, 결국 모두가 패자로 전락한다. 스파르타 사절단은 아테네인들 앞에서 다음과 같이 주장한다.

여러분의 도시가 지금 누리고 있는 번영을 믿고 언제나 행운이 함께할 것이라고 착각하지는 말아야 합니다. 사실 분별 있는 사람들은 역경 속에서 정신을 바짝 차리고 번영 속에서 방심하지 않으며, 전쟁이란 거기 휩쓸린 사람의 바람과 달리 일정한 한계에서 벗어난 우연에 의해 전개될 것이라고 생각합니다. 따라서 그들은 군사적 승리에 자만하지 않고, 행운이 함께하고 능력이 닿는 한 쉽사리 비탄에 빠지지 않으며, 기꺼이 평화를 모색합니다.

스파르타인들의 화친 제안은 그들의 전반적인 생활방식과 정치적 접근법이 구체적으로 표현된 것이다. 그러나 그들은 아테네인들, 특히 현재 상태에 안주하지 않고 더 많은 것을 원하는 아테네의 급진적 주전파를 근본적으로 오해하고 있다. 페리클레스가 살아 있었다면 스파르타의 화친 제안을 받아들였을까? 투키디데스가 남긴 기록을 근거로 판단할 때 상황에 따라 달랐겠지만, 아마 전력을 비축하고 한숨 돌리는 차원에서 그렇게 했을 것이다. 그러나 이제는 페리클레스 식의 신중한 중도적 노선을 취하기가 어려워졌다. 아테네 정치계가 전쟁과 평화 사이의 양자택일을 놓고 예전보다 더욱 팽팽하게 대립하고 있기 때문이다. 전쟁이 가시적인 최종결과 없이 소강상태에 접어드는 과정에서 여론이 양극단으로 나뉘었다. 주전파와 주화파는 각자 페리클레스 시대 이후의 대표적인 두 정치가들인 알키비아데스와 니키아스 주변으로 집결한다. 아테네와 시켈리아는 아직 서로를 향한 적개심을 불태우지 않으면서 화친협상을 벌이고 있지만, 알키비아데스를 중심으로 집결한 주전파는 지나친 자신감과 시켈리아를 향한 탐욕에 들떠 있다.

아테네인들은 현재의 번영에 너무 들뜬 나머지 그 무엇도 자신들을 저지할 수 없으리라고, 자원이 충분하든 부족하든 간에 목표가 가능하든 불가능해 보이든 간에 모든 것을 성취할 수 있으리라고 확신하기에 이르렀다. 그것의 비밀은 그들의 전반적인 빛나는 성공이었다. 그 화려한 성공 때문에 아테네인들은 희망과 능력을 혼동했다.

이후 아테네의 정치는 점점 니키아스와 알키비아데스가 대변하는 두 정파로 나뉜다. 페리클레스의 중도적 노선, 즉 자원의 현실적인 평가에 입각해 정복의 일정을 조절하는 신중한 팽창정책은 즉각적인 평화를 바라는 지나친 욕구와 추가적인 승리와 제국의 확대를 바라는 무제한적인 탐욕이라는 양극단으로 나뉜다. 양극단 모두 페리클레스의 유산과 어울리지 않는다. 왜냐하면 페리클레스는 제국을 포기하고 마라톤 전투 이전의 호시절로 돌아갈 수 있다고 생각하지 않았다. 제국은 반드시 올라타야 할 호랑이였다. 호랑이 등에 올라타지 않으면 잡아먹힐 것이다. 그러나 앞으로 다가올 시켈리아와의 전쟁을 주장한 주전파의 지나친 자신감은 페리클레스가 보여준 신중한 자세와 크게 다르다.

투키디데스는 새롭게 떠오른 아테네의 두 지도자들을 간략하지만 충실하게 묘사한다. 그가 묘사하는 니키아스의 모습은 스파르타의 규범을 고수한 아르키다모스와 비슷하다. 니키아스는 클레온이 본보기로 삼은 스파르타인들의 무자비하고 난폭한 측면을 대변하지 않는다. 대신 그는 스파르타인들의 내적 생활방식, 즉 개인적 탁월함, 모험, 혁신 따위를 불신하고 관습을 존중하며 꿋꿋이 자리를 지키는 삶의 경건한 측면을 대변한다. 아르키다모스와 스파르타인들처럼 니키아스도 아테네의 전통과 유산을 지키기를 원한다. 그는 만일 더 많은 것을 욕심 내면 오이디푸스처럼 운명과 신들에게 혼쭐이 날 것으로 보고, 지금의 번영을 누리면서 잠시 숨을 돌리려고 한다.

투키디데스의 말을 들어보자.

당시 가장 운 좋은 장군인 니키아스는 그 어느 때보다 열렬히 평화를 바랐다. 그는 현재의 행복과 영광을 누리면서 현재의 행운을 지키기를, 동포들과 함께 곤경에서 벗어나 있기를, 후세에 가장 성공한 정치가로 남기를 바랐고, 그렇게 하려면 위험에 뛰어들거나 운에 맡기지 말아야 하고 오직 평화만이 그런 위험을 막아줄 수 있다고 생각했다.

니키아스는 페리클레스의 노선을 계승하려고 애썼다. 그는 아테네가 원래의 생활방식을 고수하면, 그리고 새로운 팽창에 나서지 않은 채 내실을 다지면 손해 볼 것이 없다는 페리클레스의 주장을 본보기로 삼았다. 그는 스파르타가 지금은 평화를 원할지 모르지만 얼마 지나지 않아 아테네보다 먼저 자원이 고갈될 것이라고 주장했다. 그렇게 되면 스파르타는 재빨리 아테네에게 적대적 자세를 취하며 결정타를 가하는 편이 자국의 자원이 더욱 고갈될 때까지 기다리는 편보다 낫다고 판단할 것이다. 따라서 니키아스가 보기에 아테네다 자원 측면에서 확실한 우위를 차지할 때까지 되도록 오랫동안 스파르타를 평화조약으로 묶어두는 편이 낫다.

평화협정을 맺으면 아테네의 명성은 높아지고 경쟁국들의 평판은 나빠질 수 있을 것 같았다. 유리한 형편인 아테네는 번영을 되도록 오래 유지함으로써 이익을 도모했고, 사정이 급한 스파르타는 되도록 자국의 운명을 다시 시험해보는 편이 더 나을 것 같았다.

반면 알키비아데스는 스파르타에 대한 적의를 노골적으로 드러내며 다시 즉각적인 전면전에 돌입할 것을 주장한다. 유서 깊은 알크마이온 가문의 자제이자 페리클레스의 조카인 알키비아데스는 주전파의 새로운 지도자로 부상한다. 어떤 의미에서 알키비아데스는 페리클레스가 전몰용사 추도연설에서 꿈꾼 이상적인 아테네인이었다. 그는 명예를 위해 조국에 봉사할 마음이 간절한 동시에 페리클레스가 칭송한 아테네의 고급문화를 사랑한 멋지고 카리스마 넘치는 청년이었다(알키비아데스는 철학자 소크라테스의 절친한 친구이기도 했다). 사실 플라톤이 《향연The Symposium》에서 묘사한 바에 따르면, 알키비아데스는 철학적 삶과 정치적 야심 사이에서 방황하고 있다. 그는 지혜에 대한 사랑이 고귀한 가치임을 알지만 명예욕과 대중적 인기를 포기할 수 없다. 만일 페리클레스의 중도적 노선이 그대로 유지되었다면, 명예욕과 지적 생활 사이의 균형은 아테네인들의 최고 업적으로 남을 수 있었을 것이다. 하지만 알키비아데스는 지적 생활을 저버린 채 오직 권력과 영광을 지향하기에 이르고, 시켈리아 원정이라는 모험에 나서도록 선동함으로써 아테네의 운명을 재촉하게 된다.

이처럼 다양한 아테네의 지도자들과 다채로운 경향은 "힘이 곧 정의이다"라는 신조가 가장 완벽하게 표현되어 있는 〈멜로스 대화편〉과 곧장 연결된다. "힘이 곧 정의이다"라는 관념은 마키아벨리와 홉스 같은 실리주의적 사상가들과 한스 모겐소(독일 태생 미국의 국제정치학자—옮긴이)와 키신저 같은 '현실주의적' 국제관계론자들에게 지속적인 영향을 미쳤다. 모겐소와 키신저 등의 현실주의자들은 정복을 통한 무분별하고 무제한적인 제국주의적 권력추구만을 옹호하지는 않는다. 대신 그들은 모든 나라는 고차원적인 윤리적 권위나 가치체계를 고려하지 않은 채 오로지 자국의 이익에 따라 움직이는 법이라고, 이익을 극대화하기를 바라는 '합리적 행위자'로서 패배와 인적·경제적 피해가 따르는 전쟁보다는 자신의 영향력을 확대하고 타인의 영향력을 존중하는 편을 선호한다고 주장했다. 하지만 그런 현실주의적 견해를 맹신한 독일 황제 빌헬름

2세, 아돌프 히틀러, 요시프 스탈린 등과 같은 인물들은 다른 나라를 마음껏 정복할 능력이 있다면 그렇게 해야 한다고 생각했다. 현실세계에서는 도덕성이 통하지 않는다고 여겼기 때문이다.

그런데 사실 "힘이 곧 정의이다"라는 격언은 〈멜로스 대화편〉에서 투키디데스가 실제로 소개하려던 주장의 정확한 표현은 아니다. 그가 파악한 아테네인들의 입장은 다소 복잡하다. "우리가 믿는 신이나 우리가 아는 인간이나 강자는 약자를 지배하는 법이라고 생각한다." 앞으로 더 깊이 살펴보겠지만, 이 말은 아테네의 지도자들과 일반인들의 여러 견해 가운데 하나에 불과하다.

아테네는 스파르타의 동맹시인 멜로스 섬을 공격해 점령한다. 아테네는 사절단을 보내 멜로스와 항복교섭에 임한다. 그러나 멜로스의 지배세력인 '소수' 과두정파는 협상과정을 일반인에게 공개하지 않는다. 덕분에 그들은 아테네 사절단과 허심탄회한 대화를 나눌 수 있다. 비록 투키디데스는 확실한 목격자의 증언을 근거로 서술한다고 주장하지 않고, 증거가 불충분한 사안의 경우에는 짐작을 바탕으로 사건을 재구성한 점을 인정하지만, 〈멜로스 대화편〉은 《펠로폰네소스전쟁사》 중에서 가장 부자연스런 부분이다. 그런 대화가 있었다는 증거를 담은 다른 사료는 없다. 그러므로 대화 내용을 조목조목 언급할 수 있는 사람들은 오직 익명의 참가자들뿐이었을 것이다.

〈멜로스 대화편〉은 플라톤이 남긴 대화편과 비슷하다. 플라톤의 대화편에서는 실제 인물들이 각자의 구체적인 정치적 상황을 다루는 것으로 시작해 정의와 도덕의 추상적 의미를 토론한다. 멜로스인들은 "우리는 편안히 쉬고 있다"고 말한다. 글자 그대로 해석하면 이 말은 그들이 독자적인 생활방식을 유지하는 것 이상의 야심은 없다는 의미이지만, 상징적으로는 전쟁의 소란에서 벗어나 간략한 철학적 대화를 나누기 위한 기회로 이해할 수도 있다. 투키디데스가 설명하듯이 멜로스는 축어적으로나 비유적으로나 섬이다. 외부의 국가 간 충돌에서 어느 정도 자유로운 곳이자 역사가들이 펠로폰네소스전쟁에서 제기된 도덕적 문제를 한층 원칙적으로 탐구할 수 있는 수단이며, 투키디데스의 저서에서 유일하게 등장하는 전쟁 중인 민주정과 과두정의 대표주자 사이의 논쟁이 오가는 무대이다.

아테네인들에게 점령을 풀고 섬을 떠나도록 요청할 때(비록 스파르타의 동맹시였지만 멜로스는 실질적으로 아테네와 전쟁을 벌이고 있지 않았다) 멜로스인들은 신들의 보호, 정의의 중요성, 중용의 필요성 따위에 호소한다. 그들은 정의를 존중하면 모든 체제, 즉 멜로스 같은 소규모 체제뿐 아니라 아테네처럼 강력한 체제의 안전이 보장될 것이라고 주장한다. 실제로 그들은 부지불식간에 페리클레스의 경고를 흉내 내면서 만일 아테네가 다른 나라 사람들을 부당하게 대우하다가 몰락을 맞이한다면, 그간 아테네에게 시달린 사람들의 복수는 무척 끔찍할 것이라고 말한다.

여러분이 정의는 외면하고 오직 이익만 거론하라고 하니까 어쩔 수 없이 말하겠습니다. 우리가 보기에는 보편적인 원칙을 지키는 것이 여러분에게 이익일 것입니다. 위험에 처한 모든 사람은 공정한 대접을 해줘야 하

384

고, 설령 타당성이 부족한 변명도 귀담아들어 줘야 합니다. 이것은 여러분에게도 이익이 될 것입니다. 나중에 여러분이 몰락했을 때 어떤 것이 가장 심한 복수인지 본보기가 될 수 있기 때문입니다.

멜로스인들의 주장에 따르면, 특정 국가가 국내문제에 집중할 수 있는 가장 안전한 길은 운명의 장난을 초래할 위험이 있는 전쟁이나 외부문제에 개입하지 않는 것이다.
하지만 아테네 장군들은 모든 체제는 다른 체제를 희생시키면서 권력을 다퉈야 하고, 국제문제에서 정의란 없다고 반박한다.

우리는 그럴싸한 핑계를 대지는 않겠소이다. 페르시아를 무찔렀기 때문에 우리에게 제국을 가질 권리가 있다거나 그대들이 우리에게 나쁜 짓을 했기 때문에 지금 그대들을 공격하고 있다고 말이오. 그리고 그대들이 믿지 않을 장황한 연설을 하지도 않겠소. 대신 우리는 그대들이 과거에 스파르타 편에 가담하지 않았다거나 우리에게 잘못을 저지르지 않았다는 말로 넘어가는 대신에 그럴듯한 것을 목표로 삼기를 희망하고, 우리와 그대들 모두에 대한 실질적인 견해를 갖기를 바라오. 정의란 힘이 대등할 때나 통하는 것일 뿐 강자는 능력만큼 할 수 있고 약자는 약한 만큼의 고통을 감수해야 한다는 점을 그대들도 잘 알고 있지 않소.

이처럼 페리클레스 시대 이후 아테네인들의 성격은 점점 거칠어진다. 아테네인들은 스파르타에서 열린 첫 번째 회의에서의 태도와 달리 이제는 굳이 제국을 정당화하려고 애쓰지 않는다. 심지어 그들은 미틸레네 사태에 대처할 때와는 다르게 멜로스의 운명을 논의하기 위한 회의를 열지도 않는다. 하지만 니키아스와 주화파, 즉 아테네의 오만과 무례함을 우려한 '침묵하는 다수'가 멜로스인들의 견해와 비슷했을 것이라는 점을 기억할 필요가 있다.

아테네 장군들의 결론은 국제관계에서 영원한 평화는 있을 수 없고, 특정 국가가 국제문제를 도외시한 채 오로지 국내문제에만 매달릴 수는 없다는 것이다. 즉 제2차 세계대전을 일으킨 독일의 어느 고위 장성이 "강대국이냐, 멸망이냐!"라고 말했듯이 모든 나라는 힘을 키우지 않으면 몰락하고, 이기지 못하면 죽는다는 것이다. 모든 체제는 스스로 힘을 키우고 싸워야 한다. 그렇지 못하면 지배당한다. 아테네 장군들은 심지어 어떤 나라의 국민들이 평화를 원해도 다른 나라들의 정복욕이 사라지지는 않는다고 충고한다. 아테네 장군들은 모두가 은연중에 믿고 있는 바를 솔직하게 표현하는 것 같다. 그들은 마음속의 야심을 솔직하게 드러내고, 그간의 지긋지긋한 자기정당화와 위선적인 설교에 대한 혐오감을 표시한다. 또한 너희가 정의와 평화에 호소하는 까닭은 바로 너희가 약자이기 때문이라고 멜로스인들을 나무라는 듯하다.

아테네인들은 이미 멜로스 섬을 점령한 상태이다. 따라서 굳이 해명할 필요가 없다. 그러나 그들은 약자인 멜로스인들이 현실을 직시하기를 바란다. 아테네인들의 냉소적 태도에는 아직 어떤 관대함이 담겨 있다. 그들의 세계관이 옳다면 굳이 의견을 주고받느라 시간을 낭비할 필요 없이 그저 멜로스인들을 굴복시키면 될 일이다. 그러나 아마 특유의 평등주의적 정신 때문에 아테네인들은 적어도 그들이 운명을 직시하기를 바란다. 그런데 과연 아테네 장군들은 자신들의 현재 위치에 담긴 의미를 꼼꼼히 따져봤을까? 앞으로 국내에서는 어떻게 행동해야 할지 고민해봤을까? "능력이 허락하면 권력을 잡는다"는 공식은 해외에서뿐 아니라 국내에서도 통할까? 아테네 장군들은 멜로스 같은 외국을 대하는 방식대로 동포들을 대하려는 준비가 되어 있었을까? 이와 같은 질문들은 자유체제와 제국주의를 겸비하기 위한 과정에서 생길 수밖에 없는 딜레마이다.

아테네인들이 멜로스인들의 입장에서 느끼는 또 다른 문제는 보편성의 여부이다. 그것은 침략자들을 분쇄할 만한 능력을 가진 나라에만 어울리는 고립주의를 위한 처방이다. 아테네인들이 멜로스인들에게 상기시키듯이, 적절한 사례는 바로 스파르타이다. 멜로스인들은 현재의 난관을 헤쳐나가는 데 스파르타가 도움을 줄 것으로 기대한다. 그러나 아테네인들은 멜로스인들에게 스파르타의 실체를 파악하라고 충고한다. 멜로스인들과 마찬가지로 스파르타인들도 평화, 중용, 국내문제 등을 선호하고, 바로 그 때문에 그들은 멜로스인들을 도와주지 않을 것이다. 스파르타인들이 말하는 정의는 오직 그들만을 위한 정의에 불과하다. 스파르타가 동맹시를 비롯한 다른 도시국가를 대할 때 가장 중요한 것은 스파르타의 이익이다. 스파르타인들은 멜로스인들과 동일한 가치체계를 갖고 있다. 바로 그 때문에 스파르타인들은 자국민만의 안전과 이익을 우선시한다.

자국의 이익이나 정치체제에 관해서는 스파르타인들은 아주 훌륭한 사람들이오. 그러나 남들을 대할 때는 전혀 그렇지 않소. 그들은 우리가 아는 모든 사람들 가운데 자기 마음에 들면 고결하고 이익이 되면 옳다고 여기는 점에서 가장 눈에 띄는 자들이라고 간단히 말하는 것만큼 그 점에 대한 명확한 평가는 없을 것이오. 그런 식의 생각은 그대들이 지금 잘못 기대하고 있는 안전을 많이 보장하지 못할 것이외다.

이와 같은 아테네인들의 냉소적 태도는 클레온이 부상했을 때 처음으로 명확히 드러난 제국파의 '스파르타화'가 더욱 심화되었음을 보여주는 증거이다. 즉 우리는 국제관계에서 도덕성을 무시하는 적들과 닮아야 하고 우리에게 최선의 이익인 일만 해야 한다. 하지만 그런 태도를 표현하는 방식에서도 아테네인들은 위선적 정의관 뒤에 몸을 숨긴 스파르타인들과는 대조적으로 다소 자유로운 사고방식을 드러낸다. 아테네인들은 세상을 있는 그대로 받아들인다. 즉 도덕성이 결여된 이익의 충돌을 수용한 덕분에 피정복민들에게 비교적 관대할 수 있다. 아테네인들은 우리가 원하는 바를 너희가 주는 한 불필요한 잔인함이나 폭력을 행사하지 않을 것이라고 말한다. 그런데 다른 나라들에 상관하지 않고 그저 평화롭게 지내는 것에 관해 말하자면, 안타깝게도 거기에도 제국주의적 힘이 필요하다.

따라서 아테네인들은 여전히 페리클레스 시대의 관대함을 간직하고 있고, 적어도 서로의 차이를 공개적으로, 실리적으로 해결하는 편을 선호하는 태도를 유지하고 있다. 비록 그들이 보여준 냉소적 태도의 핵심에는 이제 고결함에 대한 의식이나 페르시아로부터 그리스를 지켜낸 데 따른 우월적 지위에 대한 정당한 요구가 보이지 않지만 말이다. 아테네 장군들은 국제관계에서 선천적인 정의는 존재하지 않지만 약자가 강자의 지배에 적응할 때는 공동의 이익이 있을 수 있다고 주장한다. 그러자 멜로스인들은 만일 당신들이 우리에게 피해를 준다면 당신들의 동맹시들은 당신들이 부당하다고 생각할 것이고, 결국 당신들의 지배력이 약화될 것이라고 대꾸한다. 이런 점에서 볼 때 멜로스인들은 디오도토스를 비롯한 아테네의 온건파 및 주화파와 비슷하다(아테네의 평화지향세력은 외국에게 지나친 피해를 입히면 보복이 따르고 결국 자국의 이익이 훼손될 것이라고 주장했다). 하지만 아테네 장군들은 정의에 대한 주장이 아니라 힘에 근거해 지배한다고 응수한다. 즉 우리는 강하기 때문에 너희를 우리나라 사람들처럼 공정하게 대접해줄 수 있다는 것이다.

대화의 두 번째 국면에서 멜로스인들은 국제관계에서 정의가 통한다는 주장을 포기한다. 대신에 그들은 운명과 신의 섭리를 내세운다. 우리는 국력이 약한 탓에 부당하게 억압받고 있으므로 신의 섭리에 따라 스파르타인들이 우리를 구원해줄 것이라고 말한다. 그러나 그들은 스파르타가 동맹시를 외면하는 행위를 치욕으로 여길 것이라는 점에도 염두에 둔다. 그것은 개전 초기에 코린토스인들이 스파르타인들의 도움을 요청했을 때 기대한 바와 비슷하다. 하지만 투키디데스에 따르면, 스파르타가 전쟁에 뛰어든 이유는 곤경에 처한 동맹시를 외면하지 못했기 때문이 아니라 오로지 아테네의 국력신장을 두려워했기 때문이었다. 그들이 내세운 전쟁의 정당성은 순전히 수사법이었을 뿐이다. 그러므로 스파르타가 동맹시를 외면하는 데 따른 치욕을 두려워한 나머지 멜로스를 도울 가능성은 낮고, 국제관계에서의 정중한 대우를 냉소적으로 바라보는 아테네인들의 판단이 옳아 보인다. 멜로스인들은 운명에 의해 때로는 약자가 강자를 이길 수 있다고 주장한다. 아르키다모스와 니키아스처럼 멜로스인들도 운명과 우연에 의해 힘, 군사적 기술, 용맹함 따위의 차이가 없어진다고 믿는다.

여러분은 조건이 동등하지 않은 이상 여러분의 권력과 행운에 맞서 싸우기가 얼마나 어려운지를 우리도 여러분만큼 잘 안다고 확신할 것입니다. 그러나 우리는 신들이 우리에게 여러분이 갖고 있는 것만큼의 행운을 선사할 것이라고 믿습니다. 왜냐하면 우리는 불의에 맞서 싸우는 정의로운 사람들이기 때문입니다. 우리에게 부족한 힘은, 치욕 때문에 어쩔 수 없이 동맹시를 돕기 마련인 스파르타인들의 도움으로 상쇄할 수 있을 것이라고 믿습니다. 그러므로 우리의 확신은 그리 터무니없는 것이 아닙니다.

아테네 장군들은 신의 섭리를 믿는 멜로스인들에게 충격적인 주장을 내놓는다. 그들은 설령 행운이라는 것이 존재한다고 해도, 행운은 약자가 아니라 강자의 편이라고 주장한다. 국제질서에는 약자를 배려해주는 원래의 공정함 따위는 없다는 것이다. 오히려 우리가 정의를 염두에 두지 않듯이 신들도 그렇다.

그대들이 신들의 호의를 말한다면, 우리도 그대들과 마찬가지라고 생각
하오. 우리의 결의와 행위는 사람들이 믿는 신들이 할 수 있는 일이나
인간 사이의 관습에 어긋나지 않기 때문이오. 우리가 믿는 신들과 우리
가 아는 사람들에게는 지배할 수 있는 곳에서 지배하는 것이 자연의 법
칙이오.

이 말은 노골적인 모독이나 다름없다. 그러나 아테네 장군들은
전염병이 전래의 종교적 관습을 저버리고 오만에 빠진 데 대한 신
의 징벌로 바라보는 여론을 대변하지는 않는다. 그들은 신이 자기
편이라고 주장하지 않을 정도로 냉철하다. 일반적인 아테네인들
은 대체로 아테네의 명분이 옳고 신의 가호를 입을 것으로 믿었
다. 하지만 이 노련한 군사 전문가들은 신은 공평하다고 믿는다.
그들이 보기에 신은 정의나 인간의 행동에 관심이 없다. 그리고
스파르타인들도 나머지 모든 나라의 사람들처럼 자신들을 위해
움직인다. 아테네 장군들은 멜로스인들에게 정신을 차리라고 충
고한다. 우리는 냉혹하고 치밀한 계산에 입각한 합리적인 세계에
살고 있다. 정복하라. 아니면 되도록 최선의 거래를 도모하라.
그러자 다시 멜로스인들은 아테네인들이 정당성 여부와 무관
하게 오로지 자기 뜻대로만 처신한다고 항변한다. 이에 아테네 장
군들은 자기들은 양쪽 모두에게 이익이 되는 것, 즉 멜로스인들
과 아테네인들이 현재 상황에서 가장 이익을 볼 수 있는 것만 거

론할 것이라고 대답한다. 일찍이 클레온이 주장했듯이 정의는 우리에게 이익이 되는 것을 의미한다. 그것은 멜로스인들에게도 적용되는 얘기이다. 정의는 멜로스인들에게 이익이 되는 것을 가리키고, 현재 상황에서 정의는 살아남기 위해 아테네에게 굴복하는 것이다.

결국 멜로스인들은 아테네인들이 이해할 만한 관점에서 정의를 옹호하기 위해 이렇게 주장한다. 다른 나라 사람들의 증오를 초래하기를 바라지 않는다면 다른 나라를 억압하지 말아야 한다. 그것은 미틸레네 사태에 온건하게 대처하려고 했던 디오도토스의 주장과 비슷하다. 남들에게 정의를 베푸는 것이 우리에게 최선이다. 우리의 이기적인 행동은 훗날 우리가 비틀거릴 때 덤벼들 적들을 너무 많이 키우게 될 뿐이다. 페리클레스도 이와 비슷한 충고를 한 적이 있지만, 멜로스인들과 달리 그는 어떤 고차원적인 윤리적 규범을 따라야 한다고 주장하지 않았고, 다만 너무 많은 적을 만들거나 자국의 자원이 고갈되는 상황을 피하라고 했을 뿐이다. 아울러 그는 아테네인들에게 제국주의적 팽창을 외면한 채 국내에 안주할 여유가 없다고도 충고했다. 그의 입장은 지금의 아테네 정치인들에게 찾아보기 힘든 중도적 입장, 즉 편의를 고려한 중용적 노선이었다. 반면 알키비아데스와 멜로스 섬에 상륙한 장군들은 무절제한 제국주의를 대표하고, 니키아스와 주화파는 편의적인 고립주의를 대표한다.

아테네 장군들은 다른 나라 사람들의 복수심을 두려워하지 않는다고 응수한다. 강한 나라는 복수심의 원천인 정의에 무관심하기 때문이다. 그들이 보기에 강대국은 오직 자국의 이익만 생각한다. 약소국만이 강대국이 허점을 보일 때 보복하려고 한다. 강자는 복수심과 증오심을 정책의 기조로 삼지 않고, 이익의 극대화를 위해서만 힘을 사용하는 '합리적 행위자'이다.

나중에 아테네인들의 오만이 정점에 오른 사건에서 확인할 수 있듯이 시라쿠사이인들Syracusans('시라쿠사이'는 시켈리아 섬 남동쪽 해안의 도시—옮긴이)은 시켈리아 섬에 쳐들어온 아테네인들을 대리석 채석장에서 무자비하게 도살함으로써 아테네 장군들의 믿음을 무참히 깨어버린다. 당시 시라쿠사이는 델로스 동맹을 주도한 아테네처럼 시켈리아 섬의 도시국가들로 구성된 강력한 동맹을 이끌고 있었다. 시라쿠사이인들이 이유 없는 침략에 나선 아테네인들에게 보여준 것은 부당한 침략을 응징하겠다는 복수심과 증오심이다. 모든 나라는 자국의 물질적 이익을 최대화하기 위해 행동할 수도 있지만, 그렇다고 부당한 침략을 당하고서도 분노하지 않거나 복수의 칼을 갈지 말라는 것은 아니다. 결국 아테네 장군들은 스스로 무덤을 팠다. 그들의 견해는 명확하다. 모름지기 사람들은 약자일 때만 정의에 호소한다. 그리고 자기 힘으로 적을 물리칠 수도, 평화협정의 대가로 적에게 구체적인 이익을 제시하지도 못할 때 정의에 호소한다. 멜로스인들은 아테네인들에게 아무것도 제시할 수 없다. 반면 아테네인들은 멜로스인들의 생존을 보장해줄 수 있다.

멜로스인들과의 대화 직후 아테네인들은 갑자기 시켈리아 원정에 나서고, 결국 천벌을 받는다. 거기에는 새로운 영토를 노린 아테네인들의 탐욕, 지나친 자신감, 그리고 적들의 규모와 자원에 관한 놀라운 무지 등이 작용한다. 아테네인들은 시켈리아 섬을 손쉽게 공략할 수 있는 작고 부유한 섬으로 여긴다. 그러나 사실 시켈리아 섬은 펠로폰네소스 반도에 필적할 만한 여러 개의 부유한 도시로 이뤄진 독립국이다. 그러므로 시켈리아 섬을 침략하는 것은 첫 번째 전쟁을 성공적으로 마무리하기 전에 두 번째 전쟁을 시작하는 것이나 다름없다.

투키디데스의 말을 들어보자.

같은 해 겨울에 아테네인들은 이전보다 더 많은 병력을 동원해 다시 시켈리아 원정에 나서기로, 그리고 가능하다면 섬을 점령하기로 마음먹었다. 그들 대부분은 시켈리아 주민의 정확한 숫자와 규모를 알지 못했고, 펠로폰네소스 동맹과의 전쟁에 버금가는 전쟁에 나서고 있음을 깨닫지 못했다. 상선으로 시켈리아 섬을 일주하는 데는 무려 8일이나 걸렸고, 그렇게 큰 섬과 이탈리아 반도의 본토 사이는 거리가 얼마 되지 않았다.

이제 곧 아테네인들은 〈멜로스 대화편〉에서 장군들이 밝힌 "능력이 허락하면 권력을 잡는다"는 입장을 견지한 데 따른 벌을 받게 된다. 그러나 투키디데스가 설명하듯이, 그 재난의 책임소재를 따지기 위해서는 실리주의와 윤리 사이의 미묘한 관련성을 살펴봐야 한다. 페리클레스였다면 틀림없이 시켈리아 원정에 나서지 않았을 것이다. 그는 아테네인들에게 자원을 지나치게 소비하지 말도록 경고한 바 있다. 그러나 그의 관점은 도덕적이거나 평화지향적인 것이 아니라 오로지 편의적인 것이었을 수 있다. 펠로폰네소스 전쟁에서 확실히 승리하고 아테네의 자원이 충분했다면, 굳이 그가 시켈리아 원정에 반대할 까닭은 없었을 것이다. 더구나 투키디데스도 시켈리아 원정을 그럴듯했던 것으로 평가한다. 그는 시켈리아 원정이 실패로 돌아간 원인을 아테네의 국내정치에서 찾는다. 즉 페리클레스의 사후에 아테네 전체의 이익과 자신의 이익이 서로 조화를 이룰 만한 분위기를 조성한 지도자가 없었고, 모든 지도자들이 자신의 이기적 성향을 바탕으로 민주정을 이끌었다.

페리클레스는 모든 아테네인들이 공익과 개인적 이익을 동일한 것으로 여겨야 한다고 주장했다. 그러나 그가 말한 이익은 멜로스인들이 아테네 장군들과의 대화에서 비난했던, '더 많이 갖는 것'이었다. 페리클레스의 중용적 태도는 도덕적인 것이 아니라 실리적인 것이었다. 도덕적 차원의 중용을 추구했다면 아마 운을 시험해보는 것보다는 현재 가진 것에 만족하라고 주장했을 것이다. 페리클레스는 아테네의 공익에 기여하면 번영과 명예 같은 보상을 받을 것이라고 믿었다. 그러나 그의 후계자들은 생각이 달랐다. 그들은 아테네 전체의 이익보다 개인적 이익을 앞세웠다. 그러나 어떤 의미에서 그것은 페리클레스가 내세운 이론의 뜻하지 않은 결과로 합리화할 수 있었다. 만일 더 많이 갖는 것이 최선이라면, 지도자들이 동포들보다 더 많이 갖지 못할 까닭은 없기 때문이다. 알키비아데스는 타의 추종을 불허하는 군사적 용맹 덕분에 원정을 맨 처음 지휘하게 되었다. 그러나 그는 페르시아의 전제군주 같은 존재가 되려고 한다는 의심을 받았다. 그리고 아테네 전체의 목표가 더 많이 갖는 것이라면, 니키아스는 제국주의를 거부함으로써 공익에 반하는 행동을 저지른 것으로 볼 수 있다.

호전적인 클레온이 세상을 떠나자 스파르타와 평화조약, 즉 니키아스 화약和約, Peace of Nicias을 맺을 길이 열린다. 니키아스는 온건하고, 신을 섬기며, 신중한 사람이다. 그는 자신의 이익과 아테네 전체의 이익이 일치하기를 바란다. 그러나 알키비아데스의 선동으로 강경파가 반발한다. 그들은 자신들이 남에게 이용당한다고 여긴다. 그들이 보기에 평화는 이익, 전리품, 무역 따위를 포기하는 것을 뜻한다. 알키비아데스는 중단 없는 팽창을 지향함으로써 알렉산더 대왕과 카이사르에게 본보기를 제시한 인물이다. 그는 청년 시절의 링컨이 말한 독수리 떼의 시조이다. 그는 시켈리아를 정복하면 카르케돈Karchedon('카르타고'를 가리키는 그리스어 표기−옮긴이)까지 무찌르고 그곳의 부유한 무역망을 장악할 수 있다고 호언장담한다.

일부는 반대했지만 회의에 참석한 대부분의 아테네인들은 원정에 찬성했다. 하지만 원정을 가장 열렬히 옹호한 사람은 정적인 니키아스의 몰락을 은근히 기대한 알키비아데스였다. 그는 시켈리아와 카르케돈을 무찌르고자 했고, 개인적인 출세로 부와 명성을 얻고 싶어 했다.

알키비아데스는 어리석은 오만의 화신이다. 그는 멜로스인들과의 대화에서 아테네 장군들이 선언한 신조, 즉 신들과 인간들은 지배할 수 있는 경우라면 그렇게 해야 한다는 신조를 실천하는 데 전념한 사람 같다. 그는 아테네인들에게 이렇게 말한다. 우리가 팽창을 멈추는 즉시 다른 나라들이 우리를 덮칠 것이기 때문에 결코 아테네의 권력을 제한할 수 없다. 지속적인 팽창은 아테네의 파멸을 막기 위한 필수적인 조치이다. 팽창을 멈추기 위한 최선의 방법은 스파르타인들처럼 검소하게 사는 것이다.

우리의 제국이 어느 선에서 멈출지 단언할 수 없습니다. 우리는 지금 갖고 있는 것에 만족하지 않고 그것을 확대할 계획을 세워야 할 지점에 도달해 있습니다. 왜냐하면 만일 우리가 남들을 지배하지 않으면 그들에게 지배당할 위험이 있기 때문입니다. 만일 우리가 원래의 습관을 버리고 남들의 습관을 받아들일 마음이 없다면, 우리는 나태함을 그들과 동일한 관점에서 바라볼 수도 없습니다.

페리클레스는 제국을 유지해야 현재 상태를 고수할 수 있다고 생각했다. 그의 관점에서는, 호랑이 등에서 내리는 것은 위험하지만 또 다른 호랑이를 물색하는 것 역시 위험이 따른다. 하지만 조카인 알키비아데스는 그런 중도적 태도를 모른다. 정복하지 않으면 정복당한다. 지배하지 않으면 지배당한다. 삶은 언제나 유동적이고, 안식은 착각일 뿐이고, 새로운 파멸의 파도 사이의 일시적인 막간일 뿐이다. 세상에 평화의 섬은 없다. 오직 탐욕과 영광의 울부짖는 바다만 있을 뿐이다.

알키비아데스의 성격은 재능과 악덕의 치명적인 결합체였다. 그의 개인적 허영, 사치스런 생활방식, 카리스마를 유지하려는 욕구

등은 파멸을 초래했다. 그가 아테네인들에게 정복지를 늘려가도록 부추긴 것은 그의 이기심 때문이었다. 독수리 떼에 속하는 후계자인 카이사르처럼 알키비아데스도 어쩔 수 없이 우두머리가 되지 않으면 냉혹한 채권자들과 격노한 동업자들에 의해 몰락할 운명에 처했다. 투키디데스가 전하는 바에 따르면, 알키비아데스는 아테네의 외교정책을 뒤엎는다. 그는 페리클레스의 신중한 외교정책에서 벗어나 자신의 재정적 파산을 막고 부와 명성을 안겨다줄 과감하고 위험천만한 새로운 노선을 택한다. 그런 과정에서 그는 시민들의 이기심, 특히 주요 정치가들의 이기심이 아테네 전체의 이익과 일치하기를 바란 페리클레스의 기대를 철저하게 저버린다. 이제 알키비아데스의 이기심은 아테네가 무분별한 행동에 나서도록 촉구할 때만 채울 수 있다.

시민들에게 주장한 바에 따라 그는 말을 키우거나 그 밖의 부분에 돈을 쓰는 과정에서 현실적으로 감당할 수 있는 한계를 넘어선 취향에 빠졌기 때문이고, 그것은 아테네의 몰락과 적지 않은 관계가 있었다.

그런데 아테네인들은 그 카리스마 넘치는 젊은 전쟁지도자를 미심쩍은 눈으로 바라봤다. 그들은 한편으로는 알키비아데스의 선동에 넘어가 시켈리아 섬의 부유한 전리품에 눈독을 들였지만, 다른 한편으로는 그를 의심하면서 승전을 통해 그가 참주로 돌변할까봐 걱정했다. 아테네에는 그가 부유한 젊은 동료들과 술에 취해 평민들이 귀중히 여기는 헤르메스 신상神像을 모독했다고 의심하는 사람들이 많았고, 정적들은 그것을 빌미 삼아 그를 공격했다. "그들은 헤르메스 신상을 훼손한 것은 민주정을 전복하기 위한 계획의 일환이라고, 그것은 알키비아데스와 밀접한 관련이 있다고 떠들어댔다."

그러자 많은 아테네인들이 알키비아데스의 정권찬탈 음모를 기정사실로 받아들였다. 그런 공포 분위기 속에서 열린 민회는 최악의 결정을 내렸다. 즉 시켈리아 원정이라는 무분별한 제국주의적 팽창을 계속 진행하기로 결정하는 동시에 가만 놔뒀으면 원정을 성공적으로 수행할 수 있었던 알키비아데스의 사령관직을 박탈한 것이다. 심지어 알키비아데스를 비난하는 데 여념이 없던 투키디데스조차 알키비아데스의 전쟁수행능력을 완벽한 것으로 평가한다.

개인적 삶과 습관에서 드러난 파격적 자유, 그리고 그가 수행한 모든 일에서 나타난 야심에 깜짝 놀란 아테네 민중들은 그를 참주를 꿈꾸는 자로 규정하고 적으로 간주했다. 비록 공적 차원에서 그의 전쟁수행능력은 더할 나위 없이 뛰어났지만, 사적 차원에서 그의 습관은 모든 사람들에게 불쾌감을 줬다. 그 때문에 민회는 지휘권을 다른 사람에게 맡겼고 머지않아 아테네의 파멸이 찾아왔다.

알키비아데스는 옛날부터 전해 내려온 유형, 민간권력을 압도할 정도로 빼어난 재능을 가진 군 지휘관의 첫 번째 사례이다. 이 부분을 잠시 짚어보기로 하자.

투키디데스는 알키비아데스가 사령관으로서 시켈리아 원정에 나섰다가 국내로 소환되는 과정을 통해 해외에서의 승전과 국내에서의 민주적 자치 사이의 잠재적 모순을 발견한 최초의 정치사가이다. 시켈리아 원정의 성공을 바라지만 알키비아데스가 아테네를 지배하는 상황은 바라지 않는 민회와 알키비아데스 사이의 거북한 관계는, 민간권력과 유능하지만 반항적이고 지나치게 열정적이고 정치적 야심을 지닌 군지휘관이 빚어낸 수많은 문제의 첫 번째 사례이다. 그런 문제를 드러낸 대표적인 사례로는 로마 원로원과 카이사르, 탈레랑과 나폴레옹, 링컨과 매클렐런, 아이젠하워와 패튼, 트루먼과 맥아더 등을 꼽을 수 있다. 각각의 사례에서 정치지도자(로마 원로원, 탈레랑, 링컨, 아이젠하워, 트루먼)에게는 공화국의 전쟁을 승리로 이끌고 질서를 회복할 만한 유능한 장군(카이사르, 나폴레옹, 매클렐런, 패튼, 맥아더)의 재능이 필요하다. 또한 각각의 사례에서 장군들은 민간권력에 굴복하지 않는다. 즉 카이사르와 나폴레옹은 끊임없는 정복을 원했다. 매클렐런은 링컨의 기대와 달리 적극적으로 전쟁에 임하지 않았고, 대통령이 되려는 야심을 품고 있었다. 패튼과 맥아더는 그들의 상관이 너무 위험하다고 여긴 방식으로 전쟁을 벌이고 싶어 했다. 물론 아이젠하워도 장군이었지만, 직접적인 전투경력이 많지 않았고 주로 연합군 총사령관으로서 정치인과 외교가 같은 역할을 맡았다.

아마 패튼과 맥아더는 민간권력과 충돌한 알키비아데스와 가장 비슷한 인물들일 것이다. 그리고 그들의 사례에도 투키디데스가 역사상 처음으로 발견한 역설이 담겨 있다. 즉 반항적인 사령관은 실제로 민간권력을 위협했을 뿐 아니라 조국에게 군사적 승리를 안겨다줄 가능성도 아주 높았다는 역설 말이다. 왜냐하면 트루먼은 한국전쟁 당시 공개적으로 확전을 요구한 맥아더를 해임할 수밖에 없었지만, 맥아더의 과감한 전략 덕분에 북한군의 저항을 무력화시킨 점은 부인할 수 없다. 패튼의 경우도 그렇다. 아이젠하워는 패튼이 독일군의 힘을 빌려 소련군을 중부 유럽에서 몰아내자는 계획을 내놓은 뒤 그를 사령관직에서 해임했다. 패튼의 계획은 소련군과의 동맹관계를 깨뜨릴 수 있는 위험한 제안이었다. 하지만 패튼은 상관들보다 소련의 잠재적 위협을 더욱 명확하게 간파했다고 볼 수 있다.

다시 투키디데스가 들려주는 시켈리아 원정을 둘러싼 이야기로 돌아오자. 사령관에 임명된 니키아스는 시켈리아 원정을 완강히 반대한다.

자신의 의사와 무관하게 사령관에 선출된 니키아스는 지금 온 나라가 얄팍하고 그럴싸한 구실에 따라 시켈리아 섬을 통째로 정복하고 싶은 마음에 들떠 있다고 생각했고, 아테네인들이 원정을 포기하기를 바랐다.

니키아스는 아테네인들이 시켈리아 원정에 필요한 대대적인 준비에 임하지 않기를 바란다. 그는 민회에서 주전파가 시켈리아의 규모와 국력을 과소평가했다고 말한다. 덧붙여 그는 시켈리아 섬의 여러 신전들에 엄청난 금은보화가 있다는 소문은 근거가 없다고 말한다. 시켈리아는 아테네가 공격하기에 너무 강하고, 아테네가 빼앗을 만한 것도 별로 없다. 또한 그는 스파르타가 물러나 있는 것은 일시적인 조치일 뿐이라고 경고한다. 그가 보기에 스파르타는 아테네가 시켈리아에 발이 묶여 있다는 소식을 들으면, 다시 본색을 드러내며 평화조약을 깨뜨릴 것이고, 육상공격을 통해 아테네에 직접 쳐들어오거나 과두정파의 반란을 획책함으로써 아테네의 동맹시를 공략할 것이다. 스파르타는 또 하나의 전선에서 새로 전쟁을 벌이는 대신에 주적에 결정타를 가하는 데 초점을 맞출 것이다.

적들의 불운에 우쭐해지거나 과도한 자신감에 빠지는 대신에 적들의 사기를 꺾어놓을 것을 생각해야 합니다. 그리고 치욕을 느낀 스파르타인들이 지금, 가능하다면 우리를 무찌르고 명예를 되찾을 방법을 고민하고 있다는 점을 이해해야 합니다. 알다시피 군사적 명성이 그들의 가장 오래된, 가장 중요한 것이니까요. 그러므로 만일 우리가 지혜롭다면, 시켈리아와 싸우는 대신에 스파르타의 과두정파의 책동에 맞서 우리를 가장 효과적으로 지키는 방법을 연구해야 합니다.

하지만 연설은 엉뚱한 결과를 낳는다. 연설을 들은 아테네인들은 성공적인 원정에 필요한 사려 깊은 조언을 들었다고 확신할 뿐이다.

니키아스는 아테네인들이 원정 준비과정의 엄청난 규모에 질리도록 유도하거나, 구태여 원정에 나서야 한다면 되도록 안전한 방식으로 진행할 생각이었다. 하지만 아테네인들은 준비과정의 번거로움에 질리기는커녕 그 어느 때보다 설레고 있었다. 그리고 니키아스의 짐작과 정반대의 현상이 나타났다. 사람들은 그가 소중한 조언을 해줬다고, 덕분에 세상에서 가장 안전한 원정을 떠날 것이라고 여겼다.

결과적으로 니키아스는 알키비아데스에게 놀아난 셈이다. 왜냐하면 그 전에 알키비아데스는 약삭빠르게도 니키아스와 자신이 힘을 합치면 노장파의 분별력과 조심성이 소장파의 대담함과 성급함을 보충할 수 있고, 위대한 지도자 페리클레스에 버금가는 능력을 보여줄 수 있다고 주장했기 때문이다.

제 젊음을 두려워하지 마십시오. 제가 혈기왕성하고 니키아스에게 행운이 깃드는 동안 우리 두 사람의 봉사를 최대한 이용하십시오.

니키아스는 신의 섭리와 운명의 호의를 기대한다. 그는 아테네의 국내정치가 스파르타인이나 멜로스인과 관계있는 세계관의 영향을 크게 받은 점을 보여주는 대표적인 사례이다. 그는 세상이 정의와 경건함 같은 가치를 존중하기 때문에 정의롭고 경건하게 행동해야 한다고 믿는다. 그러다가 멜로스인들처럼 그도 파멸을 맞이한다. 운명은 그를 곤경에 빠뜨린다. 니키아스는 중용적 자세를 취하지만 때를 잘못 만난다. 진심 어린 조언을 하지만 엉뚱한 결과만 낳고, 주전파에게 이로운 일만 하고 만다. 그는 원래 신중한 사령관이었다. 일찍이 그는 절호의 기회가 있었음에도 필로스 섬에 갇힌 스파르타 분견대를 무찌르지도 항복을 받아내지도 못한 채 포위만 하고 있다는 이유로 비난받은 적이 있었다. 마찬가지로 훗날 시켈리아 원정에서도 제때 철수하지 못하는 실수를 저지른다. 그는 필로스 원정대의 지휘권을 클레온에게 양도한다. 군사적 경험이 없는 클레온이 패배할 것이 뻔하고, 주전파는 신뢰를 잃을 것이다. 그러나 클레온은 놀라운 승리를 거뒀고, 주전파는 더욱 기세등등해졌다. 그와 같은 니키아스의 오판은 훗날 신중한 자세로 전쟁에 미온적인 자세를 취했으나 결국 알키비아데스의 입지만 강화해준 상황의 예고편이었다. 중용적 태도를 촉구하기 위한 행동이 결국 제국주의를 지지하는 결과를 낳은 것이다.

원정에 가장 소극적이었던 사람이 역설적이게도 원정대의 사령관을 맡는다. 니키아스는 주도면밀한 자세로 원정에 임하지만, 너무 소극적이라는 비난을 받을까봐 두렵다. 그래서 불안한 위치에 있는 아테네 병력을 철수시키지 않는다. 그의 중용적 태도는 국내에서는 존경할 만하지만 해외에서는 그렇지 못하다. 병사들은 온건한 지배자를 원하지만, 온건한 장군을 원하지는 않는다. 점점 불안이 고조되자 그는 마음을 바꿔 철수를 준비한다. 그러나 또다시 그는 신앙심 때문에 때를 놓친다. 월식이 일어난 것이다. 병사들도 좀 더 기다리며 월식에 걸맞은 의식을 치르기로 한다. 그렇게 파멸을 맞이한다.

마침내 모든 준비가 끝났고, 그들은 항해에 나설 참이었다. 그런데 월식이 나타났다. 거기에 무척 놀란 대부분의 병사들은 장군들에게 기다리자고 요구했고, 점성술 같은 관습에 심취해 있던 니키아스는 점쟁이들의 말을 믿고 27일 동안 철수를 미뤘다.

시켈리아 섬을 정복하려고 원정에 참가한 아테네의 해군과 육군 병사들 대부분은 아테네를 집어삼킨 전염병을 신을 모독한 탓으로 여긴 바로 그 침묵하는 다수였다. 그들은 전혀 적절하지 못한 시점에 국내에서와 마찬가지로 품위를 지키려고 애쓴다. 그런 품위를 지켰기 때문에 그들은 알키비아데스의 야심을 의심하고 니키아스를 따른다. 니키아스는 신성한 관습을 지키려는 사람이다. 안타깝게도 민주정이 민주정에 가장 필요한 요소와 부딪치게 된다.

원정에 나서기 전에 알키비아데스는 시라쿠사이인들을 '오합지졸'이라고 치부했으나 이제 아테네인들은 만만찮은 적수를 만났음을 깨닫기 시작한다.

시라쿠사이인들은 해전에서도 결정적인 승리를 거뒀다. 그러자 아테네인들은 크게 낙담했고, 원정에 나선 것을 후회했다.

아테네인들은 생전 처음 자기들처럼 강인하고 활력에 넘치는 적수와 만난다. 그간 여러 차례 입증된 아테네인들의 전술은 이제 먹혀들지 않는다. 아테네인들은 정면공격을 시도하지만 시라쿠사이인들을 격파하지 못한다. 게다가 과두정을 무너뜨리고 민중을 선동해 민주정 체제를 세우는 간접적인 방식도 통하지 않는다. 왜냐하면 시라쿠사이는 이미 민주정이 자리 잡고 있었기 때문이다. 가장 충격적인 사실은 아테네가 영원히 주름잡을 수 있을 듯했던 바다에서 패배를 맛본 점이다.

아테네와 비슷한 성격의 그 도시들은 아테네인들이 처음 보는 것이었다. 아테네처럼 민주정이 자리 잡은 그 도시들은 함선과 군대를 보유했고 규모도 상당했다. 아테네인들은 체제를 전복할 희망을 제시함으로써 내부적 분열을 조장하거나 적들을 회유할 수 없었고, 무력으로 제압하지도 못했다. 여러 차례의 실패 끝에 이미 당황하고 있었으며, 급기야 예전에는 꿈에도 생각하지 못했던 해전에서의 패배를 맛봤고, 그 어느 때보다 난처한 상황에 빠져들었다.

원정대의 운명은 그야말로 백척간두에 서 있다. 아테네군은 항복하고, 니키아스는 처형당한다. 투키디데스는 그를 '한평생 철저한 미덕으로 일관해온 점을 고려할 때 이 시대의 모든 그리스인 중에서 그런 비참한 운명과는 가장 어울리지 않는 인물'로 평가한다. 니키아스의 최후는 멜로스 섬에 상륙한 아테네 장군들의 견해, 즉 운명은 경건한 사람과 그렇지 않은 사람을 구분하지 않는다는 견해가 타당성을 증명하는 듯하다. 니키아스가 철수를 늦춘 것은 신의 섭리를 존중했기 때문이지만, 결과적으로 신에게 버림받았다. 포로로 잡힌 아테네 병사들은 거대한 채석장에서 굶주림에 시달리다가 고통스럽게 죽어나간다. 투키디데스가 후대에 전하는 죽음을 앞둔 사람들의 신음소리와 악취에 관한 이야기는 오늘날의 전쟁, 포로수용소, 집단학살 같은 끔찍한 상황에 필적할 만하다. 또한 투키디데스가 꼼꼼하게 묘사한 서서히 진행된 죽음의 절차는 그 전에 상세히 설명한 전염병이나 내전과 일맥상통하는 장면이다. 왜냐하면 인간사에서 제국주의적 오만은 치명적인 질병의 도덕적 등가물이기 때문이다.

시라쿠사이인들은 채석장에 갇힌 포로들을 가혹하게 다뤘다. 포로들은 지붕도 없는 좁은 구덩이 안에 여러 명씩 수용되었다. 낮에는 뜨거운 햇볕과 숨 막히는 답답함이 그들을 괴롭혔고, 밤에는 갑자기 쌀쌀한 가을 날씨가 엄습해왔다. 게다가 모든 일을 그 비좁은 공간에서 해결해야 했고, 부상을 입거나 일교차를 이기지 못해 죽은 자들의 시체가 겹겹이 쌓이는 바람에 지독한 악취가 풍겼다. 여덟 달 동안 한 사람이 하루에 먹을 수 있는 물과 곡식의 양이 제한되어 있었기 때문에 갈증과 배고픔은 말도 못했다. 요컨대 그런 끔찍한 장소에 갇힌 사람들이 두려워할 만한 단 하나의 고통도 면제받은 사람은 없었다.

투키디데스는 아테네인들의 몰락을 초래하고 시라쿠사이인들의 손을 들어준 운명의 수레바퀴를 다음과 같이 묘사한다.

내가 보기에 시라쿠사이인들의 승리는 이 전쟁에서 그리스인이 거둔 가장 위대한 업적이었다. 그것은 그리스 역사에서 승자에게 가장 빛나는 영광을, 패자에게 가장 쓰라린 고통을 안겨줬다. 아테네인들은 모든 면에서 완벽한 패배를 맛봤다. 그들이 맛본 고통은 실로 대단했고, 그들의 함대와 육군은 완전히 파괴되었다. 모든 것이 파괴되었고, 살아남아 돌아간 자는 소수에 불과했다.

그런데 과연 아테네인들에게 닥친 재앙은 인간이 어떻게 해볼 수 없는 필연적인 것이었을까? 니키아스와 달리 알키비아데스는 신을 섬기는 데 급급해 철수를 늦추지는 않았을 것이다. 신 앞에 당당한 그의 자세는 참주를 꿈꾼다는 의심을 받는 빌미가 되었지만, 역으로 시켈리아 원정에서는 긍정적인 역할을 했을 것이다. 시켈리아 원정은 적절하지 못한 시점에 국내정치가 국제문제에 개입하는 바람에 실패로 돌아갔다. 즉 아테네인들의 대다수가 신을 섬겼고, 그런 태도는 시켈리아 원정에서도 그대로 유지되었으며, 결국 비참한 결과를 맞았다. 비록 알키비아데스는 원정을 이끌 최고의 적임자였지만, 아테네인들은 그가 참주로 변신할 것을 두려워한 나머지 그를 소환한다. 니키아스처럼 그도 틀림없이 공공의 이익을 침해할 것이다.

하지만 지나친 중용적 태도 때문이 아니라 중용적 태도를 전혀 갖추지 못했기 때문일 것이다. 사령관직에서 해임되어 귀국한 뒤 중벌을 예감한 알키비아데스는 스파르타를 거쳐 페르시아로 망명한다. 애초 스파르타로 망명했을 때 그는 스파르타인들에게 전략을 조언한다. 그러나 그의 뛰어난 능력을 시샘한 스파르타의 왕 아기스가 숨통을 조여오자 페르시아로 망명한다. 이후 그는 페르시아 총독에게 스파르타 진영과 아테네 진영이 서로 다투면서 자연스레 힘이 빠지도록 지켜보도록 주문한다. 그는 페르시아가 스파르타 편을 들지 않도록 설득한다. 그러나 이때는 이미 아테네의 시켈리아 원정이 실패로 돌아간 데 힘입어 스파르타가 유리한 고지를 차지한 상태이기 때문에 결과적으로 아테네를 도운 셈이다. 그는 여전히 아테네를 향한 충성심을 간직하고 있고, 아테네로 복귀할 희망을 품고 있다.

시켈리아 원정이 실패로 돌아갔다는 충격적인 소식을 전해 들은 아테네인들은 전례 없는 과대망상에 빠진다. 그들은 최근의 야심만만한 원정이 실패했기 때문에 과거의 예속민들에게 당할지 모른다는 공포에 사로잡힌 나머지 재빠르게 마음을 바꿔먹는다. 갑자기 그들은 중용적 태도를 실천하려고, 지금 가진 것을 지키려고, 팽창을 피하려고 한다. 일찍이 니키아스가 충고했듯이 그들은 노장파에게 더 많은 권력을 위임한다. 한편 스파르타는 전황이 유리하게 전개됨에 따라 점점 자신감을 가진다. 스파르타인들은 다른 도시들의 자유를 위해 아테네와 싸울 방법을 논의하는 대신에 이제 일방적으로 지시를 내리기 시작한다. 스파르타 주변에는 동맹시들이 점점 많이 몰려든다. 투키디데스가 보기에 스파르타는 과도한 팽창을 자제할 줄 아는 유일한 강대국이다.

스파르타의 승리는 아테네 장군들이 멜로스인들에게 들려준 교훈, 즉 "누구나 능력이 허락하면 권력을 잡는다"는 명제를 반박하는 듯하다. 스파르타인들은 팽창주의를 필연적인 것으로 보지 않는다. 그런데 해외진출을 둘러싼 미온적인 태도는 국유노예들과 깊은 관계가 있다. 스파르타인들은 전쟁이 자국의 계급제도에 미칠 악영향을 염려한다. 사실 민주주의는 스파르타 같은 보수적 체제보다 제국주의로 치달을 가능성이 더 높을지 모른다. 국내에서의 자유를 누리면 그것을 해외로 전파하고 싶은 유혹을 느끼기 마련이다.

한편 아테네는 이제 과두정이 필요하다. 과두정은 천벌을 받은 듯한 분위기에 걸맞은 보수적 체제이다. 아테네는 외부적 팽창을 바라는 욕구를 가라앉히기 위해 점점 스파르타를 흉내 내야 한다. (알키비아데스가 호시탐탐 복귀를 노리고 있기 때문에 더욱 그렇게 해야 한다.) 아테네인들은 이제 더 이상 자치를 할 수 없다. 알키비아데스의 독재도 두렵고 니키아스의 원정도 실패했기 때문이다. 과두정은 부유층과 빈민층 사이의 '중간층' 주도의 체제로서 민주정과 참주정의 타협점에 해당한다. 투키디데스에 따르면, 과두정은 그가 실제로 경험한 아테네의 정치체제 가운데 최선의 형태이지만, 불과 여섯 달 동안만 유지된다. 투키디데스의 역사기록이 끝나면서 동시에 아테네의 영광과 위엄도 근심과 불안 속으로 희미하게 사라진다.

그렇다면 역사상 최초의 민주주의제국과 그 지도자들을 통해 우리가 얻을 수 있는 교훈은 무엇일까?

멜로스 섬을 점령한 아테네 장군들은 아테네의 대담성, 혁신적 자세, 세련미 따위를 대표한다. 그들은 베트남전쟁을 이끈 냉철한 테크노크라트, 즉 공산주의에 대한 도덕적 접근을 혐오한 사람들과 닮았다. 그러나 아테네인들에게는 또 다른 측면도 있었다. 아테네에는 제국으로 부상하기 전의 전통적인 생활방식을 고수하려는 침묵하는 다수가 있었다. 성벽을 쌓아 도시를 요새화하기 위해 조상 대대로 내려온 촌락과 신전을 없애버린 것은 조상, 종교, 중용적 전통 따위를 저버린 처사이다. 제국이 점점 몸집을 불려가는 과정에서 대다수의 아테네인들은 신을 의식하기 시작한다. 알키비아데스가 신을 모독했다는 소문이 돌자 그가 참주가 되려고 한다는 의심이 짙어진다. 니키아스는 침묵하는 다수를 대표한 인물이었고, 그도 알키비아데스를 두려워하고 의심한다.

시켈리아 원정대가 고전을 거듭하다가 채석장에서의 비참한 죽음을 맞아하자 본국의 아테네인들은 정권을 찬탈하려는 음모와 참주의 출현을 점점 우려하기 시작한다. 그 전에 아테네인들은 참주를 원하지 않았기 때문에 니키아스를 사령관에 임명하고 알키비아데스를 소환한다. 원래 니키아스 같은 온건파는 평소처럼 중용적 자세로 접근할 경우 본국의 강경파와 대립하게 되는 상황을 의식하기 마련이다. 그러나 니키아스는 지나치게 온건하게 행동할 경우, 페리클레스가 솔직히 묘사한 '참주 같은 도시'의 사람들이 불만을 품을 것이라고 생각한다. 그는 치욕스런 공적 죽음(광장에 운집한 성난 군중 앞에서 재판을 받는 것)보다 명예로운 개인적 죽음(적의 칼에 처형되는 것)에 이끌린다. 이제 그는 아테네를 섬기는 과정에서의 공적 죽음이 언제나 개인적 죽음보다 낫고 명예롭기를 바라는 페리클레스의 희망에서 최대한 멀리 떨어져 있다.

멜로스의 '소수' 과두정파와 삶의 의미를 토론했던 아테네의 '소수' 장군들은 고국의 '다수'에게는 그리 솔직하지 못했을 것이다. 그 '소수'는 정의에 무관심하지만, '다수'의 아테네인들은 헤르메스 신상을 모독한 행위에 격노한다. 그리고《펠로폰네소스전쟁사》의

제8권에 따르면, 그들은 사제에게 전쟁의 향방에 관한 신탁을 부탁했다. 멜로스 섬을 점령한 아테네 장군들은 새롭게 등장한 아테네의 세련된 측면을 대표한다. 거기에는 알키비아데스가 포함되는데 훗날 그는 그런 세련된 측면을 주도한다. 그러나 아테네 장군들은 자신들이 선택한 외교정책의 국내적 파급효과를 깊이 생각하지 못한다. 능력이 허락하는 한 권력을 잡고 "더 많이 가져야 한다"는 원칙을 자국민에게도 적용하지 말라는 법은 없다. 아테네인들은 바로 이런 이유에서 알키비아데스를 두려워했다. 그들은 그런 논리적 결과를 직관적으로 간파했다.

아테네인들은 다른 나라 사람들을 지배하기를 원하지만, 자국의 정치지도자가 아테네를 지배하는 것은 용납하지 못한다. 그들은 스스로는 지배당하지 않은 채 다른 나라를 지배하고 싶어 한다. 투키디데스의 설명에 따르면, 니키아스는 시켈리아 원정에 성공할 만한 담력은 부족한 반면 소환되기 전까지 알키비아데스가 보여준 전쟁수행능력은 '더할 나위 없이 뛰어났다.' 국내에서의 참주정을 용납하지 않으려는 태도는 다른 나라를 지배하는 데 필요한 수단과 모순된다. 그것은 〈멜로스 대화편〉과 시켈리아 원정을 이어주는 진정한 연결고리이다. 즉 시켈리아 원정은 멜로스 섬을 점령한 아테네 장군들이 구체적으로 드러낸 모험주의적 태도의 극단적 실현이다.

미래로 되돌아가기: 향후 전망

《향연》에서 플라톤은 알키비아데스를 철학적 성찰과 정치적 야심 사이에서 방황한 인물로 묘사한다. 알키비아데스는 명예욕 때문에 민중의 지지를 얻으려고 애썼고, 제국주의적 팽창을 통해 얻은 부와 권력을 향한 민중의 욕망을 자극했다. 알키비아데스의 철학적 경향은 제국주의적 정치를 위한 열정을 이기지 못했다. 그러나 플라톤에서 시작되어 키케로의 《스키피오의 꿈》 같은 고전에서 르네상스 시대의 인문주의에 이르기까지 철학적 성찰과 정치적 야심 사이의 대립을 해결하고 알키비아데스가 이루지 못한 정신적 삶과 공적 봉사 사이의 적절한 균형을 보여주려는 수많은 시도가 있었다. 이미 우리가 살펴봤듯이 그런 균형은 서양 정치사에서 늘 하나의 기준으로 작용해왔다. 이처럼 건전한 정치가상을 정립하려는 시도는 나라에 봉사하는 사람과 정권을 찬탈하는 사람 사이의 차이, 즉 링컨이 스프링필드 청년회관 연설에서 다룬 나라를 구해 명예를 추구하는 사람과 국민을 노예로 삼아 영광을 추구하는 사람의 차이로 귀결되기도 했다.

아마 부분적으로는 알키비아데스의 성격적 결함이 민주주의 자체의 오류를 반영하는 듯했기 때문에 역사적으로 볼 때 아테네가 시도했던 민주주의제국, 아니 모든 종류의 민주주의는 예외 없이 폭민정치와 선전선동을 초래하기 마련이었다. 이후 민주주의는 역사에서 사라졌다가 미국의 건국의 아버지들이 아테네의 영광과 악덕에 유념하고 그런 전철을 밟지 않기로 맹세했을 때 비로소 되살아났다. 아테네의 몰락 이후 그리스의 소규모 도시국가들은 알렉산더 대왕이 최초로 시도했고 훗날 로마인들이 탄탄한 토대를 닦은 다국적 세계제국에 무릎을 꿇었다. 알렉산더 대왕은 정복사업을 통해 일찍이 호메로스가 노래했고 스파르타인들이 구체적으로 보여준 공익을 위한 희생과 아테네인들의 예술적·학문적 소양을 전파하고자 노력했고, 그런 품위 있는 자질을 기꺼이 포용할 수 있는 구성원들로 이뤄진 다국적 실력사회를 만들어냈다.

한편 로마가 공화국으로부터 세계제국으로 발돋움하는 과정에서 알키비아데스의 문제뿐 아니라 투키디데스가 최초로 간파한 자유와 제국주의 사이의 긴장관계가 재현되었다. 그나이우스 폼페이우스와 카이사르는 겉으로는 오직 국외에서 새로운 영토를 획득함으로써 로마에 봉사하는 듯 보였지만, 독자적인 권력과 명성을 누리고 자기만의 정파를 거느리고 싶은 욕망도 갖고 있었다. 공식적으로는 원로원에 충성을 바치는 사람들이었지만, 정복사업을 통해 그들은 막대한 비밀재산, 종속국, 사병 등을 확보했다. 카이사르는 그런 식으로 알키비아데스의 전철을 밟으며 더 많은 토지와 전리품에 대한 평민들의 욕구를 부추겼고, 결과적으로 원로원과 귀족계급의 권위를 흔들었다. 반면 공화국 개국공신의 후손이자 카이사르의 정적인 마르쿠스 브루투스는 물질적 번영과 새로운 인재의 등장기회를 외면한 채 전래의 전통을 옹호하면서 니키아스와 비슷한 행보를 보였다.

로마가 국내의 공화정과 국외의 제국 사이의 모순에 말미암은 내전과 권력투쟁에 휩쓸렸을 때 키케로는 스키피오를 개인적 야심보다 공익을 우선시한 이상적인 정치가로 내세우면서 과거의 영광을 파고들었다. 그러나 키케로는 폼페이우스와 카이사르 같은 냉혈한들에게 끊임없이 이용당하고 버림받았다. 심지어 카이사르의 후계자인 19살 먹은 옥타비우스Octavius(옥타비아누스가 카이사르의 양자로 입적되기 전의 이름-옮긴이)조차 그 젊은 군주를 훌륭한 정치가로 키웠다는 키케로의 착각을 이용했다. 옥타비우스는 세계제국의 황제가 됨으로써 국내에서의 자유와 국외에서의 제국 사이의 모순을 해결했고, 잇따른 반란, 조약파기, 정적 살해 따위를 거치면서 숱한 유혈사태를 헤쳐나갔고, 결국 살아 있는 신 같은 황제의 자리에 올랐다(거기에는 베르길리우스 같은 최고의 정보조작자들의 도움이 있었다). 그는 로마 공화정의 헌정적 형식의 껍데기를 마치 페르시아제국 같은 다국적 전제정 체제나 다름없는 것과 접목했다. 비록 그는 비양심적이고 위선적이었지만, 그 뒤로 1000여 년 동안 안정적인 통치의 귀감이 되었다. 기독교 군주들은 그를 몇 차례 부활시켰고, 나폴레옹도 민주주의의 이상을 전 유럽에 전파하기 위한 전쟁에서 그를 활용했다. 그러나 공화정 정신은 살아남았고, 심지어 자유주의적 성향의 사람들도 나폴레옹이 꿈꾼 무력에 의한 자유주의제국을 무척 회의적으로 바라봤다. 어떤 면에서 카이사르 같은 선동가들에 의해 전복되기 전의 공화국이 부활한 것으로 자부했던 미국은 자유와 평등이 시민적 미덕이나 공익과 공존할 수 있다는 희망의 상징으로 남았다. 미국의 건국의 아버지들은 카이사르의 사례를 치욕으로 인식했다. 그들이 본보기로 삼은 것은 스키피오, 카토, 브루투스 등이었다.

그 모든 것은 백악관에서 저녁에 투키디데스의 책을 읽었던 테오도어 루즈벨트의 흥미진진한 회고로 귀결된다. 그는 투키디데스의 어조를 '도덕을 초월한' 것으로 평가하면서 그를 톨스토이에 견줬다. 다소 이상하게 들릴지 모르는 평가이지만, 테오도어 루즈벨트가 언제나 정치를 도덕적 관점에서 바라봤다는 점을 고려하면 납득이 간다. 왜냐하면 투키디데스와 톨스토이는 각자 묘사하는 주인공들을 아주 폭넓고 불편부당한 관점에서 바라보고, 그들이 당대의 시점과 환경을 반영하거나 거기서 이탈하는 모습을 멀리서 지켜보기 때문이다. 톨스토이는 피에르 베주코프와 안드레이 볼콘스키의 차이나 안나 카레리나와 그녀의 남편의 차이를 간파하지만 결코 그들에 대한 도덕적 판단을 내리지는 않는다. 투키디데스도 《펠로폰네소스전쟁사》에서 차가운 객관성을 유지한다. 그는 영원히 반복되는 인간 본성의 유형에 대한 놀라운 통찰력으로 무장한 채 전쟁 주역들의 영혼을 묘사하고, 그들을 자유와 제국의 대충돌 과정 속으로 몰아넣고, 그들이 보여주는 운명의 순환, 자기기만, 의도적 궤변, 위용 등을 바라본다. 그의 책에는 적절하지 않은 영웅주의나 적절하지 않은 악행의 사례를 거의 찾아보기 힘들다.

테오도어 루즈벨트에 따르면, 민주주의와 제국에 관한 투키디데스의 설명은 무척 교훈적이기는 하지만 모든 측면에서 미국의 상황과 완벽히 들어맞지는 않는다. 왜냐하면 미국은 아테네와 달리 언제나 자유와 번영을 자국민, 혹은 심지어 자국과 동맹국에게 제공하는 것뿐 아니라 전 세계의 자유를 증진하기 위한 보편적인 윤리적 의무를 수행하는 것을 사명으로 삼고 있기 때문이다. 그 사명은 계몽사상에서 유래한 현대의 평등주의적 원칙과 신 앞에서 만인이 평등하다는 유대교와 기독교의 기본적인 관점이 어우러진 것이었다. 이와 같은 미국인들의 믿음은 아테네인들의 냉소주의적 경향과 배치된다.

미국이 경험한 여러 전쟁, 즉 미서전쟁, 양차 세계대전, 한국전쟁, 베트남전쟁, 이라크전쟁 등을 조사해보면, 그중 몇몇 전쟁의 동기는 조사자의 관점에 따라 다르겠지만, 자유의 증진을 위한 진정한 헌신과 물질적·정치적 이익을 위한 노골적인 야심이 뒤섞여 있었다는 데는 이견이 없을 것이다. 그러나 전반적인 취지는 전 세계에 자유를 증진하려는 목적에 부합했다. 민주주의와 제국 사이의 긴장관계에 대한 투키디데스의 극도로 실리적인 시각, 즉 세계 곳곳에 정의와 인간의 존엄성을 전파하려는 민주주의적 열망과 비슷한 점이 거의 없는 시각을 돌이켜보면, 우리가 고대 아테네인들과 얼마나 다른지를 알 수 있을 뿐 아니라 적어도 몇 가지 기본적인 측면에서는 그들과 얼마나 비슷한지도 확인할 수 있다.

테오도어 루즈벨트는 투키디데스의 관점에서는 우리가 흔히 아테네의 민주주의와 구분하기 위해 근대 미국의 민주주의와 동일시하는 도덕적 차원을 발견할 수 없다는 점을 알고 있다. 알다시피 테오도어 루즈벨트를 대통령 후보에 지명한 1900년의 공화당 전당대회에서 알프레드 비버리지는 기조연설을 통해 미국의 세계 공화국이 모든 민족의 이익을 위해 개입할 것이라는 감동적인 예언을 했고, 거기에는 루즈벨트가 "좋아!"라고 외치지 않을 만한 표현이 없었다. 그러나 우리도 세계를 주름잡는 경제적·군사적 힘과 국제문제에 대한 구속력 있는 윤리적 기준, 그리고 국내에서의 권리의 보호 사이의 조화를 이룰 방법을 둘러싼 투키디데스의 딜레마에 부딪힐 때가 많았다. 이처럼 투키디데스가 남긴 교훈과 그가 보여준 지도자들의 장점과 단점의 사례에 담긴 교육적 가치는 아직 유효하다.

투키디데스는 위대한 민주주의는 필연적으로 외국과의 충돌에 휩쓸린다는 점을 꿰뚫어 본 최초의 정치사가였다. 그것은 물질적 번영을 위한 욕구와 설득이나 무력으로 새로운 우방을 확보하려는 유혹 때문만이 아니라 다른 민족에게 자유의 혜택을 확대하려는 진심 어린 욕구 때문이기도 했다. 마찬가지 이유에서 2000년 이상이 지난 지금 우리가 21세기의 두 번째 대통령을 기다리고 있는 동안 앞으로 미국은 최고사령관이 누가 될지 모르지만 필연적으로 세계의 초강대국의 역할을 담당할 것이다. 아직 팻 뷰캐넌을 비롯한 여러 고립주의자들이 있기는 하지만 미국은 결코 고립주의 국가일 수 없다. 왜냐하면 고립주의를 주장하는 모든 사람들도 항상 다르푸르Darfur(아프리카 수단의 서부 지역–옮긴이)의 기근, 북한의 핵무기, 미얀마의 인권, 이스라엘–팔레스타인 분쟁 같은 예외를 인정하기 때문이다. 미국이 국제문제에서의 정의를 단호하고 일관성 있게 무시하고, 외세의 침략을 받은 사람들의 호소를 외면하고, 다른 나라 사람들의 고통에 상관없이 미국의 번영과 안보를 증진하는 것에만 집중한다면, 만성적인 전쟁 위험을 포함한 여러 국제문제에 휩쓸릴 까닭이 없을 것이다. 그리고 이 책을 처음부터 꼼꼼히 읽었다면 알 수 있겠지만, 외부문제에 개입하지 않으려는 것이 제퍼슨부터 시작된 고질적인 경향인 반면 링컨이 구체적으로 표현했던 믿음, 즉 미국이 인류의 마지막 희망이라는 믿음 역시 아직 굳건하게 남아 있다.

예를 들면 미국은 후세인과 거래를 하는 편이 가장 쉬웠을 것이다. 그는 미국의 원유수출제재로 압박감을 느꼈기 때문에 거래에 나설 생각이 있었고, 만일 침략을 결정하는 데 경제적 동기가 있었다면, 그것은 부시행정부가 아니라 후세인 정권과 막대한 규모의 계약을 맺고 있던 프랑스와 독일 정부였다. 미국도 독재자들과 쉽게 화해할 수 있고, 그들에게 희생된 사람들을 모른 체하며 이득을 취할 수도 있었으며, 실제로 가끔 그렇게 했다. 그러나 미국의 팽창주의와 초강대국으로서의 횡포를 가장 극성스럽게 비난하는 사람들이 바로 세계 곳곳에서 자행되는 불의에 미국이 무관심하다며 목소리를 높일 것이다. 차기 미국 대통령은 투키디데스가 최초로 발견하고 훗날 건국의 아버지들과 링컨이, 그리고 그의 훌륭한 후계자들이 집무실에 들어가자마자 다시 탐색한 이런 역설을 물려받을 것이다. 차기 대통령은 국제문제에서 발을 빼기는커녕 해외개입의 정도와 강도를 적절히 조절할 수 있을 것이다.

투키디데스는 서양 민주주의의 출발점에서부터 오늘날에 이르기까지 귀중한 교훈을 전해주고 세계 유일의 초강대국 대통령이 맞이할 근본적인 긴장관계와 모순을 날카롭게 포착한다. 국내의 자유와 국외의 제국주의적 권력 사이의 긴장관계에는 우리가 개인적으로 즐기는 만족감과 세계적 강국의 지위를 이용해 국내로 유입된 이득 사이의 긴장관계도 포함된다. 페리클레스가 동맹시의 눈에는 '참주 같은 도시'로 보인다고 적절하게 경고했을 때의 아테네인들처럼 우리도 미국의 부유함이 외국을 착취한 데서 비롯된다는 인식에 사로잡힐 때가 가끔 있다. 그런 긴장관계는 압도적인 군사력 같은 역설적인 수단을 통해 외국의 독재정권을 무너뜨리기 위해, 그리고 논란의 여지가 더 많지만 비서구적인 문화와 가치를 버리도록 압박하기 위해 우리의 민주적 자유를 다른 나라 사람들에게 확대하려는 고귀한 욕구 때문에 한층 복잡해진다. 실제로 그들에게 자유를 부여하려는 시도는 가끔 그들의 전통에 대한 모욕이나 문화제국주의처럼 보일 수 있기 때문이다.

이와 같은 역설 때문에 아테네인들은 예속민의 해방이라는 이상과 이익추구라는 실리를 동시에 염두에 두고 정복에 나섰다가 그들의 반감을 초래했다. 즉 영광과 고통을 동시에 맛본 것이다. 케네디가 저물어가는 대영제국과 처칠로부터 횃불을 넘겨받고 앞으로 미국이 전 세계로 자유를 확대하기 위한 모든 부담을 안을 것이라고 서약했을 때도 비슷한 역설이 드러났다. 이후 케네디의 후임자 2명이 대통령의 제왕적 권력에 의한 시민적 자유의 훼손을 우려한 반대자들에 의해 몰락의 길을 걸었다. 레이건의 군사력 강화는 소련인들뿐 아니라 핵전쟁을 두려워한 미국인들을 공포로 몰아넣었다. 클린턴은 민주당의 한결 온건한 외교정책을 재확인했지만, 코소보를 폭격함으로써 너무 심하다는 평가와 너무 미온적이라는 평가를 동시에 받았다.

조지 W. 부시는 9·11테러 이후에 오랫동안 중동 지역에서 말썽을 일으키고 대량학살을 일삼으며 테러를 교사한 후세인 정권을 끌어내렸고, 아프가니스탄에 마련된 성전을 외치는 극단주의의 섬뜩한 이상향적 청사진의 세속적 기지를 분쇄함으로써 두 차례의 신속한 군사적 승리를 거뒀다. 초반의 승리에 힘입은 행복감은 얼마 지나지 않아 군사적 정복만으로는 외부 침입자들에 대한 저항을 뿌리 뽑지 못한다는, 무엇보다도 후세인 정권의 몰락으로 인해 초래된 내전상태를 막을 수 없다는 뼈아픈 각성에 자리를 내줬다. 이라크에서 전사자의 숫자가 늘어나는 동안 미국 본토에서는 부시행정부와 밀접한 관계의 기업들이 막대한 이익을 거둬들였다는, 그리고 자국의 막강한 군사력에 들뜬 대통령 때문에 전쟁포로와 국민의 시민적 자유가 위험에 처했다는 이야기로 떠들썩했고, 급기야 부시는 트루먼과 그의 입법안이 마비된 이래 최저의 지지율을 기록했다. 부시에 뒤이어 백악관을 차지하려는 사람들도 동일한 딜레마에 빠졌고, 그들 각자의 반응은 각자의 성격과 국정운영계획을 엿볼 수 있는 시금석이었다. 매케인은 부시 대통령의 방식을 부정하는 한편 이라크전쟁에서의 승리를 서약해야 했다. 오바마는 이라크전쟁을 끝내기를 바랐고, 신중하지 못하고 현실적이지 못한 것 같은 인상의 대가를 치렀다. 힐러리 클린턴은 남편이 남긴 상대적으로 강경한 접근법의 유산을 완전히 부정하지도 못하고 성급한 철수방침에 대한 불안감을 완전히 떨치지도 못했고, 역시 대가를 치렀다.

사실 우리가 알키비아데스와 니키아스의 사례에서 확인한 강경파와 온건파, 소장파와 노장파 사이의 오래된 투쟁은 링컨의 독수리 떼, 처칠의 열렬한 봉사정신, 제국을 통해 자유를 전파하고 미국을 문화와 학문의 중심지로 만들고자 했던 케네디의 페리클레스적 이상주의 등을 거친 뒤 오늘날의 정치적 무대에도 등장하고 있다. 늘 그렇듯이 역사적 상황이 변함에 따라 그간의 요소들이 다시 자리를 잡아간다. 최근의 대통령 선거운동을 통해 우리는 처음에는 큰 인기와 지지도를 누리다가 임기 말에 갑자기 인기가 수직하락하는 바람에 퇴임하고 마는 지도자 이후에 소장파와 노장파가 민주주의의 지도권을 두고 경쟁하는 모습을 또다시 목격했다. 하지만 이번에는 젊고 조급하고 강경한 알키비아데스 대 평화를 사랑하고 온건한 니키아스가 아니라 정반대의 대결구도가 형성되었다. 즉 카리스마 넘치고 대화를 통한 세계평화를 믿는 초년과 필요하다면 100년 동안 이라크에 미군을 주둔시켜야 한다고 호언장담하는 다혈질의 노병이 벌이는 대결이다. 무대가 바뀌면 주인공도 바뀌는 법이다.

차기 대통령은 페리클레스, 알키비아데스, 니키아스 등이 먼저 시달렸고 나중에 링컨, 처칠, 루즈벨트, 냉전시대의 대통령들이 고민했던 문제와 동일한 난제를 물려받을 것이다. 만일 차기 대통령이 국제문제에서 한걸음 물러나면, 그것은 어려움에 처한 나라를 돕기 위한 무력사용을 회피하는 이기적인 태도로, 즉 이스라엘, 팔레스타인, 그리고 민주주의가 막 피어나는 이라크 등을 외면하고, 이란이나 북한과의 대립을 두려워하며, 중국의 부상을 방관하는 태도로 비춰질 것이다. 반대로 차기 대통령이 이들 분쟁지역 한두 곳에서 미국의 힘을 보여주면, 미국의 팽창주의와 오만, 이상주의와 이익추구의 혼재된 동기, 열정이 지나친 최고사령관

에 의한 국내에서의 자유침해 등을 거론하는 익숙한 비난이 거세
질 것이다. 테오도어 루즈벨트가 그랬듯이 투키디데스의 작품을
읽는 것은 차기 대통령이 준비에 나서기 위한 부적절한 출발점은
아닐 것이다.

리더십의 10가지 비밀

안셀무스(중세 이탈리아의 신학자—옮긴이)가 신의 존재를 증명한 방식에 따르면, 우리는 완벽한 존재를 상상할 수 있기 때문에, 그리고 과거에 실제로 존재하지 않은 완벽한 존재를 떠올릴 수는 없기 때문에 신이 존재한다는 것이다. 그러나 이 중세 신학자의 증명에 고개를 끄덕이는 사람은 당연히 그리 많지 않았다. 현대의 어느 논리학자가 통쾌하게 반박했듯이 복권에 당첨될 것이라고 상상한다고 해서 지갑에 돈이 들어오는 것은 아니다.

안셀무스의 증명방식을 통해 완벽하게 정의롭고 완벽하게 현명한 신의 존재를 확신할 수 없다면, 완벽한 지도자가 존재할 수 있다거나 앞으로 존재할 것이라고 확신하기는 어려울 것이다. 물론 그런 완벽한 지도자를 떠올릴 수는 있다. 그러나 그렇게 상상한다고 해서 완벽한 지도자가 실제로 존재하는 것은 아니다. 그래도 우리는 늘 완벽한 지도자를 기대한다. 당장은 아니라도 앞으로 더 나은 세상이 오기를 기대하는 것이 인간 본성이기 때문이다.

페리클레스가 아테네인들에게 단순한 번영에 만족하지 말고 예술, 학문, 문화 등을 고양하라고 촉구했을 때 그는 이 점을 알고 있었다. 링컨이 국민들에게 남북전쟁에 따른 난관을 미국의 이익뿐 아니라 인류의 마지막 희망을 위해 이겨내자고 독려했을 때 그는 이 점을 알고 있었다. 전 세계에서 자유를 확대하기 위한 모든 부담을 안겠다고 맹세한 케네디와 활력을 잃고 꿈을 포기한 시기에 '희망을 품을 용기'를 외친 오바마도 마찬가지였다.

우리는 이상적 지도자상을 떠올릴 수 있다. 아득한 옛날부터 위대한 사상가, 역사가, 예술가 등이 제시한 이상적 지도자상이 있었다. 그런 지도자는 전쟁이나 물리적 역경을 맞이하면 용감하게 행동할 것이다. 그런 물리적 용기는 더욱 중요한 정신적 용기, 즉 옳은 일에 나설 수 있는 능력, 그리고 때로는 과감하고 때로는 조심스럽게 정의를 구현하는 데 필요한 수단을 상황에 맞게 만들어냄으로써 합리적이고 사기를 진작하는 호소를 통해 시민들을 설득할 수 있는 능력의 토대일 것이다.

그런 지도자는 다수결의 횡포에 맞서는 한편 여론에 귀 기울이고 반론을 억압하지 않을 것이다. 그는 이성과 열정이 적절히 뒤섞인 건전한 성격을 지닐 것이고 적어도 그런 성격을 함양하고 싶어 할 것이다. 아울러 과거가 현재에 어떤 교훈을 남길 수 있는지, 과거의 일이 현재에 어떤 식으로 반복되는지를 숙고하도록 촉구하는 위대한 정치가, 사상가, 역사가 등의 가르침과 실질적인 경험을 통해 갈고닦은 건전한 정신을 갖고 있을 것이다. 그는 시민들이 편협한 일상적인 관심사에서 벗어나 더 높은 차원으로 나아가도록 유도할 수 있을 뿐 아니라 그들의 어려움, 근심, 한계 등에 공감할 수도 있을 것이다. 그는 국내와 국외를 막론하고 모든 사람들의 고통에 공감하겠지만 정의, 평화, 공익 등을 위한 전쟁이 필요한 상황에서는 그런 동정심에서 벗어날 수도 있을 것이다.

이 책에서 소개한 모든 위대한 지도자들은, 그리고 심지어 몇몇 흠결이 있는 지도자들도 이와 같은 자질 가운데 몇 가지를 보여줬다. 그런데 혹시 그런 자질을 모두 갖춘 지도자는 없을까? 아마 없을 것이다. 페리클레스, 스키피오, 나폴레옹, 링컨, 처칠, 루즈벨트 같은 위대한 지도자들도 그런 자질을 모두 갖추지는 못했다. 이처럼 완벽한 지도자는 찾아보기 힘들다. 세계 최초의 민주주의의 역사를 지켜본 아리스토텔레스에 따르면, 완벽함은 수학 같은 이론적 영역에서 이용 가능하고, 유능한 연구자는 수학적 증명이 옳은 까닭을 이해할 수 있다. 그것은 견해의 문제가 아니다. 그러나 정치라는 현실적인 영역은 태생적으로 의견이 충돌하는 곳이다. 즉 변화하는 우연적인 상황의 소용돌이에 휩싸인 정의와 이기심이 부딪치는 곳이다. 정치의 영역에서는 지도자에게 흠결이 없다는 식의 합의가 이뤄지기 어렵고, 상황이 바뀌면 과거의 성공도 무색해지곤 한다. 지금까지 살펴봤듯이 페리클레스의 지도력에 대한 아테네인들의 만장일치에 가까운 존경심은 이후 들이닥친 전염병 때문에 심각한 타격을 입었다. 한때 그는 아테네의 모든 성공을 대표하는 인물 같았지만, 나중에는 모든 실패를 상징하는 인물로 전락했다. 최근의 여러 미국 대통령들도 그런 인기의 부침을 겪었고, 닉슨과 조지 W. 부시처럼 국내보다 국외에서 인기가 더 높았다. 무엇보다도 정치가는 기하학자보다는 파도와 바람의 힘을 이용할 줄 아는 선장에 더 가깝다.

이 책의 초반부에서 나는 최근의 대통령 후보자들을 텔레비전 연속극 주인공이자 이상적인 지도자인 조사이어 바틀릿과 비교했다. 그리고 제1부의 말미에서 나는 우리가 제2차 세계대전과 냉전시대의 여러 지도자들을 통해 추적한 자질들을 바탕으로 좋은 지도자상과 나쁜 지도자상을 제시한 바 있다. 제1부부터 제3부까지의 본론 부분에서는 그런 자질을 거의 갖추지 못한 지도자뿐 아니라 적어도 몇 가지를 갖춘 지도자의 생생한 사례와 더불어 가장 모범적인 리더십이 어떤 것인지 살펴봤다. 결론 부분에서 우리는 다시 다음과 같은 동일한 주제로 돌아왔다. 대체 완벽한 지도자는 어디서 발견할 수 있을까?

모든 지도자가 전투경험을 갖고 있지는 않다. 전쟁터에서만 용기를 보여줄 수 있는 것은 아니다. 다른 방법도 있다. 레이건 대통령은 직접 전투장면을 목격한 적이 없었다. 그는 레종 드뇌르 대십자 훈장을 수여하겠다는 프랑스 정부의 제안을 거절하면서 이렇게 말했다. "전쟁에서 내가 한 일이라고는 책상에 앉아 있는 것뿐이었습니다." 그러나 괴한에게 저격당했을 때 그는 죽음의 위기 속에서도 전쟁터에서의 용맹함 못지않은 용기와 위엄을 보여줬다. 조지 W. 부시의 군복무 경력은 자주 여론의 도마 위에 올랐다. 그러나 2003년 추수감사절에 전격적으로 바그다드의 미군 기지를 방문함으로써 그는 적어도 상징적 차원에서는 병사들과 위험부담을 함께 나눴다.

　존 매케인은 키케로가 언급한 스키피오 아프리카누스까지 거슬러 올라가는 이상적인 치국책의 몇 가지 측면을 구체적으로 표현한 인물에 가깝다. 스키피오는 항상 훌륭한 정치가가 되려고 노력했고, 알키비아데스 식의 선동과 모험에 빠지지 않았다. 그는 전쟁영웅이자 정치가였고, 무엇보다도 정신적 삶에 헌신했다. 매케인도 전쟁영웅이었고, 그렇게 전쟁터에서 발휘한 용기는 선거운동 자금문제를 둘러싸고 소속 정당인 공화당의 입장에 반대하는 도덕적 용기의 바탕이 되었을 것이다. 하지만 그가 정신적 삶에 매진해왔는지는 알 수 없다. 그의 맞수인 오바마는 신선한 카리스마와 품위, 즉 아테네인들이 페리클레스와 알키비아데스에게서 느꼈던 영혼의 아름다움을 갖고 있다. 페리클레스, 링컨, 처칠 등과 마찬가지로 오바마도 민주주의 국가에서의 국민의 사기를 진작하는 수사법의 중요성을 확실히 이해하고 있다. 매케인은 구식 애국자이지만, 오바마는 글로벌 시대의 민주주의적 가치의 매력을 효과적으로 드러낼 줄 아는 인물이다. 다만 그의 감동적인 수사법이 국제사회에서의 미국의 패권에 대한 치밀한 인식과 필요할 경우 기꺼이 영향력을 행사할 적극성에 바탕을 두고 있는지의 여부는 앞으로 지켜봐야 할 대목이다. 링컨과 루즈벨트가 그랬듯이 페리클레스도 동포들이 현재보다 나은 상태로 향하도록 촉구할 수 있었다. 그러나 그들은 때로는 무력으로 악에 맞서야 한다는 점과 자신들을 근본적으로 증오하는 자들과의 대화는 소용없을 것이라는 점을 알고 있었다.

428

나름의 방식으로 신의 존재를 증명한 안셀무스와 달리 우리는 완벽한 정치인의 존재를 증명할 수 없을지 모르지만, 아테네에서 시작되어 미국에서 재현된 민주주의를 통해, 그리고 전체주의에 맞서 싸우고 테러와의 전쟁을 수행하는 동안 미국인들을 괴롭힌 민주주의와 제국 사이의 딜레마를 통해 우리는 몇 가지 교훈을 배울 수 있을 것이다. 고대 그리스의 페리클레스부터 차기 미국 대통령에 이르기까지 언제나 정치가들은 명예로운 평화, 자위력을 갖춘 정의, 초강대국이라는 지위가 국민의 영혼을 타락시킬 가능성 따위와 씨름해왔다.

지금까지 이 책에서 우리는 고대와 현대의 여러 위대한 지도자들의 사례를 살펴봤다. 과거는 현재와 무척 다르지만, 변하지 않은 부분도 많다. 성격이 무엇보다 중요하다. 리더의 영혼을 기대할 때 여전히 성격이 무엇보다도 중요하다. 최근 세대의 미국 대통령직의 무용담에서 시작해 링컨의 사명과 현대에서의 위대함의 역할을 둘러싼 딜레마를 탐구함으로써 그것의 뿌리를 추적하고, 끝으로 서구세계의 여명기에 민주적 정치적 수완의 뿌리로 돌아온 지금 우리는 오늘날 전반적으로 적용할 만한 어떤 교훈을 얻을 수 있을까?

결론적으로 말해 나는 이 책의 제1부부터 제3부까지를 관통하는 정치적 위대성에 관한 10가지 교훈을 제시하고 싶고, 역사를 심층적으로 살펴봄으로써 가까운 과거, 현재, 그리고 다가올 도전 과제를 조명하고 싶다. 다음의 10가지 교훈은 완벽한 리더를 위한 처방전은 아닐지 모르지만, 적어도 우리가 서구세계의 전통에서 물려받은, 그리고 고대부터 지금까지의 치국책에 관한 서구세계의 경험과 성찰에서 물려받은 도덕적, 정신적, 지적 자원이 어떤 식으로 미국의 차세대 지도자들에게 필요한 나침반을 제공할 수 있는지를 보여줄 것이다.

1. 성격이 두뇌보다 낫다-적어도 정규교육보다는 낫다

처칠도 링컨도 정규대학교육을 받지 않았다. 하지만 그들의 명성은 역사상 가장 위대한 지도자들과 어깨를 나란히 한다. 반면 닉슨과 카터는 미국의 역대 대통령 중에서 가장 지적인 인물들이었지만, 두 사람 모두 대통령직을 순탄하게 수행하지 못했다. 레이건은 지적 깊이가 부족하고 나태하다는 비난을 자주 받았으나 오히려 그런 점이 장점으로 작용할 때가 많았다. 미국 공군이 리비아를 공습하는 동안 그가 잠을 자고 있었다는 사실이 알려지자 놀라는 사람들도 있었지만, 오늘날의 대통령직은 보통사람도 수행할 수 있는 직책이라는 증거로 여기는 사람들도 있었다. 물론 미국의 여러 탁월한 대통령들 가운데 일부는 우드로 윌슨처럼 풍부한 학식으로 무장한 지식인도 있었다. 하지만 정규교육을 거의 받지 못한 지도자도 일류 정치가로 성장할 수 있는 반면 풍부한 학식이 반드시 일류 정치가를 낳지는 않는 것 같다.

2. 감동적인 수사법이 필요하다-다만 적당해야 한다

나폴레옹은 "지도자는 희망을 파는 사람이다"라는 말을 남겼다. 사람들이 희망을 품도록 유도하기 위해서는 지도자는 수사학자가 되어야 한다. 알카에다의 9·11테러나 미국의 이라크 침공 같은 사건에서 조지 W. 부시 대통령이 보다 기억에 남을 만한 방식으로 발언할 수 있었으면 하는 아쉬움을 갖는 사람들이 많다. 특히 달변가인 영국의 토니 블레어 총리의 연설을 주의 깊게 들어본 사람들은 더욱 그렇다. 그러나 너무 유려한 연설은 과유불급일 수 있다(예를 들어 우주왕복선 챌린저 호 폭발사고에 관한 레이건 대통령의 연설인 〈중력의 엄중한 속박에서 벗어나let slip the surly bonds of earth〉 등이나 거의 모든 주제를 열광적으로 이야기하는 클린턴의 버릇). 주제에 상관없이 언제나 과도한 수사법을 구사하면, 듣는 사람들이 거북해할 수 있다. 그리고 정작 심각한 사태가 닥쳤을 때는 이미 거기에 어울리는 수사법을 찾기 어려울 수 있다. 루즈벨트는 대부분의 연설에서 아주 쉬운 표현을 구사했다. 국민의 관심이 절실한 사태가 벌어졌을 때를 대비했기 때문이다.

미국인이라면 누구나 루즈벨트의 그 유명한 "우리가 두려워할 것은 오로지 두려움밖에 없습니다"라는 호소를 기억할 것이다. 그것은 평소 루즈벨트가 구사한 평범한 말투와 크게 달랐다. 대중 연설은 때때로 투박함을 위해 교양을 희생시킬 필요가 있다. 어느 유명한 논설위원은 테오도어 루즈벨트에 대해 이렇게 썼다. "그는 백만장자들의 막대한 재산은 안중에 없다는 듯이 도둑을 도둑이라 불렀다. …… 그는 분노에 찬 눈으로 목격한 현실을 있는 그대로 표현했다." 때로는 간결한 것이 화려한 것보다 더욱 인상적일 수 있다. 링컨은 자신의 도덕적 분노를 다음과 같은 간결한 표현으로 정리했다. "노예제가 나쁘지 않다면 세상에 나쁜 것은 하나도 없다." 지도자들은 말이 언제나 현실을 압도할 수는 없다는 점도 알고 있어야 한다. 2008년 대통령 후보자 예비선거에서 힐러리 클린턴에게 행동보다 말에 치중한다는 비판을 받았을 때 오바마는 민주주의에서 감동적인 연설은 시민들에게 동기를 부여하는 데 필수적인 수단이라고 받아쳤다. 물론 맞는 말이다. 그러나 힐러리 클린턴의 지적 역시 옳다. 말로 감동을 선사한 제퍼슨, 링컨, 킹 목사 같은 지도자들의 뛰어난 능력은, 반대자나 부동층을 포용하기 위한 장기간의 고군분투나 일시적인 타협과 조화를 이룬 것이었기 때문이다.

3. 도덕적 확신이 필요하다-다만 적당해야 한다

마키아벨리가 말했듯이 선하지 않는 세상에서 항상 착하게 행동하려는 사람은 패배할 수밖에 없을 것이다. 개인적 차원에서 카터 대통령은 무척 품위 있는 사람이었다. 그러나 바로 그 품위 때문에 그는 소련의 불순한 의도를 간파하지 못했고, 아프가니스탄 침공이라는 대가를 치르게 되었다. 카터는 누구나 보편적인 인권을 갈망할 것이라고 믿은 채 세상을 순전히 미국적 관점에서 바라봤지만, 이 세계에는 상식선을 뛰어넘는 체제가 수두룩하다는 점을 깨닫지 못했다. 반면 링컨은 달랐다. 당시의 상당수 노예제 폐지론자들은 노예제의 즉각적이고 완전한 철폐만을 외쳤기 때문에 실질적인 성과를 얻지 못했다. 그러나 링컨은 타협론자라는 비난에도 불구하고 끝내 뜻을 이뤘다. 때로는 차악을 선택하는 것이 최선일 수 있는 것이다. 그는 아메리카당에 공개적으로 반대하지 않는다는 이유로 아메리카당을 지지하는 지도 모른다는 오해에 시달렸다. 그러나 아메리카당을 공격하면 노예제 폐지론에 힘을 실어줄 열렬한 신교도들과 멀어질 위험이 있었다. 최악과 싸우는 과정에서는 그들의 도움이 필요했다.

그런데 예외 없는 법칙은 없다. 즉 때로는 비타협적인 도덕적 확신이 지도자에게 가장 빛나는 명성을 선사하기도 한다. 공화국을 수호하기 위해 카이사르의 야심에 맞섰던 마르쿠스 브루투스는 마르쿠스 안토니우스 같은 카이사르의 충복들에게도 존경을 받았다(안토니우스는 브루투스를 카이사르 암살에 가담한 자들 중에 개인적 이득이나 질투심에 사로잡히지 않은 유일한 사람으로 여겼다). 반면 정권이 바뀔 때마다 말을 갈아타려고 애쓴 키케로는 기회주의자라는 오명에 시달렸고, 결국 키케로에게 개인적 원한을 품고 있었던 안토니우스의 명령으로 비참한 죽음을 맞이했다. 안토니우스 아내는 당대 최고의 웅변가였던 키케로의 혀에 못을 박았다고 한다.

4. 리더는 시대의 구체적인 표현이다

이것은 흔히 말하는 카리스마와 관계있다. 리더가 자기만의 기회를 맞이할 때 우리는 이미 그를 알고 있는 듯한 느낌을 갖는다. 그는 우리와 비슷한 사람이고, 그는 우리가 맞이하는 것을 맞이한다. 존 몰리(영국의 자유주의적 정치가─옮긴이)는 테오도어 루즈벨트를 다음과 같이 평가했다. "알다시피 루즈벨트는 미국인이 아니다. 그는 미국이다." 전기 작가 존 W. 베넷은 몰리의 평가에 전적으로 동의하지는 않으나 비슷한 평가를 내렸다. "많은 미국인들은 자신감이 넘치고 자기주장이 강하다. 루즈벨트는 그런 미국인의 이상형이다. 맹렬함, 격렬함, 떠들썩함 등에 이끌리는 사람들도 일부 있다. 루즈벨트는 우리에게 만족감을 준다."

내가 미드웨스트대학교에서 교편을 잡고 있었을 때 학생들은 레이건 대통령에 대해 "그는 저와 비슷해요. 우리 아버지 같아요"라고들 했다. 레이건은 언제나 전문가들보다는 대중과 더 잘 어울렸다. 클린턴도 1990년대의 성급한 낙관론이나 윤택함, 그리고 1990년대의 경제력과 재능을 새롭게 겸비한 계층과 잘 어울렸다. 처칠은 영국산 불독이었고, 아이젠하워는 미국의 패권을 조용히 관리한 경영자였고, 루즈벨트는 재벌에 반대하고 사회민주주의의 이념을 차용함으로써 자본주의를 구하기 위한 도박에 나선 카리스마 넘치는 귀족이었다.

훗날 정치사가들은, 카리스마 넘치는 젊은 아프리카계 미국인 버락 오바마와 오뚝이 같은 전 영부인 힐러리 클린턴이 맞붙은 2008년 민주당 대통령 후보자 예비선거를 오랫동안 재조명할 것이다. 선거운동 기간에 보여준 여러 가지 장단점 중에서 그녀의 선거전략가들이 내린 가장 현명한 결정은 성명 대신에 이름인 '힐러리'를 내세운 점이었다. 여러분은 이 여인을 이미 알고 있다. 그녀가 누구인지, 무슨 일을 하는 사람인지 알고 있다. 설령 그녀를 전적으로 좋아하지는 않아도 말이다. 힐러리 클린턴도 선거전략가들이 겨냥한 지점을 꿰뚫고 있었다. 그녀는 직업적 야심과 어머니 역할 사이의 불편한 조합의 상징이자 갱년기를 맞아 여색에 빠진 남편 때문에 흔들리는 결혼생활의 구체적인 표현이었다. 시대를 구체적으로 표현할 수 있는 힐러리 같은 지도자들의 능력은 아마 가장 신기한 성공비법일 것이다. 시대정신과 맞물릴 수 있는 인간적 자질은 수없이 많다. 그런 인간적 자질은 때로는 시대정신을 수동적으로 반영하고 때로는 현재 상태에 맞선 채 새로운 길을 제시하고, 심지어 요구하기도 한다.

5. 리더는 두세 개의 주요 목표가 있어야 한다. 너무 많은 목표는 필요 없다

국외에서의 군사적 우위 확보와 국내에서의 기업가정신 고취를 목표로 내세운 레이건은 명확한 목표 없이 사소한 부분까지 관리하려고 하는 듯했던 전임자인 카터와 뚜렷하게 대조되었다(카터는 백악관의 테니스장을 사용하는 시간도 철저하게 지켰다). 클린턴은 민주당이 국내에서는 경제적 책임을 다하고 국외에서는 군사력을 과감하게 사용하는 정당으로 되살아나기를 바랐다. 우여곡절이 있었지만 그는 결국 두 가지 목적을 달성했다.

행동에 돌입하기 전에 야심을 품어라. 경쟁에 나설 때까지 가만히 기다리지 마라. 경쟁에서 이겨 원하던 지위를 차지한 뒤 본인이 대변하는 바를 깨달을 때까지 기다리지 마라. 성공적인 지도자들의 경력을 관통하는 공통의 실마리는 그들의 주요 목표가 결실을 맺기까지는 몇 년, 아니 몇십 년이 걸린다는 점이다. 그들이 고위직에 올랐을 때는 이미 여러 가지 변화무쌍한 전술을 갖추고 있었다. 왜냐하면 확고한 전략적 목표를 갖고 있었기 때문이다. 노예제를 폐지한 링컨과 나치 독일의 침략을 격퇴한 처칠이 그랬다.

대처는 자신의 성향과 전혀 맞지 않은 온건파 내각인 에드워드 히스 내각에서 일하며 조용히 친시장적 견해를 다듬었다. 그녀는 잔뜩 몸을 낮춘 채 때를 기다리며 지식인들과 보좌관들로 구성된 사설 자문단을 결성하는 등 나중에 보수당 당수가 되었을 때의 과제를 차근차근 준비해뒀다.

레이건은 영화배우조합Screen Actors Guild을 이끌었던 1940년대부터 오랜 세월에 걸쳐 자유기업제도에 대한 신념과 공산주의에 대한 혐오감을 키워왔다. 그는 첫 번째 국가안보보좌관인 리처드 앨런에게 이렇게 말했다. "대 소련 관계에 관한 내 생각은 다음과 같다네. 우리가 승리할 것이고 저들이 패배할 것이네." 5선 경력의 아칸소 주지사이자 중도우파 성향의 민주당지도협의회의 주역으로서 클린턴은 민주당이 더 이상 자본주의의 적처럼 행동하지 말고 평화주의자 같은 이미지에서 벗어나야 한다고 확신했고, 덕분에 대통령 후보자 예비선거에 나섰을 때 자신이 무엇을 대표해야 할지 잘 알고 있었다. 반면 뒤늦게 이미지 관리를 시도한 케리와 고어 같은 인물들은 패배의 쓴잔을 맛볼 수밖에 없었다.

6. 시간은 기다려주지 않는다

역사를 보면 위대한 지도자들이 정치적 이상을 실현하지 못한 채 때 이른 죽음이나 질병으로 쓰러지거나, 오랜 세월에 걸친 과로에 지치거나 주의가 산만해진 경우가 많다. 페리클레스는 전염병에 걸려 숨지는 바람에 감당하지 못할 정도의 해외팽창을 추진하지 말도록 설득하지 못했다. 그의 때 이른 죽음 때문에 알키비아데스 같은 무모한 모험가들이 아테네인들에게 중단 없는 제국주의적 팽창의 꿈을 심어줬다. 처칠은 제2차 세계대전의 막바지로 접어들었을 때 너무 지쳐 있었고, 그 때문에 동유럽을 집어삼키기 위한 소련의 거짓말과 음모를 날카롭게 간파하지 못했다. 루즈벨트는 자신의 정책이 결실을 맺기 직전에 비극적인 죽음을 맞았다.

시간은 우리를 기다려주지 않기 때문에, 다시 말해 지도자들이 과로에 시달리고 질병에 걸리고 약해지고 결국 죽기 때문에 정말 중요한 일은 언제나 미완의 과제로 남는다. 사실 그것은 나쁜 결과를 낳을 수도 있지만 좋은 결과로 이어지기도 한다. 즉 스탈린주의로의 회귀를 꿈꾼 강경보수파의 마지막 거물이자 소련 공산당의 제6대 서기장이었던 유리 안드로포프의 때 이른 죽음은 뜻하지 않은 권력공백을 초래했고, 결국 미하일 고르바초프를 위시한 새로운 세대가 재빨리 권력을 장악함으로써 소련제국이 붕괴하는 계기가 되었다. 인간의 죽음은 아무리 뛰어난 선거전략가도 극복할 수 없는 문제이다.

7. 역사가 지도자를 선택한다

앞에서 논의한 조건이 모두 무르익을 때 역사가 스스로 에너지를 창출하고 최적의 지도자를 찾아낼 것이다. 모든 성공적인 정치적 경쟁에서 마법과 같은 순간은 언제나 온다. 후보자가 절묘하게 시대정신과 맞물리면서 나타나는 '추진력'은 우리에게 마법을 선사한다. 우리는 그런 흐름을 예측하는 방법, 안전하게 거기에 편승하는 방법을 배워야 한다. 또한 그것은 우리를 선택해 몇 년 동안 우리를 이끌어가지만 갑자기 우리를 내팽개칠 수도 있다는 점도 명심해야 한다. '멋진 영국Cool Britannia'의 화신으로 세 차례나 집권하며 그렇게 오랫동안 완전무결함을 자랑했던 토니 블레어도 결국에는 유권자들에게 버림받았다. 사실 일찍 세상을 떠난 경우를 제외하면 위대한 지도자가 대중의 인기를 그대로 유지한 채 임기를 마치는 경우는 거의 없다.

8. 위대한 지도자는 권력욕이 강하다-그러나 지나치게 강하지는 않다

이 책에서 확인했듯이 정치적 권력과 고위직은 내면의 공허함을 채워줄 수 있지만, 인기가 떨어지거나 물러나야 할 분위기가 조성될 때 그 두 가지 요소는 평범한 지도자는 물론이고 위대한 지도자에게도 독약일 수 있다. 처칠은 평생 부모로부터 버림받는 듯한 느낌에 따른 우울증에 시달렸고, 그것은 성공하고 싶은 강렬한 욕망, 대중에게 사랑받고 싶은 뜨거운 갈망으로 바뀌었다. 그러나 남들에게는 그토록 훌륭해 보인 업적이 과연 그에게 영원한 마음의 안식과 행복을 안겨다줬을까? 지도자는 자신의 임무를 완수한 것에 만족해야 할지 모른다. 말년에 처칠은 손녀에게 자신이 이룩한 모든 일이 실패였다는 충격적인 고백을 남겼다. 닉슨은 대통령직 외에는 아무것도 바라지 않았다. 혹은 그렇게 믿었다. 하지만 대통령에 당선되자마자 만족감이 사라졌고, 내면의 어두운 부분, 즉 편집증, 과거의 사소한 일에 대한 괴로움, 사람들에게 무시당한다는 느낌 등이 그대로 되살아났고, 그런 느낌은 그토록 치열한 경쟁 끝에 손에 넣은 전리품을 파괴해버릴 때까지 계속되었다. 지나친 권력욕은 지지자들과 멀어지는 빌미가 될 수 있다. 2008년 민주당 대통령 후보자 예비선거의 막바지에 클린턴은 '가장 절실히 원하는 사람'이 지명될 것이라고 말했다. 그러나 힐러리는 승리에 너무 집착하는 듯한 인상을 줬다. 이전에는 유권자들로부터 존경을 받는 원동력이었던 야심과 불굴의 의지가 이번에는 마치 패배하느니 차라리 당을 분열시키겠다는 듯한 인상을 주기 시작했다. 다른 사람들을 배려하라. 행복해지는 방법은 많다. 아마 지금의 방법보다 더 나은 것도 있을지 모른다.

9. 위대함은 사악함의 이면일지 모른다

카리스마는 어두운 면을 감출 수 있다. 새로운 독재자의 출현을 미리 아는 사람은 없다. 독재자는 아득한, 야만적인 과거의 일부처럼 보인다. 그러나 독재자는 언제나 우리 곁에 있다. 세계 최고의 문명국인 독일이 히틀러 같은 인물을 선택할 것이라고 생각한 사람은 없었다. 그런 사악한 인물의 등장을 언제나 예상할 수는 없다. 1935년까지도 처칠은 히틀러가 최악의 재난을 몰고 올 존재인지, 아니면 베르사유 조약의 쓰라린 치욕과 대공황을 겪은 독일 국민의 자존심을 회복시킬 훌륭한 지도자인지 확실히 알지 못했다.

다음은 마지막이자 가장 혹독한 교훈이다.

10. 위대한 지도자는 앞서 언급한 9가지 교훈 모두를 무시할 준비가 되어 있어야 한다

상황이 불확실할 때 위대한 지도자는 대담해야 하고 기존의 입장을 고수해야 한다. 이끌리지 말고 이끌어야 한다. 에머슨이 말했듯이 도덕적 힘은 우리에게 용기와 평안을 준다. 그런데 입장을 고수하는 것은 변화가 꼭 필요하다는 확신이 섰을 때조차 기존의 태도를 바꾸지 않는 것을 뜻하지는 않는다. 미국의 '도덕적 권태'를 운운한 카터의 연설은 마치 자신의 도전과제에 당황하고 국민에게 책임을 전가하는 듯한 남자를 연상시켰다. 그것은 레이건의 등장에 호재로 작용했다. 레이건은 자신과 국민 모두에 대한 확신을 퍼뜨렸다. "되돌아갈 일은 없다the lady's not for turning(노조의 파업에 강경 대응할 것을 천명한 대처의 연설―옮긴이)"고 선언한 대처 총리도 마찬가지였다. 대처는 개혁을 추진하면서 인기가 떨어지고 심지어 증오의 대상으로 전락했지만, 결국 영국 경제가 제3세계 수준으로 떨어지는 것을 막았다. 블레어는 미국의 이라크전쟁을 과감하게 지원했다. 그것이 영국에게 옳은 일이라고 확신했기 때문이다. 그는 대처의 친시장적 경제정책을 뒤엎지 않았다. 덕분에 노동당을 다시 영국 정치의 중심무대에 올려놓을 수 있었다.

자신의 입장을 고수하는 것이 언제나 통할까? 그렇지 않다. 우리가 성공할지 실패할지 미리 알 수는 없다. 우리 삶에서, 그리고 정치에서 확실한 것은 한 가지밖에 없다. 그것은 바로 불확실성이다.